近代日本在东亚的国家贩毒研究
——以台湾日据时期鸦片问题为中心

李理 著

中国社会科学出版社

图书在版编目（CIP）数据

近代日本在东亚的国家贩毒研究：以台湾日据时期鸦片问题为中心 / 李理著. —北京：中国社会科学出版社，2015.12
ISBN 978-7-5161-6990-2

Ⅰ.①近… Ⅱ.①李… Ⅲ.①毒品—刑事犯罪—历史—日本—近代 Ⅳ.①D731.388

中国版本图书馆 CIP 数据核字（2015）第 251152 号

出 版 人	赵剑英
责任编辑	吴丽平
责任校对	周　昊
责任印制	李寡寡

出　　版	中国社会科学出版社
社　　址	北京鼓楼西大街甲158号
社　　址	100720
网　　址	http://www.csspw.cn
发 行 部	010-84083685
门 市 部	010-84029450
经　　销	新华书店及其他书店

印刷装订	三河市君旺印务有限公司
版　　次	2015年12月第1版
印　　次	2015年12月第1次印刷

开　　本	710×1000　1/16
印　　张	23.75
插　　页	2
字　　数	399千字
定　　价	80.00元

凡购买中国社会科学出版社图书，如有质量问题请与本社营销中心联系调换
电话：010-84083683
版权所有　侵权必究

目　　录

前言 …………………………………………………………………（1）

第一章　外交挫败与日本鸦片严禁政策的确立 ………………（1）
　　一　"长崎鸦片吸食致死事件"引发的禁绝进口鸦片条约 …（2）
　　二　明治新政府以在留中国人为目标的严禁政策 …………（8）
　　三　哈特雷鸦片走私事件对鸦片严禁政策之影响 …………（18）
　　小结 ………………………………………………………………（24）

第二章　日据初期鸦片渐禁政策确立的原因 …………………（25）
　　一　台湾总督府与鸦片"渐禁政策" …………………………（25）
　　二　后藤新平与"渐禁政策"的确立 …………………………（35）
　　三　最后防线的突破——台湾财政预算的通过 ………………（42）
　　小结 ………………………………………………………………（49）

第三章　台湾总督府对外商鸦片的处置 ………………………（51）
　　一　总督府默许外商鸦片的输入 ………………………………（51）
　　二　总督府企图以国内法范式禁止鸦片的输入 ………………（54）
　　三　差别对待的对德鸦片外交 …………………………………（59）
　　四　高价购买外商鸦片 …………………………………………（60）
　　小结 ………………………………………………………………（64）

第四章　总督府制药所的成立及鸦片的生产 ……………………（65）
　　一　台湾总督府制药所官制的设定 ………………………………（66）
　　二　鸦片制造生产的相关准备 ……………………………………（68）
　　三　鸦片制药所的成立及鸦片的生产 ……………………………（75）
　　四　制药所鸦片的制造 ……………………………………………（79）
　　小结 …………………………………………………………………（84）

第五章　总督府初期鸦片专卖制度的建构 ……………………（85）
　　一　鸦片专卖基本法源的确定 ……………………………………（86）
　　二　鸦片专卖具体法规的制定 ……………………………………（91）
　　三　鸦片专卖实施规则的制定 ……………………………………（97）
　　四　各地鸦片制度的确立 ………………………………………（106）
　　五　鸦片吸食者的网罗 …………………………………………（108）
　　小结 ………………………………………………………………（110）

第六章　日据台湾初期降笔会的禁烟抗争 ……………………（112）
　　一　飞鸾降笔会的性质及传入 …………………………………（113）
　　二　降笔会鸾堂的分布 …………………………………………（118）
　　三　降笔会对鸦片政策的冲击 …………………………………（124）
　　四　总督府对降笔会的取缔镇压 ………………………………（131）
　　小结 ………………………………………………………………（137）

第七章　鸦片制度在台湾殖民统治中的财政意义 ……………（139）
　　一　鸦片在清统治时期的财政意义 ……………………………（140）
　　二　鸦片专卖制度在殖民地统治中的财政意义 ………………（144）
　　三　以各种手段掩饰鸦片的财政目的 …………………………（153）
　　小结 ………………………………………………………………（156）

第八章　近代鸦片问题国际化的肇始 …………………………………（158）
　一　中国禁烟运动引发了国际鸦片问题的肇始 ……………………（158）
　二　第一次上海国际禁烟大会 ………………………………………（162）
　三　海牙国际鸦片会议 ………………………………………………（166）
　四　"凡尔赛和约"与"鸦片咨询委员会"的成立 …………………（171）
　小结 ……………………………………………………………………（174）

第九章　台湾总督府与日本罂粟的栽培种植 …………………………（175）
　一　台湾的鸦片制度与日本罂粟种植的复活 ………………………（175）
　二　台湾总督府再启日本内地罂粟的种植 …………………………（181）
　三　台湾总督府及后期日本内地罂粟的种植 ………………………（187）
　小结 ……………………………………………………………………（192）

第十章　台湾总督府的毒品制造与贩卖 ………………………………（193）
　一　日本自设防火墙防止国人受新式毒品的危害 …………………（194）
　二　台湾总督府毒品走私中的造假实证 ……………………………（200）
　三　日本在1923年前后的毒品生产及输出 …………………………（206）
　四　台湾总督府新式毒品的制造贩售 ………………………………（220）
　小结 ……………………………………………………………………（224）

第十一章　台湾鸦片事件 ………………………………………………（225）
　一　星制药与后藤新平及日本政商界的关系 ………………………（225）
　二　星制药与台湾总督府的密切关系 ………………………………（228）
　三　星制药与吗啡的研制与生产 ……………………………………（233）
　四　台湾鸦片事件的爆发 ……………………………………………（240）
　五　台湾鸦片事件与日本政界的关系 ………………………………（245）
　小结 ……………………………………………………………………（248）

第十二章　民众党及台湾人民的鸦片反对运动·················(249)
　一　国际鸦片问题及总督府鸦片新特许令的出台············(249)
　二　台湾民众党的鸦片反对运动·····························(257)
　三　台湾各界给予民众党的声援·····························(261)
　四　国联调查团赴台及总督府的对策························(267)
　小结···(272)

第十三章　国联调查团对台湾鸦片问题的调查··················(273)
　一　远东鸦片调查委员会的缘起·····························(273)
　二　日本贿赂调查团邀其赴日观光···························(277)
　三　台湾总督府贿赂性的准备································(281)
　四　调查委员调查的事项·····································(284)
　小结···(297)

第十四章　日本在国际鸦片会议的窘境·······················(298)
　一　日内瓦国际鸦片会议·····································(298)
　二　日本在国际会议中的尴尬································(301)
　三　"麻药制造限制会议"中日本的窘境······················(304)
　四　日本继续搪塞国际社会··································(308)
　小结···(312)

第十五章　杜聪明渐进戒除法没能瓦解台湾的鸦片制度············(313)
　一　曾经的热血青年···(313)
　二　台湾的鸦片状况及蒋渭水上告国际法庭················(316)
　三　杜聪明爱爱寮的戒烟初步实践··························(319)
　四　台北更生院的戒烟实践··································(323)
　小结···(328)

第十六章 战时体制与台湾鸦片问题的终结 ……………………（329）
  一　迫于压力的鸦片瘾者的矫正 ………………………………（329）
  二　战时体制与总督府后期的鸦片制造 ………………………（338）
  三　台湾鸦片制度最后终结 ……………………………………（343）
  小结 ………………………………………………………………（347）

附录　杜聪明年表 ……………………………………………（348）

参考书目 ………………………………………………………（351）

前　　言

　　毒品是指鸦片、海洛因、吗啡、大麻、可卡因等能够使人形成瘾癖的麻醉药品和精神药品。毒品是罪恶之源，带给人类的只会是毁灭。特别是在近代，鸦片作为国家对外政策的有力"武器"，深刻地改变着整个世界。鸦片作为国家财政的源泉，侵略他国的"武器"而被广泛地使用着。震惊世界的鸦片战争，使曾经傲视世界的中国龙变成了"东亚病夫"，中国也成为各帝国主义角力场。中国的近邻日本，鉴于中国的情况，在自己国家内严格禁止吸食鸦片，早在1858年，就在清政府被迫同意鸦片贸易合法化的同时，日本与英国签订了禁止输入鸦片的协议，并且在日本国内严禁民众种植、贩卖、吸食鸦片，使得近代日本免受鸦片烟毒的侵害。但日本却在对外军国主义扩张中，可耻地利用鸦片及毒品为侵略工具，并创造出军队开路，国家参与的新式"侵略形态"，即军队侵略的各殖民地或占领地，以国家专卖的形式，由制药公司制造出鸦片及各类毒品，再进行公开或秘密的贩卖。而这种模式的开始，就是从其第一块殖民地台湾开始的。

　　清朝统治下的台湾，也没能逃脱鸦片烟毒之害。在台湾被迫割让给日本之前的几年间，每年鸦片的进口几乎占台湾进口总额的一半。在马关条约谈判中，李鸿章一再以台湾人强悍及鸦片之害相威吓，试图阻止日本人对台湾的窥窃之心。然而伊藤博文信誓旦旦，宣称据有台湾后会将国内的严禁制度实施于台湾，并彻底解决台湾的鸦片问题。

　　日本据台湾初期，由于各种原因，对日本人与台湾人采取差别待遇，对日本内地来的日本人，仍然沿用日本国内的法律，严禁吸食鸦片。同时，为避免在台日本人感染烟毒，1895年7月，台湾总督府颁布《台湾人民军事犯处分令》，规定"台湾人有下列记载之行为者，处以死刑：……将鸦片烟及吸食器具交给日本军人、军属及其他从军人员者，以及提供吸食场所者……"① 同年，日本又在紧急律令第二十号《台湾住民刑罚令》中，再次重申："凡将鸦片及烟具提供给军人、军属及其他来台之帝国臣民者，处以死刑。"②

总督府力图通过这种严酷的法令，使在台日本军人及其公民免受鸦片的侵蚀，以确保日本在台湾殖民统治的稳固，然而对台湾人吸食鸦片，却始终处于放任状态。鸦片问题确实是殖民统治者必须面对的一项重大社会问题，它的重要性在于它关乎着日本殖民统治者能否站稳脚跟，进而巩固在台湾的殖民统治。

日本人一进入台湾，各地的武装反抗不断。总督府一方面要镇压台湾民众的反抗，平定台湾各地的武装反抗，另一方面要建立起代表国家机器的殖民统治机构。为了完成这两大任务，日本国内，包括日本政府内部对台湾的鸦片问题，产生了严重分歧，以岛田三郎、加藤尚志为首的一部分人主张严禁，认为"中国人一般均嗜吸鸦片，台湾人亦有此弊风，并将病毒传给子孙，造成许多人体格虚弱。然嗜好的醇酷，实开风俗之文野，而风俗之文野则又关系国运之消长，倘此流毒及于我日本国族，则不只紊伤民风文化，而且民之身心亦将由此柔弱，国之命运亦将随之消靡。从英领缅甸来看，英国人的移住者，受到当地原住民鸦片吸食的污染情形，正日益增加，另外在美国的西部加州地区，也随着中国人的移入而将此弊风输入，如今美国人的吸食鸦片情况，不也是日渐增加吗？如今我日本大和民族，亦有移住台湾者，其人数若未能很快超过台湾人，则在风俗习惯嗜好的影响，由台湾人给予日本人的影响将不少，因而台湾的新版图部分，非得进行鸦片的严禁不可。……虽然将台湾人多年的嗜好加以剥夺，可能造成台湾人难以忍耐之事，但若乘其难耐之时，严施厉行，不稍加以宽待，苟有违犯者，则直接捕拿并驱出国境之外，则可以收到禁止鸦片的直接利益，而间接上言，则可以达到驱逐台湾人的目的，此岂非一举两得之事"。③

从上述内容分析来看，岛田三郎等人所谓的严禁措施，实为利用禁止

---

① 《11月22日 台湾総督伯爵樺山資紀発 参謀総長彰仁親王宛 台湾総督諸規則規程7件相定施行及報告》，JCAHR：C06061547100。
② 同上。
③ ［日］岛田三郎：《臺灣論を試み》，《太陽》第9号，明治28年，第49－50页。

鸦片的吸食为幌子，以达到为驱逐台湾人的目的，遭到以台湾总督府民政长官水野遵为首的一部分人的强烈反对，日本政府内部一时难以做出最终决策。

实施执政台湾总督府运作的民政长官水野遵，与时任日本省卫生局长的后藤新平进行秘密沟通，晓以鸦片收入在台湾过去财政上的重要性，使后藤新平最后出面，以《关于台湾岛鸦片制度之意》向政府提出八点"放任主义"的理由：

一、纵未禁吸鸦片，并非即将导致人人吸食鸦片，以清国并非人人吸烟为证。

二、在清国，富豪、强健者、勤勉者，亦不乏其人。不必为防止国民之懒惰、疲惫，而禁止吸食鸦片烟。

三、鸦片烟，并非仅试一次，即能上瘾吸烟恶癖，起初反觉不愉快，致自动放弃者，不乏其人。

四、清国人本身，提倡鸦片烟之弊害者，亦为数不鲜，凡略受教育者，均力行禁制，故任其自然，亦不致为害。

五、如台湾土民已染吸鸦片烟习癖者，若遽加禁止，则不仅对健康有害，且有生命之危害。

六、据土民长老辈者自称：鸦片烟之有害，实知之其祥，凤愿我子孙均应免脱此恶习，成为健康之民。至于我等已染上习癖，设遽加禁止，势必失去生存乐趣，长久渡苦痛残生，莫若快死求解脱，云云。

七、设对台湾土民，严禁其吸食鸦片烟，将遇民情之极力反对，不仅有妨对帝国之心服，势将导致土寇之蜂起，故若要执行严禁，则非经常驻派二师团以上兵力，并牺牲数千之生命，甚至以兵力威压，仍未必能达其目的。

八、为推行一鸦片制度，竟需众多之兵力与巨额经费，并需牺牲生命，更需连年危害岛民之和平，则自扩领土谋殖民之观点上言，殊非得宜之策也。[1]

---

[1] 程大学、许锡专编译：《日据初期之鸦片政策（附录保甲制度）》，台湾省文献委员会1978年，第13—14页。

从上述内容来看，后藤新平所谓的"放任主义"只是作为其继续允许吸食的借口，而其真实的想法则是以财政收入作为考虑的基础，通过继续允许台湾人吸食鸦片，以麻痹台湾民众的斗志，缓和他们的反日情绪，使其成为日本殖民者的"顺民"，同时，也可以增加总督府的财政收入，扩大财源。允许继续吸食鸦片，对殖民统治者来说，是一箭双雕、一石二鸟的政策，但其基点更侧重于经济目的上："此一百六十万元（鸦片的进口收入）与向来之进口税八十万元合计时，将达二百四十万元。如将此费额充用为台湾地方之殖民卫生之费途，依所谓生存竞争之原理，等于实践以毒攻毒之自然定则，将危害健康之祸源，改变为增加国民福祉之手段矣。"[①]

以后藤新平等所代表的渐禁派，向日本政府提交了《关于台湾岛施行鸦片制度意见书》，提出"寓禁于征"的"渐禁"政策，即在台湾，由总督府掌握鸦片的主导权，将台湾民间进口、制造、贩卖鸦片的权力收归政府，台湾民众只享有登记领取牌照来"吸食"的"权利"，这就是所谓的"渐禁"鸦片专卖制度。

日本政府决定采用后藤新平的主张，1897 年，台湾总督府颁布《台湾鸦片令》，在台湾实施所谓的渐禁鸦片专卖制度，并着手建设生产鸦片的总督府制药所。《台湾鸦片令》的颁布，标志着鸦片专卖制度正式在台湾确立。

总督府所谓渐禁鸦片政策实施后不久，台湾人民即凭借早已存在的中国传统民间信仰飞鸾降笔会，暗中反对总督府的鸦片政策，并在 1900 年前后，形成遍及整个台湾东部的戒烟运动。飞鸾降笔会的戒烟运动，给总督府的鸦片政策冲击很大。总督府表面上采取怀柔政策，实际上却利用警察机器给予取缔，强制关闭解散各地的鸾堂，最终迫使台民自发的戒烟运动无果而终。

此后台湾的鸦片制度开始走上正轨，并在殖民统治的初期，起到财政基石的作用。随着台湾鸦片的需求量不断扩大，日本内地开始试种植罂粟。罂粟也因台湾的鸦片制度，得以重新在日本这块土地上开出罪恶媚艳的花

---

① 程大学、许锡专编译：《日据初期之鸦片政策（附录保甲制度）》，第 16 页。

朵。台湾总督府对生鸦片的巨大的需求，催生了日本内地罂粟种植的繁荣，而新式毒品的研制成功，又为日本内地罂粟的栽培提供了助力。

总督府在制造鸦片烟膏的同时，开始就吗啡、海洛因及可卡因等新式麻醉品进行秘密研制。"一战"后吗啡的价格高涨，更加速了日本研发的脚步。1915年，"星制药"成功研制出吗啡，并投入生产。星一本人因与后藤新平的关系，在此数年间，使星制药垄断了日本吗啡制造业，使星制药在短期内成为国内的大企业。这也引起了其他制药公司的妒忌，以及政党内部的合纵连横，于是爆发了1925年的"台湾鸦片事件"。

而此后的日本及殖民地的鸦片政策，都起始于在台湾所实施的鸦片专卖制度。日本借助所谓的"台湾鸦片经验"，将鸦片及吗啡等毒品，作为侵略东亚各国的隐形武器，制造出大量的鸦片、吗啡及海洛因等新式麻醉类毒品，大量、长时间地密输出到中国、朝鲜等东亚各国，以"国家贩毒"的形式，配合着对外军事扩张侵略的脚步。

随着1906年中国禁烟运动的开展，鸦片问题逐渐演变成世界性问题，特别是上海万国禁烟会议的召开，以协助解决中国鸦片问题为切入点，着眼于全世界的鸦片与毒品禁绝事业，使日本在各殖民地的鸦片问题受到世界的注意。在此后的历次国际会议上，日本与英国一起，被视为国际鸦片问题的"元凶"。日本被称为"走私贸易如同大盘专卖"[①]。日本为洗清恶名，以台湾渐禁政策中吸食人数减少的成果，狡辩日本的鸦片制度绝非是为了追求鸦片的利益。日本的狡辩，使英国陷入尴尬的地位。英国则为了摆脱困难的境地，向国联提出了针对日本的远东鸦片及毒品交易调查的要求。

总督府为应对国际鸦片会议及远东调查团，于1928年12月28日，以律令第三号，公布修订"新阿片令"。总督府借助修订后的"鸦片令"，再次网罗新的吸食者，这引起了台湾民众党的强烈反对。

台湾民众党先向日本拓殖务大臣发电报，向岛内日刊报纸投稿反对鸦片吸食特许，又拍电报给大阪每日、时事国民、万朝报、东京日日新等报社，明确提出民众党的反对意见，同时向警务局长提交抗议文。总督府当

---

① ［日］《阿片會議の解說》，国际联盟协会大正14年，第28—29页。

局对民众党的抗议置若罔闻，民众党人义愤填膺，把抗议文修改为声明书，再次分送给日本各重要报社，并电报上海的"中华国民拒毒会"，要求声援，并于1930年1月日，打电报给国际联盟，将日本政府提告到国际联盟本部。①

民众党上告及台湾人民的反对，使台湾鸦片问题在沉寂了三十年后，再次成为国际性的大问题。总督府对国际联盟鸦片委员会，对台湾鸦片问题的关心程度究竟如何，非常担忧，为改变窘境，以远东调查团来台前，紧急设立"更生院"，推行吸食者的矫治工作。

台湾第一位医学博士杜聪明，是改写台湾鸦片史的重要人物，他成功实验在医学上断禁鸦片烟瘾的方法，救治了无数的鸦片瘾者，特别是其发明的尿检法，现在还被各国广泛采用。

虽然杜聪明博士研究成功了医学上断禁鸦片烟瘾的好方法，但日本基于各殖民地业已形成的贩毒系统，故对其矫正并不积极支持。特别是1937年日本进入战时体制后，台湾专卖局的粗制吗啡，成为紧缺的物资，总督府虽然继续实施鸦片瘾者的矫正治疗，但也没有完全废止鸦片专卖制度。此制度最终在世界反法西斯战火中，随日本的战败投降，也因台湾人杜聪明的努力才宣告结束。

台湾鸦片专卖制度贯穿了日本统治台湾的始终，只是其渐禁政策随着岛内外形势的变化而调整。台湾的鸦片专卖制度，不仅对台湾内，对日本近代对外政策都产生深刻的影响，更影响着中国以及美国的殖民地菲律宾，甚至世界。

在日本统治的前二十年时间里，鸦片专卖收入在各种专卖品的收入中所占比重最多。特别是最初几年，鸦片的收入占到财政收入近半。巨额的鸦片收入，不但使台湾总督府实现了经费自给，且还可以补贴到日本内地，直接间接承担军费的支出，这也加速了其对外侵略扩张的步伐。日本在以后的殖民地中，都以台湾鸦片制度为蓝本，建立起所谓的"渐禁政策"，并以台湾为基础，建立起庞大的国家贩毒体系。故研究日据台湾时期的鸦片问题，十分重要。

---

① 《台湾总督府警察沿革志》第二编，南天书局1995年，第466页。

目前学术界对台湾鸦片问题的研究并不多，专著只有刘明修的《台湾统治与阿片问题》一本。刘明修日本名为"伊藤洁"，1937年生于台湾宜兰。台中农学院（中兴大学）毕业后，于1964年赴日本留学，1977年取得东京大学博士学位。他也是早期台湾独立运动的秘密会员，长期从事"台独"运动，与金美玲、黄文雄一起，被日本言论界称为"独派三人帮"。

刘明修在《台湾统治与阿片问题》中，就鸦片问题的历史背景、过渡措施与渐禁政策、前期渐禁政策的展开、国际鸦片问题与日本、国际鸦片问题与台湾、后期渐禁政策的展开及台湾鸦片问题的落幕七个方面进行了专题性研究。

由于刘明修本人的"台独"立场，其著作中对鸦片问题的认识，常常有所回避，有时也前后矛盾。专著完全站在殖民者的立场上，将研究重点放在"渐禁政策"上，认为日本确有诚意实施禁政，完全无视其经济榨取之目的，故其对"中心问题"的认识，是将台湾人吸食鸦片的罪恶源头，归为清对台湾的统治，而鸦片问题的最终解决，归功于后藤新平的"渐禁政策"。另外，刘明修对初期飞鸾降笔会没有任何的著笔，对后期对台湾、日本及各殖民地的毒品制造及走私等更是没有涉及。故笔者认为刘明修的研究，是从美化殖民统治的角度出发，完全难以揭示出此制度给台湾人民造成的伤害，更无法体现日本殖民统治的差别待遇。

台湾目前对此课题的研究主要有《日据时期台湾鸦片渐禁政策之研究——1895—1930》（陈进盛/"国立"台湾大学/政治研究所）、《日据时期台湾鸦片问题之探讨》（城户康成/东海大学/历史研究所）、《日本殖民体制下之台湾鸦片政策》（林素卿/淡江大学/日本研究所）、《日本殖民体制下的台湾鸦片政策》（张文义/中国文化大学/日本研究所）四篇硕士论文及不到十篇的学术论文。以上四篇硕士论文基本都以"渐禁政策"作为研究重点，与刘明修著作相比，没有研究上突破，特别是对鸦片专卖对殖民地财政上的作用、吸食者为什么三十年后还在增加、"台湾制药所"及"星制药"的毒品制造、民众党投书国际联盟及杜聪明的禁烟实验等具有显著殖民地性质的鸦片相关领域，没有任何研究说明。另外，还有台湾文献会出版的由程大学等人编译的《日据初期之鸦片政策附录：保甲制度》（第

1、2册），此书并不是研究性著作，而是将日据初期总督府于自1896年至1899年鸦片相关进行翻译整理。研究性的文章，还有发表于1986年《台湾文献》第37卷第1期中王世庆的《日据初期之降笔会与戒烟运动》，及李腾岳的《鸦片在台湾与降笔会解烟运动》（《文献专刊》第4卷第3、4期）、林永根的《台湾的鸾堂》（《台湾风物》第32卷第1期）、黄师樵的《日据时期毒害台湾的鸦片政策》（《台湾文献》第26卷第2期）。其中王世庆的文章，运用大量总督府的档案，极为详细地介绍了降笔会的整个过程，是一篇极有价值的文章。

大陆对此课题的研究几乎处于空白状态，目前只有朱庆葆《日据台湾时期的鸦片政策（1895—1945）》（《福建论坛（文史哲版）》2000年第4期）及笔者的《尿检法之父——改写台湾鸦片史的杜聪明博士》、《日据台湾时期鸦片渐禁政策确立原因再探析》等少量学术论文，及连心豪发表在"光明日报"上的《日本对台鸦片专卖及其祸害》等文章。故可以说这个课题在大陆与台湾都还相当薄弱。

战前，日本为世界一个麻药生产国，长期将大量鸦片、吗啡、海洛因等毒品，长期秘密走私到中国、朝鲜及东亚各国，毒害东亚各国的人民。由于有鸦片相关国际条约，日本也都积极参与加盟，日本为了免于违反鸦片条约的制裁，故意将鸦片及毒品的犯罪行为进行掩盖，战前根本就没有日本关于台湾及各殖民地鸦片相关的研究。战后日本也没有真诚反省其可耻的行为，而且还继续采取掩盖的办法，目前唯一的刘明修的专著也是站在殖民统治者的立场上。其他诸如山田豪一的专著《满洲国的鸦片专卖》及一些论文中对台湾鸦片制度有所涉及，但都没有更具体的论述。

本书站在唯物主义史观的基础上，从日本国内的鸦片制度入手来进行相关问题的探讨。日本以刑法为法源，严禁实施禁止吸食鸦片的政策，但对殖民地台湾，却以各种借口，以"渐禁"为名，允许台湾人民吸食鸦片。这种差别待遇，一方面体现了近代殖民主义对外扩张中种族歧视的本质，另一方面也揭露日本经济榨取台湾的殖民统治实质。另外，本书还以日据台湾时期鸦片问题为视角，以大量的原始档案资料，揭露近代日本以第一块殖民地台湾为基地，建构起以日本为中心，涵盖台湾、朝鲜、东北、山东、福建及遍及东亚的国家贩毒体系。由于"星制药"新式毒品的研制成功，日本在第一次世界大战后迅速成为麻药生产大国。日本借助台湾鸦片制度的存在，大量制造吗啡、海洛因、可卡因及大麻等新式毒品，以军事入侵为先锋，以鸦片输入为工具，将这些毒品作为侵略东亚各国的隐形武器，大量、长时间地密输到中国、朝鲜等东亚各国，实施以鸦片收入来给养战争的方式，实施人类有史以来规模最大、时间最长、地域最广的"国家贩毒"，以达到侵略东亚各国的目的。而日本在历次国际鸦片会议上，为洗刷国家贩毒的"罪名"进行了各种辩解。特别是当台湾民众党将其上告以国联以后，为了掩盖其罪行，在国际联盟调查团来台之时，以近乎贿赂的方式，使调查员做出有利于日本的评价，并在给国联的年度报告中以不实的数字来欺骗国际社会，不惜以说谎来搪塞国际社会。

大量历史史实证明，日据时期台湾五十年的鸦片制度，本质上就是日本军国主义为达到经济榨取殖民地台湾，并将鸦片及新式毒品作为隐形武器来侵略东亚的丑恶历史。期待此书的出版能引发起国际及国内学界对日本近代国家贩毒行为进行更深的批判，也期待更多的、更细致的相关问题的再研究能够早日出现。

第一章
外交挫败与日本鸦片严禁政策的确立

鸦片俗称大烟、鸦片、阿芙蓉或福寿膏，是一种从草本植物罂粟中提炼出来的天然麻醉抑制剂，医学上作为麻醉性镇痛药，非科学研究或非医用时则归类于毒品。鸦片作为药物长期或过量使用，则造成依赖性；作为毒品吸食，则对人体产生难以挽回的损害甚至造成死亡。吸食鸦片后，初始时可引起强烈快感，但也导致无法集中精神、产生幻觉现象，导致高度心理及生理依赖性，长期使用后停止，则会发生渴求药物、不安、流泪、流汗、流鼻水、易怒、发抖、寒战、打冷战、厌食、便秘、腹泻、身体蜷曲、抽筋等戒断症；过量使用则造成急性中毒症状，包括昏迷、呼吸抑制、低血压、瞳孔变小，严重的引起呼吸抑止致人死亡。

19世纪，由于东亚强国大清闭关自守，英国商人为弥补中英贸易逆差，从印度向中国走私鸦片。清雍正皇帝即开始下令禁止鸦片，此后多位皇帝一直强调禁烟，但1840年鸦片战争，中国的大门被迫打开。这个曾被日本仰慕的东方大国，从此陷入列强的蹂躏。

1853年7月8日的"黑船事件"，日本也被迫打开了国门，面对列强涌入，日本非常担心自己的国运，亦如东亚古老的大清帝国，被列强欺辱而无法振兴。特别是由于鸦片贸易而引发的中英鸦片战争后，曾有传言："英国将挟战胜的余威，进一步侵袭日本。"[①] 这一传言使日本朝野充满了恐惧。"禁止鸦片贸易"政策，成为日本自幕府末期开始，在与诸外国签订不平等条约时要坚持加入的条规。明治维新以后，其与中国、英国的鸦片相关交

---

① ［日］植田捷雄：《东洋外交史》（上），东京大学出版会昭和44年版，第106页。

涉,伴随着国权收复的整个过程,虽挫折不断,但严禁吸食鸦片一直成为坚决的国策。

一 "长崎鸦片吸食致死事件"引发的禁绝进口鸦片条约

鸦片究竟何时、怎样传入日本,目前并没有十分明确的记载。荒川浅吉在《鸦片的认识》中认为,可能早在足利义满时期,鸦片便由印度传至陆奥津轻地区,其后又传到摄津、伊豆等地。故当时日本人将鸦片称之为"津轻"。鸦片被推广到三岛郡,是由于数百年前在大阪道修町的"药种屋"奖励其栽培开始的,在南九州也是作为药剂原料来栽培的。①

《现代史资料——鸦片问题》也提出,罂粟在日本的栽培,开始于数百年前的陆奥津轻地区。即1837年,在摄津的三岛郡西面村,有位名叫太田四郎兵卫的人,他在大阪道修町一家药店寄居时,主人让其在自家院里栽种罂粟,并开始了日本的鸦片试制。②

从以上两份资料来看,鸦片传到日本的时间并不长,远远晚于传入中国的盛唐时期。③ 鸦片刚刚传入日本,就时逢中国与英国的鸦片战争,虽然鸦片很快推广到日本各地,并在明治维新前后,已经相当盛行,但总体上,特别是知识界,对鸦片并没有更好的印象。

1840年,由于鸦片问题,列强以武力打开了中国的大门。其后1856年,由于中国官方取缔鸦片走私船"亚罗号",又引起了第二次鸦片战争。此次战争使古老的东方帝国,从此开始沦为西方列强的殖民竞技场。这使近邻日本非常震惊。

中国两次鸦片战争的遭遇,很快被日本人以诸如"鸦片传闻书"与"鸦片始末"等形式,流传于整个日本社会,特别是1844年荷兰国王请求日本通商贸易时,关于鸦片有害的劝言,促使日本人对鸦片与国运问题进

---

① [日]荒川浅吉:《鸦片の認識》,台湾专卖协昭和18年版,第151页。
② 《现代史资料——鸦片问题》,みすず书房1986年版,第16页。
③ 中国早在唐高宗乾封二年,即公元667年,鸦片就开始传入中国,即唐书《大食传》记载:"佛菻(罗马)王遣使献底也伽。"参见荒川浅吉《鸦片の認識》,第1页。

行思考。

　　荷兰国王以中国开放五口通商口岸的经过，劝告幕府高官，勿蹈中国的覆辙：中国和英国发生战争，丧失人命百万之众。30年前中国吸食鸦片的地方，只有广东附近一处，今天，吸用鸦片的人，已经达数百万之众，其耗费年平均约为三千万两，不仅如此，吸食鸦片将使身体变弱、富者变贫，有才能者精神变萎靡，迫于贫困而窃盗、干坏事及懒惰者将变多，英国将于英法联军之后，赴日推广鸦片，并以"一旦吸用鸦片，终身不能戒止"之由，劝日本速与荷兰订立开国商约，以避免英人鸦片之威胁。①

　　荷兰国王的劝言，可以说是荷兰为达到通商之目的，而进行的善意提醒，是否引起日本方面的注意，目前没有确定史料来证明。但1853年7月8日的"黑船事件"，却带给日本很大的冲击，久闭的国门被迫打开。日本国内面对列强的涌入，非常担心自己的国运，亦如东亚古老的帝国大清。故鸦片问题，开始引起日本人的重视，但因处于幕末混乱期，并没有及时出台相关法律条文，仅以条约的方式，正式向国际社会宣布日本严禁之意。

　　究竟是什么原因，引发日本出台严禁鸦片吸食之政策，目前没有一个统一的定论。在笔者掌握的资料中，诸如《鸦片的认识》《日本帝国的鸦片政策》及田泽震五所编纂的《鸦片资料》等，都直接认为，鸦片禁制实施于明治维新之前。

　　仓桥正直在《鸦片帝国日本》中认为："明治政府担心重蹈中国鸦片战争的旧辙，严格禁止鸦片。"②刘明修的《台湾统治与鸦片问题》中，也将中国因鸦片问题所遭到列强的侵略，作为日本实施鸦片严禁政策的原因，认为："自从中国——这个不论领土、人口都数倍于日本，并自古即为日本景仰的大国——在中英鸦片战争中败得一蹶不振之后，日本当地即流传：'英国将挟战胜的余威，进一步侵袭日本'，从而对日本造成极大的冲击。如此一来，日本于其后开国之际，即对鸦片采取严格的管制，成功地阻隔鸦片可能造成的祸害。"③

---

　　① ［日］增田涉：《西学东渐与中日文化交流》，由其民、周启乾译，天津社会科学院出版社1993年版，第195页。
　　② ［日］仓桥正直：《鸦片帝国日本》，共荣书房2008年版，第10页。
　　③ 刘明修：《台湾统治与鸦片问题》，李明峻译，前卫出版社2008年版，第23页。

另外像中国学者戴季陶、日本学者植田捷雄、台湾学者许介鳞等人，也都认为，就思想史的观点而言，正是中国的鸦片战争，给予了日本幕府体制下的武士及知识阶层以重大打击。由于中国在鸦片战争中的挫败，不只使日本走向开放，更使其走向西洋的侵伐道路，而产生了近代的日本。

从以上观点归纳来看，学界一般的观点认为，中国因鸦片问题而被迫打开国门，受到列强的欺侮，是日本实施鸦片禁止制度最根本的原因。

这里值得特别说明的是，刘明修的研究认为，直接导致日本实施鸦片严禁政策，是来自于美国人哈里斯的警告。但根据笔者研究，哈里斯的警告，并不是导致日本实施鸦片严禁政策的直接原因。

汤森·哈里斯是美国第一任驻日总领事，1856年7月，他带着与日本缔结通商条约的使命，到日本下田上任，随后上江户，要求幕府收下皮尔斯总统写给将军的书简。幕府担心如果拒绝这项要求会使美日之间发生纠纷，故作出了让步，同意其与日本高级政要见面。

1857年12月12日，老中堀田正睦会见了哈里斯，哈里斯为使日本尽快缔结通商协定，从世界的大势说起，警告日本，英、法、俄等列强恃其武力及所怀有的野心，以说明与美国缔结通商条约之必要性。这其中，哈里斯以英清鸦片战争为例，将清政府在鸦片战争及以后的战败，归结到鸦片的作用，并善意提醒日本政府注意开国之时英国的鸦片意图。哈里斯提出的警告内容如下：

清朝纷乱之要因之一，即为鸦片也。
一 传闻清朝在二十年前，一年内之鸦片费用高达二千五百万两白银。
二 清朝近五年之鸦片平均费用为三千万两白银。
三 鸦片之害非仅此一项。
四 使用鸦片可致身体孱弱，其较之其它毒物更为严重。
五 吸食鸦片，将使富庶之家转变为贫穷，才华之人亦失其精气。吸食者理智尽失，终至形同非人，倒伏于路边，更有甚者，甘为盗贼，不顾生死者亦有不少。
六 因鸦片之恶，受刑罚者，年以千计。

第一章　外交挫败与日本鸦片严禁政策的确立　5

七　鸦片盛行不多时，各种恶事即渐增。
八　时中国之皇叔亦吸食鸦片，最终致死。
九　泛滥清之鸦片悉由英领东印度出产。
十　清深受鸦片之害，但英国反图其利而不厌，未尝稍禁。
十一　英国与清的国际条约中，严拒明记鸦片字样。
十二　清自古来禁烟，但英国却为谋其利，以火石箭矢强固鸦片货船，暗地交易。
十三　英国以武力武装鸦片货船，并以此威逼清政府，清官员虽知其情，但难于抵抗，是以任其碇泊，昧良知而与奸商同流。
十四　英国人自认为日本国中必有如清之嗜食鸦片者，期与日本官厅择商引入出售事宜。
十五　鸦片一旦用之，则终身无止之。无论英国人如何能言善辩，然其居心即为扩张鸦片之利于日本。
十六　美国总统言，鸦片之于日本，其祸远较战争为甚。
十七　战争之消耗，日后可谋求补回，但鸦片一旦用之，则永无挽回之余地。
十八　美国总统提醒，鸦片交易尤应倍加提防。
十九　美国总统提醒，条约中务必针对禁止鸦片一事明确言之。
二十　如美国人携带鸦片渡日者，可任由日本烧毁或处理。
二十一　若美国人上陆，携带或吸食鸦片，听任日本方面没收、烧毁或处刑。①

　　哈里斯的警告建议，道出了英国等近代殖民者以坚船利炮为武器，用鸦片来毒害中国人的近代东亚鸦片贸易的实质，也揭露了英国欲征服日本的野心。这令日本政界非常震惊，也得到当时幕府官员的重视，坚定了其严禁鸦片政策之决心。
　　尽管如此，日本鸦片严禁政策的出台，并不是完全出于其所提出的警告。实际上早在哈里斯的警告之前，幕府在《日荷追加条约》（1857 年 10

---

① ［日］植田捷雄：《东洋外交史》（上），东京大学出版昭和 44 年版，第 126—127 页。

月16日）条约中，就已经以条约形式，禁止鸦片的进口，将其完全拒之国门之外。其时间早于哈里斯发出警告（12月12日）。就具体事件上，根据笔者查阅的资料显示，导致严禁鸦片制度产生的直接诱因是"长崎鸦片吸食致死事件"。

1857年，即当日本与荷兰签订条约之时，恰好发生一起因吸食鸦片而致人死亡事件。当时在长崎的一名中国人及日本妻子吸食鸦片，其日本妻子因此而致死。① 此事件只有具体的年份记载，月份及日期不详。但根据《日本外交文书》的记载内容分析，推断可能是在"日荷条约"签订之前或之际。文书还记载："日本非常担忧，如果贸易大门一旦打开，鸦片的输入也将接踵而至。故决定在与荷兰的条约中，加入'日本禁止鸦片输入'之条文，虽没有其它的法律，基于此，以后与各国缔结条约之时，都加入与荷兰条约相同之款项。"②

1857年10月16日，日本与荷兰在长崎签订了《日荷追加条约》，其第十四条规定："于日本国治下，禁止将鸦片交给日本人。"③ 这是日本实施鸦片禁止制度的开始。此后，在与诸外国条约中，均将此项作为其中内容。

故笔者认为，仓桥正直、刘明修等人所分析的日本害怕重蹈中国之旧辙，是日本实施鸦片禁止制度最根本的原因，但直接的诱因还是"长崎鸦片吸食致死事件"。而哈里斯警告，更使日本政府警觉，坚定了其严禁鸦片的决心。而此时正值日本幕末开国之初，由于日本国内并不生产鸦片，鸦片主要来自外商的进口，故阻断其来源，即可杜绝吸食者。这才使幕府决定，在与诸外国缔结通商条约之时，将禁止携带鸦片与从事鸦片贸易，作为必要的"条款"，以避免在国门打开之时，鸦片以商品名义涌进国内。"安政五年（1858年）七月，幕府将军德川家定与英国签订条约时，就将鸦片的输入作为禁止条款，约定若秘密出卖三斤以上鸦片或有秘卖计划的，每斤科以30元的罚金。"④

---

① 外务省编：《日本外交文书》第11卷，日本国际联合协会昭和20年版，第450页。
② 同上。
③ 外务省条约局：《旧条約彙纂》第一卷第二部，第218页。
④ [日] 田泽震五编：《鸦片资料》，精秀社昭和7年版，第25页。

1858年7月,日本又在江户与荷兰签订《修好通商航海条约》,于其中第三条第三项规定:"日本严禁鸦片之输入,荷兰商船若携带三斤以上之鸦片,其所运货物悉由日本官方没收。"①

另外,同一条约的附件《荷兰商民贸易章程》第二则第八项中,亦规定:"所运货物于同一港口内移交别船时,须受日本官吏就地检查。若犯情明白者,所受许可一概取消。严禁鸦片输入,然或有商人密谋不法之辈,每斤科处38盾25分之罚金,向日本官所缴纳。不论共谋者人数多寡,亦适用此法。"②

1858年,日本幕府与俄罗斯签订了《修好通商条约》,其第十一条中规定:"严禁输入鸦片;俄罗斯国商船携带鸦片过三斤时,超过部分应由日本官吏没收;俄罗斯人在日本买卖鸦片涉罪时,货物没收且科处每斤20卢布罚金给日本官所,并交与俄罗斯法律惩处。"③

1858年,日本与美国签订的《日美修好通商条约》中,也特别在其附件《美利坚商民贸易章程》第二则第七项规定:"严禁鸦片输入;然或有密商图谋不轨之辈,每斤科处15美元之罚金,向日本官所缴纳;不论共谋人数多寡,均适用此法。"④

同年,日本在与俄国缔结《追加条约》之时,将禁止鸦片列入第十条:"若俄罗斯商船向日本国输入鸦片,其所运货物一律没收,犯者及前记严禁有害商业行为,将受俄罗斯法律惩处。"⑤

依上述内容分析来看,日本在幕末签订的"安政五条约"⑥中,均将严禁鸦片输入作为其重要内容。这使日本近代的鸦片政策,带有鲜明的特点,鸦片的禁止措施,是从外围开始的,即是将鸦片的源头截断。这与中国先从取缔国内鸦片、限制贩卖开始不同。中国自雍正以来,虽有各种禁制,但由于其鸦片输入没有任何限制,大量鸦片输入到中国,故各种禁制只流

---

① 外务省条约局:《旧条约彙报》第一卷第二部,第243页。
② 同上。
③ 同上书,第565—566页。
④ 同上书,第34页。
⑤ 同上书,第543页。
⑥ [日] 安冈昭男:《日本近代史》,林和生、李心纯译,中国社会科学出版社1996年版,第22—23页。

于形式。而日本则完全不同，日本在开国之初，便借由条约规定，严密防堵鸦片的流入，将鸦片于源头处截断。但由于"安政五条约"并不是平等的条约，日本没有治外法权，这也使日本在以后的禁烟道路上，充满了曲折与挫败。

二 明治新政府以在留中国人为目标的严禁政策

幕府末期的鸦片政策，虽为严禁，但由于处于多事之秋，故只能以条约方式，将鸦片限制在输入源头上，对内尚未有具体措施出台。1868 年明治维新后，政府之首要任务，即是修改幕府与西方列强签订的不平等条约。由于安政诸条约签订之时，就已经明令禁止输入鸦片，故在当年闰四月十九日，东征大总督有栖川宫进入江户城之际，即发布"太政官布告"，规定严格禁止日本人吸食鸦片：

> 鸦片烟草，耗人精气，为短人命数之物，以往各条约明文禁止外国人携带其入境，最近时有船舶私自载运，若万一流行于世上，将对民生造成大害，切不可随意买卖，更不许个人随意吞用食之，若为人举报，违反禁令，必严格惩处，众官应当牢记在心，并谨守。各府藩县均高揭前项之告示，以昭告百姓。①

这份布告，昭示了明治新政府的鸦片政策，即继承德川幕府时代的禁止之意。但明治政府已经不再局限于条约面上的防止走私输入鸦片，而是对内要求人民不得吸食鸦片。

在明治政府稳定后，于 1870 年 8 月 9 日，太政官发布《贩卖鸦片烟律》（521 号令），明确规定：

> 一　凡贩卖鸦片谋利，为首者斩；从者判处三等刑；自首减刑一等。

---

① 内阁官报局编：《法令全书》第一卷，昭和49年，第133页。

二　诱人吸食者，处绞刑；知情且给予吸食处所者，判三等刑；受诱而吸食者，处徒刑一年。

三　凡收购鸦片而尚未出售，为首者判三等刑；从者处徒刑三年；购买鸦片吸食者，处徒刑二年半；自首者免罪，鸦片烟交官厅没收。

四　官吏知而不报，与犯者同罪，收贿枉法者重罚。①

从上述"烟律"的内容分析来看，该律对鸦片犯罪之刑罚处置，从斩首到各类徒刑，使各层次鸦片犯罪，都有相应刑罚的法条依据。故可以认定，此律开启形成了近代日本以刑法来控制鸦片犯罪的法源。

另外，同日还发布太政官命令（522号），禁止在日中国人吸食鸦片："严禁吸食鸦片，现制定贩卖鸦片烟律，各港在留之中国人，必须严守此令，即使用于药用之生鸦片，亦不可随意买卖，别纸另定规则，各地方官监察管内人民，违者严惩不贷。"②

别定之《生鸦片管理规则》（522号令）内容如下：

一　药店中现有之鸦片，由各地方官厅进行检查，对其品质、数量等各项，进行逐项登记。

二　不得已用于药用之买卖，其售出药店及医师，必须将售出数量及品质等上报给官厅。

三　在鸦片作为药品缺乏需要进口之时，由各地方官向开港税关上报，以其它的订购方式取得。③

从"规则"内容分析来看，该法主要就国家对生鸦片的管理，形成初步的制度性规定，即以国家权力，对生鸦片之买卖、流通及进口等，进行法制层面的约束。该规则形成日本近代鸦片"专卖制度"的雏形。

在《贩卖鸦片烟律》《生鸦片管理规则》颁布之时，太政官还以文发布

---

① 内阁官报局编：《法令全书》第三卷，昭和49年，第301页。
② 同上书，第302页。
③ 同上。

对在留之中国人违反鸦片烟律的具体处置办法:

> 外务省奉上谕,前于各港府县,晓示在该港中国人等,不得藏贮鸦片等因,旋将买片烟之我国人,及卖付之中国等,业已据罪惩治在案,昔此物入中国,流毒害民,以至今日之甚是不可不思之也。为此,本政府新定防害律例,颁示通商各港府县,早喻在港中国商民嗣后尚有毫犯,法在必行,以熄恶焰。凡中国人素有烟瘾,刻难置其管笭者,不须言,即量浅似吃白相者,亦所严禁,断不可准其来港营生,除将现住本港烟鬼彻底清查,其或自能戒断吸吃,以遵禁令者,可其不能者,当即自行去此回乡,外奉到新谕律例以后,仍有潜匿犯大禁者,一经查出,毋庸分别原住新来,立刻近律处治,奉此特示。①

太政官之汉文命令,明确道出日本禁止鸦片之理由,即为"昔此物入中国,流毒害民,以至今日之甚是不可不思之也"。即前文所述之日本鸦片严禁政策之主因的最好证明。太政官命令,主要针对中国之在留之民,是对第522号太政官令之禁止方法,给予具体明确的说明。

其后,日本外务省对来往于各港口的中国人吸食者,给予具体遣返处分的规定:

> 鸦片烟自传入中国以来,流毒害民至甚,至今仍不能弃之。日本政府今新订防害律例,昭告各港埠在港中国商民此后如有干犯禁令者,无论程度,必依法究办,以杜毒源。因之,中国人中不论嗜食已久者、上瘾吸食者,或少量吸食者,皆依严禁条例禁止渡来日本国。然若有近时来之上述中国人,欲断然禁绝其嗜好,遵守严禁令者,不在此限,不能断禁止,应即速遣返归国。此令周告之后,沿潜伏暗违、忤犯大禁者,不论旧住新渡,一律依法惩处。②

从上述内容分析,《贩卖鸦片烟律》《生鸦片管理规则》及第522号、

---

① 内阁官报局编:《法令全书》第三卷,第302页。
② [日]荒川浅吉:《鸦片の認識》,第155—156页。

523号太政官命令，开启了明治新政府以中国在留人员为防范目标的近代日本鸦片严禁政策。

"贩卖鸦片烟律"的主要对象，按常理应当是日本人，但从所附的太政官命令内容来看，似乎其主要是针对中国在留日本之人员。这一方面说明可能当时日本的鸦片烟吸食者，主要是中国在留之人；另一方面也说明当时的日本政府非常担心中国人引诱日本人吸食鸦片。根据《日本外交文书》的记载，当时中国公民在日本数量统计见表1-1：

表1-1　　　　　　　　　　中国公民在日本数量

神奈川	兵库	大阪	长崎	箱馆	东京
1142人	300多人	101人	560多人	30多人	50多人

此表根据《日本外交文书》第11卷第255页之内容整理而成。

从表1-1分析来看，当时在日本各开放港口，在留中国人数总计已经超过两千多人。虽然没有资料证明此部分人群中，有多少鸦片瘾者，但能让日本政府在"贩卖鸦片烟律"制定的同时，以太政官命令的方式来严禁在日中国人吸食鸦片，恐怕不能单纯理解为日本恐怕鸦片流传于日本，而是因为在留之中国人吸食之风盛行的证明。而外务省令，则给予中国在留之鸦片吸食者以具体的处理办法。这也表明明治新政府的鸦片政策，名义上是以日本人为主，但实际上是以中国在留民为目标。

明治新政府继承了幕府时代以"条约"方式禁绝鸦片进口，并以严厉的国内法律以杜绝日本人吸食鸦片。其"贩卖鸦片烟律"及"生鸦片处理规则"等，虽以日本公民为目标，但实则主要针对在留之中国人。这样明治政府的近代鸦片严禁制度，从内外两个层面，阻断了鸦片对日本的危害及影响。但此制度还存在着一些疏漏，即对于药用鸦片之进口，没有明确的规定。故有些外国商贩为谋取私利，以药用为借口，继续向日本走私鸦片。为此，明治政府于1873年5月出台了《药用土耳其鸦片规定》：

第一条　　为吸食而用之鸦片，不论任何理由，均不允许输入，且遵守鸦片输入之禁制之条约。

第二条　药用土耳其鸦片依照下条之规定允许输入。

第三条　药用土耳其鸦片与诸药品输入税目同，收取原价一折之税。

第四条　从事药用土耳其鸦片输入者，必须是那些在各国领事馆，对其药铺进行正常登记，取得进出口特许之人。

第五条　如要获取特许者，必须提交其姓名、住所及详细申请获取特许证书。

第六条　遵守此规则而获得特许的药铺，每隔二个月可进口一定斤量的鸦片。

第七条　获得药用土耳其鸦片的药铺，必须将其持有鸦片的数量、国籍、姓名及依据等，以详细的申请书向府县厅政府报备，以获得规则所规定的鸦片数量。

第八条　遵从上之规则输入的药用土耳其鸦片，必须有医师的记载及诊断之证书，方可卖之，且医师必须将其买者的姓名、职业及购买原因等，详细记录于药铺的账簿之中，一个月买一次者，要将附医师证明及买入数量等，通报给府政府。

第九条　各府县厅随时遣官检查此账簿。

第十条　检查账簿之时，其卖出量与剩余量必须与记载之进口数量相合，如果发现违背此规则者，不论任何原因，罚一百至五百元之罚金，且取消其输入许可。

第十一条　禁止药铺的医师及其他任何人，向日本人出卖药用土耳其鸦片。

第十二条　上记药用土耳其鸦片输入的特许给予及允许进口鸦片的数量等之权限，只有府县厅有之，其与拒增减之时，没有必要告之缘由。①

《药用土耳其鸦片规定》以国内法的方式，对鸦片的进口输入进行法律

---

① 《薬用鴉片輸入規則仮二各国公使へ致書送候儀》，JCAHR：A07060224900。

的规范。特别是对药用之鸦片进口，进行了细致的法条规定，规定其与其他诸药品进口同税，并由特许之药铺进行经营，药用鸦片之买卖数量，需由医师诊断，并通报给政府，官厅有权检查鸦片之出入。该规定使日本的鸦片专场制度更加细化与完备。特别是其中规定"禁止任何人向日本人出售药用鸦片"，使这个规定再次显现出，近代日本鸦片严禁政策，主要对象并非针对日本人。

之后不久，日本政府又制定了《鸦片输入管理条例》，第一条为"输入限制税收之事"，下分四款；第二条为"买入卖出规则"，下分十款；第三条为"买卖代价及经费之事"，下分三款；第四条为"簿册上申请期限及交付地方官之期程"，下分三款；第五条为"禁令及罚例"，下分五款。[①]

其中"输入限制税收之事"，规定了鸦片的输入及税收事宜，主要内容为："药用之鸦片，不论何用、不论何产地、不论何种类，每年限定斤数，每隔二个月或三个月，输入一次；吸烟所用之鸦片，不论任何理由，均严禁输入，以严格恪守条约中严禁鸦片输入之禁制；现输入之鸦片，与诸药品输入税制相同，取一成之关税；由日本政府斟酌一年所需要输入鸦片数量，如需用，可临时通知外国增加输入。"[②]

另外，对于人民日常需要之药用鸦片，明治政府则以"外卫第121号"予以规定：

> 各开放港口司药局，贩卖给外国人鸦片时，司药局必须将前以西洋报纸等，报导的药局卖出规则中，规定的极少量鸦片，通知需要购买的外国人士，来对外国人进行贩卖。同时，药商、医生及司药局，必须事先详知其姓名，在其需用量之外，不得有任何多余，特别是其买入人的姓名、住所证明书及需用说明书等，必须完备。[③]

《药用土耳其鸦片规定》《鸦片输入管理条例》等，是为围堵外国商人以药用为借口，向日本走私鸦片。但从笔者的研究来看，日本政府不论从

---

① 《薬用鴉片輸入規則仮ニ各国公使ヘ致書送候儀》，JCAHR：A07060224900。
② 同上。
③ 外务省编：《日本外交文书》第11卷，第442页。

内部还是外部的防控，都主要是防止当时吸食盛行的中国人将其恶习传染给日本人。故在与中国进行修改条约时，积极与清政府进行交涉，将"严禁鸦片输入及秘密走私"，作为通商条约中不可缺少之内容。

此前日本与清政府所签订条约中，只将鸦片列为日本海关税则第三种违禁物之项，且只局限于为中日之间的一种禁制，没有如诸条约中那样，以斤量作为限制，故在与清政府交涉《日清修好通商章程》时，日本外务卿即给清政府公使何如璋写信，明确表示鸦片相关款项，将作为其中重要的一项："我邦严禁外船携来鸦片，携带三斤以上渡来者，概以没收遣返，且科以罚金。在与贵国交换修好条约之时，望将鸦片之事，作为其中一项。"①

清政府方面于光绪二年（1876）正月十八日回复："来文内称，鸦片报关封锁入舱，与成规径庭，仍从成规为妥，如别设法，不致沾染，则与西约一律归办等因，查鸦片禁令，原恐日民沾染，若船载之货，不准起岸，华民吸食者，令其回华，则日民自不至于沾染，今拟仍照西约一律办理，凡三勋以外，照章查拏毁弃，其私载发卖者，每斤照章罚洋十五元，不得加重倍罚，以照平允，嗣后如查有食烟华民，不准上岸逗留，即令回华，以免日民沾染，而全两国友谊。"②

清政府的答复，应理解为中日之间关于鸦片事宜，参照日本与西洋各国的成例。但由于日本方面顾忌中国人的鸦片恶习传染给日人，故还在日本各开放港口，如何处理中国人吸食鸦片问题，提出如下意见：

一、凡称鸦片者，无论食烟药料，外洋语"轧谟越几期"，及将鸦片所制各种药名，虽为代用，其实难免为鸦片一种之物，自应在该名目中义罚。

二、所有每勋追取罚洋，由贵理事官送交本政府，方可销案。

三、贵国人民虽在所住房屋内，亦不得其吃片烟，尚有毫犯，法在必行，决不轻贷，即刻拏获本犯送交贵理事官，在贵理事官处，截留

---

① 《日清修好通商条約締結一件松本記録第二巻》，JCAHR：B06151017400；外务省编：《日本外交文书》第11卷，第248—249页。

② 外务省编：《日本外交文书》第11卷，第249页。

本犯，俟有便船，驱逐本籍，不许再到日本；如查有本犯再来者，一面警察断捉捕，一面贵理事官即当按律处罚（此款系为警察在记内吃片烟所设，即应本邦警察官随时进入大中国民所住房屋内查勘）。

四、凡带有鸦片烟具者，虽不查出，本犯亦应将该烟具概行入官毁弃。①

日本方面提出的意见中，有日本警察随时可进入中国人居住的房屋内搜查。这种要求无视中国公民的隐私权，也违反国际成规，更无视中国的治外法权，故清政府驻日大臣对日本的照会，提出了反驳性意见：

一、凡称鸦片者，无论食烟药料，外洋语"轧谟越几斯"，及将鸦片所制各种药名，虽为代用，其实难免为鸦片一种之物，自应在该名目中义罚，一款，查鸦片一物，其未经熬煎者，谓之烟膏，此二种均应议罚，至所称鸦片所制各种药名，本大臣查我国向来并无此物。

二、所有每勋追取罚洋，由贵理事官送交本政府，方可销案，一款，查果有私载入口者，在关查获，所有每勋罚洋，应纵送该口地方官，不必送交政府，以归简易，一称贵国人民，虽在所住房屋内，亦不得吃片烟，尚有毫犯，法在必行，决不轻贷，即刻拏获本犯，送交贵理事官，在贵理事官处截留，俟有便船，驱逐本籍，不许再到日本，如查有本犯再来者，一面警察官捉捕，一面贵理事官，即当按律处罚，又此款系为警察在房内吃片烟所设，即应本邦警察官，随时进入大中国民所住房屋内，查勘，一款。查鸦片一物，流害至深，我国无知细民，误服其毒，本大臣实所深恶，贵大臣保护己民，惧其沾染，则当按照中西两约，于各国商船海关进口之时，严行查拏，则无从贩卖，即无从吸食自然无从沾染，若虑我国人民在房屋内吃烟，则我理事官自有役卒查访，若虑驱逐回华之犯，再来日本，则我理事官自备有册籍稽查，即念互相为助之意。贵国地方官，如果确有见闻，自可随时知照我国理事官，认真查办，何得遽令警察官，即刻拏获，一面捉捕

---

① 外务省编：《日本外交文书》第11卷，第250页。

也，又能所称警察官随时进入我国民所住房屋内查勘。我国从来无此政体，施之通商各岸，尤为非宜，且此事一行，实多扰累，将来必有警察官，借查吃片烟之名，无故入人房屋，混行滋事者，又恐有我国小民，因警察官无故入屋，藉口争竞者，积日既久，必生嫌隙，本大臣与贵大臣，岂忍于两国和谊，致令小民决裂，故此事断不可行，本大臣敢为详悉言之。一称凡带有鸦片烟具者，虽不查出本犯，亦应将该烟具概行入官毁弃，一款查中国商人进口，若带有鸦片烟具者，必带有鸦片土膏，若既查出土膏，自可将烟具概行毁弃，至所用器具，未能确证其专为烟具者，须知照我国理事官详查，不得遽行毁弃以杜藉端滋扰。总之，鸦片一物，本大臣既所深恶，断无袒护华民吸食之理，我既设立理事官，约束己国商民，自应饬理事官自行严查、禁防，不准诱惑土人，稍有违犯，以符条规第三条之意，贵大臣亦恶此物，自应按贵国律例，严禁。贵国人民贩卖吸食，彼此深念和谊，各守禁令，互相为用，贵大臣自可与本大臣，商量严禁沾染之法，以尽两国友谊，为此照覆，即烦。①

日本方面也不肯让步，坚持自己的观点：

  一称于海关进口之时，严行查拿，则无从贩卖，即无从吸食之一款，查我国律例，吸食鸦片一案，本有严禁之例，未见阳为吸食者，然鸦片一物因吃量有限蓄积之器无从为大乃隐藏于别种物件之中而关吏查验之际，可得容易私走而从侥幸过关，带进房内，私为吸食者，间或有之，且吸食之晷，亦不为长，乃念应有探侦之功，实在难行，而欲靖此弊端者，无他，惟在用心严行盘查耳。至于前陈所有我警察之官吏，随时进其房内查勘之款，非敢为妄想贵国人该有此弊，而擅自进房之事；此款所设之意，即如街坊巡逻之际，有现行犯罪者，有人密告，或由窗外确证本犯在内，一经查出，犹豫不捕，即恐致有失踪迹，无由缉捕，故若一瞬间，亦不得踌躇，则，直进房内，捉捕现

---

① 外务省编：《日本外交文书》第 11 卷，第 251—252 页。

行犯罪者也。此系警察官宜尽鞫掌之事，先经知照文意之底细讲究，实在如此，即希谅察，又查我警察官职制，本因严密，固无藉端，无故入人房屋滋扰，妨害人民权利之理，然熟考来文之意，如谓我警察官吏藉端入人房屋滋事等语，则虽系想像之说，窃思此项，有干预我警察官之名誉，颇属过虑之事。再称有一朝回国之犯，再来日本，则我理事官，自有册籍稽查，何得遽令警察官，即刻拏获，云云，但此册籍，虽录有犯者姓名，然如该犯再来我通商口岸，不愿到贵理事署报名，因人众家密，贵理事官，亦应不能知其所在也，但知有犯者踪迹分明者，即将此事，应由我警察官，飞告贵理事官查照，惟此举有宜归贵理事官办理之暇，自应知照贵理事官查办，或不然，如警察官，耳听目睹，速不拏获，则有逃逸潜匿之虞者，事涉急剧，应无知照贵理事官，即行拿获，惟至面貌形象相似，而未能确证为其真犯，与准作真犯者，其逮捕方法，自有缓急，亦不俟论，食烟及管笺等，并无类似之物，除知会贵理事官查照外，其烟具一并，应封存警察官处，俟判结后，系分明别项物事者自行给还原主，但如警察官查出贵国人现为吸烟者，进房查验一节，惟止贵国商民，如在钦差府内仆役工人等，尚有犯罪者，由外务省知照贵大臣，该求调处，至于宜敬钦差计之礼，警察官自有会意，断无擅进钦差府内，是乃不须赘言，所有分别之处，载在公法书中，万国皆有所共守者，知贵大臣早有洞察，因前款所设此处分者，乃出万不得已之策，谅必贵大臣亦须明知此理照行，本大臣亦信贵大臣慨允此事矣，为此照会，须至照会者。①

中日之间就鸦片之事你来我复，最终没有达成共识，只是在"日清协定"中，使"日清条约税则中罚则适用"。这基本按中国方面所提出的条件来处理。为此，时任大藏相的伊藤博文还提出质疑。这表明，日本欲按照自己的想法，无视中国的治外法权，来防控中国人传播鸦片之理想破灭。另外，从中日条约中鸦片事宜的交涉来分析，亦可看出那时的中日外交，中方还保持一定的优势。

---

① 外务省编：《日本外交文书》第11卷，第260—261页。

三 哈特雷鸦片走私事件对鸦片严禁政策之影响

1877年12月14日，住在横滨的英国贸易商人约翰·哈特雷，秘密走私20磅（1磅=0.9072斤）鸦片，被当时的横滨海关查获。横滨海关长本野盛亨根据1858年8月26日签订的《日英条约附加贸易规则》第二条末款，及1865年英国与日本的《オルドル·イン·コウンシル》条例第八十四节，向横滨英国领事法庭提出上诉，请求给予哈特雷刑罚。

《日英条约附加贸易规则》第二条末款规定：

> 根据鸦片输入禁制，英国的任何船只，以商业为目的，渡来日本时，如若船中有鸦片三斤以上时，其三斤以上部分，由日本官方没收销毁，不论任何人，如果企图走私鸦片，每斤鸦片处罚金十五英元。①

而《オルドル·イン·コウンシル》条例第八十四节规定：

> 在日本滞在的英国臣民，如有不遵守日英条约者，当看作为条约犯罪，其罪责当处予条约面明文规定之罚金，其罪依据此条例公开判决，但罚金不得多于条约面所规定之金额。②

根据以上条约，英国商人哈特雷的行为，完全构成"条约犯罪"。虽然被告人哈特雷狡辩说，不知道货物里杂有鸦片。即便如此，其在条约上走私罪也成立，故被告被认定为有罪。哈特雷便改变说法，企图钻国际法的空子，在庭上答辩时称，本诉讼之鸦片，非贸易规则中所记载的鸦片，因鸦片又分为吸烟及药用两种，贸易规则中所说的鸦片是吸食用之鸦片，本诉讼所说之鸦片，是药用之鸦片。

1878年2月，英国领事法庭以生鸦片作为药品进口为由，判决被告无

---

① 外务省编：《日本外交文书》第11卷，第445页。
② 同上。

罪。① 这种判决结果，将使鸦片以"药用"为借口，自由地输入到日本国内。如果其他国家也效仿英国之做法，鸦片将以"药用"名义，源源地涌入日本，自开国以来的鸦片禁制之努力，也将付之东流。由于此事件涉及治外法权，日本被迫必须与英国政府就此事件进行交涉，因此日本政府向驻日英国公使帕克斯表示不服判决，双方就此问题进行谈判。但帕克斯认为，虽然在"贸易规则"及"改税约书"有主张"禁止鸦片输入"之项，但"贸易规则"及"约书"中所主张的鸦片，是吸烟所用之鸦片，而非药用之鸦片。不但如此，帕克斯还主张药用鸦片为必需品，日本应早日制定鸦片的进口办法。②

帕克斯的说法，明显道出了条约内容之不周延处，也意味着日本的外交交涉将以失败而结束。但日本为坚持鸦片的禁制，决定再与英国交涉。由于此议论具有刑事诉讼之性质，如果日本想申诉的话，唯有要求英国国王特批，并提交内阁司法委员会进行审核这条道路。故日本政府特令日本驻英公使，聘请律师并准备诉讼书类，向英国提出不服横滨裁判之理由。

就在此案件审理之时，哈特雷竟然无视日本的感受，于1878年1月8日，再度企图在神奈川港将12斤生鸦片混在橡胶中走私到日本，被日本当局所查获。日本政府依照相同程序，再次向英国领事法庭提出起诉，但英国领事法庭却以其所持鸦片，可卡因的含量是属于药用鸦片还是吸食鸦片并不明确，及日本方面要求没收物品的请求难以成立等原因，拒绝受理日本政府的申诉。

日本政府并不甘心，于是将申诉内容修改为"英国汽船马拉逊号，将装有橡胶及12斤鸦片（非药用）的箱子，走私到日本，根据1858年8月26日日英条约附属条款第三则，日本税关没有给予相关手续，违反了以规则中第二则第三节，依照此规则，上述221磅橡胶及鸦片（非药用），应当予以没收，如果不执行，请给予理由！"③

英国领带法庭被迫受理之后，于4月6日下达了英方的审判决定，认为此案中的鸦片，确实属于管制中的吸食鸦片，因此，视哈特雷此次行为，

---

① 外务省编：《日本外交文书》第11卷，第455—457页。
② 同上书，第471页。
③ 同上书，第475页。

为不法走私，按条约规定，应当科以罚金。但领事法庭却认为，该案鸦片虽为吸食鸦片，但其中三斤仍为正常出货，其余鸦片应全部烧毁。另外，此案中涉案的橡胶，则认定为正常的货品进口，不应予以没收，由被告领回。①

哈特雷"走私鸦片事件"虽然就此告一段落，但此事件对正处于修改条约中的日本政府来说，无疑产生了非常大的负面影响。明治新政府修改条约的意图，就是期待着解除在法权和税权方面的不平等，即撤销领事裁判权和恢复关税自主权。②但在英国领事裁判过程中，英国维尔金松领事第一次将生鸦片作为药用鸦片来处理，而宣判哈特雷无罪，第二次虽认为其走私的鸦片为吸食鸦片，但只是没收其中三斤量的鸦片，并没有按照贸易规则，将不实申报之物品，分别扣留、没收。

哈特雷"走私鸦片事件"究竟对日本政界产生多大的影响，笔者目前没有深入研究。但刘明修在《台湾统治与鸦片问题》中认为，"纪尾井坂之变"，即源于此事件："由于当时日本国内正兴起对'萨（摩）长（州）'藩阀专制政权的不满，使得英国领事两次不公正的判决，成为舆论激烈批评藩阀政府的焦点，从而导致哈特雷事件牵连到日本的内政问题。舆论指责藩阀政府为了独占政权，竟屈从如此屈辱的条约和判决，在此一激烈谴责声浪下，导致同年 5 月 14 日，藩阀政府首领的大久保利通在纪尾井坂为不平士族岛田一郎所杀。"③

"纪尾井坂之变"更使日本政府认识到此事件的重要性，5 月 18 日，日本政府以训令的方式，命令将哈特雷"走私鸦片事件"，上诉到英国国会司法委员会。同时日本驻英公使上野景范也多方求助，在拜会外务次长庞斯福特（Sir Julian Pauncefote）时，福特认为维尔金松的判决确为不当，建议上野代表日本政府直接向外相提出申诉。6 月 4 日，上野景范将事件相关上诉原委照会外相萨里斯贝利爵士（Lord Salisbury）。外相 8 月 5 日回复上野，已经让驻日公使就此事件进行解释，同时提出希望日本尽快就药用鸦

---

① 外务省编：《日本外交文书》第 11 卷，第 475 页。
② ［日］安冈昭男：《日本近代史》，中国社会科学出版社 1996 年版，第 264 页。
③ 刘明修：《台湾统治与鸦片问题》，李明峻译，第 32 页。

片输入进行商议，制定相关的规则。①

日本政府紧急废止了明治三年颁布的《生鸦片管理规则》，于1878年8月9日，制定了《药用鸦片买卖及制造规则》，具体内容如下：

第一条　鸦片的制造及专卖，依据此规则，属于国家药用品。

第二条　药用鸦片，不论国产还是进口品，全部由内务省购买及制定品阶后，由各司药场再批发给特别专卖药铺，再零售。但没有设置司药场之地方，由该地方厅进行批发业务。

第三条　各司药场批发的鸦片数量每一勺②作为一器，每器都贴附司药场的印纸。

第四条　地方厅以土地广狭及位置，每管内指定相当的人员，作为药铺的身份保证人，上报给内务省，由内务省发放给本人许可牌照。但如果有废业者，其牌照由内务省收回。

第五条　授予特许牌照的药铺，其住所姓名，由该管辖厅向公私病院医师药铺报告。

第六条　持有特许牌照的药铺，在其店面要挂有"特许药用鸦片专卖所"的牌子。

第七条　授予特许的药铺，半年份的鸦片卖出分类及数量预算，每年两次向就近的制药厂（没有药厂的地方向地方厅）提出批发请求，但缺乏之时也可临时申请。

第八条　所有医院及一般药铺，要求购买鸦片时，要持有需要的药用鸦片数量品类、住所、姓名、年月日、医院的名称及附有院长或副院长的姓名及印章的证明，特许药铺购求时，特许药铺每次可买的鸦片数量不得超过四十勺；但医院及医师等为图方便，在一般药铺购买鸦片，或一般药铺相互买卖鸦片时，即使有本条所规定的证明，其

---

① 外务省编：《日本外交文书》第11卷，第496页。
② 勺：日本计量单位。

数量也不超过八匁。

第九条　不论本国人还是外国人，除持有医师处方者，特许药铺及一般药铺一概不准许私卖。

第十条　特许药铺每半年，将鸦片批发及一匁以上售出鸦片的卖捌数，及购买人的住所姓名及一匁以下卖出类别的总数等明细表，制成正本与副本，交付给所在官厅，特别是一匁以下的部分，平常必须详细记载，以备随时抽看，但管辖厅将其中一本（正本或副本）上交到内务省。

第十一条　医院及一般药铺，每半年必须上交前条所述之明细表，但日常也必须有明细记录，以备随时调查之用。

第十二条　有欲寻求药用鸦片制造者，明记其罂粟的种类及培育采收制造的方法等，经由所在管辖厅，由内务省授给许可牌照。

第十三条　鸦片制造人，将记其所制造的鸦片数量、姓名及印章的申请书，经由地方厅，向内务省提出购买，但购买品，决不可向外出售。但制药厂里面有适合于某品位鸦片之制造人时，由地方厅将其意愿通知给制造人，并将鸦片预先放置于厅中。

第十四条　鸦片的购买及批发的价格，因年时丰凶及国外鸦片价格高低的变化而变动，但制定其等级及价格，由该药之主要成分吗啡之含量而定。

第十五条　由内务省购买及批发的鸦片，其吗啡的含量，限于六分以上，十一分以下。

第十六条　违背此规则者，根据其鸦片买卖及鸦片制造之犯情，没收其鸦片，将科以一百五十元至五百元以下之罚金。[①]

同时日本政府还针对外国人，制定了《鸦片销售规则》，内容如下：

---

① 外务省编：《日本外交文书》第11卷，第511—512页。《薬用鴉片売買並製造規則》，JCAHR：A07061766500。

今后对外国人需要之药用鸦片，日本政府以特许的方式，依照下列规则卖出。

第一条 鸦片的卖出，只局限于日本开放港口的内务省所辖之司药场，没有司药场之地区，该地方厅管辖。

第二条 鸦片由本国政府特许的药铺卖出。

第三条 上述卖出所售出的鸦片，其干燥品要贴有司药场含有8%至12%的海洛因的检验单。但一次卖出量，只能是四十匁以下。

第四条 如果想要购买鸦片，必须将其姓名、住所、国籍及购买数量等详细登记，以书面的形式提出申请。

第五条 接受鸦片专卖的药铺，只出售给医师认定需要使用的证明，及医师处方者，其它一律不得出售。

第六条 上记药铺要将前记的申请数量、购买的数量、制药用的总数量及剩余数量的书面资料提交给司药场。但详细记载前条证书、处方书及本条中所说的制药用的种类及数量等的书类，必须贮备在案，以备日方官员随时检查。

第七条 第六条记录资料不上交，只售给持有医师认定需要使用的证明书及医师处方的人，如果怀疑药铺可能将鸦片售用吸食，就停止其鸦片经营权。[①]

从以上《药用鸦片买卖及制造规则》内容分析来看，该规则将鸦片全部收归为国家药用品，其制造及销售也完全收回国有，不论国产还是进口品，全部由内务省购买制定品阶后，由各司药局再批发给特许专卖药铺零售。此法条的制定，从法源上阻断了外国商人以药用为借口，非法向日本走私鸦片，也为日本实施完全禁止吸食鸦片政策提供了保障。该"规则"是在哈特雷"鸦片走私事件"，日本两次与英国交涉失败后，才紧急制定出来的，更是在明治新政府收回治外法权的大历史背景下，由于在外交失败中，意识到鸦片相关法律有欠缺之处，故在国内法上给予的补充。

---

① 外务省编：《日本外交文书》第11卷，第513页。

《药用鸦片买卖及制造规则》紧急制定出来后，英国方面也认为，哈特雷鸦片走私事件中的判决似有不当，但却以日本新订之"规则"为参考，进行推诿，迟迟不给日本政府以正面的回答。不久，上野景范被召回国，由继任的临时代理公使富田铁之助与英国继续交涉，但交涉并未能获得什么进展。

1879年，外相寺岛宗则辞职，由井上馨继任。11月，由森有礼任日本驻英国全权公使。井上馨与森有礼认为修改条约比鸦片问题更为重要，故决定暂缓上诉。于是"哈特雷鸦片走私事件"以日本忍辱草草收场。但由此事件而牵涉的鸦片问题，却留给日本朝野深刻的侮辱印象，更增加了对吸食鸦片采取坚决的禁止态度。

1880年，明治政府修改刑法，又将鸦片罪列入其中。在《刑法》第二编第五章"鸦片烟相关之罪"中规定：输入鸦片烟及鸦片吸食器具持有者、制造贩卖或以贩卖为目的的鸦片持有者、为图利而为鸦片烟吸食者提供吸食场所者，处以惩役五至七年以下的严刑，鸦片烟吸食者或鸦片烟吸食道具持有者，亦处以体量此刑来处理。①

小　结

综上所述，明治维新以来的日本的鸦片禁止制度，伴随着明治新政府修改不平等条约、恢复国权之历程，其间与中国的交涉虽不顺利，但并没有影响到国内政局，但因英国商人哈特雷走私鸦片事件使修约工作遭到重挫，致使日本国内恢复国权之呼声高涨，这才促成对鸦片采取以刑法为法源的严禁制度之确立。

---

① 《刑法》《華盛頓会議参考資料第一号鴉片問題》，JCAHR：B06150945500。

第二章
日据初期鸦片渐禁政策确立的原因

日据台湾五十年的鸦片专卖制度，是殖民地差别待遇的最明显表现，也是日本自认为殖民统治中最引以为豪的一部分。在现存研究台湾鸦片政策的论著中，一般都认为据台之初，日本的方针及舆论都是断禁，但由于台湾民主国的创立及各地人民的强烈反抗，这种"断禁"想法胎死腹中，半年后政府采用内务省卫生局长后藤新平所提出的渐禁政策，台湾鸦片专卖制度得以最终确立。以这样的论点看来，后藤新平及所提出的"意见书"，在其中起了关键性的作用。一份"意见书"就能促成喧嚣争论不止的鸦片政策得以确立，似乎在论证，有些单薄，是否有其他的原因被研究者所忽视？

一 台湾总督府与鸦片"渐禁政策"

台湾总督府是日本据台后最高的统治机构，也是台湾鸦片政策真正的执行者，故其在政策制定中的作用，应是研究台湾鸦片专卖制度的第一切入点。

1. 伊藤博文与现地执行者之间关于鸦片问题的分歧

1895年4月10日，中日两国在马关谈判中，首次涉及台湾鸦片吸食问题。日本首相伊藤博文以"日后领台，必禁鸦片"[1]的承诺，不仅让李鸿章无言反驳，亦因此获得伦敦"反鸦片协会"的"颂德状"，成为"现代的救

---

[1] 《日清講和条約締結一件/会見要録》，日本国立公文书馆藏档（JACAR）：B06150073000。

世主"。① 故在日本筹建总督府的 5 月份，台湾鸦片问题，就成为内定总督府民政局长水野遵的"日夜苦恼之源"。②

5 月 10 日，日本政府任命桦山资纪为台湾总督。同时发出了伊藤博文的《给台湾总督府的训令案》，其中就台湾鸦片问题，曾有特别的指示："鸦片烟是新领土施政上的一大害物，在新政实施的同时，应依我国与各缔盟国条约之明文，向台湾岛民公布严禁鸦片烟之宗旨，然需明订宽限期间，于道义上应予业者处理商品之缓冲期，且此事与英国商业有重大关系，不可不慎思远谋。"③

从接收"训令"相关鸦片内容分析来看，伊藤认为鸦片是施政上的一个难题，处理的宗旨虽是严格禁止，但由于既有库存鸦片，故应给予业者一个处理时间；另外从对外关系上考虑，也必须采取一个可行的措施。故笔者认为，以伊藤博文为代表的日本政府，在条约取得台湾之时，对将采取的台湾鸦片政策倾向于严禁，这一点似乎是毋庸置疑的。这一方面是由于日本自"安政条约"以来，一直严格禁止外国人输入鸦片，也严格禁止日本人吸食鸦片，台湾即为日本领地，当遵从惯例；另一方面，也因伊藤博文在马关谈判时夸下了严禁的海口，并因受领"颂德状"而名扬海外，如果失信，将有损于日本的国际形象。

但有一点非常值得玩味，现存档于日本国立公文书馆的《台湾总督府训令案之件》④ 原件中，并没有此项关于鸦片之内容。而在山边健太郎编著的《现代史资料——台湾（一）》及高滨三郎的《台湾统治概史》中，收录了带有严禁鸦片内容的"训令案"；而《日本外交文书》第 28 卷第 2 册、伊藤博文所编的《台湾资料》（秘书类纂）、总督府编纂的《台湾总督府警察沿革志》及《原敬关系文书》等，所收录的"训令案"都没有关于鸦片

---

① ［日］水野遵：《台湾鸦片处分》，明治 31 年，第 1 页。此资料承蒙在日友人车长勇先生帮助收集，特此表示感谢！
② 同上。
③ ［日］山边健太郎编：《现代史资料——台湾（一）》，みすず书房 1971 年版，第 X 页。
④ 《台湾総督府へ訓令案ノ件》，JACAR：A03023062200。

的相关内容。①

日本学者山田豪一研究认为，之所以在"训令案"中最终删除鸦片相关内容，是由于当时台湾总督桦山资纪及民政局长水野遵的进言。② 笔者曾查阅"训令案"原件，此"训令案"虽发布于5月10日，但在8日时曾在内阁进行讨论，故推测可能是训令案在阁议时，关于鸦片事项，有人提出反对意见。此推测在水野遵的《台湾鸦片处分》中得到证明，水野自述曾为鸦片问题的决定，而陷入了"臆病"。桦山也曾言："鸦片问题不是马上就可以禁遏的，应寻求其它适当的办法，这样的难题，最好现在不要解释为好。"③ 故在5月10日公布的"训令案"中删除了此项相关内容。

"训令案"中鸦片相关内容的删除，意味着当时已被任命为台湾总督的桦山资纪及民政局长水野遵，不认同或对伊藤的严禁政策有所疑虑，但一时又没有更好的解决办法，故主张先放置一段时间，再做考虑。如果此推断成立的话，这表明当时伊藤首相，与即将成为台湾实际统治者的桦山与水野等，在鸦片政策上存在着分歧，而伊藤尊重现地统治者桦山与水野的意见，才使"训令"中的"鸦片烟之事"（第11项）与"外国宣教师"（第10项）这两项内容全部删除。

桦山及水野的做法，也自有其道理。他们早在领台以前，就以"台湾通"著称，桦山与水野都曾在1874年日本出兵台湾前后，亲自到台湾考察，对台湾情况较为熟悉。特别是水野遵曾留学于中国，对台湾人鸦片的嗜好，及鸦片在财政上的意义，应当较为了解，故主张鸦片问题延后再做决定。

另外根据山田豪一的研究，记载鸦片事项的文书，主要在战前广为传

---

① 《现代史资料——台湾（一）》的第xii—x页；高浜三郎：《台湾统治概史》（新行社昭和11年版）的第28—34页；《日本外交文书》第28卷第22册（日本国际连合协会，昭和28年）第553—556页；伊藤博文编的《台湾资料》（秘书类纂，原书房昭和45年版）第434—439页；《台湾总督府警察沿革誌》第二卷（南天书局，1995年复刻）第27—29页；《原敬关系文书》第六卷（日本放送出版协会）第208—211页。

② ［日］山田豪一：《台湾鸦片专卖史序说》，《社会科学研究》第38卷第1号，早稻田大学亚细亚太平洋研究中心，1992年8月31日，第35页。

③ ［日］水野遵：《台湾鸦片处分》，第22页。

播，但并没有说明什么原因。① 笔者查阅了现藏于日本国立公文书馆的《台湾总督府警察沿革志》②，及日本外务省存档的《外交文书》第 28 卷的原档，它们的出版年限分别是战前的 1938 年及 1943 年，而"沿革志"及"外交文书"的影响，应当是远远大于诸如山边等人编纂的资料集，故笔者认为山田豪一的说法，值得商榷。

2. 台湾总督府初期的鸦片对策

日本在整个议和谈判中，采取的是秘密外交，故伊藤博文的禁烟豪言，只是在海外进行了报道，日本国内并不知晓。7 月时，由于三国干涉还辽，《东京日日新报》报道了台湾鸦片相关内容，才引发了轰动一时的台湾鸦片问题大讨论。③

而水野遵到达台湾后，马上着手对鸦片问题进行调查。《东京日日新报》报道的内容，即是源自台湾总督府在接收淡水、基隆两海关后，开始进行的关税收入调查。

7 月 8 日，《东京日日新报》的特派员石塚刚毅，以总督府的名义，在报上发表了《鸦片问题》一文，就台湾鸦片问题，抛出试探性的气球："现今台湾鸦片的输入，如果从国内法上探讨，当然是必须禁止的，但如果从国际法的视角上考虑，获得他国领土时，新的主权者，不能不受旧的主权者，其在领土上相关条约的羁绊，而能否马上解脱，当然也是一个问题。故鸦片的输入，依据旧惯，日后必须与各国商量，或者直接科以禁止的重税，这是有识之士必须研究的问题。"④

石塚的鸦片相关报道，是以台湾总督府的名义发表的。虽然报道没有明确说明总督府究竟将采取什么政策，但试探性的放出以"禁止重税"名目，允许鸦片输入，以图增加财政收入的意图。而实际上，总督府确实默许着鸦片的输入及吸食。"淡水海关公然征收输入税，外商也贩卖鸦片，本岛人继续制造吸食着鸦片。"⑤

---

① ［日］山田豪一：《台湾鸦片专卖史序说》，第 49 页。
② 《台湾総督府警察沿革誌第 2 編・領台以後の治安状況（上卷）》，JACAR：A05020352000。
③ ［日］山田豪一：《台湾鸦片专卖史序说》，第 35—36 页。
④ 《台湾通信第 15 信》，《东京日日新报》明治 28 年 7 月 18 日。
⑤ ［日］水野遵：《台湾鸦片处分》，第 7 页。

随后，在 7 月 12 日，石塚又在《东京日日新报》上，报道了淡水海关鸦片输入情况。报道称，日本在接收两海关后，装载着鸦片的英、德船"福尔摩萨号"及"ハイモツ号"首次驶入港口，虽然还不到一个月的时间，就有了十万多元的收入。征税也在入港之后办理，一旦鸦片收入仓库，检查重量后，一担就要付海关税 30 两、厘金 80 两，总计 110 两，折算成当时的日本元为 165 日元，始明白这才是值得期待的财源！①

12 日的报道，依然是以台湾总督府的名义发表的。它以更直接的形式，向日本内地报告台湾鸦片的输入正在继续进行，并委婉地表明，总督府期以"禁止税"的名义，增加财政的思路。

总督府民政局最初的工作，就是接收税关及开展税收的调查，在民政局内鸦片相关问题的研究调查，早在接收台湾时就已经开始，故以税收为前提的"禁止的重税案"，逐渐成为总督府民政局的一个立案。此点从水野遵提交给日本政府的报告书"台湾行政一斑"② 中，可窥视出其中的端倪。

在这份报告书中，水野遵将台湾旧政府的财源分为六个部分，其中最大一部分是关税。表 2-1 为水野遵推算的清政府统治时期主要财政收入的统计概表：

表 2-1 清政府统治台湾时期的主要财政收入 （单位：元）

关税 （含鸦片厘金）	地租	厘金 （官盐利益金）	官田小作料	樟脑窑税	土地登记税	合计岁入
1608696	828785	959596	47937	450000	450000	4345014

* 此表内容根据水野遵守《台湾行政一斑》之内容整理而成。参见《原敬关系文书》第六卷，第 266 页。

根据表 2-1 分析来看，以鸦片输入关税及厘金为主的收入，占台湾岁入的 1/4 左右，实为清政府时期台湾财政收入的关键。

表 2-2 为 1887—1892 年间鸦片输入与收入在清政府时期台湾财政中所占比例：

---

① 《台湾通信第 15 信》，《东京日日新报》，明治 28 年 7 月 18 日。
② 《台湾行政一斑》，《原敬関係文书》第六卷，第 261—289 页。

表 2-2　　　　　清政府统治时期台湾鸦片输入与收入情况

年次	鸦片输入量（斤）	鸦片收入（海关两）			政府总收入②	①/②
		海关税	厘金税	总计①		
1887	4247000	126983	299289	426273	872100	49%
1888	4642000	139339	371566	510906	1002590	51%
1889	4734000	142017	378713	520730	990148	53%
1890	5042000	151452	403804	555258	1045247	53%
1891	5582000	167497	446640	614138	1111570	53%
1892	5141000	154522	412061	566585	1079101	53%

据刘明修《台湾统治与鸦片问题》第9页之附表整理而成。

从表 2-2 分析来看，鸦片在清政府时期的台湾财政收入中，实际上比水野遵估算的 1/4 左右还要高，一般都占到 1/2 左右，这说明清朝统治者主要靠鸦片收入来维持台湾财政，故我们在批判日本的台湾鸦片政策之时，更应当反思清政府的鸦片政策。

另外，总督府在关税上的考虑是，"海关税率，在输入上，除鸦片外，与日本现行税率相同，输出上继续施行现行税目"①。当时台湾海关茶叶的旧税率是一担 3.85 元，而日本现行税率则是 1.125 元，如果按照日本税率，茶叶的税收将减少 450448 元。而当时作为第二财源的厘金，由于各地厘金局的解散，其征收基本已经废止。虽然也可用制造税来代替厘金，但短时期内难以完成。在兵荒马乱之际，其地租的征收、土地登记税等，都不可能顺利进行。如果不包含鸦片税及厘金，即使忽略茶叶税减少部分，1896 年的台湾财政预算也将亏欠 2073868 元（收入预算为 4215000 元），且这种状况将持续数年，等地租的增征成为可能才能缓解。②

因为鸦片收入在台湾财政收入中所占的比例，使初期军费骤增、财政紧张的总督府，绝不可能轻言放弃鸦片的收入。特别是总督府在行政经费上的思路是，"决行行政经费的一部或全部，从本岛的财源中取得"③。如

---

① 《海関税協定ニ関スル意見》，伊藤博文：《秘書類纂台湾资料》，第 200 页。
② ［日］水野遵：《台湾行政一斑》，《原敬関係文書》第六卷，第 271 页。
③ 《海関税協定ニ関スル意見》，伊藤博文：《秘書類纂台湾资料》，第 200 页。

果放弃鸦片的收入,在兵荒马乱之时,台湾的财政几乎全部依赖日本,这才是台湾鸦片得以继续存在的真正原因。

另外,关税的一部分,必须以旧的税率为标准,与外商协定台湾特有的税则。当时台湾对外贸易的单品,主要以茶、砂糖、樟脑及鸦片等为主。1892年时,其输出额为764万元,输入额为577万元,这其中鸦片占输入总额的40%。① 这些贸易,几乎都由在台英商垄断,故日本接收台湾后,一直到南部的平定,依旧沿用清朝时期旧的关税,以避免与在台英商产生矛盾。

而英国驻日公使早就向日本方面表明,希望不要对鸦片采取严禁政策。英国驻日本公使佐藤拜会代理外务大臣西园寺公望时,曾引用"王立鸦片调查委员会给英国议会的报告书"内容,委婉地表达了反对严禁吸食的立场:"鸦片不像酒精那样有害,故不劝其禁止。"② 故如果日本单方面禁止鸦片输入,势必引起与英等诸国产生矛盾甚至冲突。

通过以上分析,可以看出总督府现地统治者,最初在鸦片问题上就主张谨慎处理,特别是接收台湾后的税关调查,使总督府充分认识到鸦片收入在财政上的意义,其政策的考虑,必然是趋向采取确保财源的鸦片政策。水野遵曾明言"如何处理鸦片问题及茶的税率,是关系到本岛施政经费不可小视的税源。"③ 在伊藤博文《台湾资料》(秘书类纂)中,收录了没有署名的《关于输入鸦片的意见》的建议书,及水野遵的《台湾鸦片处分》,都可证明此推论。

3. 水野遵"输入禁止税"的渐禁鸦片政策

《关于输入鸦片的意见》虽然没有署名,但几乎全部内容可在水野遵的《台湾鸦片处分》中找到,故笔者推测,此份意见书,可能就是水野遵提交给总督府的鸦片处理意见的立案。"意见书"大意如下:

---

① [日]山田豪一:《台湾鸦片専売一年目の成績》,《社会科学研究》第42卷第1号,早稻田大学社旗科学研究所,1996年7月30日,第142页。

② [日]長岡祥三訳:《アーネスト・サトウ公使日記1》,新人物往来社1989年版,第49页。

③ [日]水野遵:《台湾行政一斑》,《原敬関係文書》第六卷,第268页。

第一　达到禁止吸食鸦片的方法有二种：一种是输入禁止令；一种是输入禁止税。前者直接过激，后者间接渐禁。禁止令是依据法律，目的是以期开始就使吸烟灭绝，但会引起走私相同需要数量的鸦片；禁止税是依照法律以外的商价，以高价获得生存必需的鸦片，使吸烟的范围缩小，以期达到最终禁止。这二种方法只是进度不同，但目的大同小异，美国实施禁止税的结果，使吸烟范围缩小，日本横滨、神户两港禁止令的结果，是吸烟被灭绝，但禁止令必须是在中国人不占主流的土地上才会取得效果。

第二　禁止令是为摆脱恶习将必要分量的鸦片也停止，逼迫其一举将几十年的习惯改除，这在将来施政上恐造成民乱；禁止税是一种形式上的变通，给予良民戒除的时间与机会，吸食者不觉得痛苦。

第三　如果仿效美国现行制度，一英镑征收 10 美元的禁止输入税，台湾一斤可征收 20 元的禁止税，以 1893 年输入 468500 斤为例，其税金可收益 937 万元，况且输入的数量远不止生存所必需的数量，这样即可得到巨额税金，也可以用税金来劝导达到禁止税的目的，而禁止令没有这个功能。

第四　鸦片输入禁止税的方案，是诱导台湾人民进入率土之滨王化之门，渐次摆脱恶习，成为身心健康良民的唯一良方。今后至少需要二年左右的时间来熟悉本岛的民情，进行必要准备，在时机成熟之时，再发布禁止令也不迟。①

　　这份鸦片政策的最初立案，以禁止令与禁止税两种方式来讨论，但主张采取禁止税方式。这虽与 11 月份赴东京时的方案有所差异，但实际内容基本相同。

　　11 月时提交的议案，是总督府即决的"暂时采取渐禁政策"② 后的提

---

① 《输入鸦片始末二関する意见》，伊藤博文：《秘書類纂台湾資料》，第 196—199 页。
② ［日］水野遵：《台湾鸦片处分》，第 22 页。

案。也许是水野遵在前案的基础上,又征集了总督府民政局人员的意见而形成,故其应当代表台湾总督府的立场,其具体归纳为以下六点:

一、以1897年5月8日台湾住民决定去留之日为期,严禁鸦片;
二、将此后七年定为严禁的期限;
三、藉课征禁止性重税,以达严禁之目的;
四、逐次遁减输入斤量,以达严禁之目的;
五、给予特定商人鸦片专卖特许,并向总督府缴纳特许金,以期达到渐禁之目的;
六、使鸦片成为总督府之专卖,来决行渐禁。①

议案虽有六条,但水野遵为代表的台湾总督府,已经决定暂时采取第五、六项之"渐禁政策"。水野遵在《台湾鸦片处分》中的解释为:"如第一项和第二项,设定禁止鸦片之期限,毫无道理地设定自即日起二年或七年间等,终究是延后处分鸦片之时限,岂可得到实际的禁烟之效果?第三及第四之方法虽看似可行,但以当时之警力及兵力,能否防遏走私成为问题。如果不能防止走私,则此法依旧达不到禁止之目的。第五项为英殖民地所施之法,政府如果采取英国之策略,则其手续亦十分简便,政府可收取多额税金,且可防止走私。第六项为达成禁止目的最适当之法,除此以外别无良策。"②

通过水野对"六点提案"的解释,显示其本人及总督府方面,认为台湾的鸦片政策,最好是采取"政府专卖的渐禁政策",且总督府内部决定"大致上暂采第六案,暂时实施渐禁政策"③。非常值得注意的是,刘明修的专著《台湾统治与鸦片问题》,并没有阐明当时总督府已经决定暂时采取政府专卖的渐禁政策,特别是在引用这"六项"④时,不知是否有意为之,将第五点中之"以期达到渐禁之目的",及第六点中的"以决行渐禁"之

---

① [日]鹤见祐辅:《後藤新平》第一卷,后藤新平伯传编委会,昭和12年版,第876页。
② [日]水野遵:《台湾鸦片处分》,明治31年,第24页。
③ [日]鹤见祐辅:《後藤新平》第一卷,第877页。
④ 刘明修:《台湾统治与鸦片问题》,李明峻译,前卫出版社2008年版,第59—60页。

非常重要内容遗漏掉，笔者不敢贸然推测其用意，但觉得非常遗憾。

水野的提案是以关税为主旨的"政府专卖渐禁政策"，存在着很大的缺欠。这个意见是建立在台湾复归民政后，日本与各国实行的现行条约，即茶与砂糖等的关税不变的基础上，而在条约上将鸦片输入款项除外，同时将鸦片关税大幅度提高，使台湾的鸦片的关税成为例外。

如果要实施这个提案，就必然涉及修约问题，这对日本政府来说，不能不说是一个困难。因为日本刚刚在 1894 年 7 月 16 日签订了《日英通商航海条约》，废除了领事裁判权，恢复了关税自主。这个条约将在五年后的 1899 年 7 月开始实施，故在这之前是不可能再进行条约修订交涉的。

另外，以关税为主旨的鸦片专卖政策，是以国家机器来限止关税，从而达到控制鸦片输入的数量，最终达到渐禁之目的，对鸦片吸食者只有增加附加的鸦片税，在吸食量等方面，没有任何的约束，这意味着只要吸食者有能力购买鸦片，就可终生继续吸食。这也是中水野提案中一个致命伤。

1895 年 11 月，水野遵带此提案赴东京台湾事务局，以求得到支持与允许。但"为了弥补财政收入的欠损，就允许瘾者吸食鸦片的话，世论面前无法交代，因此水野就以如果现在禁止输入，吸食者就会马上发病"[①] 为由，阐述了自己的台湾鸦片政策。

水野所主张的台湾鸦片"政府专卖渐禁政策"，不仅在台湾事务局会议上，在日本帝国议会上也受到强烈的反对。"渐禁说无异怀冰投火般处于水深火热中"，甚至被批评"贻害国家百年者，非君莫是"[②]。但水野遵并没有屈服，反复向台湾事务局总裁伊藤博文禀申："在台湾是绝对难以实施断禁的。因此，若无稳健的对应之策，台湾的统治将陷入困境。"[③] 甚至提出："若政府犹以绝对严禁土民吸食鸦片为施政方针，则必生事端，于此情节下无法执行职务，只好请求准予辞任。"[④]

水野不惜以辞职来反对断禁鸦片的做法，迫使伊藤不得不重新考虑台

---

① ［日］山田豪一：《台湾鸦片専売一年目の成绩》，第 142 页。
② ［日］水野遵：《台湾鸦片処分》，第 29 页。
③ ［日］鹤见祐辅：《後藤新平》第一卷，第 879 页。
④ ［日］宿利重一：《儿玉源太郎》，国际日本协会昭和十八年版，第 324 页。

湾的鸦片政策。他要求台湾事务局各委员①重新考虑此事。正在伊藤为难之时,"进退维谷的台湾事务局却得到了救命的稻草,在 12 月 14 日,收到从内务省发来的后藤新平卫生局长的奇策"②。即"关于台湾岛鸦片制度之意见"③。

二 后藤新平与"渐禁政策"的确立

当时,虽然台湾事务局各委员反对水野的"政府专卖渐禁政策",但时任卫生局长的后藤新平却赞同水野遵的意见。后藤新平在内务省食堂与各位高官聊天时,多次表达:"断禁之论非常浅见,最好的办法就是吸食的鸦片由政府来制造、专卖,将其收入充当卫生事业设施的资金。"④但后藤新平并没有把自己的意见向上提交,这主要是因为当时的内相芳川显正,曾因"相马事件"与后藤之间有隔阂,故后藤采取先在内务省高官中表达,以"犬吠闻声"的方式来寻求响应。⑤

当水野遵的"渐禁案"倍受日本各界质疑之时,某天芳川将后藤新平叫到自己的办公室,说:"最近听你屡在食堂议论台湾鸦片政策,能否将意见提出书面报告。"⑥这样,被称为"暗夜中一盏明灯"⑦的后藤新平台湾鸦片"意见书",便堂而皇之地登上了历史的舞台。而促成后藤提出"意见书"的,是当时的内相芳川显正,此点在《后藤新平传》中有详细的叙述,由于后藤与芳川间的隔阂,后藤才采取了"远吠之犬"的做法。⑧但刘明

---

① 当时台湾事务局的委员为:"治民部委员:末松谦澄;财务部委员:田尻稻次郎;外务部委员:原敬;军事部委员:儿玉源太郎、山本权兵卫;交通部委员:田健治郎;总务部委员:伊东巳代治。"参见《台湾事务局各部委員氏名通知付事務局経費支出請求計算書》,《原敬関係文書》第六卷,第 212 页。
② [日]山田豪一:《台湾鴉片専売一年目の成績》,第 145 页。
③ [日]《台湾島鴉片制度ニ関スル件》,JACAR:A04010019600。
④ [日]鹤见祐辅:《後藤新平》第一卷,第 878 页。
⑤ 同上书,第 878—879 页。
⑥ 同上书,第 879 页。
⑦ 同上书,第 878 页。
⑧ 同上书,第 879 页。

修在《台湾统治与鸦片问题》中,却将"芳川显正"说成是"野村靖"①,不知道为何?

后藤新平的"意见书",开篇即言,鸦片烟对人体之害,自不赘言。日本能雄居于宇内之一要因,即于开国之初,早布禁制,令臣民得保全其健康,且此种禁制,至少曾有效防止"彼等昧于商利拟蹂躏国民健康之企图",亦使日本帝国在远东为唯一势力。

在后藤看来,对鸦片实施严禁,是日本强大的重要原因。故他批评清政府说:"令其国民陷入劣败之原因,固不仅在鸦片之吸食,惟国法无力加以禁止,焉能不论其为令国民懒惰之一因?"② "如今台湾将成为我新领之土,如对此势力有所减损,岂非千载之遗憾?"③

如从后藤上述言论上看,在日本的新领土台湾,严禁政策是必然的。这一方面是由于日本自开国以来的鸦片政策,另外也是顾及今后日本的内地,"据传弥近军役人夫等之间,不顾我国禁之严,私下试吸者,亦已日见增加,若一旦成为习癖,于不知不觉之间,将蔓延至日本内地,届时惟恐其弊害终将不可自拔。故研订其严禁之法,自属当前之争务也"④。

一般的研究都认为后藤并列陈述了"严禁论"与"渐禁论"二案,但资料显示所谓的"严禁论",只是说"此等弊害,为世人所周知,不容置疑,且严禁鸦片烟,则莫以此时为最宜,自不待言。此乃关于严禁鸦片烟之卑见之第一案也"⑤。紧接着就非常具体地叙述了八条反对严禁之异议者的意见:

一　纵未禁止鸦片,并非即将导致人人吸尝鸦片,以中国并非人人吸烟为证。

二　在中国,富豪、强健者、勤勉者,亦不乏其人,故不必为防止国民之懒惰、疲惫而禁止吸食鸦片。

---

① 刘明修:《台湾统治与鸦片问题》,李明峻译,第62页。
② 《台湾岛鸦片制度ニ関スル件》,JACAR:A04010019600。
③ 同上。
④ 同上。
⑤ 同上。

三　鸦片并非仅试吸一次,就能上瘾成为习癖,起初反应不觉愉快,致自动放弃者,不乏其人。

四　中国人本身,提倡鸦片烟之弊害者,亦为数不少,凡略受教育者,均力行禁制,故任其自然,亦不致为害。

五　如台湾土民已染吸食之瘾者,若立行严禁,则不仅对健康有大害,且有生命之危险。

六　据土民老辈者自称:鸦片烟之有害,实知之甚详,夙愿我子孙均应免除此恶习,成为健康之民。

七　故对台湾土民,严禁其吸食鸦片,将遇民情之极力反对,不仅有妨对帝国之心服,也将导致土匪之蜂起,故若要执行严禁,则非经常驻派二个师团以上之兵力,并牺牲数千之生命,甚至以兵力威压,仍未必能达其目的。

八　为推行一鸦片制度,竟需众多之兵务与巨额经费,并需牺牲生命,更需连年危害岛民之和平,则自扩领土谋殖民之观点上言,殊非得宜之策也。①

但后藤却技巧地对反对者提出"暂缓实施不加过问"的观点,进行了强烈的批判:"台湾新附之领土,对其土民之恶习,欲遂加以禁止,纵有如前论者所言,有其碍难之处,如采用姑息之威信,颇令人担忧。"②

后藤还有意提到马关谈判时,伊藤博文的鸦片严禁之议,并言:"此言果可信,凭我国在东洋之威信,禁制手段,更不可等闲视之。"③ 此种说法从表面上看,显示后藤新平是坚决反对那些"暂缓实施不加过问"的异议者,且重提伊藤之"断禁说",给首相之言一个正面回应,来表明自己倾向主张严禁政策。

狡黠的伊藤又以假借他人之口的伎俩,婉约地批评了"严禁"与"放任"两说,"复有议者曰:鸦片烟之不可不禁,自不待言,惟于今日,要以加急施,似甚有不妥。目前暂时付之不问,俟人心趋稳,亦不为迟。此言

---

① 《台湾岛鸦片制度ニ関スル件》,JACAR:A04010019600。

② 同上。

③ 同上。

乃巧言误事，即强辩弱行之辈，所常为之"①。

后藤以"批判的利器"，为阐述自己的想法铺开了道路。后藤认为"合于时宜之禁止制度"应是：

一　鸦片，可仿国内现行制度，统归政府专卖，不准自由贸易买卖，故可纳入卫生警察施行体系，在树立政府威信上，亦可抢先一步。

二　鸦片买卖，将仿效国内现行制度，于台湾岛内设置鸦片特许药铺，除药用鸦片之外，不准买卖。

三　有吸食鸦片不能戒除之癖者，系已罹患中毒症者，则唯有以毒攻毒，故依医师之诊断，唯允中毒者，每年定期，由政府发给一定之通折，凭折随时向鸦片特许药铺，购买吸食。若无医师之地方，可由所辖警察署或乡村公所，出具保证，交予通折，凭以购买，依实际设定适宜之方法，及不全之处置，并防可能产生之弊害，令其逐渐改习。

四　据说鸦片进口税年逾八十万元，可见其需用量之巨，惟将其归为政府专卖，寓禁止税之意，加课比进口税多三倍之价，在特许药铺，凭政府发放之通折，售予其吸食者，则其需用者，必因之逐渐减少，且可有遏止青年子弟陷入此恶习之效，国库并将增加一百六十万元之收入。

五　此一百六十万元与向来之进口税八十万元合计时，将达二百四十万元。如将此费用充用台湾地方之殖民卫生之费，依所谓生存竞争之原理，实践了以毒攻毒之自然法则，将危害健康之祸源，改为增加国民福祉之手段。

六　至于青年儿童，当前急务应从教育上着手，令其了解吸食鸦片之害，故应在各小学课本上、在教学上力求灌输此种精神。设有小学之各村落，应从该二百四十万元中，配置适当之村医，如在未开化时期之村落，令村医分担小学教员之权宜，此办法

---

① 《台湾岛鸦片制度ニ関スル件》，JACAR：A04010019600。

亦属可行。
七　从殖民卫生上言，于各县之下设置医院或村医，行急救之功德，为令人民体会厚德之良方，故医院之设置，极其需要，何况有其财源。①

后来研究者所谓的"渐禁论"，实际上后藤自己是冠以"适宜之禁止制"的。后藤一再强调"严禁"窒碍难行，称如果台民"鸦片之骤然遭禁，生存之快事亦全般丧失矣，与其置余生于长久痛苦中，不若即刻速死为快"②。认为"如果严禁台湾岛民吸食鸦片，将遭民情极大反抗，有碍其心服帝国之统治，终将导致土匪蜂起。是以，若欲严禁之，须常驻两个师团的兵力，牺牲数千之性命，否则即便藉兵力施以威压，亦不能达到其目的"③。

从后藤对"严禁"的论述来看，其本人认为严禁固然为一种禁止鸦片的方法，但吸食者余生痛苦，有失人道。这与水野遵的说法显然是相互呼应的，但后藤将实施严禁的困难描述为"常驻两个师团，牺牲数千人性命，亦不能达到其目的"，来说明严禁政策将会给日本政府带来沉重的代价。这不仅声援了水野遵的说法，也明确地向那些主张严禁论的人士表达，在台湾根本无法实施严禁政策，更为其"适宜之禁止制"的论证奠定了基础。

后藤的台湾鸦片政策，是以"卫生警察体系"为中心的"禁止制度"。它以"禁止"之名，掩饰了其"渐禁"的目的。特别是它仿效了日本国内即行鸦片制度，故不与国内相关法律相悖逆。这种"最适宜的禁止制度"，即圆了伊藤博文的断禁说，更超越了"水野提案"中所谓七年的期限。特别是将鸦片专卖的实施，归属"卫生警察体系"，即可以避免单纯以进口税形式带来的诸多不便，还解决了未将吸食者进行管制的窘境，更使得鸦片的巨额财政收入得以堂而皇之收入囊中。后藤提案的妙处还在于，本质上就是"渐禁政策"，但却冠以"禁止制度"，故与水野遵所明言的关税为中心的"政府专卖的渐禁政策"相比，更加圆滑，也容易被接受。此提案也

---

① 《台湾岛鸦片制度ニ関スル件》，JACAR：A04010019600。
② 同上。
③ 同上。

让人窥见后藤在政治上的韬略，这为其以后在台湾殖民地统治上的建树奠定了基础，故《后藤新平》评价说："造就（先生）自内务行政转进统治台湾殖民行政之机缘，成为使先生身列日本殖民政治家首位之要因。"①

至于后藤的提案与水野遵的具体关系，目前没有资料证明两人有直接的接触。但后藤的渐禁政策及提案，是水野在台湾事务局及议会上受到强烈质疑与批判之后，故间接影响一定是有的。另外，从"星岗茶寮"，由水野遵、后藤新平、军医总监石黑忠真及医学界的数人，为加藤尚志赴任台湾总督府制药所所长举行的欢送会来看，他们"鸦片"理念相同，相互通气是不言而喻的。这也是理解石黑支持后藤见解的一个视角。

在后藤新平提出意见书两天后，12月16日，石黑忠真亦向台湾事务局提交了"新领地台湾之鸦片意见"②，以声援后藤的提案。

石黑忠真在文章强调，自己虽是鸦片严禁说的笃信者，但由于台湾情况特殊，万一严禁法不能实行之时，得颁布"鸦片专卖法"，特别是要制定"鸦片烟取缔管理法"；另外，官方应设置鸦片制造所，以严明鸦片原料的出处；同时让可依赖的医师，对鸦片吸食者进行调查，对于那些瘾者给予鸦片吸食特别牌照，由鸦片批发所进行批售，由零售店卖给这些特许吸食者。另外，要设置鸦片警察，专门执司鸦片相关警察事项，包括管理吸食鸦片者、非吸烟者、鸦片批发及零售店、鸦片的输入、鸦片的密造等。③

石黑忠真在"意见"书中，还将自己的相关鸦片政策，解释成为如果严禁不能实施，不得已才实施的政策。他也强调这种政策性的鸦片专卖制度，不需要政府的财政补贴，以三百万元的鸦片税即可解决，时间长度大约为三十年。④

石黑忠真的"意见"与后藤相比，并没有什么新意，但他以日本军医界实际负责人的身份，阐述了在台湾严禁可能行不通，必须实施鸦片专卖政策。这从不同的侧面，声援了后藤新平。从《后藤新平》中，可以看出

---

① ［日］鹤见祐辅：《後藤新平》第一卷，第872页。
② ［日］石黑忠真：《新領地台湾における鴉片意見》，伊藤博文：《秘書類纂台湾資料》，原書房，昭和45年，第62—67页。
③ ［日］石黑忠真：《新領地台湾における鴉片意見》，第64—65页。
④ 同上书，第65页。

石黑与后藤两个人，早在"相马事件"及"检疫"中就已经成为人生至交，故笔者推测，石黑的声援绝不是单纯的，也许其后有后藤的影子。

刘明修在《台湾统治与鸦片问题》中，将后藤新平的提案，说成是以当时著名的"鸦片事项调查书"为凭据，笔者认为这也值得商榷。① 因为鹰崎伦三提交"调查书"的具体日期，为1896年8月5日②，远远晚于后藤的提案达八个月之久。即使是后藤提出的具体的"关于台湾岛施行鸦片制度意见书"，其提交的日期是在1896年3月23日③，亦早于"调查书"五个月。笔者认为，根据水野遵在《台湾鸦片处分》的记载，内务省卫生局加藤尚志曾向水野遵提出严禁鸦片的意见书"鸦片之事"，其中曾提出将"药用鸦片与日本一样，由政府专卖"④的主张，故推测也许后藤的鸦片专卖思想，是受其影响也未可知。

1896年2月3日，伊藤博文将后藤新平的"意见"书，送达日本内阁，12日，内阁决定采用后藤提出的"第二案"。⑤ 15日，伊藤正式通知桦山资纪，在台湾全岛实施鸦片"渐禁政策"。⑥ 其后，后藤在3月23日又提出"关于台湾岛施行鸦片制度意见书"⑦，将台湾鸦片实施的具体意见提出。该意见书分为前文、鸦片行政机关、鸦片警察施行方法、鸦片财政、附言五个部分，就鸦片相关官制、定额的配置、鸦片收入的用途、告喻的大意、特许吸食者的许可及许可簿样本等，进行了详细的说明，为台湾鸦片制度的实施奠定了基础。

1897年1月21日，总督府以律令第二号发布"台湾鸦片令"，4月1日，渐次在台湾全岛实施。这样，自马关条约以来的台湾鸦片"断禁"与"渐禁"的争论，终于尘埃落定。

另外，后藤意见书第一项"鸦片行政机关"中，曾言"并非定要附设

---

① 刘明修：《台湾统治与鸦片问题》，李明峻译，第49、50、62页。
② 《日据初期之鸦片政策》第一册，台湾省文献委员会1978年版，第48—172页。
③ 同上书，第20页。
④ ［日］水野遵：《台湾鸦片处分》，第13页。
⑤ 《台湾岛鸦片制度ニ関スル件》，JACAR：A04010019600。
⑥ 《台湾鸦片行政施行状況明治29—40年》，JACAR：A06032550800。
⑦ ［日］鹤见祐辅《後藤新平》第一卷，第886—894页。

制药所不可。据闻设制药所已成定案，兹不再赘言"①。据此，笔者推断，总督府尽管在鸦片问题上遇到各种困难，但采取"渐禁政策"之意，从来没有动摇过，故早就着手进行鸦片烟的生产系统准备。而《台湾总督府制药所第一年报》中也证明，实际早在1896年2月12日时，总督府就已经命令其雇员就鸦片制造所费用预算等进行调查。② 这些资料显示，在日本内阁接受后藤建议之前，台湾总督府就已经着手实施"渐禁政策"。这也再次证明台湾总督府在制定台湾鸦片制度中的作用。

三　最后防线的突破——台湾财政预算的通过

1897年1月21日颁布的"鸦片令"，是台湾鸦片制度实施的法源，它是以律令的方式发布。而该律令的法源则是《有关应施行于台湾法令之法律》（俗称"六三法"）③。由于"六三法"最大的特点就是委任立法，即依照其构建的律令立法制度，立法机构可以是台湾总督，在台湾这块区域内，可以自行制定法律并督促执行，不受日本帝国议会的牵制。这也就是说，台湾总督府以律令方式制定的鸦片相关政策，不需要受日本帝国议会的审议。这使得台湾的鸦片政策，在日本的反对声浪中得以确立。但这并不意味着在日本国内诸行政机构、机关没有能力阻止其实施。1896年台湾由军政转到民政后，日本的会计法实施于台湾，使台湾的财政亦需依照程序，将预算与决算交付帝国议会协赞审议。④ 如果总督府向帝国议会提出的鸦片相关预案遭到议会否决的话，那么总督府的鸦片政策将胎死于腹

---

①　[日]鹤见祐辅：《後藤新平》第一卷，第887页。
②　台湾总督府制药所：《台湾総督府制薬所第一年報》，明治三十一年，第4页。
③　第一条：台湾总督得发布在其管辖区域内具有法律效力之命令；第二条：前条之命令须取得台湾总督府评议会之议决，经拓殖务大臣提请敕裁。台湾总督府评议会之组织以敕令定之；第三条：于临时紧急状况下，台湾总督得不经前条第一项之程序，而径为发布第一条之命令；第四条：依前条所发布之命令，须于发布后立即提请敕裁，并向台湾总督府评议会报告。不获敕裁核可时，总督须立刻公布该命令于将来不具效力；第五条：现行法律或将来发布之法律，其全部或一部分须于台湾施行者，以敕令定之；第六条：此法律有效期为三年。参见《台湾ニ施行スヘキ法令ニ関スル件ヲ定ム》，JACAR：A01200843100。
④　《御署名原本・明治二十九年・勅令第百六十七号・会計法ヲ台湾ニ施行ス》，JACAR：A03020240799。

中。但后藤新平的台湾鸦片相关提案，实际上"相当受财政当局所欢迎"①。

当时财政部主计局预算决算课长阪谷芳郎，曾在帝国议会上回忆说，"我在领台之初，就与今内务大臣后藤男爵及其他人商量过，赞成渐禁主义。"② 阪谷作为负责日本政府预决算编成责任者，当然清楚地知道鸦片收入对总督府财政的意义。而1896年日本财政部关于台湾部分的"收入预算案"，就是阪谷根据清朝时期鸦片的旧税关统计做成的。表2-3为1896年台湾各项收入预算：

表2-3　　　　　　　　1896年台湾各项收入预算

科目	预算金额（日元）	科目	预算金额（日元）
鸦片批发收入	3557827	税关杂收入	22088
地租	879086.997	官有物批发收入	20000
邮政电信收入	520173.35	船税	20000
樟脑税	395470	官吏遗族扶助法纳金	10028.34
输入税	380595.951	车税	5000
制茶税	208750	官有地出租料	5000
输出税	141512.765	制蓝税	4500
制糖税	126245	惩罚及没收金	2000
制船费纳金	100283.4	办偿金	600
登记税	100000	诸特许及手续费	500
官有地小作料	70000	杂入	300
医院收入	59275	总计	6682236.603
砂金监札料	50000		

* 此表根据JACAR：A06031501500《台湾总督府统计书第1回明治30年》整理而成。

从表2-3分析来看，日本预计1896年台湾的收入总额为6682236.603日元，其中鸦片的收入就3557827日元，占52%强。而阪谷的这个预算案，

---

① ［日］山田豪一：《台湾鸦片专卖一年目の成绩》，第146页。
② 《第40回帝国议会·贵族院议事录·大正6.12.27—7.3.26》，JACAR：A07050016700。

是根据台湾清政府时期鸦片关税的一半来统计的,且是在鸦片购入价格高涨以前的价格,即一斤 6 元左右作为基准来计算的,鸦片的购入量为 27 万—28 万斤,购买费用小计 166 万元,如果每斤以 13 元卖出的话,鸦片批发即可获得 355.7 万元。① 尽管阪谷对鸦片专卖预算的方法过于简单,致使财政省及加藤尚志在预算在审议之前都非常恐慌。②

而板谷所编列的日本财政省有关台湾诸费用的财政支出,主要有两大项。第一项为台湾诸费,总计 603.1 万日元,其中包括民政费、税关费、通信费、制药所费、机密费等;另外还有台湾事业费 469.7 万日元。这样财政省在 1896 年总计在台湾经营上将出资 1072.9 万日元。③

比照当年日本财政省关于台湾的财政支出,即可看出,即使是此种计算方式,日本依然需要补助台湾 400 万日元左右。该年度日本补助台湾的财政中,有 185.4 万元是用于制药所费用的,也就是用于鸦片的研发及生产。

日本预算委员会,就台湾财政岁出入的政府说明有二点,其中之一就是如何对付在野党的"断禁论";其二就是给予重要的鸦片专卖预算追加说明,并强调占台湾岁入过半的专卖预算,现在已经不能更改。④

在 3 月 16 日众议院预算委员会总会的答辩会上,在野进步党的江藤新作首先登坛反对台湾预算案中的制药所费用,另外,中村祐八、尾崎行雄等人,也主张将制药所的费用全额删除。

江藤认为:"此项制药所费用应全额删除,原因并不在于制药所费用本身,而是它所带来的影响,及相关事项非常重大。依此项目费来看,政府以日本国法严禁的鸦片,加上一些限制,即可在台湾吸食的政策已经确定。这个问题如何决定,是关系到鸦片先在日本国的一部分,开始公开许可的大问题,所以决不能小看这一问题。"⑤

另外,江藤认为鸦片的政策,关系到日本的台湾经营战略。他一针见

---

① 《第 9 回帝国议会·贵族院议事录·明治 28.12.28—29.3.28》,JACAR:A07050004100。
② [日]山田豪一:《台湾鸦片专卖一年目の成绩》,第 155 页。
③ 《大日本帝国议会志》第三卷,大日本帝国议会志刊行会,昭和 2 年,第 1378 页。
④ [日]山田豪一:《台湾鸦片专卖一年目の成绩》,第 155 页。
⑤ 《第 9 回帝国议会·众议院议事录·明治 28.12.28 ~ 明治 29.3.28》,JACAR:A07050004300。

血地质问：" 以今天政府的所为来看，在台湾贩卖鸦片，并以贩卖鸦片所得的三百几十万元作为收入的考虑，是将台湾作为日本营利的土地，来谋取利益。"①

水野遵反驳刚愎自用顽固地坚持"断禁就死人"的说法，言辞强烈地反驳说："如果废止鸦片，就会死人，吸食一定的鸦片，能保全人的生命。""如果实施严禁，就是不关照台湾总督府。"②

江藤甚至提出："如果严禁就会死人，那就让他们死了算了，不然就让他们返回支那中国，像这样的人早死也没有什么不好，若因此而返回支那，我看倒是件好事情。"③

水野遵反驳："诸君说的虽然好听，但用什么样的方法来严禁呢？我们当事者是最苦的，就是不想要痛苦了，才提出这样的预算案来，因此鸦片的事情就不要再讲了。"这样水野遵轻松地就让对方无话可说。

由于有比鸦片更重要的议题需要审议，鸦片问题就此被带过。这样能够左右阻止台湾鸦片政策的最后一道防线也被突破。

值得注意的是，1896年被帝国议会审议通过的台湾岁入为6682236.603元、岁出10825701.005元。岁入预算中，鸦片专卖收入高达3557827元。但由于鸦片专卖制度延迟实施，使鸦片收入基本落空。结果该年度的实际岁入仅有2711822.663元，而当年实际岁出是10696868.678元。④ 这样日本中央政府当年补助台湾金额高达694多万元。⑤

台湾的补贴费用，加重了日本中央政府的财政负担。特别是1896年前后，由于扩张陆海空军、设立钢铁厂等，使日本岁出膨胀显著。该年度日本中央财政结算出现了9260多万元的缺额。日本政府为了减轻财政压力，紧急出台了《台湾总督府特别会计法案》⑥，法案除了规定台湾财政独立之

---

① 《第9回帝国議会・衆議院議事録・明治28.12.28—明治29.3.28》，JACAR：A07050004300。

② 同上。

③ 同上。

④ 《台湾総督府統計書第1回明治30年》，JACAR：A06031501500。

⑤ 大蔵省：《明治大正財政史》第19卷，財政経済学会，昭和15年版，第917页。

⑥ 《御署名原本・明治三十年・法律第二号・台湾総督府特別会計法》，JACAR：A03020269300。

外，还授予台湾总督财政权，以促成台湾财政的独立。也正是这个法案，使台湾的岁出入预算可以不再受日本帝国议会的审议，鸦片相关提案的最后一道防线这就这样崩裂了。

尽管这样，由于初期各地反抗不断，总督府的统治遇到了重重困难，内部官界所谓"疑狱事件"频繁发生，引发的"高野孟矩法院长非职事件"，又导致了"日本帝国宪法是否适用于台湾"的争议。① 这致使时任乃木总督心里产生了抱怨，觉得日本占领台湾，"就像一位叫化子讨到一匹马，既不会骑，又会被马踢"②，实在是块烫手的山芋，于是他产生了将台湾出卖的想法。1897 年春，乃木利用回国之机，向当时的日本首相松方正义及军政界要人建议将台湾卖给英国，这样既可甩掉这个包袱，又可获得巨资。但当时英国占领的殖民地很多，对购买台湾不感兴趣，而法国人却有此意向，双方经过讨价还价，初步确定台湾的售价为 1500 万法郎。

1898 年，伊藤博文重新成为日本首相，乃木重提台湾出卖之事，陆军大臣儿玉源太郎坚决反对，认为台湾系日本南部的屏障，军事价值甚大，如果将台湾卖给他国，不利于日本的远期发展。至于乃木提到的台湾治理问题，儿玉认为主要是由于管理官员的无能造成的，自己愿意前往台湾。儿玉还表示愿与伊藤博文立下了军令状，发誓要治理好台湾。这样伊藤博

---

① 日本占领台湾之初的总督府官吏非常腐败，渎职事件即官界的"大疑狱事件"频繁发生。大的疑狱事件就有第一次疑狱事件、第二次疑狱事件、第三次疑狱事件和凤山县疑狱事件等。当时台湾的法院实施高等法院、覆审法院和地方法院三审级制度，高野孟矩时任高等法院的院长。他毫不留情地把台湾官界里的贪官一一揭发出来，使包括敕任官在内的十几名高官被逮捕，致使民政局长水野遵被免职。高野被召入京，松方首相劝其辞职。高野拒绝了劝告而被处分"非职"。高野以日本宪法第五十八条第二项规定司法官的升迁进退都有明文保障为由，认为"非职"处分为不当之举，把"非职"辞令书退回，并回到台湾向乃木提交了归任书。乃木却以"足下乃是非职处分者，毋需再服勤务"为由，将归任书驳回。高野仍然到法院上班，因此总督府派警察把高野逐出法院，支持高野的台北地方法院院长山田藤三郎，新竹地方法院院长户口茂里等，受牵连也被迫辞职，这就是震惊朝野的所谓"高野孟矩事件"。由此事件所显露出来的法官身份保障问题，导致了有关"在台湾是否适用日本帝国宪法"的论争。参见《疑獄事件の頻発並びに高野法院長非職事件》，《台湾総督府警察沿革誌》（第一编），第 190—203 页；黄昭堂：《台湾总督府》，自由时代出版社 1889 年版，第 81—82 页。

② 《乃木希典》，http：//zh.wikipedia.org/wiki/。

文就任命儿玉为第四任台湾总督,乃木希典被迫于2月辞职。①

1898年2月26日,儿玉源太郎继任台湾总督。他以稳定社会治安,开拓台湾财源为第一优先政策。他启用后藤新平任民政局长,主要原因就与后藤提出的鸦片专卖制度有着密切的关联。②

台湾的鸦片政策自实施以来,并没有达到总督府理想的目的。总督府自1897年4月1日起,在各地逐步推行鸦片令,并网罗吸食者,但仅有95449人登记。这与鸦片事项调查书估计的17万人差距甚大,也没有达到制药所长加藤尚志的15万人的估计数量。1897年9月时,加藤的估算为:"本制度迄今实施的区域之人口达五十万左右,相当全台湾人口的五分之一,其中吸食鸦片人口约三万人……若以此比例推算……不出最初预计之十五万之吸食者。""若今后吸食者确定为十五万,则一年三百六十万元的收益并非难事。"③

虽然加藤的预算收益远高于后藤的预计,但并没有真正落实。1897年台湾的鸦片烟膏实际收入,仅有1539776.034元,鸦片的专卖收入,也仅有1640213.276元。④故儿玉与后藤在1898年度预算时,提出"台湾财政二十年计划",推出欲使台湾财政在1909年以后完全独立自给的计划。⑤这个计划的法源即是"台湾总督府特别会计法案"。

后藤新平到任后,马上改善特许手续费的征收事项,并先后五次延长吸食者登记的期限,最终在1990年9月底网罗到169064人,终于达到鸦片事项调查书中的17万人的数量。但后藤并没有就此罢手,又先后三次网罗吸食者。表2-4为后藤新平继任后四次网罗吸食者统计表:

---

① 《殖民失败欲甩包袱日本曾阴谋将台湾卖给英法》,http://news.xinhuanet.com/world/2005-09/09/content_3467271_1.htm。

② [日]鹤见祐辅:《後藤新平》第二卷,第15—17页。

③ [日]加藤尚志:《台湾ニ於ケル鸦片》,第13—14、33页,转引自刘明修《台湾统治与鸦片问题》,李明峻译,第95页。

④ 《台湾総督府統計書第4回明治33年》,JACAR:A06031501800。

⑤ [日]井出季和太:《台湾統治誌》,台湾日本新报社昭和12年,第368—369页。

表2-4　　　　　　　后藤新平四次网罗吸食者统计

次数	时间	人数（人）
第一次	1897年4月——1900年9月	169064
第二次	1902年1月——1902年2月	5187
第三次	1904年10月——1905年3月	30543
第四次	1908年1月——1908年3月	15863
合计		220657

*此表转引自刘明修《台湾统治与鸦片问题》，李明峻译，第60页。

后藤新平继任后的四次网罗，促使台湾鸦片专卖制度全面实施起来，也使鸦片收入逐年增加，成为总督府财政的重要支柱。表2-5为鸦片特许吸食人数、各年制造烟膏的价格、鸦片专卖收入的对比表：

表2-5　　　鸦片特许吸食人数、烟膏价格和鸦片专卖收入

年限	特许吸食者人数（人）	各年烟膏价格（元）	各年鸦片专卖收入（元）
1897	54597	1539776.034	1640213.276
1898	95449	3438834.167	3467334.089
1899	130962	4222224.17	4249577.595
1900	169064	4234843.005	4234979.565
1901	157619	2804141.34	2804894.264
1902	143492	3008386.015	3008488.015
1903	132903	3619217.02	3620335.9
1904	137952	3714211.405	3714012.995
1905	130476	4206524.255	4205830.595
1906	121330	4395496.505	4433862.705
1907	113165	4461485.595	4468514.73
1908	119991	4614871.765	4611913.62
1909	109955	4671282.035	4667399
1910	98987	4844533.755	4674343
1911	92975	5501448.595	5501548
1912	87371	5262605.795	5262685
1913	82128	5289495.31	5289595

续表

年限	特许吸食者人数（人）	各年烟膏价格（元）	各年鸦片专卖收入（元）
1914	76995	5226437.58	5226496
1915	71715	5676874.602	5870408
1916	66847	6159450.486	713252
1917	62317	6694998.66	7970107
1918	55772	6650764.281	8105278
1919	54365	6947322.249	7641654
1920	49013	6721647.660	6719958
1921	45832	6001680.51	7533625
1922	42923	5449345.44	6440441

* 此表根据日本国立公文书馆所藏"台湾总督府统治书"第1—25次之鸦片、财政相关内容整理而成。具体档号为 A06031501500、A06031501600、A06031501700、A06031501800、A06031501900、A06031502000、A06031502100、A06031502200、A06031502300、A06031502400、A06031502500、A06031502600、A06031502700、A06031502800、A06031502900、A06031503000、A06031503100、A06031503200、A06031503300、A06031500100、A06031500200、A06031500300、A06031500400、A06031500500、A06031500600。从第十三回统计书（A06031502700）开始，鸦片收入以元为单位。

根据表2-5分析来看，自后藤新平继任台湾总督府民政长官后，台湾的鸦片专卖收益每年递增，鸦片专卖已经成为日本殖民者的重要财政手段之一。特别是大正之后，总督府将鸦片烟膏秘密外销，同时生产粗制吗啡，使得台湾鸦片收入更上一层楼。

小　结

综上所述，在日据台湾初期鸦片渐禁政策确立过程中，以水野遵为代表的台湾总督府所起的作用是不可忽视的。总督府成立后，台湾鸦片贸易继续秘密地进行着，水野提出的以税收为基础的"鸦片渐禁政策"，虽然没有被日本政府所采纳，但如果没有以水野遵为代表的台湾总督府的坚持，后藤新平的"渐禁政策"或许不可能那么快被接受。后代研究者之所以忽视了水野遵及当时总督府的作用，笔者推测原因是多方面的。从水野遵这方面来看，可能是因为水野于1897年升任日本拓殖务省次官（次长），离开了台湾民政长官之职，且于 1900 年去世。而从后藤新平方面考虑，第一，台湾鸦片采取的渐禁政策，是由后藤提案正式确立的；第二，后藤在鸦片渐禁政策实施过程中，起了非常关键的作用；第三，后藤于 1898 年随儿玉台湾赴任后，实际上行使着总督的权力，他通过推行各种新政，至 1905 年时，使台湾实现了经济独立，总督府不再向日本政府申请行政辅助金，且台湾蔗糖、税收等收入，还充实了日本的国库；第四，1906 年后藤获男爵后，于同年 11 月 3 日被天皇任命为满铁首任总裁，并于任内确立了以大连为中心的满铁发展事业；第五，由于后藤在台湾及满洲的政绩，于 1922 年被封子爵，1927 年晋伯爵；第六，80 年代初美国学者高伊哥的《后藤新平——台湾现代化的奠基者》发表后，以邱永汉、王育德等为代表的台湾主体意识研究者，更是推崇后藤新平对台湾的贡献。以上种种原因，都是造成后来研究者，在研究台湾鸦片制度确立过程中，"尊后攘水"的原因。另外，日本帝国议会，本可以成为阻止台湾鸦片政策确立实施的最后防线，但"渐禁政策"没有受到阻碍就顺利通过，这也是日本的台湾鸦片渐禁政策从经济上考虑的最好证据。特别是"总督府特别会计法案"的颁布，更使得台湾鸦片政策可以没有任何障碍随心所欲地施行，总督府也如同鸦片瘾者一样，陷入贪图利润收益的"乐园"，使台湾成为日本"财政及经济上最富价值之殖民地"[①]。

---

① ［日］矢内原忠雄：《帝国主義下の台湾》，1988 年复刊，第 188 页。

第三章
台湾总督府对外商鸦片的处置

  日本接收台湾以前，对台湾鸦片的方针及舆论都倾向于断禁。但鸦片问题不仅是台湾内部的事情，它与其他国家有着很深的利益关系。台湾鸦片的经营者主要是外国商人，特别是英国商人居多。他们主要借助于大稻埕的美利士洋行、怡记洋行、宝顺洋行三个商会，经营着一半以上的鸦片贸易。[①] 1895年6月2日，桦山资纪与清政府代表李经方将台湾主权移交后的当天，民政局长水野遵即向驻台湾的各国领事发表声明："以日本天皇之名，日本领有台湾澎湖及其所属土地，并执行其它一切行政事务。同时对居住于管辖区域之内的外国人，提供力所能及之保护。"[②] 在日本国内，临时外务大臣西园寺公望，在7月19日，向各国公使发布日本领有台湾及澎湖列岛的宣言。在三国干涉还辽的紧张局势下，日本采取尽量避免与外国产生矛盾的态度，"亦认可各外国商人于港埠内之营业"[③]。但由于清统治台湾时期鸦片的输入基本都由以英国为首的诸外商包揽，故总督府必须对外商鸦片问题进行处理。

一 总督府默许外商鸦片的输入

  日本占领台湾后的鸦片相关问题，起始于马关谈判期间。中方代表李

---

  ① 《日据初期之鸦片政策（附录：保甲制度）》，台湾省文献委员会1978年版，第51页。
  ② 《臺灣島の授受條約の成立竝人民綏撫關スル樺山總督の諭示》，《诏敕、令旨、谕告、训达类纂》，成文出版社昭和16年，第7页。
  ③ ［日］水野遵：《台湾鸦片处分》，明治31年，第33页。

鸿章曾以"台人吸食鸦片以避瘴气""台民吸烟由来久矣"① 为由，劝阻日本放弃索求台湾，伊藤博文对此曾明确表示，要坚持禁止鸦片的吸食。伊藤博文以"日后领台，必禁鸦片"② 的承诺，不仅让李鸿章无言反驳，亦因此获得伦敦"反鸦片协会"的"颂德状"，成为"现代的救世主"。③ 故在日本筹建总督府的 5 月份，台湾鸦片问题，成为内定总督府民政局长水野遵的"日夜苦恼之源"。④

1895 年 5 月 10 日，日本政府任命桦山资纪为台湾总督。同时发出了伊藤博文的《给台湾总督府的训令案》，就外交事项提示："居住于台湾之外国人士不在少数，清既已失对台湾权力，我国自需延续中国与各国所签订之条约，但外国人士往在旧港口居住已经很久，享受特别待遇，我政府首要任务仍使其安泰勿躁，切应格外注意新领土上之外交事务。"⑤ 其中就台湾鸦片问题，曾有特别的指示："鸦片烟是新领土施政上的一大害物，在新政实施的同时，应依我国与各缔盟国条约之明文，向台湾岛民公布严禁鸦片烟之宗旨，然需明订宽限期间，于道义上应予业者处理商品之缓冲期，且此事与英国商业有重大关系，不可不慎思远谋。"⑥

从伊藤博文训令的内容分析来看，或许是出于三国干涉还辽，使日本遇到前所未有的外交压力，日本政府不愿在其他事务上再与各帝国产生矛盾。故桦山资纪与各外国领事交涉，及接收淡水海关之时，派出岛村久、野村才二二人先行赴基隆，以保证税关的接收。

由于鸦片问题，总督府已与英国领事之间发生了矛盾，故在总督府向各国领事声明日本占领台湾的同时，亦保证"于帝国政府有所宣示之前，暂袭中国政府旧之规定，亦认可各外国商人于港口内之正常营业"⑦。而对于日本国内在条约上所禁止输入的鸦片，"暂时可以自由地进入揭挂日本国

---

① 李毓澍主编：《中日和约纪略》，台湾大能书局，第 55 页。
② 《日清講和条約締結一件/会見要録》，JACAR：B06150073000。
③ [日] 水野遵：《台湾鸦片处分》，第 1 页。
④ 同上。
⑤ [日] 伊藤博文编：《台湾资料》（秘書類纂），原书房昭和 45 年版，第 437 页。
⑥ [日] 山边健太郎编：《现代史资料——台湾（一）》，みすず书房 1971 年版，第 X 页。
⑦ [日] 水野遵：《台湾鸦片处分》，第 7 页。在此顺便提出，刘明修（伊藤洁）所著的《台湾统治与鸦片问题》中，引用出处却为此书第 33 页，不知何故？

旗的淡水税关，也使得税关获得较多的收入"①。

但从接收"训令"有关鸦片内容分析来看，伊藤认为鸦片是施政上的一个难题，处理的宗旨虽是严格禁止，但由于既有库存鸦片，故应给予业者一个处理时间；另外从对外关系上考虑，也必须采取一个可行的措施。故笔者认为，以伊藤博文为代表的日本政府，在占领台湾之初，对台湾鸦片所采取的政策是倾向于严禁，这一点似乎是毋庸置疑的。

日本政府之所以当时考虑对台湾鸦片采取严格禁止措施，一方面是由于日本自"安政条约"以来，一直严格禁止外国人输入鸦片，也严格禁止日本人吸食鸦片，台湾即为日本领地，当遵从惯例；另一方面，也因伊藤博文在马关谈判时夸下了严禁的海口，并因受领"颂德状"而名扬海外，如果失信，将有损于日本的国际形象。另外，根据水野遵的分析，另外还有四个方面的原因：第一，内地各新闻报刊的议论，都倾向于绝对严禁鸦片，将其作为将中国人逐出台湾岛的一种手段；第二，法学者从国际法上，卫生专家从恐怕传播到日本国内的立场，主张严禁鸦片；第三，信仰基督教人士，也督促厉行严格禁止鸦片；第四，征清军医曾治疗好一些囚徒，认为鸦片烟瘾可以戒除，故严禁并不困难。②

从水野遵分析的四个原因中，可以看出，当初日本据有台湾之初，日本内部或许有一种想法，即是将台湾作为日本人种的移居地，而鸦片的禁止，将迫使一部分瘾者离开台湾，并优化台湾人使台湾成为日本的真正附属地，这从另一方面也说明，日本并不愿意接纳台湾人成为日本人。另外，军医有医治好鸦片瘾者的实例，说明禁烟并不是特别困难。第三，笔者认为，日本内部反对声浪，最主要是源于日本开国以来的严禁政策，惧怕台湾的鸦片吸食习惯传到日本。

日本在整个议和谈判中，采取的是秘密外交，故伊藤博文的禁烟豪言，只是在海外进行了报道，日本国内并不知晓。7月时，由于三国干涉还辽，《东京日日新报》报道了台湾鸦片相关内容，才引发了轰动一时的台湾鸦片问题大讨论。③

---

① ［日］水野遵：《台湾鸦片处分》，第7页。
② 同上书，第9页。
③ ［日］山田豪一：《台湾鸦片専売史序說》，第35—36页。

二　总督府企图以国内法范式禁止鸦片的输入

实际上，在中日未就台湾主权移交之前，日本内部就已经开始研究具体殖民台湾的统治政策。根据亚西亚资料中心的资料记载，早在1895年5月份时，就已经研究在新条约没有签订以前旧条约是否适用于台湾。① 7月份就已经确定，在日本领有台湾后诸条约在改正之时将适用于台湾。②

1896年1月29日，日本政府对日本有条约关系的各国政府发布宣言："台湾虽情形较为特殊，但于台湾居住或往来之各盟国臣民及船舶，仍应尽可能适用日本帝国与各盟国间现有之通商、航海条约及其诸般协定……当遵守在台常行之法令。"③

2月3日，台湾事务局为实行政府的宣言，特别向总督府发布了通报。当时在东京出差的水野遵，向代理内务部长牧发电云："已经确定按现在条约实施，故请通知在台湾的各国领事，同时，通知各税关目前仍旧按现行条约施行，其具体日期，由总督府下达命令开始。"④

从此电报内容来看，日本对台湾的鸦片政策，意欲实施国家专卖制，而对外国的鸦片输入，则采取严格禁止之措施。但电文内容也证明，日本政府对总督府何时下令，并没有具体的说明。实际上，在台湾，总督府已经决定鸦片正常输入。

同月的12日，日本内阁接受了后藤新平的"鸦片渐禁专卖案"，台湾事务局为就台湾的卫生事务及鸦片制造所预算等进行调查，正式任命内务省卫生局的加藤尚志为负责人，同时任命了十几名人员。加藤尚志也开始筹划台湾的鸦片专卖。他向总督提出"最晚也要在四月份以后，就如内地同样，禁止直接的鸦片输入，改由政府专营"⑤。

同年2月22日，台湾总督府民政局根据中央政府的训令，及上述宣言

---

① 《日本新条約ノ台湾適用》，JACAR，B03041511000。
② 《台湾及条約改正ニ関スル意見書》，JACAR，B03041511100。
③ 《台湾総督府開創以来外国人関係事務取調書》，JACAR，B03041510100。
④ ［日］松下芳三郎：《台湾鸦片志》，台湾日日新报社大正15年版，第58—59页。
⑤ 台湾总督府制药所：《台湾总督府事业年报第1年报》，明治31年，第3—4页。

的意旨，命令各海关"在命令到达之翌日，应对外国人于港内出入之船舶及货物适用现行条约之规定；本国人则适用关税法及关税规则。但于命令告示期日前，自外国港口出港之船舶，或自外国港口装船之货物，得依旧例办理"①。

2月24日，以告示"第二号"规定："大日本帝国与外洋各国所订现定条约，本岛亦应照办，从来台湾所有进口之洋药，应照条约即行严禁，但该洋药惯用年久，未便一时断绝，恐有性命攸关，自今以后，全部洋药全归官府，应候酌定章程，准其代药使用，合行晓谕为此，仰尔等民众，一体知悉，其各体遵，特示。"②

在日本政府看来，日本根据条约获取台湾岛，台湾岛即是属于日本领土，故总督府认为只要将现行日本条约实施于台湾地区，台湾也自然如同幕末以来的日本内地一般，自然断绝鸦片的输入。日本人的愿望是美好的。实际上日本政府内部与台湾现地之间，在对台湾鸦片问题上的态度十分不一致。水野遵好像没有打算施行现行条约，但禁止鸦片输入的内容已经向加藤尚志传达。故加藤的提议被总督认可的具体日期已经是3月2日。

由于涉及自身的利益，外国商人对于日本政府的台湾鸦片政策早就特别关注了。前文曾经分析，由于台湾的鸦片贸易，几乎都由在台英商垄断，日本接收台湾后，一直到南部的平定，依旧沿用清朝时期旧的关税，以避免与在台英商产生矛盾。

总督府在2月22日向各外国通报，在24日即实行现行条约，禁止鸦片的输入。此消息很快就从港口传到市内的烟膏店及鸦片烟馆，人们争相购买，导致鸦片缺货，价格飞涨。在安平，3月份一担鸦片价格为1500至1600日元，但到了4月份，一下涨高至2400日元。③

总督府只是将现行条约适用于台湾通报给各国领事，并没有提及触及鸦片输入的禁止问题。该通报宣布的第二天是周日，故各国领事也没有什么动静。直到26号，荷兰领事第一个来询问禁止鸦片输入的准确日期。由于日本政府的宣言及总督府的通告，都未明确说明严禁鸦片输入的主旨，

---

① ［日］松下芳三郎：《台湾鸦片志》，第58页。
② 《7·明治二十九年二月分台湾总督府民政事务报告第七号》，JACAR，B03041509800。
③ 同上书，第74页。

因此各驻台湾的领事对日本的真实意图似乎不甚清楚。但对于英国来说，总督府的政策可能损害到其利益。27 日，英国领事哈斯特（J. Harst）打电报询问："关于 22 日电报中之鸦片输入，所置限制多少？请速给予答复。"

总督府随即以回电："依宣言内容所示，本月 23 日前自外国港口装船之货物，仍可依旧例办理。"

英国领事感觉到事态严重，次日急忙发电，要求总督府暂缓实施禁止措施："拜读贵电，与素来之保证多所矛盾，甚感意外。此事关系英国人之利害甚巨。关于日主突然中止商业上之既成交易，使吾等蒙受重大损失，并受急遽处分一事，在此声明严重异议。盼望于外交谈判协约未定之前，暂缓禁止之制。请给予答复。"① 总督府于次日态度坚决地回复："禁止鸦片输入一事是基于帝国政府宣言之自然结果，贵方申请暂延禁止输入鸦片之议，碍难应允。"② 明确拒绝了英国方面的请求。

其实各国对台湾将实施的禁止鸦片制度是了如指掌的，只是对具体政策及实施日期不甚了解罢了。现在对总督府提出质疑，自是为保护本国鸦片商人的利益，并事先预测可能会发生鸦片纠纷，并将可能涉及的一些外交事宜先行布局。

实际上英国商人早就想利用这次商机。在安平港停泊的英籍船"塞勒斯号"（Thales），于 23 号驶往香港，停泊于淡水码头的"福尔摩莎号"（Formosa），也于 24 号急忙驶往香港。"塞勒斯号"在香港装上了 22900 斤的波斯鸦片，"福尔摩莎号"装上了 17200 斤的鸦片。③ 这两船在香港所买的鸦片，是每斤 13 日元。而在以前香港的鸦片售价只有 6 日元左右。因为台湾总督府禁止输入的消息传到香港后，也使香港的鸦片价格涨到了二倍以上。香港各银行紧急采取措施，停止了鸦片货汇票据的发行，来控制鸦片的出港。

而在 3 月 2 日，英国驻日公使接到香港总督及香港的鸦片商总经理从萨森（サスーン）商会发来的抗议电报。而在台湾安平的英国领事哈斯特却没有任何动静。英国驻日公使当日就会见了伊藤，就此事进行交涉："何

---

① ［日］松下芳三郎：《台湾鸦片志》，第 57 页。
② 同上书，第 60 页。
③ 同上书，第 61 页。

时在台湾实施日本的条约,确切的日期不宣十分不妥,就突然禁止鸦片输入一事,转交了香港总督及鸦片商会经理的抗议书,提出鸦片与樟脑应当共同来处理。伊藤答应与西园寺商议后再做答复。"①

3月1日,"塞勒斯号"将22900斤鸦片运入台湾南部的安平港;3月6日"福尔摩莎号"也载着17200斤鸦片进入北部的淡水港。虽然"福尔摩莎号"晚于"塞勒斯号"进入台湾,但"福尔摩莎号"到达淡水税关时提出了证明书,此船鸦片早于2月23日前就在波斯装货,后经香港再进入淡水的证明,因此被准许卸货于淡水海关仓库。而"塞勒斯号"没有提出此项证明,故不允许货物进仓库,被命令原船离开安平港。

另一方面,由总督亲自给知事厅长及税关长发出的内训(第二号),规定发现鸦片走私时,必须详细报告:

一、输入者的住所氏名。
二、事出地名及寄港及其港名。
三、运载的船籍、船种、船名及船长的住所氏名。
四、鸦片的种类数量及价格。
五、鸦片的密装及船中密藏的方法。
六、输入的地名。
七、发现的过程。
八、搬运的方法手段。
九、输入者与买方的关系。
十、买入者的住所氏名职业及买卖场所。
十一、买卖的价格。
十二、中转买卖者的住所、氏名、职业、秘密买卖的方法手段。
十三、买卖相关媒介者的住所、氏名、职业。②

由于总督府的严格政策,"塞勒斯号"欲以走私的方式将鸦片售出亦无可能,故只能采取外交的手段。虽然总督府事先可能已经预知禁止鸦片的

① 《台湾総督府開創以来外国人関係事務取調書》,JACAR,B03041510100。
② 《台湾鸦片制度要旨》,台湾总督府制药所明治三十年版,第47—48页。

输入一定会引起一些争议，但没有预想到问题的严重性。那些已经习惯在东方国家享用特权的列强，即使明知自己的行为有悖于国际法，但为自身利益所驱使，仍然利用强势进行交涉。

在"塞勒斯号"被拒卸货之后，英国领事哈斯特立即发电总督府进行交涉，将责任完全揽在自己的身上："由于本官于 2 月 29 日没有通知英国商人有关禁止输入鸦片之事，而塞勒斯号之鸦片于获悉通知前，已在香港和厦门装货……故恳请总督府命令海关，使塞勒斯号返回港口，并准许其卸下所装运之鸦片。以减少因突然下达禁止输入命令而蒙受的损失。"①

是否迟延通知英国商人，恐怕只有哈斯特自己知道，但不管怎么说，迟延通知本就是哈斯特未能尽自己作为公使的责任，但却以此为由，在日本政府下令禁止鸦片输入后，仍然要求许可鸦片进口，足见当时外国人在东方的恃强凌弱之心理。

总督府在此事上做得非常巧妙，适逢水野遵在东京出差，牧朴真代理局长即回电哈斯特，表示只要"塞勒斯号"能够提出于禁止期限前自外国港口的离港证明，即可准予卸货。

而当"塞勒斯号"于 3 月 16 日再次进入安平港时，又发生了事故，未能如期卸货。哈斯特于 21 日发电给总督，表示强烈不满，并暗示英方已经将其作为外交事件来处理："依驻东京英国公使之训令，在日本政府通知禁止鸦片之前，该船已经取得公使之许可通牒……关于所装载鸦片入港许可一事，我个人认为以 2 月 23 日以前驶往台湾之船只，没有离港后却即要求出示证据之理由，且据香港知事致驻东京英国公使电报，而比塞勒斯号晚出港的福尔摩莎号反而不需要证据即可卸货。淡水与安平相隔不远，法规却如果迥异，令人难以理解。故我认为阁下应下命令给安平海关，于前所言之塞勒斯号卸货鸦片一事，酌允免于别证，使之可自由处理该货物。"并在电报末处明确说明："以上相关事项须呈报英国公使，急请回复。"②

哈斯特非常明确地告知总督府，英国已经将鸦片事件作为外交事件来处理。其实不只英国对此非常不满，其他国家也就突然禁止鸦片输入一事，提出了抗议。正在东京出差的水野遵接到报告后，认为目前如果不妥善处

---

① ［日］松下芳三郎：《台湾鸦片志》，第 61 页。
② 同上。

理,将再次招致外交上的困境。故给牧代理局长下达指示:"先前自淡水入港之福尔摩莎事情,以及此次自安平入港之塞勒斯号,系于彼等知晓严禁之制时出货,虽非自波斯前来,当亦许可此两船之货物输入无疑。"①

水野遵的做法明显是不追究责任,以避免外交风波的怀柔手法。但在台湾负责与英国商人直接交涉的牧代理局长,因为了解事情的实情,不愿意就此敷衍了事,因为事涉其他各国船只鸦片事宜。于是24日再次向水野遵局长请命:"塞勒斯号自2月23日自安平起航,福尔摩莎号自24号自淡水启航,故应知晓禁止鸦片输入之命令。纵令香港及厦门商人不知,驻台之输入者既然负责海关事宜,更无不知之理。既知禁制之事,则辩称不知之托词难于成立。且有相同情况者有之,亦也照比给予许可。"水野遵答复云:"若有相同情事者,应提供调查报告。"②

4月8日,牧代理局长向水野遵报告另外两艘英国船只也携带鸦片来台,结果水野遵回电指示"彼等亦特许其输入鸦片无妨"③。根据档案记载,总督府方向也认为对英商的鸦片相关处理是"特例",这里面可能与台湾的怡和洋行有着某种关系。④

三 差别对待的对德鸦片外交

实际上在英国鸦片交涉的同时,德国鸦片商人也与总督府产生了冲突。但总督府采取与英国完全不同的做法。在1896年3月1日,德国驻台领事渥德(G. Wold)也向牧代理局长递交了抗议性的书信:"有云现行条约应尽可能悉数施行于台湾,推想鸦片一事亦当如此。然德意志商会曼尼商社已切结鸦片输入契约,其买卖攸关商会之利害,本官特此申述贵局,宜予上述商品一定之宽限,使曼尼商社得以完结其契约,否则难期现有条约之施行。"⑤ 同月3日,总督府派遣外事课长杉村睿口头回复渥德领事:"鸦片

---

① [日]松下芳三郎:《台湾鸦片志》,第61页。
② 同上。
③ 同上。
④ 《台湾総督府開創以来外国人関係事務取調書》,JACAR,B03041510100。
⑤ 《台湾総督府開創以来外国人関係事務取調書》,JACAR,B03041510100。《明治廿九年三月中民政事務報告書》,JACAR,B03041509900。

输入之禁,系基于帝国政府对台岛宣言之自然结果,是以贵领事之请求,恕难应允。"①

同年6月23日,德国领事突然向水野送达了书信,表明:"关于曼尼商社因鸦片输入禁止而蒙受损害一事,敝国东京公使已以电报训令本官,务将此件交付诉讼。"德公使的意思是想告知,德方正在东京与日本进行外交交涉。同时,他还援引"塞勒斯号"与"福尔摩莎号"的处理方式,称"2月25日,香港各银行已谢绝前住台湾之鸦片汇款,尽管如此,塞勒斯号仍如应航往安平"说明"曼尼商社与英人处理之异仅只一点,即前者即刻遵奉禁令,后者概将禁令等闲视之。甚至于当年四月中,尚有英商博特商社输入若干鸦片卸货淡水之事"。因此,"今于此申述仰待损害赔偿之请,损害额结算书犹留置本官手边,切望德国商人可如同英商之免于蒙受损害"②。

渥德在此援引英国鸦片船处理方式,意在警告总督府,德已经考量提起诉讼以求得国家损害赔偿,即此事如果总督府处理不当,可能会进入领事裁判程序。

总督府在收到德领事书信后,立刻派遣外事课长杉村向德国领事渥德要求,中止彼此争议性的交涉,平心静气地进行商讨。而这里所谓的平心静气,实际上是总督府自认为在此事上处于屈理之处。以高于时价的价格,再加上必要的经费,买下了德国鸦片商在外国订购的60箱鸦片,使"此事未上公庭即告圆满落幕"③。

至此,由于日本政府将禁止鸦片输入的现行条约适用于台湾,从而引发的与外国商人或外国官员的外交交涉,就此告一段落。

四 高价购买外商鸦片

由于日本自台湾主权移交前就开始讨论条约是否适用问题,对商业利益非常敏感的外国商人,早在总督府禁止鸦片的输入宣言公开前,为求得

---

① [日]松下芳三郎:《台湾鸦片志》,第62—63页。
② 同上书,第63页。
③ 同上书,第63—65页。

最大的商业利益，自前一年（1895年7月），就开始大量囤积鸦片。在1896年总督府正式宣布禁止输入之前后仅两个月时间，就输入72445斤鸦片，价值高达88976日元。

表3－1　　　　　　1896年1—5月台湾各港口鸦片库存情况

年月	淡水海关库存鸦片	安平税关库存鸦片	打狗税关库存鸦片
1896年1月	112担22斤	256担	2156担25斤
1896年2月	89担74斤	228担	675担00斤
1896年3月	145担84斤	283担	1096担50斤
1896年4月	159担58斤	427担	1035担50斤
1896年5月	150担17斤	386担	1798担50斤

* 此表根据《鸦片事项调查书》（《日据初期之鸦片政策》，第170—173页）之内容整理而成。

从表3－1分析来看，在总督府禁止鸦片输入之后，台湾各港口税关的鸦片数量快速增加，虽然总督府的统计没有用统一的计量单位来表示，但统计数量也显示，在总督府禁止鸦片输入后的两三个月内，台湾的鸦片输入量大增，这还不包括那些不经存库手续，直接交给商人的鸦片。

由于台湾岛内民众担心禁止鸦片输入，为了贩卖或满足自家吸食，纷纷尽其财力提前大肆购买鸦片，引起了价格暴涨，100斤鸦片从往常的850元飙升至1300元。[①]

由于鸦片的购买已经被提前满足，故外国商人紧急输入的鸦片却剩余在税关的库房里，导致台湾"鸦片的价格实际上很高，但买卖却在一年内几乎绝迹"[②]。这致使外商损失很大，但他们并不认识这是由于投机行为造成，反而把责任推给中国的走私，并认为总督府官员"坐视走私鸦片不顾"[③]。

1896年7月22日，各国商人联名致函英国领事，称："自日本政府于

[①]　［日］水野遵：《台湾鸦片处分》，第41页。
[②]　同上。
[③]　刘明修：《台湾统治与鸦片问题》，李明峻译，第81页。

2月禁止鸦片输入台湾岛以来，吾等亦期于此禁令发布以后，日本政府将确实查禁鸦片输入。但此禁令仅选择蒸汽船实施，而中国之戎克船只得以卸货鸦片……致走私鸦片数量大增……海关官员对汽船输出入之货物课税及检查详细，而沿海各处停泊之戎克船，则不注意。故此事或可提出为驻东京英国公使参考。"①

从信函的内容来看，外国商人们非常担忧自己投机鸦片可能造成的损失，为了尽量减少损失，将鸦片滞销归罪于中国的走私，并期待英国能以台湾总督府放纵走私之名，进行交涉。但事实上似乎并非如此，水野遵在《台湾鸦片处分》中认为，导致鸦片难以售出的原因主要有以下四点：第一，总督府公示允许瘾者继续吸食鸦片，故吸者认为没有贮藏鸦片的必要；第二，吸食者已经购买了大量鸦片；第三，没有必要从外商手里购买高价鸦片；第四，由于输入禁止价格暴涨而引起的走私。②

从水野遵的分析来看，鸦片的走私只是其中的一个方面。根据总督府的调查资料，当时台湾各开放港口，确有鸦片走私情况。而走私者也确以中国人居多，但也有其他国家的走私船。"惟搭载中国乘帆船及矮船等前来者，因不择处所均可靠岸起货，致必然有走私进口情事发生。"③ 但根据资料记载，其走私量在淡水仅133斤、安平90斤、台南181斤，总量并不是很大，当然一定还有未查到的走私鸦片的存在，但这不是造成鸦片大量囤积、价格大起大落的根本原因。④

但外商们自持特权，当然要为自己的辩解争取权益。英国公使撒托（Ernest M. Satow）接到来自台湾的报告后，为保护英国鸦片商人的利益，于同年8月21日照会外相西园寺，要求日本政府给予关注，提出："在台港埠之英国商人等皆遵守税关规则缴纳输入税，却有中国人无税走私该货物，致使英国商人利益大受损失，促请阁下多多注意。"⑤

对英国公使提出的意见，日本政府似乎非常重视。很快（9月23日）

---

① [日] 松下芳三郎：《台湾鸦片志》，第69页。
② [日] 水野遵：《台湾鸦片处分》，第41—42页。
③ 《鸦片事项调查书》，《日据初期之鸦片政策》，台湾省文献委员会1978年，第102页。
④ 同上书，第103—104页。
⑤ [日] 松下芳三郎：《台湾鸦片志》，第69页。

拓殖务大臣高岛鞆之助就令台湾总督桂太郎，就此事进行调查："此事英国公使已经致函外务大臣，汝当诠议各方进行调查，就其意见给予照会。"①

虽然英国公使尽力为其国商人争取，但不能改变台湾岛内鸦片销售的情况。而为滞销而苦恼的外国鸦片商人，又想以曼尼商社的鸦片处理为例，将其手中鸦片出卖给总督府。他们开始向英国领事游说，英国领事于9月11日写信给水野遵，表示有关去年以来的鸦片事务，"使鸦片市场价格暴涨，总督府关于此事之计划，将来鸦片贩卖特许事宜之意见如何，请给予赐教……至于因为贵局将来之计划，致使鸦片之贩卖而产生的疑难之处，贵局预计如何收购，还请告之"②。

此信由英国领事递交给英国驻日公使，又自英国公使转给日本外务大臣，再由外务大臣转给拓殖务大臣，最后由拓殖务大臣以训令方式下达给台湾总督。同月21日台湾对拓殖务大臣回复说明："关于鸦片购入一事，于本岛鸦片输入之英国商人似心怀妒忌……质疑总督府何以独向曼尼商社，签购鸦片。今因总督府之鸦片输入致英商等持有之鸦片价格下跌，蒙受相当之损失，以及将来归总督府专卖之情况下，上述英商所持有之鸦片预计如何处置有三个方面的考虑。"③

根据水野遵在《台湾鸦片处分》中记载，截至1896年2月，台湾输入的在库鸦片总量达28841斤，其价值达数十万元。④ 由于台湾的鸦片瘾者担心严禁吸食，早已储备了充足的鸦片，且吸食者也可向总督府购买鸦片，故使外商手里的鸦片很难卖出。但英国对日本的强硬外交措施，使得日本不得不考虑将外商手里的鸦片全部收购，以平息日本与英德等国的矛盾，以创造一个良好的修约谈判外交环境。

1897年1月28日，中田敦义事务局长向北垣拓殖务次长写信，就英国要求总督府购买其库存鸦片事宜进行商量。4月20日，拓殖务局给中田回信，答复："通过与领事的协商，由台湾总督府制药所购买其全部生

---

① ［日］松下芳三郎：《台湾鸦片志》，第69页。
② 同上书，第66页。
③ 同上书，第69页。
④ ［日］水野遵：《台湾鸦片处分》，第41页。

鸦片。"①

总督府与安平的英国领事进行协商，总督府提出按照英国商人希望的每百斤 1650 日元，即稍高于当时的高价进行收购，但英商却要求更高的价格，总督府停止了协商谈判。最后，英商妥协，由商会与总督府进行再交涉，以总督府方面提出的价格，以总价格 316984 日元，收购了 28841 斤生鸦片。②

小　结

综上所述，日本在接收台湾后与诸外商的生鸦片交涉过程中，明知这些鸦片中的一部分是外商有意图利所为，但摄于各国的压力，特别是英国的强硬，最终还是决定将诸外商持有的鸦片全部收购。

---

① 《3. 在台湾英商所有ノ鸦片総督府ニ於テ買上方英国公使ヨリ申出ノ件　明治三十年》，JACAR，B11092123200。

② 荒川浅吉：《鸦片认识》，发行人：乐满金次，昭和 18 年，第 194—195 页。

第四章
总督府制药所的成立及鸦片的生产

  日本据台之初，面临着台湾人民的武装反抗和鸦片吸食两大问题。日本朝野对台湾鸦片问题主要有"断禁论"和"渐禁论"两种意见。由于日本国内早已明令禁止吸食鸦片，故舆论界多倾向于断禁论，但总督府在鸦片税厘所带来的巨额财政收入诱惑下，最后决定采取"渐禁"政策，此源于后藤新平所提出的"关于台湾岛鸦片制度之意见"一文。① 后来，后藤又提出"关于台湾岛施行鸦片制度意见书"，该意见书第一项"鸦片行政机关"中曾言"并非定要附设制药所不可。据闻设制药所已成定案，兹不再赘言"。② 从后藤新平的说法中，我们可以推断，实际上在此之前总督府根本就没有想采取"断禁鸦片"之法，早就着手进行鸦片烟生产的系统工程准备。这从另外一个角度说明总督府早已将鸦片的研制与生产纳入到日程计划上来。1896 年 2 月 26 日，台湾总督府向台湾人发布告示如下："大日本国与欧美订盟各国间订立之现行条约，即日起施行于台湾。过去曾转运及直接输入台湾各港埠之鸦片，今起一律严禁进入台湾地域。然岛人积习已久，一朝止之，恐有危其性命之虞，将来政府应制一定之规则，准予鸦片做医药使用，盼汝等克体本总督之意。"③ 此份告示也明示总督府将鸦片作为药品的一个品种来进行经营。3 月 30 日，总督府设立鸦片事务局，由鸦片事务官、巡查官、警察和医师等组成。④ 鸦片既然作为医疗用品，就需

---

① 《台湾岛鸦片制度ニ関スル件》，JACAR：A04010019600。
② 同上。
③ [日] 井出季和太：《台湾治绩志》，台湾日日新报社昭和 12 年版，第 243 页。
④ 台湾总督府制药所：《台湾总督府制药所第一年报》，明治 31 年，第 2 页。

要有生产的厂家,故总督府积极策划设置总督府制药所。后藤新平担任卫生顾问后,拨出173万日元作为筹建制药所的费用,并任命在总督府卫生课任职的加藤尚志为总督府制药所所长,开展总督府制药所的建设事宜。

一 台湾总督府制药所官制的设定

1896年3月31日,总督府以敕令第九十八号公布了《台湾总督府制药所官制》,制药所官制共八条:

> 第一条 台湾总督府制药所直属台湾总督府,掌理制药相关事务;
> 第二条 制药所设置所长、技师、技术员、文员、翻译;
> 第三条 所长由技师担任,承民政局长的命令,管理所内事务;
> 第四条 技师专任四人,承所长指挥,专管鸦片制炼分析等相关事务;
> 第五条 另外设技术员五人,承上官指挥,从事所务;
> 第六条 设文员二十人,承所长指挥,常理庶务;
> 第七条 设翻译四人,承上官指挥,从事各项翻译事项;
> 第八条 本令于明治二十九年四月一日开始执行。①

"制药所官制"的颁布,标志着台湾总督府制药所的正式成立。从官制分析来看,其内容十分简单,可推想为了配合《鸦片令》的实施,拟订得十分匆忙。实际上在《台湾总督府制药所第一年报》中所披露内容来看,制药所所长加藤尚志早在2月12日时,已经命令其雇员就鸦片制造所费预算等进行调查。②

总督府在"制药所官制"颁布后,马上就鸦片相关事项进行了规定:

> 第一 各税关依据以前的方法,从事鸦片的购入贮藏及批发事务,特许商人在一定期限内进行制造贩卖,但仅持续到制药所设

---

① 台湾总督府制药所:《台湾总督府制药所第二年报》,明治32年,第2—3页。
② 台湾总督府制药所:《台湾总督府制药所第一年报》,明治31年,第4页。

立后其准备就绪后；

第二　台湾的鸦片如日本内地一样，由自然输入而渐次改由政府购入再进行批发；

第三　生鸦片的购入及吸烟用鸦片的调制，在制药所成立就绪后马上禁止，但调制药特许商贩卖仍依照前例不变；着手就鸦片制造贩卖及管理方法等进行立法；

第四　向百姓明示鸦片制度的设立方法为政府专卖，政府严禁吸烟，对中毒者进行治疗；

第五　着手就吸食用鸦片烟的制造方法进行调查。①

从以上内容分析来看，鸦片的相关规则是从"鸦片令"实施过渡到制药所鸦片制成品生产前的过渡政策，而此时总督府对鸦片虽确定鸦片由政府专卖，但仍然主张严禁吸烟，并主张对中毒者进行治疗。但从以后具体实施过程来看，其严禁政策绝对没有实施，而对中毒的治疗，是在蒋渭水领导的民众党上告国际法庭后，才开始进行的。这一方面是鸦片经济收入的原因，另一方面也是民族差别待遇的证明。

5月28日，总督府以训令第十七号颁布了《制药所分课规程》。内容如下：

第一条　制药所设置制造课、检查课、庶务课、会计课。
第二条　各课设课长一人，以技师、技术员或文官来充任。
第三条　制造课掌理下记事项：
一　药品制造；
二　蒸汽机。
第四条　检查课掌理下记事务：
一　药品原料检查；
二　制造品检查；
三　饮食物其它分析等。
第五条　庶务课掌理下记事项：

---

① 台湾总督府制药所：《台湾总督府制药所第二年报》，第3—4页。

一　所长官印及所印保管；
二　公文书类接收发送及编纂保存；
三　图书保管及刊行；
四　统计报告及官报刊载；
五　不属于他课主管事项。
第六条　会计课掌理下记事务：
一　药品原料及药品受渡；
二　经费及收入并会计事务；
三　所中厅舍及其修缮；
四　所中管理相关事务。①

当时制药所所长由总督府的卫生课长加藤尚志来担任，总督府技师大中太一郎负责鸦片制造的诸业务工作。

7月3日，总督府以训令第五十七号颁布了《制药所长职务规程》。规程规定，制药所所长受台湾总督府民政长官的认可，制定制药所规程；制药所具体权限为：所长有指定所员工作的权力、有批示所员探亲归省及转地疗养的权力、所内金额百元以下的土木工程及房屋新建及维修的批示权、房屋仓库的借入权、百元以下物品的购入权、经费预算内的月额二十元或日给壹元以下的雇员的雇退、执行主管事务上的必要的公告、主管事务上与总督府所属官衙的往复、所员便装出差事宜、岛内巡回及命令职员出差事宜、作业的修止及作业时间的延续等。②

二　鸦片制造生产的相关准备

制药所成立后，马上就生产鸦片进行各种准备。第一项着手的工作就是对鸦片制造业相关参考数据进行调查。总督府派文官鹰崎伦三就鸦片相关各参考数据进行收集，派技术员渡边学之，到台北城内、大稻埕、艋舺三地进行医学上鸦片的相关调查。

---

① 台湾总督府制药所：《台湾总督府制药所第一年报》，第4—5页。
② 同上书，第6页。

烟膏的制造方法调查，主要由技师大中太一郎负责。大中率领技术员小林种英、漆原兵吉、荒尾英三郎及翻译官长野实义等人，于4月15—21日，对台北市内的鸦片商进行了调查。当时对鸦片究竟采取何种政策还没有公开，鸦片商人也不能理解总督府的意图，不愿意告诉他们实话，调查行动被迫搁浅，故大中太一郎决定雇用信得过的当地人，对鸦片烟膏地进行了调查。24日，雇用了熟悉鸦片烟膏的大稻埕南街"新胜美"的黄水。27日，在大中家中开始试制鸦片烟膏。

由于日本人以前没有制造、调配、吸食鸦片的经验，所以必须借鉴清时期鸦片的构成比例。

表 4-1　　　　　　　　清时期吸食鸦片的种类及成分

烟膏种名	水分	水可溶成分	吗啡含量	灰分	香气	吸食鉴定者的评价	定价（元）
福烟	22.39	73.55	11.73	4.23	老酒香少	由小土加四川烟配合制成，紫黑，味重	1.2
禄烟	23.24	73.35	9.74	3.50	同上	在四川土上加万成膏制成泡，忌火，味野淡	0.8
金桂	22.35	74.20	7.42	5.75	老酒气少	由大土配合上等四川土制成，味厚，无香气	1.33
玉桂	23.30	75.70	8.56	4.26	同上	小土加四川土制成，性平，泡好，味香厚	0.9
满桂	22.80	73.60	5.19	4.98	同上	小土加温州汁制成，味野，性软，泡异	0.77
堂桂	22.73	72.72	4.65	5.51	焦	由温州法制成，味野，淡泡，黑，性软	0.70
上桂	23.21	72.70	7.40	3.50	老酒香少	小土混合大土制成，味香，厚泡，红，性平	0.83
中桂	24.00	72.43	6.42	2.53	同上	小土配合温州汁制成，味淡	0.82
下桂	21.36	72.10	1.35	4.34	同上	小土加少许四川土及万成膏制成，味野淡，泡大，红	0.64
上桂	22.50	71.82	7.42	5.36	同上	大土及小土配合四川土制成	1.30

续表

烟膏种名	水分	水可溶成分	吗啡含量	灰分	香气	吸食鉴定者的评价	定价（元）
中上桂	21.35	71.82	6.88	5.41	同上	小土加少量万成膏配合制成，味野，泡软，性平	1.00
中桂	21.32	71.85	2.96	7.11	同上	小土加温州汁及万成膏制成，味淡，臭，泡黑	0.83
下桂	22.72	76.80	3.82	5.75	同上	小土加温州汁及万成膏制成，味极臭，泡软，黑	0.68

此表转引自《台湾鸦片制度要旨》，台湾总督府制药所明治30年版，第25—26页。

从表4-1分析来看，吸食用鸦片的制造配比方法看似十分简单，但制造成成品鸦片则需要相当的过程。故制药所就鸦片烟膏制作方法，及所需诸事项进行了详细的调查。

第一，就鸦片产地、种类、包装、重量、价格进行调查。

台湾的吸食鸦片的原料，主要产自于印度、土耳其及中国大陆。在原料鸦片中，印度产鸦片品质香，味亦纯正，在台湾总称为"大土"，由英国政府专卖，是吸烟原料的优等品，又被称为"白片"，这种鸦片可以随意贩卖。"大土"又分为"公斑"及"叶仔"两种，皆以六寸的球形，由罂粟的花瓣包装。其内部为褐黑色泥状，有鸦片特有的臭味，重量一般为2.5斤。波斯产的鸦片叫"小土"，用红唐纸包装。依据其包装纸又可分为白纱、蓝纱、黄纱、红纱及无纱；依据其形状又可分为"宅庄""四角主""圆庄""豆干庄"。中国大陆产的鸦片以地名为称，如"云南土""四川土"等。

第二，就"万成土"的制法进行了实验。

将天门冬4斤、金点4两、金英子4斤、党参4斤、生地黄4斤、菜燕4两混合在一起，用铜锅两个，各放1.5公斤的水煮1.5个小时后，用粗布过滤。其残渣经捣碎再加水10公斤煮4个小时，过滤后其残渣再捣碎，再加入0.5公斤的水，再与另外锅之桂枝加水10公斤煮30分钟之物相混合，再煮6个小时之后进行过滤。将前后过滤后的汁液中加入两公斤川芎，再煮沸1个小时后，过滤其残渣后再煮1个小时，这样就得到6公斤的液汁。

将此液体用细布过滤，于烈火上进行蒸发，经过 4 个小时，剩下津液的 2/3，再加入麦芽糖 1.5 公斤，放在文火上搅拌蒸发至烟膏的稠密度，从火上拿下搅拌冷却后，再混入三个玉兰花即成"万成土"。①

第三，对原料鸦片进行了具体的检查。

经过以上的调查后，又开始对各种鸦片的品质进行检查，主要是检查鸦片中所含有的"吗啡"的含量，以确定其品质的优劣。

表 4-2　　　　　　　　"波斯"产鸦片的调查结果

序号	品种	水分	水可溶成分	吗啡	灰分
1	红纱	13.514	71.452	10.580	2.807
2	无纱	13.928	67.437	10.670	2.633
3	四角块	14.503	67.373	10.425	2.957
4	红小糸	13.721	69.531	10.425	2.738
5	它庄	11.709	71.036	11.070	2.828
6	底它	9.995	71.791	9.300	3.389
7	高它	11.366	70.229	9.615	3.140
8	红纱	14.258	66.770	8.210	3.61
9	蓝纱	14.203	68.618	8.795	3.180
10	黄纱	12.854	70.032	10.090	3.050
11	白纱	12.036	69.001	9.545	3.155
12	长它庄	8.790	63.750	9.450	3.170
13	短它庄	7.340	62.230	8.100	3.570
14	短它庄	7.000	63.640	7.920	3.450

日本人对原料鸦片的调查，主要是为了调查其中"吗啡"的含量。

第四，对烟膏的制造进行了调查。

日本人还就大土烟膏、小土烟膏的制造方法进行了调查。取大土一个

---

① 台湾总督府制药所：《台湾总督府制药所第一年报》，第 11 页。

用利刀将其外皮拆开，取其内部的土肉，将其细切后放铜锅之中，加水煮沸，待可溶成分全部出来，再压榨过滤，将其滤液再放入铜锅中进行蒸发，变成粥状稠度，土语称之为"煮皮"。之后再将前面取出的土肉皮放入，用文火加热并搅拌，至其干燥，土语称之"搅拌"。以手掌压膏面，膏体不能附着为限，再将其均等分布在铜锅的里面，再用文火进行烧烤，待其部剥离后再转过来烧，这样反复数十回，土语称之为"折重"。其层数一般要数十层，精工者多达 25 层乃至 30 层。将此薄片放入铜锅中再注入冷水进行冷浸过滤，过滤后其残渣再注入冷水，这样过滤两次，土语称之为"过滤"。将过滤后的全部液体合在一起，再以极强的火进行蒸发，同时用嘴含水向其喷出水露，并将浮出物用羽毛除去，这样得到的浓厚汁液，再移到小的铜锅中，以文火蒸发成蜂蜜稠状，土语称为"候膏"。[①] 小土的制造方法与大土基本相同，只是"折重"部分少些。

第五，对烟膏贮藏法及发酵期进行调查。

将制造好的烟膏放在陶器的壶中，用纸片将其盖子的周围贴紧密闭贮藏数日，发酵产生的泡沫会使容积增加，故在发酵期间，每 12 日就必须进行搅拌。由于四季温度不同，其发酵期也不一样。大土烟膏一般 20 天左右可以发酵，两个月后可以完成。小土一般 10 天可发酵，经 40 天左右即可。

大土烟膏若经历数年后吸食，其口味会更好，故一般富贵人家都吸用五六年甚至十几年的烟膏。这样的烟膏一磅（0.9072 斤）大约 40 元。一般制造后数日才能达到可吸食的程度，故卖品一般都将新烟膏与旧烟膏混合起来进行发酵，以快速达到可吸食的程度。

第六，对烟灰的残留量进行调查。

吸食烟膏之时，会产生出来一定的烟灰，其量因烟膏的种类不同，多少也会有所不同，根据台湾的调查，使用厦门金钟号烟斗吸食，烟膏一匁[②]，可残留烟灰七分，但普通的烟馆一般一匁只能剩下五分。

[①] 台湾总督府制药所：《台湾总督府制药所第一年报》，第 13—15 页。
[②] 日本的计量单位。

表 4-3　　　　　　　　　　　烟灰残留量

	重量（克）	烟灰 所占重量（克）	烟灰 所占比例（%）
小土膏	25	17.47	69.88
大土膏	25	15.5	62.00

将残留的烟灰再用水湿润，捻成团，可再吸食。这样的烟灰一匁可再落成烟灰四分，将这第二次的烟灰再用水拌捻成团再吸食，再落成第三次烟灰。这样第一次的烟灰土语，称为"头清"，第二次的烟灰称为"二清"，第三次的称为"三清"。

第七，对中国酒的种类进行调查。

日本人还就台湾人的饮料及制造烟膏使用的酒类进行了调查研究，主要有老酒、红酒、糯米酒、时酒、火酒、正绍兴酒、龙远、致远、志远、东昌等，老酒、红酒、糯米酒、时酒为台湾本岛产，其他为中国内地产。其市场价格为正绍兴酒 14 斤装 59 钱；龙远老酒 28 斤装 65 钱；志远老酒 28 斤装 66 钱；东昌老酒 28 斤装 70 钱。其中正绍兴酒气味最好，适合用来制造鸦片烟膏，故其价格较高。

第八，对台湾人所造烟膏的种类等进行调查。

日本人还就台湾人所制造烟膏的种类进行了调查。根据调查可以明确地得知，在市场中贩卖的烟膏的吗啡含量的百分比为 4%—12%。含量越高，鸦片的质量就越好。

第九，试制烟膏配剂。

通过以上调查，日本人开始试制生产鸦片，他们用土耳其生鸦片两个 955 匁、土肉 750 匁及外皮 110 匁混在一起，制造出一等鸦片烟膏；用黄纱生鸦片 4 斤、老酒 320 匁混合制成二等烟膏；用黄纱生鸦片 4 斤、配合物 64 匁及老酒 320 匁制成三等烟膏。依据以上方法试制出来的鸦片的生产量一等烟膏为五百十匁三分；二等烟膏为五百四十二匁八分；三等烟膏为六百三十三匁一分。

表4-4　　　　　　　　　　　烟膏成分

种别	水分	水可溶物	吗啡	灰分	香气	吸食者评价
一等烟膏	23.95	73.55	10.17	4.78	没有老酒的臭气	味颇清香烧泡极密开展，是为上烟
二等烟膏	22.58	74.82	12.09	2.74	同上	味清香烟厚泡密展，此为小土上烟
三等烟膏	22.62	74.88	10.87	3.42	同上	味清香泡展颇密，烟气颇厚，是即小土上桂

第十，对其他鸦片制取工具进行了调查。

制药所人员通过研究，又决定制造用具、烟膏容器，试验了鸦片罐、鸦片罐封及贮藏罐封膏，还就烟膏贮藏容器、名签贴用糊、烟膏小分用器等生产鸦片所必需的工序等进行了试验。

表4-5　　　　　　　　　　鸦片制造所需器具

种名	用法	价格
大铜鼎	像锅形的铜制品，用于煮鸦片土	四元八拾钱
中铜鼎	形同上，用于煮大土皮或小土烟膏	四元
小铜鼎	形同上，用于大土烟膏的制造	贰元五拾钱
铜杓	铜制的柄杓，用于煮鸦片及吸水	七钱
大风炉	烧土制，用于煮鸦片	壹元
候膏炉	同上	叁拾钱
青盆	陶制，用于存放鸦片的过滤液	六拾钱
笼仔头	竹制，用于鸦片液的过滤	拾钱
大笼仔头	用竹子制的篮子，用来过滤大土皮	拾贰钱
铜托	铜制的笼子，用来除去鸦片的残渣	贰拾五钱
牛角杯	牛角制的笼子，用来取鸦片"越几斯"	拾五钱
火挑	铁制，用于搔七轮之下的火	拾五钱
炒杯	木制，用来搅拌鸦片土	拾五钱
土箸	木制，用于搅鸦片烟膏	拾钱
竹仔扇	用竹制的团扇代用品，用来煽火	贰钱
草屉	用藁制的，用来铺锅用	拾钱

续表

种名	用法	价格
土苔	铁针低镀金，用来炙大土的烧网	八拾钱
笼仔布	布制，用来绞大土皮	拾钱
大锦纸	中国制的一种纸，用来过滤鸦片汁	叁厘
笼仔砣	土烧的小瓶，用来装过滤的鸦片液	拾钱

三 鸦片制药所的成立及鸦片的生产

通过以上的调查及试验后，总督府开始寻找地点及场所来设立制药所。11月，制药所在台北城内西门街，租用新高堂主村崎的一栋二层楼房作为制造鸦片的临时制作场及试验场，开始鸦片烟膏的大量生产。这个工厂包括事务室、

图 4-1 总督府制药所检验室的一部分

职工被服室、鸦片原土贮藏场、烟膏贮藏场、制造厂、烟膏制造场、包装车间、物品仓库8个部分。12月，这个制作场每天就能生产出100磅鸦片烟膏。随着1897年1月《台湾鸦片令》在全岛的实施，各地烟膏需求量大增，制药所每天的生产提高到1000磅。由于当时临时工厂主要以手工为主，远不能满足全岛对鸦片的需求量，故在新建设的工厂中，安装了气罐，将以前手工时期的炭火转变为煤火，增加了蒸汽机、炼膏器、风箱、搅拌器等现代化工具。

制药所当时生产的鸦片烟膏有三等，它们的名称、重量及定价如表4-6所示：

表4-6　　　　　　　　烟膏名称重量及定价

等级	名称	重量	单价
一等烟膏	福烟	一百二十匁	12元
二等烟膏	禄烟	一百二十匁	9元
三等烟膏	寿烟	一百二十匁	7元

　＊此表使用的元是日据台湾时期由台湾银行发行的台湾"円"。文中所使用的元，也是特指台湾"円"。

制药所还就各种鸦片购买吸食特许证明进行了设计，其具体样式如图4-2所示：

图4-2　台湾烟膏购买吸食特许证明

第四章　总督府制药所的成立及鸦片的生产　77

随着鸦片制造业的扩大，原设在西门街附近的临时工厂，日产量只有675瓦的生产能力，已经远远不能满足生产的需要。① 故总督府又在台北城西南门外的大加蚋堡龙匣口庄，新建了7152坪的制药所鸦片制造厂。其中一部分在1897年11月时竣工交付使用，包括423坪的制造场、218坪的实验室、200坪的原料及制品库、200坪的药品库及职工食堂等。②

这个鸦片制造厂不仅生产鸦片，还进行各种鸦片相关实验，如进行烟草中鸦片混杂有无的实验、鸦片烟膏放烟的实验、鸦片烟膏中那可汀（一种鸦片碱）的含量的测定、使用蒸汽机制造烟膏的实验等，另外，制药所还进行化学试验、细菌学试验等。③ 表4-7为1897年到1898年间总督府制药所进行的各种实验统计：

表4-7　　　　　　1897—1898年台湾总督府制药所实验统计

年份	原料鸦片实验	制造烟膏试验	试制烟膏及其他实验	各官衙请求的鸦片相关实验	没收烟膏及其实验	裁判化学实验	卫生化学实验	细菌化学实验	矿植物相关实验	总实验件数
1897	33	164	10	53	—	11	32	13	—	316
1898	40	116	11	18	8	5	17	25	26	266

此表根据日本公文书馆藏档A06032532200《台湾总督府制药所事业年报》（明治31、32年）中之"各种实验件事比较表"整理而成。

制药所之所以进行各种相关实验，并不是为了生产出高质量的烟膏来为台湾百姓服务，而是另有原因。鸦片具有很强的麻药作用，这是由于生鸦片中含有5%—15%的吗啡。将生鸦片中的吗啡通过化学方法提取而形成的无色结晶，是一种药剂，有止痛、止咳、镇静、催眠等作用，但如果连续使用，也会形成慢性中毒。自从1805年德国药剂师赛路丘纳研发出此项

---

① 《台湾专卖事业年鉴（昭和十二年版）》，台湾と海外社昭和12年版，第180页。
② 台湾总督府制药所：《台湾总督府制药所第二年报》，第100—101页。
③ 同上书，第437—510页。

提取技术之后，成为药品的吗啡即取代鸦片的地位，全世界各大药厂都对它投注了极大的兴趣与关注。

台湾总督府为了增加财政收入，在制药所进行了各种相关试验，其中关于那可汀的实验，就是为了萃取粗制吗啡做准备。1900年后，制药所萃取粗制吗啡取得成功后，生产的烟膏中吗啡的成分便呈递减趋势，如1897—1900年生产的一等鸦片烟膏中，其吗啡成分还高达10%—12%，但到了1912年，其一等烟膏中的吗啡含量仅有8%，最多也只有8.5%。[①]

值得注意的是，生鸦片一旦被提取吗啡成分后，其味道就会改变，对瘾者来说，就会觉得不够劲不过瘾，这可能会导致吸食量的增加，因此鸦片烟膏中吗啡的含量，就成了绝对机密，除了总督府少数人外，连制药所所员都无从知悉。[②] 而提取出来的粗制吗啡制成盐酸吗啡，又可以高价出售。目前虽然没有资料揭露其粗制吗啡给总督府带来的财政收入有多少，但第一次世界大战后，以后藤新平人脉发展起来的星制药，垄断了台湾总督府粗制吗啡，制造的盐酸吗啡获利丰厚，称霸日本业界。

由于吗啡是一本万利的新兴事业，日本各大制药厂纷纷争取获得台湾总督府的粗制吗啡，但由于星制药有后藤新平人脉的支持，因此对台湾总督府粗制吗啡的争夺，最后演变为政治斗争，使得粗制吗啡原料的供应问题，成为当时日本国会内部争议较大的议题。这种争议最终导致了1924年在后藤新平的政敌——三菱创办人岩崎弥太郎的女婿加藤高明组阁后，爆发的"台湾鸦片事件"，使星制药被告上了法庭。直到这时，台湾总督府制药所提取粗制吗啡的真相才被曝光出来。[③]

1897年投入使用的总督府制药所规模非常大，其生产能力也非常强。从其所需要的职工人数及工作日也可看出其实力。

---

① 司马啸青：《台湾日本总督》，玉山社2005年版，第128—129页。
② 同上书，第129页。
③ 同上书，第131—132页。

表4-8　　　　　　　1900年制药所职工人数及工作日数

月份	长期工（人）	临时工（人）	每月工作天数
1	150	3606	24
2	150	3761	25
3	147	4111	28
4	160	3921	25
5	160	4465	28
6	162	4391	27
7	159	4304	27
8	159	3952	24
9	147	3877	27
10	153	4135	28
11	149	3664	26
12	150	3943	26

* 此表根据日本公文书馆藏档 A06031501800《台湾总督府统计书》第四回（明治33年）"制药所职工及给料月别表"整理而成。

从表4-8分析来看，总督府制药所平均每月需职工一般达4000人左右，每月工作日也平均高达26.25日。

另外，这个庞大的毒品制造厂，还受到总督府的格外关照。1898年时，该所为了提高生产能力，安装了一部7000瓦特的直流发电机，用于工厂照明，这比总督府官邸及民政长官官邸使用照明还早，是台湾第一个使用电灯照明的单位。[①] 这一方面反映了总督府对制药所的重视，另一方面足见殖民地建设的本质是为了攫取经济利益。

四　制药所鸦片的制造

鸦片的销售程序是，制药所将生产出来的各等级鸦片烟膏，送至专卖局，再由专卖局配布给各地方厅，地方厅再将之出售给鸦片专营承办人，再由承办人批发给专卖商，专卖商再将之零售给鸦片吸食者。故制药所生产出来的鸦片分为三等，即为福膏、禄膏、寿膏，其基本重量为120匁，

---

① 司马啸青：《台湾日本总督》，玉山社2005年版，第128页。

定价分别为12元、9元、7元。1897年3月，总督府以第十二号公告发布了《鸦片烟膏及粉末鸦片定价》，将三个等类的鸦片烟膏重量由120匁减少到100匁，但其定价维持为12元、9元、7元。①

通过鸦片烟膏重量的改变，每等鸦片每个单品减少20匁，但其价钱维持不变，这种变相提价的方式，是总督府榨取台湾社会的一个有力证明。总督府制药所在1910年再次调整了各种鸦片制品的价格，此后分别在1916年以总督府告示"第六十九号"、1917年府告示"第四十三号"、1918年府告示"第一百零五号"、1919年府告示"一百七十一号"将鸦片烟膏的价格进行了大幅度的提价。②

表4-9　　　　　　　　　　鸦片烟膏价格

年份 等级 价格	1901 一等	1901 三等	1916 一等	1916 三等	1917 一等	1917 三等	1918 一等	1918 三等	1919 一等	1919 三等
罐（100匁）批发（元）	20727	12831	23688	15792	27636	19740	34545	26649	39480	29610
罐（100匁）定价（元）	21	13	24	16	28	20	35	27	40	29

表中各年中鸦片定量为罐，每罐为一百匁。此表根据《台湾总督府专卖事业自第十六年至第二十二年年报》第36页内容整理而成。

鸦片烟膏的生产是总督府制药所的主业，也是研究日据台湾时期政策研究的关键之所在。以往的研究中，往往注重于制度层面，主要从当时吸食鸦片人数的数量的减少来说明"渐禁政策"。而笔者认为，要真正清楚地研究台湾鸦片政策的实质，必须从日据时期鸦片的生产量、销售价格，再配合吸食人数的增减进行综合考虑，才能真正说明问题。

非常值得注意的是，笔者查阅第1回至第46回"台湾总督府统计书"，发现总督府制药所生产的鸦片的数量，只记载统计到第22回，其后就没有记载。

---

① 台湾总督府制药所：《台湾总督府制药所第二年报》，第14页。
② 台湾总督府专卖局：《台湾总督府专卖事业自第十六年至第二十二年年报》，台湾日日新报社，大正13年版，第36页。

表4-10　　鸦片烟膏生产量累年统计（1896—1922年，计26年）

等级 年份	一等烟膏 数量（匁）	一等烟膏 整装（罐）	二等烟膏 数量（匁）	二等烟膏 整装（罐）	三等烟膏 数量（匁）	三等烟膏 整装（罐）	总计 数量（匁）	总计 整装（罐）
1896	219637	631	590317	590	483420	1440	1293374	2661
1897	2209978	8474	5665431	40179	31437178	224974	39312582	273362
1898	404300	5906	8225800	82339	40150000	414117	48789100	502362
1899	295527	11836	15372490	149056	42686470	416095	58354487	576987
1900	5547200	49596	12609610	130754	37800300	372184	55957110	552534
1901	5208800	51902	3793050	37775	25986400	228534	34988250	318211
1902	8807150	68178	1034350	11784	19011100	222572	28852600	302534
1903	13203000	139822	68400	3387	27385450	262113	40656850	405322
1904	16351850	149886	——		22816850	244530	39168700	394416
1905	20028850	196676			24661750	229668	44690600	426344
1906	27155900	253912			16274700	164697	43902400*	423325*
1907	28916350	279128			7653200	90448	36569550	369576
1908	29074400	266417			7745700	104928	36820100	371345
1909	26610500	273780			13420350	116027	40030650	389807
1910	17732850	202085			4694950	47848	22427800	249933
1911	21971200	225953			4428900	61183	26400100	287136
1912	25618800	230477			5759000	52507	31377800	282984
1913	23698890	232869			4406150	39481	28096040	272350
1914	22479720	225793			2770250	23313	25249970	260106
1915	21761380	237672			1751200	25917	23512580	263589
1916	27115870	266606			1546300	16018	28662170	282624
1917	23514079	220741			1092250	14532	24606329	235274
1918	22249338	240790			435550	4103	22684888	244893
1919	19349359	193213			——		19349359	193213
1920	15686949	172276			——		15686949	172276
1921	12571000	125571				2232	12571000	127942
1922	12997300	129973					12997300	129973

* 表中1906年鸦片生产总量及总罐数中，包括甲种烟膏90050匁（900罐）及乙种烟膏381750匁（3816罐）。

"台湾鸦片史上值得称道的一页，就是日俄战争后台湾鸦片向关东州的输出。"① 日俄战争后，日本从俄国手里接手了关东州的租借权，开始管理自由港大连，享有兵器、弹药、爆炸物及鸦片等的特别管理权。当时关东州的鸦片需要量是每年 13500 瓦至 14400 瓦左右。台湾总督府与关东州都督府民政署进行协商，由台湾向关东州输出鸦片，由基隆装船直接运送至大连。由于台湾产的烟膏与关东州烟膏有所不同，故台湾总督府制药所特意制造出适合关东州的甲种与乙种烟膏，以供应给关东州。

台湾向关东州输出鸦片起始于 1906 年，实际输出的鸦片共计有 1768 瓩（瓩，日本衡器具单位，即千克，后伪"满洲国"也有使用，1 瓩 = 1000 瓦）。正是由于台湾鸦片的帮助，关东州才得以确保鸦片专卖制度的确立。② 1915 年，在贺来佐贺太郎担任台湾专卖局长之时，台湾又开始向青岛及澳门输出鸦片，此时代被称为"南门工厂的昌盛时代"。③

表 4-11　　　　　　　　　　鸦片烟膏批发的价格

等级 年份	一等烟膏 数量（罐）	一等烟膏 金额（元）	二等烟膏 数量（罐）	二等烟膏 金额（元）	三等烟膏 数量（罐）	三等烟膏 金额（元）	总计 数量（罐）	总计 金额（元）
1897	4514	45062.568	33372	250237.674	213019	1244475.792	250905	1539776.034
1898	7455	88122.828	78217	693399.024	385397	2657312.315	471069	3438834.167
1899	9856	116505.012	141175	1251514.602	413953	2854204.556	564984	4222224.170
1900	43291	511699.620	125483	1112406.795	378642	2610736.590	574416	4234843.005
1901	46379	646766.760	42941	472688.695	226905	1684685.885	316225	2804141.340
1902	74210	1023355.900	23641	256150.235	250744	1728879.880	348595	3008386.015
1903	126438	1743580.020	2346	25418.910	268342	1850218.090	397126	3619217.020
1904	151594	2090481.260	341	3694.735	234958	1620035.420	386893	3714211.405
1905	187600	2587004.000	144	1560.240	234657	1617960.015	422401	4206524.255

---

① 《物语り鸦片志》，第 34—35 页。
② 同上书，第 35 页。
③ 同上。

续表

等级 年份	一等烟膏 数量（罐）	一等烟膏 金额（元）	二等烟膏 数量（罐）	二等烟膏 金额（元）	三等烟膏 数量（罐）	三等烟膏 金额（元）	总计 数量（罐）	总计 金额（元）
1906	233842	3224681.180	90	975.250	159665	1169840.175	403597	4395496.505
1907	269481	3716142.990	—	—	108099	745342.605	377580	4461485.595
1908	283990	3916222.100			101327	698649.665	385317	4614871.765
1909	278887	3807406.610			126543	863875.425	405430	4671282.035
1910	214189	4118615.445			63270	725918.310	277459	4844533.755
1911	230948	4777159.380			65563	724289.215	287511	5501448.595
1912	224103	4635570.555			48968	627035.240	273071	5262605.795
1913	228622	4729046.070			43768	560449.240	272390	5289495.310
1914	230204	4761769.740			36288	464667.840	266492	5226437.580
1915	256497	5316413.319			28093	360461.283	284590	5676874.602
1916	252673	5865889.050			19274	293561.436	271947	6159450.486
1917	234120	6470140.320			11391	224858.340	245511	6694998.660
1918	203538	6535596.186			4919	115168.095	208457	6650764.281
1919	190341	6880273.365			2448	67048.984	192786	6947322.249
1920	169215	6680608.200			1386	41039.460	170601	6721647.660
1921	151212	5969849.760			1075	31830.750	152287	6001680.510
1922	137488	5428026.240			720	21319.200	138208	5449345.440

表 4-12　　　　　　　　粉末鸦片批发的价格

年份	1897	1898	1899	1900	1901	1902	1903	1904	1905	1906	1907	1908	1909
数量	720	420	700	915	650	1020	1260	498	500	100	790	200	887
金额	72000	42000	70000	91500	65000	102000	126000	49800	50000	10000	79000	20000	88700
年份	1910	1911	1912	1913	1914	1915	1916	1917	1918	1919	1920	1921	1922
数量	800	1000	800	1000	900	800	1760	3588	6648	5799	2300	2487	2150
金额	80000	100000	80000	100000	90000	80000	299200	609960	2124320	2835500	1150000	1243500	1075000

制药所粉末鸦片是药用鸦片，只有医师、药剂师、药种商及制药业者才可以购买。其在最初的价格是以东京卫生试验所规定的一匁为定量，定价为 10 钱。1916 年时，总督府以府告示第十三号文件将其定量修改为：第一号为 5 克装，政府的批发价格为 17 钱，市场定价为 20 钱；第二号为 25 克装，政府的批发价格为 85 钱，市场定价为 1 元；第三号为 450 克装，政府的批发价格为 14 元 50 钱，市场定价为 17 元。[1] 虽然此部分的收入与烟膏相比非常少，但也是其鸦片收入的一部分。

另外除了吸食类鸦片烟膏的实验、生产以外，总督府制药所还进行其他方面的实验。制药所还就台湾的地质和气候条件能否进行罂粟的栽种、鸦片的产出量、何地适合罂粟的种植等进行了调查，以便他日给予鸦片行政上的参考，并决定当年度在制药所的辖区内划定一块土地，购入四种罂粟的种子，进行试栽培。

小　结

从上述内容分析来看，总督府在渐禁政策还没有完全确立之时，就开始着手总督府制药所的官制及生产的研发，并在最短的时间内，生产出大量鸦片烟膏，以满足台湾人的吸食。并就烟膏的等级及价格等，进行了制定。

---

[1]　台湾总督府专卖局：《台湾总督府专卖事业自第十六年至第二十二年年报》，台湾日日新报社大正 13 年版，第 37 页。

第五章
总督府初期鸦片专卖制度的建构

  台湾吸食鸦片之陋习,最初始自17世纪,经荷兰人从爪哇传入,后受来自福建漳州、泉州、厦门等地移民的嗜吸之风影响。清在台的地方官员和一些有识之士,都积极主张禁绝烟毒。但鸦片为害甚深,已非一日能够禁绝。1895年马关议和之时,清全权大使李鸿章,曾以台湾人吸食鸦片难以禁绝作为理由,反对日本所提出的割让台湾的要求。而日方代表伊藤博文向李鸿章夸下海口:"台湾之地,一旦归为帝国所有,鸦片烟之禁制,必能奏效。"[①] 日本人登陆台湾后,本不想在台湾实施完全禁止吸食鸦片,故必须防止在台日本人沾染上恶习,更恐此毒害传至日本内地,为此,台湾事务局就此事对总督府发出照会进行询问,台湾总督府于7月6日向各部队长发布谕示:"台湾人民军事处分令",其中"第一条台湾人若有下列行为者,判处死刑"的第八项中,规定了鸦片相关事项:"给予大日本国军人、军属、其他从军者鸦片烟及吸食器具,及提供吸食场所者。"[②] 同时,将此项处分令的搜查行使权交给宪兵队长,令其严厉执行。由于此命令是针对台湾人而言之,对日本人没有法律的约束性,故在很短的时间内就出现了日本人吸食鸦片的情况。于是总督府11月在"台湾住民刑罚令"中,加入相同内容的条款,以禁止日本人吸食鸦片。这样台湾总督府成功地防堵了在台日本人对鸦片的吸食,但对台湾人民则采取了完全不同的策略,

---

  ① 《关于台湾岛鸦片制度之意见》,《日据初期之鸦片政策》第一册,台湾省文献委员会1978年版,第15页。
  ② 《台湾总督府谕示集》,JACAR:A06032526900;《台湾总督府民政事务报告第五号1》,JACAR:B03041509600。

努力寻找合适的法源法规，使鸦片吸食合法化。

一 鸦片专卖基本法源的确定

台湾是日本的第一块殖民地，其与日本本土，及日本国籍之日本人，在所用实证法律规范上，处于不同的地位。由于日本吸食鸦片的相关罪则属刑法范畴，故在台湾也必须首先在刑法内，进行法源的合理化操作。而台湾的刑事特别法源，初期是由军令统治再转到律令立法，而"六三法"是律令立法之根本法源。律令立法即是委任立法，是指台湾总督在其管辖区域内，有制定与帝国议会之"法律"具有同等效力之"命令"，此项命令被特别称呼为"律令"。由"六三法"构建的律令立法制度，可以使台湾总督在台湾范围，得以自行制定法律并督促执行，不必受日本帝国议会的牵制。

1896年8月14日，总督府公布律令第四号"在台湾之犯罪依帝国刑法处断之律令"，此令云："在台湾之犯罪，应依帝国刑法予以处断之，难以适用于台湾住民者，依另所定。"[①] 此为台湾殖民地法制中，最早以律令发布之刑事法源，因而被认为律令刑法之嚆矢。更为鸦片吸食合理化奠定了法源基础。

鸦片犯罪，在日本是以刑法论处，其刑法与鸦片烟罪相关之基本法条如下：

第二百三十七条 输入鸦片烟，及予以制造，或予以贩卖者，处以有期徒刑。

第二百三十八条 输入及制造，或予以贩卖鸦片烟吸食器具者，处以轻惩役。

第二百三十九条 税关官吏知情，竟令鸦片国及其器具输入进口者，依照前二条之刑，并各加罪一等。

第三百四十条 为吸食鸦片烟，提供图利者，应处以轻惩役。引诱

---

① 《刑法实施上关于鸦片烟取缔之通牒》，《日据初期之鸦片政策》第一册，第43页。

他人，令其吸食鸦片者，亦同。

　　第二百四十一条　吸食鸦片烟者，处以二年以上三年以下之重禁锢。

　　第二百四十二条　持有或受寄鸦片烟及烟具者，处以一月以上一年以下之重禁锢。①

如果按日本的鸦片罪相关刑法条，凡吸食鸦片者都违反刑法，故不能在台湾实施。台湾总督府以民总第五一三号，颁布了《刑法实施上关于鸦片烟取缔之通牒》，将鸦片吸食合理化："此次依律令第四号拟公布刑法实施案，惟该刑法第五章第一节，关于鸦片烟部分，如另纸草案，特别定律令，拟于日内发布，惟暂时限于台湾住民，有关鸦片烟之犯罪，拟不过问。兹奉总督之命，特此通牒。"②

总督府以通牒的方式，先将台湾鸦片吸食罪从刑法罪则中解脱出来。但造成另外的困难，即外国人可以利用此通牒，进行鸦片走私，故总督府民政局给予上述通牒的解释为：此"系指，台湾住民吸食鸦片烟者，或持有或受寄鸦片烟及吸食器具者，在各住民相互间，贩卖鸦片烟及鸦片吸食器具，或制造鸦片烟等之犯罪而言。殊非指，住民与外人之关系，凡输入鸦片，或由住民对内地人贩卖鸦片烟及鸦片吸食器具，或提供鸦片烟吸食场所房屋等之犯罪，均非此限。所谓限于住民不予过问之义，乃指于住民间之鸦片取缔，拟暂缓执行，默认向来状况之义，为慎重计，重行通牒，敬请查照"③。

为防止外国人借机输入或走私鸦片，总督府临时制定了《鸦片管理规则》，其主要内容如下：

　　第一条　禁止输入或制造鸦片，并禁止培养罂粟。不管采用何等名
　　　　　　称，禁止制造买卖或授受有鸦片成分之卖药。未得官许，

---

① 《台湾鸦片律令第二号》，台湾总督府公文类纂，明治30年第13卷，甲种永久第六门卫生鸦片。
② 《刑法实施上关于鸦片烟取缔之通牒》，《日据初期之鸦片政策》第一册，第44页。
③ 同上。

不得持有、或授受、买卖鸦片。

第二条　因鸦片吸烟之习惯，已成瘾者，得经医师证明，并经地方厅向台湾总督府申请，鸦片购买及吸烟之特许。此时，得给予执照，为鸦片购买及吸烟之凭证。

第三条　购买鸦片或吸烟之际，应携带执照。

第四条　领得第二条规定之执照者，应依下记区别，缴纳特许费。

一等红色执照：（得自由购用上中下各种鸦片者）一个月三元

二等蓝色执照：（限购用中等以下鸦片者）一个月一元五十钱

三等绿色执照：（限购用下等鸦片者）一个月五十钱

第五条　仅为供给吸烟场所，拟开设鸦片吸烟店者应经地方厅，申请特许执照。领取特许执照者，每年应缴三元。①

总督府通过制定《鸦片管理规则》，将鸦片的输入、制造及罂粟的栽培等，全部收归总督府官有体系，将各外国商社的鸦片经营全部绝断。另外，将台湾鸦片吸食者继续吸食之手续，给予明确规定，即是经医师证明，并向总督府申请后，方可得到吸食执照。同时，还规定了各类执照的手续费用。

鸦片的制造贩卖收归总督府专营，必须有营业的相关规章制度，故总督府制定了《鸦片销售营业规则》，其内容如下：

第一条　鸦片，应由官方制造贩售之。鸦片贩售定价，另行公示。

第二条　凡拟经营鸦片销售营业者，应经由地方厅，向台湾总督府申领销售业特许证。领取特许者，每年应缴款三元。

第三条　营业者，对未持有鸦片购买及吸烟许可执照者，不得售卖鸦片。

第四条　营业者，应备置账簿，记载原（卖）受额及每日销售鸦

---

① 《台湾鸦片律令第二号》，台湾总督府公文类纂，明治30年第13卷，甲种永久第六门卫生鸦片。

片种类、数量及价格；并应将每月销售鸦片之种类、数量及价格，限于翌月五日前，向所辖警察官署呈报之。

第五条　营业者应受鸦片监视员之监视。

第六条　知事、岛司得制订营业者取缔细则。

第七条　凡违反第三条、第四条规定者，处以二十五日以内禁锢，或二十五元以下之罚款。①

《鸦片销售营业规则》主要是就鸦片销售营业给予法的规范，明定台湾人所吸食的鸦片，其制造、贩售全部由总督府官方包揽，而凡拟经营鸦片之销售者，必须经地方厅向总督府申请销售许可证。此项规定将台湾鸦片的贩卖确定为官有。另外，此规则还对鸦片类营业者进行了具体规范。

为了防止鸦片类犯罪，总督府还以律令的形式，对各类鸦片类犯罪，进行了法条上的界定：

第一条　输入鸦片或制造者，处以有期徒刑。帮助其输入者，亦同。

第二条　凡有该当下列各款中行为之一者，处以五年以内之重禁锢，或处以五千元以下之罚款。
一　未以官许，持有鸦片，或吸烟，或为买卖授受者；
二　伪造、变造或贷与鸦片购买吸烟特许执照者；
三　制造、买卖或授受含有鸦片成分之成药者；
四　未经特许，开设鸦片吸烟店者。

第三条　于前条第一款、第三款之情形，没收其鸦片或成药。

第四条　凡有该当于下列各款中行为之一者，处以三个月以内之禁锢，或处以一百元以下之罚款。
一　购买或吸食鸦片购买吸烟特许执照等级外之鸦片者；
二　未携带鸦片购买吸烟特许执照，而购买或吸食鸦片者；

---

① 《台湾鸦片律令第二号》，台湾总督府公文类纂，明治30年第13卷，甲种永久第六门卫生鸦片。

三　培植罂粟者。

第五条　于前条之情形，没收其鸦片或罂粟。①

此"律令"将鸦片输入及制造者，没有数量之限定，都处以有期徒刑。而对未经官许，持有、吸烟、买授、伪造、变造、贷与、制造、买卖或开设吸烟店者，处以五年之重禁锢，或五千元以下之罚款。而购买特许执照等级外之鸦片者、未携带吸烟特许执照而购买或吸食鸦片者及培植罂粟者，全部处以三个月之内或一百元以下之罚款。

此律令极为简略，其对鸦片相关罪责之刑罚，极为严酷，充满了对台湾人的鄙视，总督府竟在理由书中，堂而皇之地言称，如此简短地起草鸦片取缔规则之原因，旨在切合台湾民众之现状：

中国人，尤其台湾土人，均乏理解力，凡连十条以上条章之法律命令，多不易被了解；中国人，从未受法理规则之支配，通常仅三行半之谕令，何等巨额之御用款或租赋，亦有予以缴纳之习性；土人对日本法令之繁杂颇有怨言，伊等，唯期有单纯之生活；故浩瀚之诸规章，反令伊等有苦于了解，竟不能释然会意之嫌。不仅如此，且因日本之复杂规则，无人能充分加以明确翻译说明。试回顾东方之文明先驱日本，于维新当时之实况，并无贯连条章之法律命，岂非皆简易短片之单文？今日台湾之情形，正如维新之日本，甚至劣下数等之斯民，欲令其遽然了解文明规则，岂非缘木求鱼？据上理由，台湾法令，尤其鸦片规则之类者，以用简易之类者，以用简易文章为宜。至于制药以调制鸦片或关于销售取缔规则，自应另以单文起草。鸦片售价应尽量压低，特许费或加算金，应自吸烟者征收巨大金额，此一方策，不仅能自然防止走私输入，且能增加收入，可谓一举两得之措施。如今，实施伊始，土人正惧疑究将受何等烦累法令之检束，此际，以约法三章，简赅扼要，令斯民知所遵守，为要。惟将时世，分隔阶段，按其

---

①《台湾鸦片律令第二号》，台湾总督府公文类纂，明治30年第13卷，甲种永久第六门卫生鸦片。

民度，逐渐发布，较完密法令，乃行政上尤其殖民行政之要诀也。①

总督府以律令这种特殊殖民地法，将台湾鸦片吸食合理化，又通过《鸦片管理规则》《鸦片销售营业规则》等法的颁布，将鸦片的进出口及销售纳入到国家专卖范畴内，防止鸦片走私，以保证鸦片收入的国家化。

二 鸦片专卖具体法规的制定

总督府以"律令"中刑法的相关解释，为鸦片吸食合理化奠定基本法源后，开始制定鸦片专卖的具体法规则，以便鸦片买卖程序的具体执行。

总督府首先在律令第二号中，发布了《台湾鸦片例》（自1897年4月1日起开始施行），具体内容如下：

> 第一条　本例内所指鸦片者，即系烟土、烟膏、烟粉之总称。
> 第二条　烟膏、烟粉专归官卖。
> 　　　　民者不准私自进口或制炼，或并未经特许而买卖或授受或备藏鸦片或虽不名鸦片，尚用鸦片原料制成，效同鸦片烟膏之药物。
> 第三条　当察看有瘾之人，方始特许买吸烟膏，并给牌为凭。
> 第四条　凡下开各项营业者，均在特许之时，给牌为凭：
> 　　　　一　承卖烟膏
> 　　　　二　制卖烟具
> 　　　　三　承卖烟具
> 　　　　四　开设烟馆
> 　　　　五　发客烟粉
> 　　　　但限以药剂师、药种商方可。
> 第五条　医师、药剂师、药种商、制药者，则虽不另经特许，亦得将烟粉，备藏或买卖或授受。

---

① 《台湾鸦片律令第二号》，台湾总督府公文类纂，明治30年第13卷，甲种永久第六门卫生鸦片。

第六条　已经第三条、第四条所载之特许者，应纳特许税，其税额另用府令酌定颁示。

第七条　买吸烟膏或烟馆等人，其系已经特许者，方得买备烟具。

第八条　承卖烟膏人如有向无吸烟牌照人，私将烟膏卖与，或交与者，处以有期徒刑，或罚金五千元以下。

第九条　烟馆如有向无吸烟牌之人，私将烟榻、烟具听其应用者，处以轻惩役，或罚金二千元以下。

第十条　制卖烟具人并承卖烟具人，如有向无吸烟牌人，或无烟馆牌人，私将烟具卖与或交与者，均处以轻惩役或罚金二千元以下。

第十一条　如将烟土、烟粉或效同烟膏之药物，私自进口或制炼者，处以重惩役，或罚金三千元以下。如将烟土、或效同烟膏之药物，私行买卖、或授受、或备藏者，处以重禁锢四年以下，或罚金一千三百元以下。

非经特许，而将烟粉私行发客者，有非医师、药剂师、药种商、制药者，而将烟粉私行买卖、或授受、或备藏者，均亦照前处罚。

尚犯以上三项者，应将现存之货，均行入官，其已经售者，照价追缴。

附　则

第十二条　本例所定出售烟膏、烟粉，并给发特许烟牌等事，不必全岛一律举办。务须察看情形，先施之一处，而后递及他处亦可。

第十三条　本例虽经施行之后，如其未经照例给牌，则仍照下开各项遵办：

a)　从前吸惯之人，仍准将烟膏、烟具买备吸用。

b)　既开烟膏店、烟具店，仍准依旧营业。

c)　既开烟馆，仍准依旧营业，并不妨买备烟具。

d) 非营业人，而经有备藏烟土、烟膏及烟具者，仍准备藏，或其转卖营业人均可。

第十四条 凡在给发烟牌而出售烟膏、烟粉地方，除请领特许烟牌者外，所有鸦片及烟具，一概缴官，如遇确查有价之货，即应妥为酌给价钱。

尚犯前项，不肯缴官者，处以重禁锢一年以下，或罚金三百五十元以下，并将所有鸦片烟具一并入官，其已售者，按价追缴。①

首先，"鸦片例"明确规定了台湾总督府鸦片经营中所涉及鸦片的种类为"烟土、烟膏、烟粉"。这三种属于麻药范围内鸦片类"生鸦片""医药用鸦片""鸦片烟膏""吗啡"及"海洛因"② 五种中的"生鸦片、医药用鸦片及鸦片烟膏"类。这表明鸦片种类中的"医药用鸦片""吗啡"及"海洛因"三类，不在经营范畴内。《台湾鸦片令注解》中也明确解释，"本令所定之鸦片首先是指生鸦片，是指由罂粟果实汁得到的被称为大土小土的鸦片烟膏的原料；第二是指利用生鸦片加蜂蜜调和制成的刑法所谓的鸦片烟膏；第三是指由生鸦片研磨的粉末，即是指药用鸦片"③。但后期总督府制药所，秘密研制生产"吗啡"，并秘密出口到中国大陆及朝鲜等地，故言日本在台湾鸦片渐进政策掩护下，进行国际毒品走私。

其次，"鸦片例"还规定烟膏、烟粉为官卖，其在鸦片营销过程中所涉及的两大群体，都需向总督府申请特许牌照，即吸食者要申请吸食牌照，经营者要申请特许经营牌照，且经营者限于药剂师、药种商等。

第三，将《鸦片销售营业规则》没有涉及的经营鸦片者所犯之罪，以严刑及高额罚金进行明确规定，以防止营业者犯罪。

第四，规定了鸦片营业不需全岛同时进行，各区可根据实际情况，渐

---

① 《台湾鸦片律令第二号》，台湾总督府公文类纂，明治30年第13卷，甲种永久第六门卫生鸦片。

② ［日］宫岛干之助：《国际鸦片问题的经纬（附麻药略说）》，日本国际协会发行，昭和10年，第123—145页。

③ 《台湾鸦片令注解》，台湾总督府制药所明治30年版，第2页。

次实施。

第五，对旧时鸦片吸食者及经营者，可依旧吸食及营业。

"鸦片例"规定了鸦片营销中的基本法，为台湾鸦片专卖的进行奠定了法源基础。特别是总督府为保证鸦片专卖制度的顺利进行，对一些鸦片犯罪，采取放任态度。总督府有关"鸦片例"之训令中明言："值鸦片例之施行，无意间触犯法条者，为数虽必不少，惟对此等者，不必取立即绳之以法之严厉方针，宁以宽大为旨，恳切晓谕其所以犯法之理，以戒其未来为止。若再三谕知，仍无悔改之状者，或其所为有不得宥恕事者，始执行其应惩之手续为要。各该主管长官，宜奉行前述旨趣，先行训示其部属，暂时务其以宽大处置为原则。"①

为了便于"鸦片例"的操作，总督府于1897年1月22日又制定了《台湾鸦片例举办章程》，就鸦片烟的营销具体操作内容，进行更细致的规定，其第一章为"烟膏及吸食"，具体内容如下：

第一条　凡由官炼制发售之烟膏分为三等，列为：一等烟膏（系以大土炼制）；二等烟膏；三等烟膏。

第二条　烟膏系由地方官，特准包办人，分给各承卖人发售。

第三条　遵照台湾鸦片例第三条，凡中瘾者仍欲吸烟，应先就地方官厅指定之医师诊视给凭后，即将该凭随禀地方官厅，请领特许买吸烟膏牌。

第四条　遵照前条请领烟牌者，应照下开之例，完纳牌税：

一等烟牌（红色）领有此牌者各等烟膏随便买吸，按月完税三元；

二等烟牌（蓝色）领有此牌者惟二、三等烟膏听从买吸，按月完税一元五十钱；

三等烟牌（黄色）领有此牌者只准买吸三等烟膏，按月完税二十钱。

第五条　前条牌税，应照下开四期分完：

---

① 《有关鸦片例之训令》，《日据初期之鸦片政策》第一册，第274页。

第一期　自一月至三月，前年十二月十五日为限；
第二期　自四月至六月，该年三月三十一日为限；
第三期　自六月至七月，该年三月三十一日为限；
第四期　自十月至十二月，该年九月三十日为限。
所有新领烟牌者，即上请领之月，遵给一期之税。如有缴销烟牌者，不还已纳之税。
第六条　惟三等烟牌之期限，酌宜得缓六个月亦可。但该牌税仍于领牌之时，全额完纳。
第七条　凡欲购买烟膏，或吸食之时，必须随带烟牌为凭。①

"烟膏及吸食"部分规定，总督府发售的鸦片烟膏分为三个等级，其发售必须由地方官允许特准包办人，再分给承卖人发售。吸食者必须在地方官厅指定的医师检查验证发给证明，再上报地方官厅，领取吸食特许牌照，方得购买吸食。而吸食特许牌照根据等级不同，纳税金额也不同，且规定申请牌照纳税的期限。

"鸦片例举办章程"的第二部分为"卖烟经营并应办事宜"，主要对总督府指定的烟膏包办人及承卖人涉及事项进行具体规定：

首先，在烟膏包办人方面，规定包办人必须一律按官定烟价发售；官方将一切烟膏，按定价每百元减价一元五十钱发交包办人，其烟膏，惟凭定价随缴随发；发交包办人之烟膏，每回至少一箱为额。包办人，除将烟膏发售官准承卖人外，一概不准滥卖；不准零卖未满一罐之烟膏；不准承卖烟膏，亦不得开设烟馆；例应备造流水册簿，登记由官领出，并每日发售烟膏之种类、数量、价值，以及承卖人之住址、姓名；限定在每月初五，将前月出入的烟膏种类、数量、价值等，呈报于当地警察官署或指定公所。②

其次，在承卖人方面，规定凡欲经售烟膏者，应具禀于地方官厅，请领经售人特许牌照。依前条规定申领牌照者，每年应缴纳牌照税三

① 《台湾鸦片例举办章程》，《日据初期之鸦片政策》第一册，第239—240页。
② 同上书，第240页。

元。烟膏经售人发售时，应查明烟牌之等级，应依其等级限制售予烟膏，不得滥售。烟膏经售人，应备置账簿，登记承购以及每日发售的烟膏种类、数量、价值等项；限于每月五日前，应将前月中出入之烟膏种类、数量、价值等，呈报于当地警察官或指定处所。另外，对烟馆营业者规定：凡欲开设烟馆营业者，应具禀于地方官厅，请领开设烟馆特许牌照；依前条规定，申领牌照者，每年应缴纳牌照税三元。①

第三，就药剂师及药种商等经营鸦片烟粉业者，进行了规定："药剂师、药种商欲批售烟粉者，应具禀于地方官厅，请领批售烟粉之特许牌照。依前条规定申领牌照者，每年应缴纳牌照税一元。医师、药剂师、制药者除供为调剂及制药之用外，不得擅用烟粉。烟粉，除有医师之处方药单，及购用人自具单据内说明数量及住址、职业、姓名并盖章者外，一概不得擅自买卖或授受。取得烟粉批售特许人，应备置账簿，登记由官承购，或由他铺批售人转购，以及每日发售予医师、药剂师、药种商、制药者等之烟粉数量及其买卖人之住址、职业、姓名等项。医师、药剂师及制药者，应备置账簿，登记其购用烟粉之数量及其年月日，以及其卖主之住址、职业、姓名及其本身销用之数量等项。"②

"鸦片例举办章程"的第三部分为"鸦片烟具"，其规定为："凡欲制售烟具者，应具禀于地方官厅，请领制售烟具之特许牌照。依前条规定申领牌照者，每年应缴纳牌照税六元。凡欲经售烟具者，应具禀于地方官厅，请领经售烟具之特许牌照。依前条规定申领牌照者，每年应缴纳牌照税三元。第二章及第三章所规定牌照税，统限于前一年十二月二十五日前缴纳。但新开设者，应在领牌之地，即缴纳该年度应缴牌照税，如系于该年十二月二十六日以后开设者，应将该年度与其翌年度牌照税同时一并缴纳。烟具制售人与经售人，均应备置账簿，登记其每日制售烟具之种类、件数及买卖人之住址、姓名等项。"③

---

① 《台湾鸦片例举办章程》，《日据初期之鸦片政策》第一册，第240—241页。
② 同上。
③ 同上书，第274页。

"鸦片例举办章程"的第四部分为"杂则",规定倘若有将牌照遗失或损坏者,须先到警察官署或指定公所禀请验讫,再到地方官厅,请领换给新牌。如系损坏者,应将旧牌缴销。遇有前条等情,或由警察官署或指定公所,应酌宜先给暂用之牌,以俟交换新牌,其暂用之牌,亦与官牌通行并用。遇有下列事宜,须将该牌缴销于地方官厅,如系本人亡故,应由管财人代缴:一、特许吸烟人亡故,或戒除停吸者;二、特许承卖烟膏人、既开设烟馆人,趸卖烟粉人,以及制售烟具人、并承卖烟具人等,收盘歇业之时。各项特许人,遇有迁居或更改姓名等事变易于牌照事宜者,即应具禀于该地方官厅,领给凭单,连同官牌,存留备查。惟迁居他县者,应将牌照随禀报明于现迁之地方官厅。所有特许承卖烟膏、制售烟具及该承卖人,并开设烟馆、趸卖烟粉人等,除限照牌面铺所营业外,一概不准开设。若欲分开店铺者,应照本章程各条,另领官牌。第一章、第二章、第三章内所定牌税,尚期限仍不完纳者,自失特许之利权。除本章程外,所有鸦片约束细则,应由各县知事、岛司,另行斟酌定颁。

"鸦片例举办章程"的第五部分为"罚则":尚违本章程第七条、第八条、第十一条、第十二条、第十四条、第十五条、第十八条、第十九条、第二十条、第二十五条、第二十六条、第二十七条、第二十八条、第三十四条者,并将各牌擅行贷人者,按情应处重禁锢二十五日以下,或科罚二十五元以下。尚违第三十七条者,按情应处拘留十日以下,或科罚一元九十五钱以下。[①]

三 鸦片专卖实施规则的制定

"鸦片例举办章程"为鸦片专卖具体操作奠定了法源。但其具体细节问题,还需要一些规则来细化。而财政局对包办人的提成金提出异议:

> 烟膏包办人手续费,拟改为定价3%,似有不妥。试给予定价1.5%之手续费,依台湾岛一年间发售额计算,合计竟达51184元

---

① 《台湾鸦片例举办章程》,《日据初期之鸦片政策》第一册,第242—243页。

之多。

将之分于七县，每县所得手续费7320元左右。设每县配置五人，县管内面积，平均大约三百九十平方里，东西南北之里程各二十里弱。则等于七十八方里即东西南北各八里余之范围人可配置一人之比例。因烟膏包办人，并不必直接贩售，另有烟膏经售人，唯发售于经售人即足，故自数目上言，已不见少。则每烟膏包办人之年所得额为一千四百六十二元多，鉴诸烟膏包办业之性质，宁谓失之过多，岂能谓过少？若将手续费提高至百分之三，势必增加烟膏包办人人数，人数增加乃致各包办人之发售额递减之理，其结果，必导致恶性竞争，现犯罪之辈必层出不穷，换言之，国家必受诽言，招来无谓损失反怂恿犯徒，此于施政上，自非稳当之举。尤其于本岛走私进口之风如此之盛，抑低定价，必有助防遏走私输入，似应减少手续费，以其与走私货有竞争之余地。据上理由，拟议将发售手续费改为百分之三之节，本部碍难同意。①

表 5-1　　　　　　　　　　　烟膏包办人手续费

种类	斤量	发售定价	定价的1.5%
一等	26750	294250	4413.75
二等	115200	921600	13824
三等	337913	2196434.5	32946.518
合计	479863	3412284.5	51184.268

虽然财政局的异议没有改变《台湾鸦片例举办章程》的实施，但鸦片专卖制度，在日本国内没有前例，故殖民统治者没有实务上的经验，为了使政策顺利执行，并对执行过程进行有效监督，总督府于1897年4月，以"内训第十九号"颁布了"鸦片监视规则"，将监督过程交给警察，其内容如下：

---

① 《日据初期之鸦片政策》第一册，第244—245页。

第一　警察部、警察课、警察署及警察分署制定鸦片监视员及鸦片监视员补，进行鸦片相关监视检查。监视员由警部充任，但可由巡查部长任命；监视员补由巡查充任。

第二　监视员及监视员补秉承上官之指挥，处理所属管内之鸦片警察相关之一切事务的处理，且严密监视。

第三　制定监视员及监视员补服务的方法及注意事项。

第四　宪兵屯所所辖的监督方法手续与宪兵队长协议之后，依照前条项制定。

总督府还令各厅自行制定"鸦片监视员服务心得"，但其必须遵守的宗旨为：

一　研读鸦片法以利实地应用。

二　对各鸦片吸食特许者，教育其保持公共卫生。

三　为预防鸦片相关犯罪于未然，要极力进行说教且警示其不可违法。①

"鸦片监视规则"就是为达成上述目的，技术操作上需要一定的统计的及非统计的监察。其所规定的统计上的监察为：需要时时统计日常鸦片营业特许者的增减、鸦片烟膏吸食特许者的增减、鸦片烟膏及粉末鸦片批发及贩卖量的增减、鸦片相关犯罪种类及犯罪者的增减、鸦片烟膏吸食特许者及死亡废烟者年纪等鸦片相关情况。非统计的监察范畴为现行律令、府令、县令的实施状况。②

总督府又于1897年3月6日于府报上，颁布了训令第十七号《鸦片烟膏吸食者及营业者特许发放明细及获得人氏名报告书样式》，规定在4月15号之前，要各申领烟膏购买吸食、烟膏经售、烟具制售及经售、烟馆及烟粉批售各类特许牌照者之明细，及烟膏包办人之姓名等，依照总督府制定

---

① 《台湾鸦片制度要旨》，台湾总督府制药所明治30年版，第39页。

② 同上。

的格式，以一个月为限，下月十五日前报给民政局长。①

总督府以卫发字第一九二号，发布了《台湾鸦片例施行手续》，内容如下：

一　鸦片例第十四条规定，除请领特许牌照者外，各人所有鸦片及烟膏、吸食器具，应缴于官。此所谓特许牌照，系指各人所有之有效牌照，除其牌照上面所记载者外，应悉缴纳于官之外，但如生鸦片，依性质，自当令悉缴官外，其余如吸食器具，则不妨暂时付之不问。

二　按鸦片例举办章程，发给烟膏购买吸食特许牌照时，凡以中瘾者之故申领者，年逾二十岁者，不论男女，均应发给之。

三　对领有牌照者，应尽量予以方便，藉以去其危惧之念为要。遇有无照购吸者，应加晓谕，并劝其申领牌照。

四　应事先侦察有吸食烟膏习惯者，如发现其未申领牌照，或一家吸食者有数人，其中有一人未领照之情形时，仍应依前项予以劝谕。

五　应经常留意是否有走私输入事情，一有其形迹，则应密加搜索，或有私自制售烟膏之疑时，亦同。

六　依鸦片例举办章程第三条规定，令人民请领牌照，于施行之初，可不沿普通手续，聚集申领者于最近处所，令各该官吏、公医或医师出差该处，俾办发照手续，悉取简便之法，以不扰民为原则。

七　下记营业，以原有鸦片从业者为限，发给牌照：（一）烟膏经售业；（二）烟具制售业；（三）烟具经售业；（四）烟馆业。

八　烟膏经售、烟粉批售、烟具制售及经售、烟馆特许等之数目，应拟定一定区域若干名，除拟定数目外，非有特许事由，以不再发照为原则。但拟定数目，应行报备。

---

① 《台湾鸦片令注解》，台湾总督府制药所明治30年版，第36页。

九　烟膏包办人，应就原有从业者中，择身份可靠者，任命之。其数，仍应依前项报备。

十　依鸦片例举办章程第四十五条规定，已失效之特许牌照，应立即吊销之。

十一　各种特许牌照，应于栏外空白，明记厅名，以示明为该厅所发给。

十二　于鸦片例举办章程第十四条、第十九条、第三十四条及第三十五条条文中所谓"指定官署（公所）"，系为谋住民之方便，于远离所辖警察官署之地，特指定其方便之官署（主为其就近宪兵官署），令其处理各该条之申请事宜之意。①

3月5日，总督府又发布了对公医的通告，规定：依台湾鸦片例举办章程，鸦片中瘾者应由台湾公医出具证明，其证明手续，规定中另记。其同时发布的《鸦片中瘾者证明手续》内容如下：

一　鸦片例施行伊始，凡年满二十以上，有鸦片吸食习惯，且欲继续吸食者，不论男女，均应发给证明。前项证明，并不需经过精密诊断。

二　第一项之证明，应出于该管官吏所指定之场所，于该管官吏立会之下为之。

三　年未满二十岁者，不得予以证明。

四　不得因出具证明收受酬礼。

五　于鸦片例施行后之同项证明，应经该管官吏之承认后，得予以证明。②

同时，总督府还在《鸦片中瘾者证明手续》中附主管鸦片的官吏名单。

---

① 《有关鸦片例之训令》，《日据初期之鸦片政策》第一册，第257—258页。
② 同上书，第261页。

表 5-2　　　　　　　　　　主管鸦片官吏名单

地区	官吏名
台北县	安形藤太郎　境直家　吉池勇　加治木敬介　松井滋雄　河喜多宗硕　杉田平助　中谷应庆郎　村部源治　久恒忠治　安藤行藏　西野久卫门　野部诚之　中村富藏　下村诚之　佑木诚一郎　相泽千代吉　鸳海悌三郎　椎原正一　丰田武市　中西谦辅　小汀宽一　铃木犬次郎　吉田音以郎　荻原一熊　儿玉匡西钱　野田泰治　天野十郎　田中祥十　松山五北郎　渡边雅　内山雅夫　里见乙三郎　掘京平　吉村要贤　儿玉右次郎　本多清　仁木宽太郎　河仙新太郎　加纳龙太郎　石井馨
台中县	田中弥吉　大野津云　山中度次　氏家匡介　原口养民　马渡觉二　小山阳三　栗原传次郎　久野养　梅山奇久一　藤井兼一　中野正　阿部兵熊　橡木砿太郎　山本保成　山田四郎　村岗公良　长田伊佐　横山次郎吉　叶佐喜贞　福田作男　西村魁太　西义三郎　作花纲次　菅野岩　掘越邦正
台南县	河野敏藏　武木新吾　片桐为弥　西野内政次郎　中岛岩吉　杉山直吉　野间实义　关川安次郎　金丸贯一　桧前谦造　长谷川语策　森田志　奥田祥太郎　铃木虎雄　花新发直意　稻田清淳　真锅隆三郎　铃木重信　高桥治　长田亘　长谷川美龟　中岛嘉一郎　山本注连太　平田驱马尾　日下秀明　美野辰治
澎湖岛部分	向井震太郎　林卜芥

总督府还就"鸦片例举办章程"第六条进行解释：此条"系对无固定住所之细民，如同第五条之规定，定期征收规费，事实上不可能，故规定牌照之有效期限，预先征收其规费，俟期满，仍欲继续吸烟者，再令其申领之立法精神而规定者，是故，勿令其适用范围，失之过广，对有固定住所者，切勿适用第六条之规定"①。

另外，总督府对鸦片牌照税进行了具体的规定。以训令"第一八号"公布了《鸦片牌照税征收注意事项》，内容如下：

第一条　地方厅应依另纸格式备造"鸦片牌照税底册"。
第二条　前条特许费台账，应归财务课管理，应为牌照税费征收之

---

① 《鸦片例举办章程第六条之适用范围》，《日据初期之鸦片政策》第一册，第265页。

第五章 总督府初期鸦片专卖制度的建构

源簿。

第三条 于警察课，新行发给特许牌照时，应将其种类、等级及特许人住址、姓名，通报于财务课。财务课于接到前项通报时，应将其登记于牌照税底册，并应立即办牌照税之征收手续。

第四条 新颁特许牌照之际，应先认定特许费已征收之证后，始发交于申领人。

第六条 于警察课发给特许牌照之际，应将其牌照号码及年月日通报于财务课。财务课则应将其登记于特许台账。

第七条 届缴纳期，应征收牌照税时，应经其所辖警察官署，将缴纳通知书交予缴纳人。

第八条 需出差征收时，应区划地方，于台湾鸦片例举办章程所定之缴期内，限其地方厅指定适宜之缴纳日，并应告示其缴纳日期及出差征收场所。于前项之情形，仍应依前条手续，预先发放缴纳通知书。

第九条 即使逾越前条缴纳期限，于台湾鸦片例举办章程所定缴纳期间，仍应征收。

第十条 于缴纳期间内未缴纳牌照税者，应立即自牌照税底册予以删除，并应通报于警察课。

第十一条 下列事项，应由警察课通报于财政课，于财政课，则应近动态时时加以更正牌照税底册：

一 为牌照之换领或补发时，该牌照之号码、年月日、特许种类、等级、特许人住址、姓名，旧牌照之号码、年月日及换领或补发之事由。

二 受理牌照之缴销时，该牌照之号码、年月日、特许种类、等级、特许人住址、姓名，旧牌照之号码、年月日及死亡或戒废等之事由。

三 因迁居或改姓名等于牌照上之登记事项发生变动时，该牌照之号码、年月日、发生异动年月日，特许种类、新旧住址、姓名，及迁居或改姓名之事由。

第十二条　于前条之迁居，若所管地方厅不同时，应将牌照号码、年月日，特许种类、等级、新旧住址、姓名、迁居年月日及是否已缴纳当期牌照税等，通报于迁入地所管地方厅。

第十三条　迁入地所管地方厅，于接受前条通报时，应如式登记于牌照税底册，并将其旨回报于迁出地所管地方厅。迁出地所管地方厅，于接受前项回报时，应将其自其台账删除。①

总督府还为此制定了一般的"凡例"：

一　鸦片牌照税底册，依下列种类、复分堡、里、社、澳别设账。烟膏购吸牌照税底册，应再以等级别设置。但特许人多者，则分保、里、社、澳等数册，仅少者则以数堡、里、社、澳合成一册亦不妨：
（一）烟膏购吸牌照税底册
（二）烟膏承卖牌照税底册
（三）烟馆牌照税底册
（四）烟粉疋卖牌照税底册
（五）烟具制售牌照税底册
（六）烟具承卖牌照税底册

二　各种牌照税收底册，应按庄、街标笺，若为数堡、里、社、澳合册时，并按其堡、里、社、澳附标笺，以便索阅。

三　牌照之换发补发，应于各该栏记入其号码、年月日，改姓名者，应于原姓名划红线，于其傍记其新改姓名，并于其事由栏，记载其年月日及事由。

四　迁居者，应编入其迁居庄街，于其事由栏记载年月日及由某庄街迁入。迁出庄街部分，于其事由栏记载年月日及迁出至某庄

---

① 《鸦片牌照征收注意事项训令》，《日据初期之鸦片政策》，第一册，第268—269页。

街，并于其上部盖消印。

五　缴销牌照者，应于其事由栏记入缴销年月日及死亡、废业、戒烟等事由，并于其上部盖消印。

六　发给六个月有效牌照者，应于其事由栏记载其期限，并将首期缴额及每期缴额栏，用斜线划消。

七　属于各种营业之牌照税底册，其首期缴额及每期缴额栏，均用斜线划消。①

3月12日，总督府以训令"第十二号"发布了《烟膏及烟粉处理手续》，就鸦片的取得进行了具体的规定：

第一条　烟膏及烟粉，应由台湾总督府制药所，送达各地方厅。
第二条　烟膏及烟粉，有所短缺时，应由地方厅申请于制药所。
第三条　地方厅应依下开格式制备鸦片出纳表，于翌月五日为限，发送其地，呈报台湾总督府制药所。
第四条　制药所与地方厅之间之烟膏及烟粉搬运费，应由制药所负担，地方厅与包办人或承卖人之间之运费，应由包办人或承卖人负担之。②

总督府以民总"第三二七号"及药发"第七二号"，制定了《鸦片定价及其处理手续》，规定："于制药所制炼后，应发售之烟膏定价，请以下记标准订定为祷。"

具体为：

一等烟膏（福烟）一罐120钱（12两），定价12元。
二等烟膏（禄烟）一罐120钱（12两），定价9元。
三等烟膏（寿烟）一罐120钱（12两），定价7元。
烟粉一瓶一钱装十钱。

---

① 《台湾鸦片令注解》，台湾总督府制药所明治30年版，第43—48页。
② 《鸦片定价及其处理手续》，《日据初期之鸦片政策》第一册，第272页。

烟粉一瓶二钱装二十钱。①

表 5-3　　　　　　　　烟膏一罐的成本价格　　　　　　（单位：元）

种类	原料费	制杂费	合计
一等烟膏	8.883	0.62	9.503
二等烟膏	5.791	0.62	6.411
三等烟膏	5.282	0.62	5.902

值得注意的是，烟膏定价是指从制药所到批发商的第一次转手的价格，而从批发商到吸食者增加吸食税，其加税后为烟膏价格，一等烟膏增加 2 元；二等增加 2 元；三等增加 1 元。由于总督府的鸦片税极高，故致使一等、二等吸食申请者很少，而三等吸食申请者众多。以台湾县为例，在第一次网罗的 13551 人中，一等吸食者只有 29 人，二等吸食者为 163 人，三等吸食者则高达 13359 人。②

四　各地鸦片制度的确立

总督府各种鸦片专卖相关法源及操作法条颁布后，将鸦片专卖制首先实施于台北县。由于当时台湾各地抗日运动不断，总督府认为："虽经奉发布鸦片例在案，惟暂时，拟实施于全境，似有困难，于是，拟择定台北城内及大稻埕、艋甲两市街，先行实施，以左开区域为限，请自四月一日起，颁令实施为祷。"③ 总督府于 3 月 17 日，以告示"十三号"发布："依据台湾鸦片令第十二条，于 1897 年 4 月 1 日起，在台北县台北市街（大稻埕、艋甲）下记地方实施申领鸦片烟膏及粉末鸦片买卖特许。"④

总督府以"内训第十三号"发布《鸦片瘾者网罗方针》："依照府令第十号台湾鸦片令施行规则改正的要旨及从前特许金及征收法，不容易网罗

---

① 《鸦片定价及其处理手续》，《日据初期之鸦片政策》第一册，第 272 页。
② 《台北县知事关于鸦片制度之建议》，《日据初期之鸦片政策》第二册，第 2—3 页。
③ 《于台北县台北施行鸦片例》，《日据初期之鸦片政策》第一册，第 277 页。
④ 《台湾鸦片令注解》，台湾总督府制药所明治 30 年版，第 43—48 页。

到鸦片瘾者情况发生时,则可只交纳一次吸食特许费,以便网罗到瘾者,以期达到鸦片令最大目的,故各地方官应体恤此深意,自现在起着力于本令的普及,此际尽量将瘾者网罗无漏,同时今后再无密吃者。当然各种管制完成后,渐次减少鸦片毒害,以贯彻本令之精神。"①

总督府又以"总第六八五号"(1897年3月5日),由总务部长发给公医的通达,即为《鸦片瘾者证明手续》,规定:

一　于鸦片令施行之初,凡年满二十岁以上,有吸食鸦片烟瘾习惯,尚望继续吸食者,不论男女,给予证明。
二　第一项之证明,该当官吏指定的场所,得给出证明。
三　凡年纪未满二十岁者,不给予证明。
四　开取证明之时,不能收受谢礼。
五　鸦片令施行后当该官吏也可给予承认证明。②

为确保鸦片运输的安全,总督府以"民总第六十七号""药发第一五一号"发布《烟膏输送之际应由警察官戒护》之件,规定:

一　装卸于汽船、火车之际,惠予戒护。
二　陆路搬运之际,每区请递次派出巡查,作途中戒护。
三　制药所派遣人员需投宿之际,烟膏请寄放警察署或分署内,惠予保护。若署内狭窄,无容置烟膏余地,需放置于旅舍等处时,请派遣巡查为之守备。
四　于前各项情形,应预先由制药所通知联络其方便,或由派遣员直接请求之。③

第二块实施鸦片专卖制度的区域为台中地区。总督府以"民总第八二

---

① 《台湾鸦片制度要旨》,台湾总督府制药所明治30年版,第39页。
② 同上书,第48—49页。
③ 《台湾鸦片令注解》,台湾总督府制药所明治30年版,第43—48、51页。

二号"规定:"请于台中、苗栗、彰化、鹿港四市街,惠予实施鸦片例。"①

第三块为台南县所辖的台南及安平:"出示通晓事,照得台湾鸦片例,业经出示晓谕在案。兹照该例第二十条,将告示第十五号限定台南、南安平两地方,自明治三十年五月初一日开办,应行出售烟膏烟粉,并发给特许烟牌,为此示仰各烟业铺户,吸烟人等,一体知悉遵照毋违。"② 同日,总督府还在淡水、基隆及新竹三地实施新鸦片令。

总督府虽允许台湾人吸食鸦片,但对外国人绝对禁止。"按鸦片例,凡吸烟者,只准在籍为帝国之臣民,方可吸食。其一切外国人不是我籍者,均令寄寓杂居地域内之后,其鸦片一节,概不准吸食。"③

1897年4月24日,民政局长通达"民总第六〇七号",由制药所所员向各地方厅运送鸦片烟膏之时,其管内各地警察官,依据下记各项,给予保护:

> 第一,汽船汽车等装载及卸载之时,给予该鸦片烟膏管理人保护。
>
> 第二,陆路运输之际,每区遂次派出巡查,保护途中该鸦片烟膏管理人。
>
> 第三,鸦片烟膏管理人有请求之时,鸦片烟膏可放入警察官署,让管理人宿泊,若署内没有余地,需要宿泊于旅舍之时,派遣巡查保护管理人。
>
> 第四,前各项之场合,制药所要预先通知,或管理人直接请求。④

五 鸦片吸食者的网罗

鸦片专卖制度自1897年4月1日起,正式在台湾全岛实施,同年的12月底,鸦片令已经基本实施于台湾全岛。当时领取吸食特许牌照的人数有

---

① 《于台北县台北施行鸦片例》,《日据初期之鸦片政策》第一册,第277页。
② 《于台南县辖台南及安平施行鸦片例》,《日据初期之鸦片政策》第一册,第279页。
③ 同上。
④ 《台湾鸦片制度要旨》,台湾总督府制药所明治30年版,第49页。

95449 人，这与原先所预定的 17 万人，只有预想的半数。①

　　鸦片专卖制度虽然已经在全岛实施，但特许吸食申请的工作却不十分理想。总督府为尽快达到计划网罗人数，开始调查其原因，最后认定其主要原因为"税法不适宜民情"："依一般条理推考，直接税与间接税，在征收上孰为困难？除特殊情形之外，自以间接为便，直接为否。征之，在内地，欲将烟草税酒税直接赋课于吸饮者之困难一节即甚明。但如将其课征于其制造者及贩卖者，则轻而易举，且可减少不少手续与经费，税收且反而增加。何况本岛住民性情吝啬，不谙税法，比起内地贫富悬殊，语言不通，且尚有诸多不便之处。"②

　　总督府随后于评议会就吸食牌照税的修改进行了咨询。随后于 1898 年 3 月，修订了《台湾鸦片例举办章程》，及鸦片烟膏的定价，其要旨为："废止吸食特许牌照之等级，特许费仅征一次三十钱，已经领有牌照者不再征收。"③

　　在总督府的努力下，到 1900 年 9 月底，基本完成了鸦片吸食者的登记工作，共计发出吸食特许牌照 169064 张，这与鸦片事项调查书中估计的 17 万人数基本相当。但总督府并不满足于这个数字，为了获取更大经济利益，又以训令"第一百十号"制定了"鸦片牌税底册整理手续"，并于 1902 年 1 月 20 日起，以第一次登记的特许吸食者为基础，设定一个月的期限，更换吸食者的特许牌照，做成"鸦片吸食者名簿"，这期间，总督府又网罗到鸦片瘾者 5187 人。④

　　1904 年时，正当日俄战争期间，台湾总督府又以经常得到检举为名，认为有大量潜在瘾者的存在，于同年 10 月至次年 3 月，开始第三次的瘾者的网罗工作。刘明修认为，总督府之所以进行第三次网罗，是因为"过去登录鸦片瘾者均以年满二十岁为实质条件，未满二十岁的吸食者则须被下令强迫戒瘾，因此他们就成为潜在的非法吸食者"⑤。笔者认为，这是其中

---

①　《台湾鸦片志》，第 335 页。
②　《台北县知事关于鸦片制度之建议》，《日据初期之鸦片政策》第二册，第 4 页。
③　《府会第十号修正台湾鸦片例举办章程及其他内训》，《日据初期之鸦片政策》第二册，第 28 页。
④　《台湾鸦片志》，第 242 页。
⑤　刘明修：《台湾统治与鸦片问题》，李明峻译，前卫出版社 2008 年版，第 105 页。

的一个重要原因，但通过鸦片提高经济收入才是最重要的原因。另外，由于日本政府在台湾募集军夫到日俄战争的战场，由于鸦片瘾者不允许入伍，故许多年轻人为了逃避兵役，纷纷提出吸食鸦片特许的申请，故第三次申请登记的人数竟然高达30543人。

总督府的第四次网罗鸦片吸食者非常特别，即采取刑事拘捕的方式。总督府从1908年开始，以警察力量在全岛搜查秘密吸食鸦片者，至3月底，共计逮捕非法吸食者17459人。在这些人中，证据不足而仅告诫者只有1355人，而被惩处者高达16014人。在这部分人中，希望继续吸食者，总督府均给予吸食鸦片特许牌照，并登记于鸦片瘾者名簿中，总计为15863人。①

表5-4　　　　　　　　　特许牌照发放数量

次数	时期	人数
第一次	1897年4月—1900年9月	169064
第二次	1902年1月—1902年2月	5187
第三次	1904年10月—1905年3月	30543
第四次	1908年1月—1908年3月	15863
合计		220657

资料来源：刘明修：《台湾统治与鸦片问题》。

从表5-4分析来看，从总督府开始实施所谓的"渐禁政策"后近十年，不遗余力地网罗鸦片吸食者，经过四次登记工作，已经收罗到220657人次的鸦片吸食者，远远高于原先所预计的人数。这也从另一方面证明其所谓"渐禁"并没有积极实行，只是榨取经济利益的借口。

小　结

综上所述，台湾总督府通过鸦片专卖基本法源的确定，为鸦片专卖具体法规的制定及鸦片专卖实施规则的制定奠定了基础，使鸦片专卖制度得

---

① 《台湾鸦片志》，第253—254页。

以快速顺利地在台湾全岛确立起来，又通过四次鸦片瘾者的网罗，收罗到了大量满足这种鸦片经济模式的消费者，使殖民地鸦片经济步入到正常运行的轨道。

第六章
日据台湾初期降笔会的禁烟抗争

日据台湾时期总督府的鸦片政策，是日本殖民榨取台湾最显著的特征之一。日本对其本国，早就发布禁烟令，并订有刑典，与各国之间亦订有禁止政府以外之鸦片输入的条例。但其殖民地台湾，在巨大的经济利益驱动下，却以"仁慈恩典"为名，于1896年确立了所谓鸦片"渐禁专卖制"，在台湾公开出售鸦片毒品。至1900年时，在民政长官后藤新平的努力下，终于网罗到基本达到计划内的鸦片瘾者。而此时也正值各地武装反抗斗争，在日本宪兵及警察残酷高压下，反抗斗争基本被镇压，而台湾人民心中隐藏的仇恨，不敢也不能公开表达，转而以中国传统的宗教"降笔会"的形式，设堂扶鸾，一方面祈求神灵垂降示方救世，一方面借以代天宣化安定人心。加以鸾堂对戒除鸦片颇具效果，各地鸾堂所主导的戒除鸦片运动就应运产生，并因应需求出现蓬勃发展之象。鸾堂之戒烟，主要针对总督鸦片专卖制度。初期降笔会的禁烟活动，以台中县为中心，迅速扩展到南台湾。而此时期正当鸦片事业走上正轨，经济价值显现之时。飞鸾降笔会的戒烟反对运动，给总督府的鸦片政策很大的冲击。使"总督府非常震惊，在台南县开始压制，运动虽最终被迫溃散，但此运动却成为总督府专卖局官吏的梦魇"[①]。

---

① 《台湾鸦片専売制の展開過程》，《社会科学研究》第44卷第1号，早稻田大学アジア太平洋センタ，1898年9月30日，第1页。

一 飞鸾降笔会的性质及传入

降笔会的禁烟活动开始于1901年前后，该会以中国传统信仰为宗旨，依靠宗教力量来医治疾病。武装反抗日本殖民统治者斗争的失败，使台湾人的反抗情绪积闷在心中。降笔会一方面信仰中国的传统神明，使人们的精神有所归宿；另一方面借以戒除长期吸食鸦片的癖好，又可以反击日本殖民统治。于是活动以台中县为中心，迅速席卷台湾南部，参加者众多，并持续出现大量戒除鸦片瘾者，使飞鸾降笔会形成了漫及全岛的禁烟运动。

1. 台湾人的禁烟史

台湾吸食鸦片之风已经很久，依据《台海使槎录》记载，康熙末年时，台湾已专门设有鸦片烟馆，土人群聚吸之，索值数倍于常烟。1858年台湾开港后，至1894年割台之前，每年都以鸦片为最大宗之进口货品，几乎占台湾进口总金额之一半。自1865年至1874年这十年间，台湾进口之鸦片，平均每年是193000斤。其后至1884年，20年间平均达47万斤。而1881年，竟达58.8万斤。[①] 故自清代雍正朝以来，戒烟就成为台湾社会的一种风尚，社会流传着一些禁烟布告，还有一些传世的戒烟诗或歌谣。除此以外，为了减少鸦片吸食量，用鸦片烟灰与其他物质混合，"改烟丸""戒烟丸"等各种戒烟药也十分流行。

在1848年时，台湾出现过所谓的"禁烟公约"，主张戒除鸦片烟，其内容如下："外洋烟土，残害中国生灵，稍有人心者，无不切齿痛恨，我朝深仁厚泽，中外同享太平之福。我今百姓，穷者穷，死者死，夷人发财得意，是贩烟吃烟，皆助夷以害人且自害，以从夷兴反叛何异？公议：自本年11月1日，立限两月，大众洗心改悔，咸与维新，限满以后，先请文武官长，查察衙署内外人等，之及绅商士民。闻夷人吸食，夷酋首即杀之，并夷鬼之不如，而中其利己害人之计，至死不悟，为国家大患，人人得而诛之，此约。"[②]

此外，当时还有流行于全台的绅民公约："惟共严鸦片之禁，我百姓有

[①] 黄叔敬：《台海使槎录》，第43页。
[②] 郭誉孚：《自惕的主体的台湾史》，汗漫书屋筹备处，1998年12月，第24页。

吸烟者，与为娼同，有卖膏者，与盗同，有贩土者，与谋反同，大家齐心告戒，勒限禁止，万人一心，奸民绝而夷鬼遁，我朝百姓，子子孙孙，万年太平之福也。此约。"①

由以上内容分析可见，戒除鸦片烟瘾，一直是台湾人民努力的方向。而降笔会在台湾开始戒烟活动的时间，根据台湾学者王世庆的研究，有"康熙四十年（1701）说""咸丰三年（1853）说""同治六、七年（1867、1868）说""同治九年（1870）说""光绪十九年（1893）说"②。而根据《台湾总督府事务成绩提要》（第七篇）的记载，降笔会在台湾的出现，是在1888年或1889年。"光绪十四五年时，澎湖岛住民许太老，将此法传授给宜兰厅下头围街的杨士劳。当时降笔会的目的，是祈祷求得神明的指示，求得投药之处方。"③ "成绩提要"记载，降笔会是由澎湖最先开始的，其最早是以宗教信仰方式来医治疾病。

根据郭誉孚在《自惕的主体的台湾史》中记载，清朝，降笔会用于戒除鸦片烟瘾，取得过很大的成效："飞鸾会之戒烟风气颇盛，在光绪26、7年当时，势如燎原之火。光绪27年，南北信徒，大见增加……全省戒烟情形如下：台南、凤山、东港、阿缑、蕃薯寮、大目降、麻豆、盐水港及嘉义等九所，……依光绪27年9月底调查，戒绝烟瘾者37072人中，由飞鸾降笔会戒绝者达34370人。"④ 所以，台湾的鸾堂，在历史上就与戒除鸦片烟瘾有直接的关系。这也体现在鸾书赋中，出现不少以戒烟毒为其题材内容，如宜兰唤醒堂之《渡世慈帆·戒洋烟赋》，即是借孚佑帝君登鸾降笔，以反复强调鸦片为害之大之深之广，以告诫世人远离其毒害为主题。苗邑二湖庄重华堂的《达化新编·戒洋烟赋》，是借南宫孚佑帝君登鸾降笔，阐述鸦片之害，呼吁世人及早醒悟。⑤

2. 降笔会的性质

台湾各地降笔会的戒烟，主要是借助于"鸾堂"。鸾堂亦称鉴堂、乩

---

① 郭誉孚：《自惕的主体的台湾史》，第24页。
② 王世庆：《日据初期台湾之降笔会与戒烟运动》，《台湾文献》第37卷第4期，台湾省文献委员会，第113页。此文由台湾文献馆编纂、徐国章先生帮助收集，在此表示感谢！
③ 《台湾总督府事务成绩提要》（第七篇），成文出版社1985年版，第77页。
④ 井出和季太：《日据下之台政》第一册，郭辉编译，第351页。
⑤ 《全台赋影像集》之《渡世慈航》，第631、634页。

堂、鸾生堂、善堂、感化堂、仙坛、劝善堂等,又称为"儒宗神教",其信仰的主神称为"恩主",因此有学者以"恩主公崇拜丛"名之。日据时期的警察调查报告中,将其命名为"降笔会"。就宗教的属性而言,"鸾堂"是一种介于"制度化宗教"与"普化的宗教"之间的宗教信仰。

鸾堂是由柳乩来传达神意的地方,即"鸾堂者,圣神鸾驾所临之堂,民人礼拜之所也"①。日本人调查认为"鸾堂者宣讲圣佛之教场,拜佛诵经,题诗作文,其意者原与帝国各宗教,大略相同也。劝人行忠孝行廉节得仁义行礼智"②。"忠孝廉节仁义礼智"③为行道之原则,可见鸾堂本身为宗教道场。

"扶鸾"是鸾堂成员进行的宗教活动,透过神灵附身于正鸾手,借以推动桃笔于沙盘上写字,为一种神人沟通的方式,也被认为是以有知识的人来扮乩童,以传达神的旨意。"普通神社佛阁前放上盛满沙土之盆,两名鸾生左右握着桃木笔,一边念神祈祷,笔在砂上自动写了吉凶祸福之文字。"④而"堂中施行之事,以降笔造书劝戒洋烟为主,其书中所引证者皆是善恶有报之事,使民人若知警醒,不也为非"⑤。

鸾堂一般是由读书人共同出资设立,其中设有请善书、讲善堂及休息处等设施,另外,还设有神堂,其内设神坛,奉祀关圣帝君等神明,为鸾堂中至为神圣之处。⑥

降笔会祀奉的神,大概有19位之多,第一位是关帝,第二位是观音佛。根据日本人调查:"关圣帝君、孚祐帝君、司令帝君、文昌帝君、观音佛母、五谷先帝、城隍老爷、天上圣母、福德正神、李仙翁、蓝仙翁、孙

---

① 《降笔金鸾堂主李缉庵开答记》,《降笔会相关书类缀(原台北县)》(册号:9141;门号:3;门别:警察;类别:高等警察)。
② 《鸾堂调查记》,《降笔会相关书类缀(原台北县)》(册号:9141;门号:3;门别:警察;类别:高等警察)。
③ 同上。
④ 《复命书》,《降笔会相关书类缀(原台北县)》(册号:9141;门号:3;门别:警察;类别:高等警察)。
⑤ 《降笔金鸾堂主李缉庵开答记》。
⑥ 陈进盛:《日据时期台湾鸦片渐禁政策之研究(1895——1930)》,硕士论文,"国立"台湾大学政治学研究所,1988年,第98页。

仙翁、陈仙翁、张仙翁、周将军、王天君、赵天君、张桓候、诸葛亮。"①

关帝即为关羽,是最受庶民百姓敬爱之义侠、除厄之神,另外,他还擅长心计重义气,是商业、求财、信义的守护神;文昌帝是掌管士人功名禄位之神;五谷先帝是保佑五谷丰登之神;城隍老爷是城市守护神;天上圣母,是娘娘庙的神体,是女性的守护神;福德正神是财神;张仙翁是求生男子的神仙;张桓候是《三国演义》中的燕人张飞。从降笔会所信奉的诸神来看,几乎是中国传统上的诸神明。

降笔会仪式分为两个阶段。第一个阶段为"降笔",是向信奉的神体,来求指示——"筶示",即由正副鸾生扶持柳笔,在神体前所设的细沙或香灰上写出字迹,并由人逐字读出,再将读出内容记录下来,合成一首诗或一篇文章。这些诗或文章,以神明的力量,来劝解信者禁止吸食鸦片。

降笔会仪式的第二阶段为宣誓废烟。祈求废烟者持吸食器具,在神坛前参列,遂次向"筶示"叩头礼拜,并把所持吸食器具投掷于地,如果器具坏损,则证明戒烟的意志坚强。之后堂主即拿出神坛的香灰,再加上神水,放入请求者所持的竹筒或陶器中。求得神水的祈愿者,回家后犯烟瘾时,将此水饮进,即马上见效。对于一些重症瘾者,降笔会还让其临时住于鸾堂附近的小屋八日,其食宿费用都由降笔会提供,待其决意戒除鸦片后,再行返回家中。

降笔会的禁烟活动,是利用人们对神明的信仰,以自身的力量和控制力,达到少吸或不吸食鸦片,正如台中的一位堂主李缉庵所言:"创设鸾堂者又何也?台人信神垂二百年,相沿日久遂成风俗,始则因信而生敬,继而因敬而生畏,凛凛乎在上、在旁,若有丝毫苟且,即不逃洞鉴之意。故百姓之畏王法常不及其畏神明,于是有以神道设教之说,谓中人以下责以道义,而不知愧耻,动以祸福,而始觉警心,此鸾堂所由法也。"②

3. 降笔会的传入

台湾飞鸾降笔会的戒烟运动,发起地为新竹地区。但用于治疗鸦片烟瘾较准确的记载,是 1897 年 6 月。是年"台湾鸦片令"正式公布,鸦片烟膏开始正式贩卖,台湾新竹东部树杞林街的保甲长彭树滋,赴广东省惠州

---

① 《复命书》。
② 《降笔金鸾堂主李缉庵开答记》。

府陆丰县省亲，在一个叫五云洞的地方认识道士彭廷华，遂接受其祈祷，长年的烟瘾，很快成功戒除。

彭树滋自广东陆丰返回树杞林后，开始向人们传播此法戒烟事情之神奇，并将此事实告之当时任办务署参事的彭殿华。此时恰好是1898年总督府开始实施鸦片渐禁政策，台湾人吸食鸦片之风再起。彭树滋及周围听闻戒烟之效果的人们，希望借助此法戒除鸦片并能请到彭廷华来台。

彭殿华先请当时在宜兰设堂祈福降笔的吴炳珠，到树杞林举行祈祷降笔戒烟。此次降笔戒烟，使彭殿华及九芎林庄长等数十人，成功戒除成瘾之鸦片嗜好。于是彭殿华1898年又出资数百元，从广东邀请彭锡亮、彭锦芳、彭蔼珍、彭锡庆、彭锡琼5位鸾生渡台，于次年2月在彭殿华的宅第设立鸾堂。由彭锡亮等举行扶鸾祈祷降笔戒烟，在九芎林、高槻头两个庙，以祀神求托降笔，对鸦片瘾者进行祈祷治疗。很快就有二百多人去除鸦片之瘾。根据郑森松主编的《竹东镇志·历史篇·历代名人列传》记载："光绪25年，彭殿华在自宅设鸾堂，以及受其主导的九芎林复善堂，带动了全台的戒烟运动，使吸食鸦片者免于家庭破碎，也促成各地建立'鸾堂'的风潮。"①

彭锡亮将降笔戒烟方法传授给九芎林之邱润河、彭阿健，以及大肚庄之刘家冀、彭阿石四人后，返回广东。另外，彭殿华、林学源、魏盛唐等人又在文林阁内设立复善堂，主要是以著作、宣讲及社会公益为主，从此鸾堂之祈祷戒烟到处盛行。此后运动由新竹开始转向台中，并向台南方向发展，虽然降笔会所信奉的主神关圣公在台南被警察所禁止，文昌帝、观音佛等其他的神体，开始较多出现在仪式中。

彭殿华热心公益，对于扶鸾戒烟也出钱出力。树杞林地区的鸾堂，举行降笔戒烟最隆盛，最有势力者为九芎林复善堂。主倡者除彭殿华外，尚有九芎林秀才学源，这些人大都是上流社会有信用者。复善堂之鸾生为邱润河、彭阿健二人，在地方被称为学者，在清代曾任教师。其次为大肚庄及燥坑飞凤山之鸾堂。大肚庄鸾生刘家冀、彭阿石二人，当时均被日本政府任命为地方税调查委员，刘家冀被称为学者，彭阿石被尊称为医生。燥

---

① 郑森松主编：《竹东镇志·历史篇·历代名人列传》，竹东镇公所2005年版，第159页。

坑庄鸾堂之鸾生为杨福来、温德贵二人，均为书房教师。①

另外，彭殿华还编纂《现报新新》，以警示吸食鸦片烟者。这本书也成为客家人的第一部鸾书。书中言："人心已变，习俗相因。洋膏为重，烟火是亲。忧愁藉以解郁，困惫反谓养神。鹤骨鸡皮，吃久犹如故物。职亏业废，生全无异亡人。为贪欢片刻，遂致误终身。气懒神昏，人局终难脱苦。现身设法，返朴自可归真。"②

这种自觉的草根的戒除鸦片烟瘾的行动，从其信仰及崇拜的诸神来看，具有浓厚的中国传统宗教文化的意识。而根据日本学者山田毫一的研究，这些"筶示"充满了反日色彩。诸如接近日本人，使用日本货币、食物或物品者，将遭到天诛；受雇于日本官厅、日本人家者也将遭到天诛；日本人带来了鼠疫，死于鼠疫者都是接近日本人的人。③

从以上记载来看，降笔会清朝开始传入台湾，最早可能是在康熙朝。降笔会先是由大陆传至澎湖，然后再传入台湾本岛。传入之初所宣传的宗旨为劝人向善，并采用降笔采方以治疗疾病。利用降笔戒除鸦片烟瘾，兴起于日据之后，即是1898年总督府开始实施鸦片渐禁政策，台湾人吸食鸦片之风再起之时。故笔者认为，这种运动是台湾人民在接受异族统治后，特别是以武力反抗行动均逐渐被镇压以后，心底存在着的反抗意识，与民间通俗信仰相结合，所产生的对抗日本殖民地统治政策的另外一种潜在力量。

二　降笔会鸾堂的分布

根据台湾学者王世庆的研究，全台除东部地区外，几乎都有鸾堂的存在。这些鸾堂以扶鸾祈祷降笔投药的方式，来戒除鸦片烟瘾，并以卜卦吉凶等方式劝人向善。

1. 澎湖

澎湖是最早开设鸾堂之地，早在1853年，在妈祖宫初设普劝社，以关

---

① 黄荣洛：《橡棋林头人》，《新竹文献》第1期，新竹县文化局2000年版，第13—19页。
② 《魁斗星君·戒烟赋》，彭殿华：《现报新新》，新竹芎林明复堂1899年版，第57—58页。
③ 《台湾鸦片専売制の展開過程》，第18页。

圣帝为信仰之神，创沙盘木笔，为全台降笔之开始。1864年，普劝社众苏清景从福建泉州府马巷厅，请太医院慈济真君许逊金身一尊来澎湖开基。1885年春，法军侵略澎湖，此宣讲暂时停顿下来。后林介仁等整顿社规，复又宣讲。1887年时，普劝社更名为"一新社"，此后开始大兴宣讲代天行道，关圣帝并降谕云：将来可以推广至全台各地。1891年时，一新社于社内又设立了乐善堂。此后乐善堂主内，一新社主外，专行宣讲与救济。①

1898年台湾本岛鸾堂间传言，初承关圣帝主降坛，大显神通，肃清鸦片之毒害，戒除烟瘾者甚众。于是鸾堂扶鸾祈祷戒烟之方法，又由台湾本岛传回到澎湖。1899年5月15日，一新社的诸众到城隍庙，请求为澎湖民戒鸦片烟毒，澎湖境主灵应侯方，乃降诗谕："鸦片毒烟害不轻，荒工废事失经营，有心世道除民患，恩准开坛在此行。"5月27日，又降诗谕，公布戒除鸦片条例六则，希大家遵守，并发放甘露水，以供戒烟者服用，果然以此法戒除烟瘾者达千人。②

表6-1　　　　　　　　　　澎湖地区开设的鸾堂

鸾堂名称	成立时间	成立地点
日新社养善堂	1899年正月	澎湖妈宫石泉
极妙社新善堂	1901年7月12日	妈宫西街
向善堂	1901年11月	湖西洪家
养性堂	1901年	湖西
友善堂	1901年	湖西龙门
陈善社存养堂	1902年6月	湖西
归化社从善堂	1902年8月	妈宫西文
济众社新民堂	1903年6月	妈宫红埕
乐英堂	1904年3月	西屿合界头

从表6-1来看，降笔会虽然最早出现在澎湖地区，但其兴盛还是在戒烟运动兴起之时。

---

① 王世庆：《日据初期台湾之降笔会与戒烟运动》，《台湾文献》第37卷第4期，第114页。
② 同上。

2. 宜兰地区

宜兰地区的鸾堂，是在1887、1888年间，从澎湖传到宜兰头围街，由进士杨士芳创设唤醒堂，并自任堂主，宣讲教化街庄民众，并以扶鸾降笔的方式，进行施药以救济世人。后有宜兰街碧霞宫，也开始设立鸾堂。1893年时，宜兰县人吴炳珠、庄国香二人，赴广东陆丰县，见当地开设鸾堂教化人民，以此来戒除洋烟，回台后效仿之，开设鸾堂传法以教化当地人戒除鸦片烟瘾。故王世庆认为，宜兰的吴炳珠、庄国香二人所设之鸾堂，为台湾岛内最早将鸾堂用于祈祷戒除鸦片烟瘾之人。① 此后，鸾堂降笔戒烟在宜兰盛行一时。

1899年阴历二月，新竹地区爆发了流行性恶疫，杨士芳乃派陈志德、吴炳珠等人，到各地宣讲善书警世全篇，分赠各地庙堂及有识之民众。1900年前后，降笔会开始向南部转移。②

2. 台北县

台北县内鸾堂分布较为广泛，基隆办务署管区、沪尾办务署管区、台北办务署管区、桃仔园办务署管区、大嵙崁办务署管区、新竹办务署管区等地，都设有鸾堂，笔者根据王世庆的研究，将其用表格归纳如下：

表6-2 台北县鸾堂

管区	地点	名称	时间	基本情况
基隆办务署管区	基隆办务署直辖基隆街	正心堂	1899	此鸾堂系自台北景尾街传入。由基隆人许炳荣、许招春、张斗南3人，获知景尾街有鸾堂举行扶鸾降笔，便在基隆新店街城隍庙内设鸾堂，信众约有六十多人，主要信徒为前基隆街街长陈文贵之一派，时常堂内扶鸾降笔，施药方医治病人，并为鸦片瘾者戒除鸦片。
	瑞芳支署管区	黄春鸾堂		九份庄人黄春所设鸾堂，自任鸾主，其弟黄查某为鸾生，为信徒扶鸾降笔，施方治病、戒烟。黄春在1901年赴厦门，购买《挽世全篇》8册及《如心录》4册，返台后分赠给信徒。

---

① 王世庆：《日据初期台湾之降笔会与戒烟运动》，《台湾文献》第37卷第4期，第115页。
② 《臺灣慣習記事》第1卷第10号，明治34年10月，第87页。

续表

管区	地点	名称	时间	基本情况
基隆办务署管区	水返脚支署管区	明心堂		此堂的主导者为陈瑞彩等三人。陈瑞彩为拥有四万余元之资本家,任该堂正总理。1901年时,该堂呈盛况,后关闭。
	北港烘内	福善堂		该堂鸾主为苏庆月,任街庄长,鸾生多为街庄书记,主要信徒有50多人,其主倡者二二人为石碇堡之资产家。1901年时鸾生苏江波、廖心田二人,申请赴厦门购买《挽世全篇》。
沪尾办务署管区	沪尾	仙堂(古圣庙)		此堂成立于割台前,由李超雁、李宗范叔侄二人及李又桂、陈良全等倡导设立,举行宣讲劝善,扶鸾降乩,并曾降戒洋烟。台湾割让后的1899年,李超雁与信徒又捐资2000元,建设新庙宇,称为古圣庙,以李宗范为堂主,举行宣讲,治疗疾病及戒除鸦片烟瘾,信众甚多,为台北地区最盛地区之一,1901年8月18日被迫关闭,此堂改为书房。
	小基隆新庄	仙坛		举行宣讲劝善,扶鸾降笔,施药方治疗病人。
台北办务署管区	艋舺支署管区		1901	1901年5月,厦门人李文堂与鹿港人林为益二人到艋舺设扶鸾降笔会,并在厦新街设立鸾堂,李文堂任鸾主,林为益为鸾生,进行扶鸾降乩,施投药方为病人治病。
	大稻埕支署管区	八座鸾堂		大稻埕中北街鸾堂、大稻埕国兴街醒心堂、大稻埕永和街善化堂、北门外街鸾堂、日新街鸾堂、珪瑜粹街鸾堂、大龙洞鸾堂等,经常扶鸾降笔,为信徒祈祷戒烟、卜吉凶祸福、宣讲劝善。有信徒三四百人。
	台北办署直辖管区			在大安十二甲庄有鸾生三四人,举行扶鸾降笔,为信徒治病、戒烟。
	士林支署管区	讲古堂		在士林街设有"讲古""教善"之讲堂,经常举行讲古、教善,但不举行扶鸾降笔。
	新庄支署管区	集福堂		设在兴直堡三重埔五谷王庙内,堂主林启辉为二、三重埔著名之前清秀才,现任区长兼保甲局长,鸾堂之组织有股份250份,奉祀关圣帝及文昌帝,举行宣讲劝善,扶鸾祈祷降笔戒烟,与大稻埕之鸾堂信众联系密切,为台北近郊最盛地区之一。1901年被迫解散。

续表

管区	地点	名称	时间	基本情况
台北办务署管区	枋桥支署管区	吾醒堂	1901	由林超英发起,在新埔庄江汉庄设鸾堂,上其任堂主,徐汉深、王笑文为鸾生,每月于三、六、九日扶鸾施药方,卜吉凶。
	三角涌支署管区			管内各庄只有旧来之童乩十数人,但与扶鸾降笔会无关,尚无上流社会人士所举行之扶鸾,故无鸾堂、鸾生。
桃仔园办务署管区	竹北二堡二亭溪庄			1900年11月,在关帝庙开鸾堂。
	中坜街	劝善堂		在老街及新街设有劝善堂。
	竹北二堡红瓦屋庄	劝善堂	1900	1900年3月,设立鸾堂,称为劝善堂,四月至八月,多次行扶鸾祈祷降笔戒烟。
		霄里社	1901	1901年8月,铜锣圈鸾生刘阿来,在三元宫宣讲劝善,并劝戒除鸦片。
大料崁办务署管区	咸菜硼支署管区	仙坛	1901	竹北二保湖肚庄仙坛,1901年2月由陈阿春创设,自任鸾主,鸾生有陈理禄、范洪亮等,奉祀关圣帝,集合庄民扶鸾祈祷降笔戒烟。
新竹办务署管区	树杞林支署管区		1899	树杞林街彭树滋在自宅设立。
	新竹市街	宣化堂		1899年树杞林等创设鸾堂祈祷戒烟后,就有新竹城外水田街郑坤生等五人,承传鸾堂祈祷降笔戒烟之方法,并于新竹城外北门口水仙宫内设立鸾堂为病患、鸦片瘾者扶鸾祈祷降笔施药方治病戒烟,及宣讲劝善修身。一时奏奇效,信徒逐日增加。主倡者郑坤生、陈子贞等均为资本家、名望家。鸾生为北门外水田庄人共福。至1901年8月初,因鸾堂遭火灾关闭,但仍然设临时讲堂宣讲劝善。
	北埔支署管区	乐善堂		福兴庄由曾乾秀发起创设之鸾堂,设于关帝庙内,称为乐善堂。信徒大多为鸦片瘾者,为戒烟而来,认真祈祷戒烟,惟戒除效果不佳。为日本警察监视强迫于1901年解散。

续表

管区	地点	名称	时间	基本情况
新竹办务署管区	头份支署管区	感化堂	1900	1900年12月17日上头份第一区街长陈维藻，教员饶鉴麟等九人为发起人，在竹南一堡牛庄罗阿鼎宅创立，奉祀关圣帝。聘后垅街医生江志波为鸾主。初宣讲劝善，自1901年3、4月开始，劝诱鸦片瘾者参加扶鸾祈祷降笔戒烟。当时恰遇鸦片烟膏涨价，纷纷以为奇，有很多鸦片瘾者参加祈祷戒烟。至是年7月台中县检举逮捕鸾主、鸾生等，恐惧罹难，乃渐趋衰退。
	南庄支署管区	育善堂	1901	竹南一堡屯营庄设立的鸾堂，由张阿麟与有志者创设，奉祀关圣帝等神明，扶鸾降笔施药方治病戒烟，劝善惩恶，一时兴盛，参加信徒甚众，每日有百余人。主持者张阿麟为资本家。
	中港支署管区	积善堂		又称宣化堂，系1900年9月，竹南一堡中港旧街许清文创设，自任鸾主奉祀关圣帝、九天同命真君子等神明。初只宣讲劝善，信徒渐增多，乃为鸦片瘾者扶鸾降笔，时恰遇鸦片烟膏涨价，很多瘾者参加祈祷戒烟。后在日本警察的干涉下，于1901年关闭。

4. 台中县

台中县的鸾堂主要分布在苗栗办务署管区及台中地区。苗栗地区之鸾堂，系1900年8月，由树杞林人彭殿华传授给苗栗一堡沙坪庄富豪黄紫云。黄氏乃在沙坪庄之观音佛堂设鸾堂，奉祀关圣帝、观音佛祖等神明，自任堂主。并且自同年十月起，捐资为戒烟参拜祈祷者提供饮食，吸引很多的鸦片瘾者，因神灵最为显著，一时从中港、头份、新竹等地区前往进香祈祷者络绎不绝，每日进香者多达数百人，能完全戒烟者亦不少。

除沙坪庄鸾堂外，是年在苗栗一堡开设之鸾堂尚有田寮庄、苗栗街、九湖庄、国湖庄等。田寮庄鸾堂堂主为罗庆松，苗栗街鸾堂堂主为梁上范，九湖庄鸾堂堂主为吴义昌，四湖庄鸾堂堂主为刘湘，金銮堂堂主为李缉庵。每堂主要信徒约有12人，从事扶鸾祈祷降笔，劝戒洋烟，撰书警世。苗栗附近归信之门徒有3000多人。至1901年4月，到沙坪庄鸾堂祈祷戒烟饮神水戒烟者有600多人。

台中方面鸾堂之祈祷戒烟，系于1900年冬，由新竹、苗栗等地传入，铁砧山之剑泉寺、牛骂头三座屋开山庙，也都重新摆放关帝神位举行扶鸾祈祷戒烟。此外石岗庄、束东下堡麻滋事埔庄、猫雾峰庄、武东堡内湾庄等，均设有鸾堂。在台中地区拥有信众数万人，信众手执红旗，鸣锣击鼓，男女老幼接踵成列，向关帝进香，鸦片瘾者祈祷戒烟，情势极为隆盛。

5. 台南县

鸾堂扶鸾祈祷降笔戒烟之风气渐次南进，到1901年夏秋时节，台南县管内各地方设有多处鸾堂。管区内的嘉义、盐水港、麻豆、台南、大目降、蕃薯寮、风山、东港、阿猴等地区都受降笔戒烟运动波及，尤其以嘉义、盐水港、麻豆三地区最盛，戒烟者甚多，鸦片之贩卖人深受其影响，几乎减至一半。①

从以上内容来看，台湾东部地区几乎遍布了降笔会的活动。

三　降笔会对鸦片政策的冲击

总督府鸦片专卖制度确立后，1897年4月1日从台北市开始发放吸食许可证，接着5月在新竹、台南，6月在台中、苗栗、彰化等开始实行。当年总督府的总岁入预算为811万元，其中鸦片收入的预算，就高达423万元，占总预算的一半以上，但当年鸦片的收入，却只有164万元，故总督府的财政收入出现了很大的赤字。当时总督府官制鸦片的价格，比市面上的鸦片低近一半左右，为了增加财政收入，总督府只好在许可费上做文章。当时制定的特许费用为，一等烟膏特许费为每年36元，二等烟膏特许费为每年18元，三等烟膏特许费为每年20元40钱。此费用一年分四次上交（三等每半年）。特许费用之所以定这样高，因当时的民政长官后藤新平"认为吸食者全部是中毒者，即使特许费用高，也不能不吸。以这样的金额来计算的话，一年可以百万元的特许费收入囊中"②。但令总督府没有想到，在警察的劝诱下，第一次交完后，就不再愿意交付以后的烟膏许可费。

总督府为确保财政收入的稳定，1898年将总督府制药所生产的鸦片，

---

① 《台湾惯习记事》第1卷第10号，第46—47页。
② 《台湾鸦片専売制の展開過程》，第4页。

由原先每罐 450 克，减少为每罐约 376 克。虽然每罐约减少 74 克，但价格维持不变，即一等烟膏每罐 12 元、二等烟膏每罐 9 元、三等烟膏每罐 7 元。这是一种变相提高烟膏价格的形式。总督府以这种形式，使台湾的财政由 1898 年的 7493654.674 元，增加到 10158651.963 元。这其中，鸦片的收入，由 1898 年的 3467334.089 元，增加到 4249577.595 元。[①]

从以上数据分析来看，鸦片收入在当年所占的比重达四成多。尽管这样，总督府还不满足，在 1901 年，又将各等鸦片烟膏的价格大幅提高。其中一等及二等烟膏，各涨 3 元，三等烟膏也涨了 2 元。而此年恰好是总督府第一次网罗鸦片瘾者结束时期，当时网罗的瘾者达 169064 人之多。而鸦片烟膏的飞涨，明显地表明总督府将鸦片烟膏克数减少，又大幅度提高价格，利用行政控制鸦片烟膏的定价权，以达到其经济上之榨取目的。

在总督府的财政目标下，台湾制药所生产的鸦片烟膏价格飞涨。

表 6-3　　　　　　　　　　总督府烟膏定价

定价时间	每罐定价（元）		
	一等（福）	二等（禄）	三等（寿）
1897 年 3 月 12 日	12	9	7
1898 年 3 月 12 日	12 *	9 *	7 *
1901 年 4 月 12 日	15	12	9
1901 年 7 月 20 日	14	11	7
1910 年 5 月 12 日	21	—	13
1916 年 6 月 1 日	24	—	16
1917 年 4 月 1 日	28	—	20
1918 年 8 月 16 日	35	—	27
1919 年 12 月 1 日	40	—	30

资料来源：《台湾鸦片志》第 293 页。* 及以下为每罐 376 克。

从表 6-3 分析来看，总督府烟膏的价格，从 1897 年至 1919 年二十多年间，总体呈现上涨的趋向，唯一的一次降价，就是在 1901 年 7 月 20 日。

[①] 《台湾总督府统计书第 4 回明治 33 年》，JACAR：A06031501800。

而影响总督府，使总督府将鸦片烟膏价格调低的直接原因，就是1901年扶鸾降笔戒烟运动快速兴起。

扶鸾降笔会的戒烟运动，在总督府鸦片政策实施时，就在台湾南部开始兴起。总督府也在密切关注其动静："从前宗教家有戒鸦片之毒害，力以教化者，如今之状况如何及岛民是否相信？"①

总督府虽然早知降笔会的存在，但没有行政干涉。笔者认为，首先是当时民间的武装抗日还没有被完全镇压，降笔会只是小规模的民间活动，其明确的宗旨以求戒除鸦片烟瘾，其规模也限于个别地区，故不会对其鸦片政策造成影响；另外，也许是认为鸦片吸食者，已经成为瘾者，难以停止其吸食行为；最后，可能也没有想到，降笔会的戒烟运动能产生那么大的影响，并很快就席卷台湾广大的地域。从表6-3鸦片定价表中也看出，如果总督府顾及降笔会的戒烟活动，也不会在其活动兴盛的1901年4月12日，将同等级别的鸦片烟膏大幅度涨价。

1898年降笔会戒烟例成功以后，在各地迅速展开活动。由中国大陆渡台的道士，将此方法又传授九芎庄的邱润阿、彭阿健，及大肚庄的刘家异、彭阿石四人。这四人又将此法传授到新竹、苗栗、瑞芳等地。根据《台湾总督府事务成绩提要》的记载，此运动在1901年时达到高潮："明治三十四年（1901年）以来信众显著增加，在四、五月份之时，鸾堂的数量亦大幅增加，各地都有增设。"②

根据《台湾惯习记事》对"台南降笔会"的记载，可以看出其影响力之大。"现在全县以下任何地方，并无降笔会之势力所不能影及之处……""降笔会先以一度乩示：应予禁忌吸食鸦片以来，使各地吸烟著靡然奉以为信，因而据闻欲废烟之人颇多，现今在于台南所闻吸烟者之减少人数……本年4月8月两月……几乎将鸦片请卖者之数减半。而此减少之倾向，仍在继续之中……由些可推察一般状况，盖以降笔会，其影响之大，可并以推测也。"③

---

① 台湾省文献委员会：《日据初期之鸦片政策》第二册，1978年，第177页。
② 《台湾总督府事务成绩提要》第7篇，明治34年，第78页。
③ 《台湾惯习记事》第1卷下第10号，台湾省文献会1984年版，第175—176页。

表 6-4　　　1901 年 7—9 月台南等地降笔会废烟前后人数对照　　　单位：人

署别	七月份吸食者	废烟者	再吸食者
台南	12526	937	613
凤山	11187	1660	1013
东港	4852	79	4
阿猴	4050	114	65
蕃薯寮	1365	58	9
大目降	3814	390	305
麻豆	4213	1379	913
盐水港	7998	3842	1170
嘉义	14910	6295	1220
合计	64929	14754	5311

* 《台湾惯习记事》第 1 卷第 6 期，明治三十四年六月二十二日。

表 6-5　　　　　　　1901 年嘉义地区鸦片销售情况

月别	一月	二月	三月	四月	五月	六月	七月
二等烟膏	1116 箱	1152 箱	900 箱	756 箱	576 箱	468 箱	180 箱
一等烟膏	360 箱	144 箱	433 箱	144 箱	180 箱	144 箱	36 箱

此表根据嘉义县于明治四十四年向总督府提交的《鸦片及食盐批发状况报告》中之内容整理而成，资料来源为《机密文书缀（降笔会之部：台南县）》（册号：9502；门号：3；门别：警察；类别：高等警察）。

从表 6-4、表 6-5 来看，在不到三个月的时间里，台南等地，由于降笔会的努力，戒烟者竟然高达一万余人，占吸食总人数的近 1/4，虽然最后还有 5000 多人再吸食，但也说明降笔会在台湾鸦片史上的历史作用。其次，从嘉义地区鸦片批发销售表分析也可以看出，由于降笔会的影响，其鸦片的批发基本逐月减少，特别是在 7 月降笔会活动高潮之时，其批发销售量减至一月份的一成强，不能不说降笔会在戒除鸦片烟瘾上所起的作用非常之大。

表 6 – 6　　　　　　　　　　降笔会戒烟情况　　　　　　　　　　单位：人

区别	废烟者	再吸食者	未再吸食者
因为烟膏价格上涨	1477	567	910
扶鸾降笔会的原因	34370	14419	19951
其他原因	1225	271	954
计	37072	15257	21815

在总督府的统计中，因降笔会而戒烟者竟高达 34370 人，而其中完全戒除，再没有重新吸食者，也达到 19951 人。但其统计的数字远远大于《台湾惯习记事》统计的数字，更说明当时降笔会的戒烟运动的显著成果。

是什么原因造成 1901 年前后降笔会戒烟运动达到高潮？首先是鸦片烟膏的价格飞涨。前述 1898 年时，总督府制药所将其生产的鸦片，各等级别的烟膏，分别减少了 74 克，但价格维持不变，即一等烟膏每罐 12 元、二等烟膏每罐 9 元、三等烟膏每罐 7 元。在 1901 年，又将各等鸦片烟膏的价格大幅提高，其中一等及二等烟膏，竟然各涨了 3 元，三等烟膏也涨了 2 元。而此年恰好是总督府第一次网罗鸦片瘾者结束时期。

由于短期内流失大量吸食者，鸦片烟膏的销售量直线下降。

表 6 – 7　　　　　　　　1901 年前后台湾鸦片销售情况

年份	鸦片专卖收入（元）	鸦片制造量（公斤）	贩卖售出量（公斤）	贩卖收入（元）
1900	4234980	209839	197465	4616762
1901	2804894	131206	119325	3169973
1902	3008488	108197	128843	3291106
1903	3620336	152463	144010	3922515

* 此表根据《台湾省五十一年来统计提要》（古亭书屋 1969 年版）第 1002、1039、1040 页内容整理而成。

从表 6 – 7 分析来看，1901 年鸦片的售出数量，比上一年减少 78140 公斤，鸦片的收入也减少了 1446789 元。另外，从总督府统计书中烟膏的销售额，也可以看出鸦片销售量的减少情况。1902 年总收入仅为 2804894.264 元，仅相当于 1901 年销售额的 4234979.565 元的 66.2%。①

另外,从各地鸦片专卖人数量的快速萎缩,也说明降笔会的戒烟运动,对总督府鸦片政策的巨大影响。

表 6-8　　　　　1901 年 4—8 月台南等地鸦片售卖人数变化　　　　单位:人

署别	4 月份售卖人	8 月份售卖人	差数
台南	128	81	47
凤山	170	110	60
东港	94	60	34
阿猴	51	41	10
蕃薯寮	26	24	2
大目降	78	50	28
麻豆	61	20	41
盐水港	56	20	36
嘉义	101	35	66
合计	765	441	324

＊《台湾惯习记事》第 1 卷第 6 期,明治三十四年六月二十三日。

从表 6-8 来看,以 1901 年台南县地方税收预算,鸦片贩卖业者应缴纳之地方税额为 312704 元,其贩卖者数量为 924 人,而该年度 8 月,贩卖者人数已经减少至 441 人,几乎减少到一半,特准贩卖业者应缴纳之销售金额 2‰为地方税收亦颇受影响,其收入鸦片贩卖的减少所带来的收入上的减少也是可以想象的。

表 6-9　　　　　　　　1898—1902 年度鸦片售卖情况

年度	贩卖人售卖吸烟人之鸦片		鸦片专卖收入(元)	与上年度之差(元)
	重量(公斤)	金额(元)		
1898	166316	3720732	3467334	
1899	204504	4662604	4249578	+782244

①《台湾総督府統計書第 7 回明治 36 年》,JACAR:A06031502100。

续表

年度	贩卖人售卖吸烟人之鸦片 重量（公斤）	贩卖人售卖吸烟人之鸦片 金额（元）	鸦片专卖收入（元）	与上年度之差（元）
1900	197465	4616762	4234980	-14598
1901	119325	3169973	3804894	-1430086
1902	128843	3291106	3008488	+205594

* 此表转引自王世庆《日据初期台湾之降笔会与戒烟运动》，《台湾文献》第37卷第4期，第128页。

从表6-9来看，从1901年降笔会戒烟活动达到高潮之时，全台之鸦片贩卖是比上一年减少78140公斤，贩卖金额减少1446829元，鸦片收入减少1430086元。虽然这其中不排除有其他因素，但降笔会的戒烟活动所带来的影响是非常巨大的。

从以上内容来看，由于各地降笔会的兴盛，戒烟人数持续增加。日本人认为当时降笔会戒烟活动，产生一定的影响："到光绪二十七年七月十八日止，在161387人特许吸烟者中，据九月底之调查，戒烟者有37072人，其中男34744人，女2328人；其中自行戒烟者1477人，内男1392人，女85人；由降笔会戒烟者34370人，女2171人；其他1225人，内男1153人，女72人。"[1] 根据此份资料，降笔会所主导的戒烟者，所占比例竟达92.7%，占特许吸者的1.3%。可见降笔会在当时对总督府鸦片政府的影响之深。从财政意义上分析，1897年日本实施鸦片专卖制度以后，于次年鸦片专卖实际的收入高达3467000多元，已经超出其预估收入300万元，比当年田赋收入782000多元，多了3.4倍。1899年时，鸦片收入高达4234000多元，田赋收入则只有912000多元，鸦片收入竟然比田赋收入多3320000多元，为田赋收入的4.6倍，可见其鸦片专卖收入在台湾总督府财政上的重要性。[2] 降笔会的禁烟运动在各地的兴起，1901年时，鸦片收入一下就锐减了1430086元，对台湾总督府的鸦片政策很大的冲击，甚至威胁到以鸦片为基础的台湾初期殖民地财政体制。

---

[1] 《台湾治绩志》，第327—328页。
[2] 王世庆：《日据初期台湾之降笔会与戒烟运动》，《台湾文献》第27卷第4期，第127页。

四　总督府对降笔会的取缔镇压

日据时期降笔会的戒烟活动，起始于总督府实施鸦片政策后，至1899年、1900年前后始渐形成规模。地区上已经分布于新竹、苗栗、台北、沪尾、基隆、台中、台南、澎湖等地。当时总督府正处于据台后的艰难期，云林斗六、嘉义及南部以山、阿猴等地，反日义军活动频繁。警察制度也尚处于制定完善期，各区的宪兵警力都致全力于对反日武装的剿灭，故没有对降笔会过多的重视。特别是运动开始时，警察仅是将降笔会作为一种迷信活动，并没有投入太多的关注，但随着降笔会的日益兴盛，警察开始怀疑降笔会可能是一种秘密结社，特别是其在戒烟过程中，往往出现反日的言论，恐怕其与抗日义军相互响应，故引起了日本警察的注意。

最先引起警察注意的是台中县苗栗办务署之一堡沙坪庄。此庄的降笔会是由当地富豪黄紫云所主持的观音佛堂，后改设鸾堂来从事戒烟活动，其戒烟效果非常明显，故到该堂进香戒烟者常常每日达数百人，成功戒除鸦片烟瘾的人也不在少数，此种情况引起警察的注意。1901年4月20日至5月3日，苗栗办务署的警察约谈苗栗一堡沙坪庄的鸾堂之主黄柴云及黄力云、麦瑞先及金鸾堂主李缉庵，就以下问题进行询问调查：

第一　提出设立鸾堂设立必要之理由书。
第二　鸾堂之起源及其相承。
第三　从来之布教传道的方法。
第四　主神名称及信徒扶鸾之法语。
第五　鸾堂之地址，有无维持经费及堂主之职业姓名。
第六　奉诵之经典，其版权所有者及资本金。
第七　现在信徒总数及其教化人民之显著事迹。
第八　信徒、鸾堂总监、主宰、管长之姓名及被谈人之履历。[①]

[①] 《鸾堂调查记》。

金鸾堂李缉庵给予的答复为：

> 台人信神垂二百年，相沿日久遂成风俗，始则因信而生敬，继而因敬而生畏，故百姓之畏王法，常不及其畏神明，于是有以神道设教之说，此鸾堂之所由设也。堂中施行之事，以降笔造劝戒洋烟为主，其书中所引证者皆是善恶报应之事，使民人若知警者不敢为非，有关于风化，若戒烟一事又属显然之利益也。至于堂内组织之人，系为行善起见，各皆自备饭食，并不敢取分文，岂邪太师巫惑世图利者，所可同日而语哉！各乡村街庄有二、三有志者共设一鸾堂著作诗文，宣讲劝善戒恶。近日蒙警官谕令停止，疑为降笔会邪说惑人等因，但未察此鸾堂之由，天下事岂有忠义反日为邪说者乎？则国家设官分职教民抚民之事亦邪事之举。但未知身犯何罪？律犯何条？诚令人不解也。尚政府欲加以罪，吾等有杀身成仁之美。惟愿不道父母官，大发慈心，勿听谗说，体恤下情，准此宗教盛行，从此风清俗美，官闻民乐，共享升平之世岂不美哉？社稷幸甚！民生幸甚！①

李缉庵大义凛然从容淡定地向警察简述了历史上台人信神，以降笔劝戒洋烟并非邪说。从李缉庵的答复中还可发现，当时总督府已经下谕停止鸾堂的戒烟活动。推测可能在1901年4月时，就已经开始禁止鸾堂进行戒除鸦片的活动。

另外，根据资料显示，警察根据对一堡沙坪庄的调查，了解到此庄的鸾堂，相承于树杞林彭殿华。因树杞林是在台北县境内，于是台中县警部长小林三郎，以高秘第二十九号函附苗栗沙坪庄鸾堂的调查书，照会台北县警部长西美波，请将台北县鸾堂降笔会从传入至今之情况、根底、反映之情形及取缔状况等示知参考。

台北县警察署在接到台中县警察部的照会后，知降笔会乃从新竹发起，便着手对管内之降笔会进行调查。5月21日（1901年）警察局高秘第六五二事情之信函，申请新竹办务署就以下事项进行调查：

---

① 《降笔金鸾堂主李缉庵开答记》。

1. 降笔会之由来沿革及现况。
2. 媱祠之方法。
3. 道士之姓名品行。
4. 信徒之种类人数。
5. 迷信之结果是否对身体生命有危险。
6. 一般民心所反映之现象。
7. 是否有必要取缔及其方法意见。①

新竹办务署署长里见义正收到照会后，立即令树杞林支署长进行调查。该署保安课高等警察警部小山谦会同各支署警员进行了一周的侦察。他们通过调查向上级递交了《树杞林支署长报告》，从七个方面进行了报告，认为新竹办务署管内之降笔会为迷信行为，并非排日之政治性的秘密结社，不过要注意防范有别有用心者利用迷信团结之力量。其虽为非政治性秘密结社，但对社会当然没有任何益处，唯对迷信极为深厚之台民，如马上断然禁止之，则必然谣言四起，祭祀活动也将转入地下，更加难以查办，故宜采取徐徐加以诱导，改变其迷信心态，故需要警察继续加以侦查。②

虽然新竹办署内的调查并没有大问题，沪尾管署内的降笔会，则有所不同。此署管内之降笔会事件，被称为"仙坛事件"。

6月18日村上署长的报告则称：

一、管内之仙坛事件，表面上系宣传劝善惩恶之道，为病人及鸦片瘾者扶鸾祈祷，称为宣托神仙降示药方，频传有其灵验，但无进一步之功效，故仍然半信半疑，目前已经渐次衰退之情况。

二、然而观察其会员之中重要人物，则其实情为如制盐业、樟脑业、鸦片业等最有利益之事业，俱收是为官方之实业。因此日

---

① 《降笔会的由来兼现今状况》，《机密文书缀（降笔会之部台南县）》（册号：9503；门号：3；门别：警察；类别：高等警察）。
② 《樹杞林支署長報告》，《机密文书缀（降笔会之部台南县）》（册号：9503；门号：3；门别：警察；类别：高等警察）。

本据台以后，民间之诸营业均逐日见衰退，加之诸税捐逐年增加，人民陷于涂炭之中，人民之利益比清代有云泥之差，故以与中国义民相谋，在暗中或公然排斥日本人，当为目前之急务。此亦为仙坛之宣托。

三、事实如此，其外表之行为在政治上虽无不妥，但重要倡言说者，为众人所相信，则无不麻烦，故正在严密侦查何人为其首领力倡其事。①

7月3日时，村上署长再向村上知事报告：

一、有关樟脑业、鸦片业、制盐业，纳税事件及排斥日本人等之谣言，并非仅限于本办务署管内，似为从宜兰、新竹，甚至远自台中地方传入。本管内唱和者，有芝兰三堡林仔街庄李又桂，兴化店庄李宗范、庐犀，灰磘庄陈良全等，渐次在管辖内随时流传。

二、仙坛之组织似为一种秘密结社，信徒间定有内规，颇为秘密，虽是父子也互相守密。其目的在于欲将台湾复归中国，然而此事业并非容易可成功。

三、此事以居住于中国厦门之隐龙林维源为主魁，而与台湾全岛各地之仙坛密切联系。运动费用之支出毫不吝啬。彼等活动之主要人物多为地方名望家族、资本家、文人等，掷私财，自费往来各地，到福州、厦门旅行者亦颇频繁。故本事件绝不可视为一片之杞忧。②

总督府鉴于降笔会的戒除活动，已经出现反日迹象，更因前述降笔会戒烟运动使台湾各地的鸦片销售受到很大影响。时任台湾总督府民

---

① 《仙坛一名飞鸾降笔会ノ报告》，《降笔会相关书类缀（原台北县）》，（册号：9141；门号：3；门别：警察；类别：高等警察）。

② 转引自王世庆《日据初期台湾之降笔会与戒烟运动》，《台湾文献》第37卷第4期，第131页。

政长官，鸦片制度的创始人后藤新平考虑对降笔会采取压制取缔政策。此时，台湾各地的武装反抗斗争已经接近尾声，总督府的政策开始转向经济，以摆脱财政上长期依于日本内地之困境。考虑降笔会之戒烟活动带给财政上的影响，密令各县厅长："在目下之状况，立即采取强制的制止手段非为良策，宜加以恳切劝告。警察上则应防止该会再蔓延扩其他方面，同时对迷信者多劝说其理由，以免陷入虚说诳惑，希切实加以取缔。"

从后藤新平的密令内容来看，并不主张采取强制的手段，而是要以恳切劝告之方式。后藤新平之所以采取此种方式，在笔者看来可能是出于以下几点：

首先，自1895年据台以来的武装反日斗争已经日渐消沉，如果对降笔会这种以迷信方式出现的带有反日情绪的活动，也以强制的手段来进行镇压的话，可能会引起台湾社会民众仇日情绪再次高涨。

其次，各地方降笔会之主倡者，多为前清之秀才、力务署的参事、街庄长、保甲局长等地方有识者及有名望及地方地主富豪。

在后藤密令发出后，总督府开始对鸾堂进行强力监视，于7月3日召开的办务暑第二课长会议时下发了"注意监视鸾堂"[①]的指示，并提出具体的处理意见："自本年二、三月起，在新竹、沪尾等地方流行鸾堂扶鸾降笔，称可治愈鸦片瘾者，尤其以客家部落最为隆盛。因为迷信诳惑愚民，但鸾主、鸾生有学识名望者不少，是以警察上须特别注意之存在。据说台中县内极其隆盛，且渐次南进，信徒激增，而且往往有鼓吹排日主义者。据沪尾办务署长之报告，亦认为其内部多少有排日之倾向，本县管辖内虽尚未见须忧虑之现象，但徵之台湾历史，奸雄之徒利用迷信者骚扰者不乏其例，不趁嫩芽割除终须用斧，希先按下记方法严密加以注意：利用了解事理之地方有力者，列举事实教训里民；将鸾主、鸾生列为第二种须要监视之人，果断侦察其行动；对鸾堂之说教及神笔，应暗中不断采取极秘密的方法侦探；对民心之反映应加以最高度的注意；

---

① 《鸾堂二对する注意》，《机密文书缀（降笔会之部台南县）》（册号：9503；门号：3；门别：警察；类别：高等警察）。

关于降笔会之状况及鸾生、鸾主之行动，暂时应每周报告一次。"①

同时按照上级的指示，头份支署长、南庄支署长、新埔支署长、北埔支署长、中港支署长及树杞林支署长都进行了报告。总督府根据各署长之报告，在8月2日又向各办务署发布了"降笔会相关注意之件"，以台中县戒烟出现死亡者为由对鸾堂行为进行"严重警戒"。② 办务署遵照指示，召集各管内街庄长、保甲局长、保正、甲长及地方重要人物等开会，要求各地方尽快强制解散鸾堂。

各地积极执行办务署的命令，向管辖内民众发布告示，严禁民众参加降笔会，台南县发布告示内容如下：

> 严禁设坛降鸾，以安人心，而靖地方事。照得奸民谋为不轨，假神道以惑众，久垂禁令之中。本知事访闻，近有所谓降笔会者，假关帝降乩名目，用沙水为人改断烟瘾，及治一切疾病，由北路波及台南、嘉义一带，民人先受其煽惑，几有举国若狂之势，今已经蔓延至本城及南路。无知之徒，亦闻风响应信以为真，谓一饮沙水，便能断瘾。相率所请，无非愚昧不明正理，以故易受欺骗。试就支那论之，汉末张角、明代徐鸿儒、中国王伦、李方成、齐王氏等，均假神佛教以惑民，而即以害民，即如去年北京义和拳匪，亦同一派，受其愚者，遭降镝而死亡，尤指不胜屈，实属可叹可悯之至。夫神降于莘，论者谓凭依在德，是人欲，求神佑静修己德，无不护报之理，所谓作善降祥者，此也。若沙水煽惑愚蒙，断非正神所为，且人欲戒烟，祗需立定心志，甘耐艰苦，加以调养工夫，不时便能断瘾，若立志不定，目前改烟，日后再吸，虽饮神水何益乎？总之光天化日之中，决不容伪托神佛，煽惑愚民。本知事为民父母，台南之民，皆赤子也，子有过误，为父母者，尤宜大声疾呼，以醒其迷，而免其陷于刑辟，为此示仰尽属民人知悉，尔等须知妖言惑世，律有名条，切不可相互附和，以假为真，前往祈请，尤不可出头鸠赀，会众设立乩坛。夫乩

---

① 《鸾堂二对する注意》。
② 《鸾堂二对する注意ノ件》，《降笔会二关シ台北队台中台南ノ各县知事及厅长二注意》（册号：4643；门号：6；门别：卫生；类别：鸦片）。

坛名为劝善良,其实匪僻之徒,暗伏其中,以便私图,大则贻祸全岛,小亦贻祸一家。亟宜及早警醒,不为所愚,方是盛世良民。若甘受欺骗,不知猛者,一经发现,咎有应得,首事之人,照律惩办,督府法令森严,到时悔已无及。本知事亦不能为尔等解免也,其懔之慎之,警听毋违,切切特示。①

各地高等警察也积极侦查所管片区的降笔会的动向并将降笔会的鸾主、鸾生及主要信徒列为第二种须要监视人,不间断监视其行动。甚至在彰化办务署管辖区,以捏造谣言而逮捕了武东堡内湾庄开设鸾堂的黄拱振,并以刑法第四百二十七条第十一项给予处分。在各地办务署及警察机构的努力下,台湾的鸾堂在1901年底基本被迫关闭。

小　结

综上所述,降笔会即为中国传民间宗教的一种,扶鸾仪式是鸾堂的重要仪式,其用来劝人戒除鸦片是教化的一种运用,早在清朝时候就已经存在。但台湾能在1900年前后形成遍及整个东部的戒除鸦片烟瘾的运动,有其深刻的政治背景,即是台湾陷入异族之统治,各地的武装起义都被日本宪兵及警察强力镇压下去,人民反抗心理得不到宣泄。台湾知识分子精英意识到总督府实施的所谓鸦片"渐禁专卖",是针对台湾人民的殖民地经济榨取手段,并深悉鸦片对身体的大害,故自发地出钱出力成立鸾堂,利用台湾人信仰神明的习惯,用宗教的教化力量,帮助鸦片吸食者戒除烟瘾,以革除传统陋习,以求得自强之目的。但随着降笔会在各地的发展及戒除者的增多,使鸦片的收入大幅锐减,对本就入不敷出的总督府经济基础给予很大的打击。加之反对鸦片吸食,即是反对日本殖民统治政策,且排日言论的出现也可能发展成大规模的反日运动,故殖民统治者表面上采取怀柔政策,实际上却予以取缔,强制解散各地的鸾堂,台民自发的戒烟运动最终被镇压下去。后期虽有台湾民众党的

---

① 《告喻第三号》,《机密文书缀(降笔会之部台南县)》(册号:9503;门号:3;门别:警察;类别:高等警察)。

反对鸦片吸食运动，但随着日本侵华战争的爆发，也没能持续下去，至1941年时，台湾依然有鸦片吸食者8500多人，实为日本殖民政策之大劣迹，而这个具有鲜明殖民地特征的政策，也一直持续到1945年。

第七章
鸦片制度在台湾殖民统治中的财政意义

从日本在殖民地台湾实施的鸦片渐禁专卖制度的整个过程中，可以看出一种与"渐禁"完全背离的现象，即，如果按照颁布的方针，其在1896年、1897年获取吸食许可的鸦片瘾者，当时的年龄均已超过20岁，而鸦片吸食者寿命本就不长，何以在30年后，依然有两万多名吸食者，这就证明总督府的政策是"渐禁"，实质是放任新的吸食者。初期日本人在台湾实施这种"渐禁"政策，除了增加总督府的财政收入这一经济考虑外，另一方面，由于占领初期武装抗日激烈，利用鸦片的管制可能使其活动减弱，也是重要原因。另外，利用鸦片制度的层层结构，网罗各阶层人士，利用鸦片的收入所得，将这部分人变成效忠总督府的"御用绅士"，使其成为总督府统治的协力者，这也是台湾鸦片专卖制度的另一个衍生品。然而，鸦片专卖制度最大的价值则是经济上的，在日本殖民台湾的初期，鸦片专卖的收入支撑了台湾总督府的财政，是台湾财政得以脱离日本财政实现独立的真正"原因"。而台湾的鸦片专卖制度，也成为日本在各殖民地实施鸦片专卖制度的蓝本。更阴暗的是，台湾的鸦片专卖制度，成为日本国家贩毒的重要源头及掩护场。矢内原忠雄曾在《帝国主义下的台湾》中指出："台湾实为本国财政及经济上的最富价值之殖民地"[1]，对台湾殖民地在财政上的价值给予极高的评价，而这"价值"的最大体现，就是以损害台湾人民健康及沾满台湾人民血泪为代价的所谓"渐禁"制度所带来的鸦片收入。

---

[1] ［日］矢内原忠雄：《帝國主義下の臺灣》，第188页。

一　鸦片在清统治时期的财政意义

　　台湾有鸦片，在荷兰占领时期，其吸食之风气远远甚于大陆。19 世纪中叶，台湾吸食鸦片的人多时竟达 50 万，年耗鸦片 10 万斤。① 《斯未信斋存稿》载时任台湾兵备道徐宗干书："银何以日少？洋烟愈甚也；民何以日贫，吃烟愈多也。……以每人每日约计之，须银二钱；就台地贵贱贫富良莠男女约略吃烟者，不下数十万人，以五十万讲之，每日耗银十万两矣。"② 又有刘家谋《海音》诗记咸丰初年情形："烟渣馆多营卒所开，收鸦片烟之灰熬而卖之；地狭，不足皮床，每隔为两三层，以待来者。无赖之辈囊无一钱，至为小偷，为数十文以求度瘾。"③ 诗云："舐罢余凡尚共争，淮南鸡犬可怜生；漫将上下床分别，如豆灯光数不清。"④ 足见贻害之深。这些鸦片，主要是由英国商人从印度经华南运入台湾。

　　根据日本人在台北所做的调查，也证明台湾的鸦片基本都是由外国商人，特别是英国商人带来的："鸦片渡来本地，在距今约四、五十年前，英国商人携鸦片来台，劝土人试吸而起。其一再试吸者，或感目眩头晕，或有因麻醉而致死者，曾一时酿成骚扰，嗣逐渐惯于其习性，竟至欲废不能，如今已遍及全岛，几无地不吸矣。惟大稻埕有美利士洋行、怡记洋行、宝顺洋行三商会，英商据此三处洋行，劝土人吸烟，于是试吸者逐增。"⑤ 另外据总督府在台南之调查结果，认为："鸦片输入台湾之始，应上述及清乾隆年间，迨道光初年，乃大肆流行。惟是时两广总督林则徐对吸烟者曾发严禁令，曾将吸烟者处斩，虽有一时终绝之状，惟该总督死后，立恢复旧态，复大肆流行矣。"⑥

　　不管鸦片烟的来源如何，台湾的鸦片与清政府的财政有着极大的关系。

---

　　① 周宪文：《清代台湾经济史》（台湾研究丛刊第 45 种），台湾银行 1957 年版，第 92 页。
　　② 同上。
　　③ 同上。
　　④ 同上书，第 93 页。
　　⑤ 《鸦片事项调查书》，《日据初期之鸦片政策》第一册，台湾省文献委员会 1978 年版，第 51 页。
　　⑥ 同上书，第 52 页。

台湾的鸦片输入，自 1870 年（同治九年）至台湾割让时止，每年平均不下 40 万斤。

表 7-1　　　　　　　　1864—1895 年历年鸦片的纯输入

年份	纯输入（斤）	年份	纯输入（斤）	年份	纯输入（斤）
1864	99700	1875	415900	1886	454567
1865	228800	1876	451800	1887	424794
1866	254200	1877	508200	1888	464293
1867	258600	1878	470100	1889	473487
1868	203300	1879	552200	1890	584276
1869	257100	1880	579600	1891	558200
1870	289700	1881	588072	1892	514100
1871	328000	1882	459648	1893	468700
1872	334100	1883	401833	1894	390900
1873	359300	1884	357772	1895	172900
1874	416900	1885	377506		

* 此表转引自《台湾鸦片志》第 8—9 页。

从表 7-1 清政府所统计的历年鸦片输入量来看，自第二次鸦片战争以后，台湾的鸦片输入量逐年上升。这里还不包括偷偷走私进来的鸦片数量，可推想当时鸦片的输入量之巨大。

另外，在连横的《台湾通史》中，也提到清代台湾鸦片进口数以箱计。

表 7-2　　　　　　　　　清代台湾鸦片进口情况

年份	沪尾及基隆（箱）	安平及旗后（箱）	合计（箱）
1878	1848	2853	4701
1879	2165	3387	5552
1880	2149	3647	5796
1881	2142	3739	5881
1882	1584	3012	4596
1883	1265	2752	4017

续表

年份	沪尾及基隆（箱）	安平及旗后（箱）	合计（箱）
1884	1270	2308	3578
1885	1436	2339	3775
1886	1633	2913	4576
1887	1622	2626	4248
1888	1974	2672	4646
1889	1983	2752	4735
1890	1967	3076	5043
1891	2181	3401	5582
1892	2103	3036	5139

由表 7-1、表 7-2 可以看出，从 1864 年开始，台湾每年鸦片的输入都不少于 30 万斤，若每百斤的平均价格以 400 两白银计算，每年所耗即高达 120 万两。

表 7-3 1882—1891 年鸦片输入金额 （单位：海关两）

年份	Patna 鸦片	Benares 鸦片	波斯（Persia）鸦片	合计
1882	—	991841	—	991841
1883	—	1163097	—	1644999
1884	481912	481811	1254133	1769929
1885	333985	479896	1453273	1933487
1886	218	452081	1756552	2212140
1887	3057	496670	1523683	2020353
1888	—	552628	1846870	2399498
1889	—	373914	1804246	2178160
1890	—	340145	2027084	2367229
1891	370	248400	1754896	2003666

从表 7-3 来看，清政府每年用于购买鸦片的金额也十分惊人。

表 7-4 鸦片在各种贸易总输入中所占比例

年份	鸦片输入金额（海关两）	输入总金额（海关两）	鸦片金额所占比重
1882	991841	3139236	32%
1883	1644999	2620845	63%
1884	1769929	2572170	69%
1885	1933485	3196382	60%
1886	2212140	3560183	62%
1887	2020353	3842050	53%
1888	2399498	4019799	60%
1889	2178160	3630191	60%
1890	2366229	3899556	61%
1891	2003666	3748186	53%

* 此表转引自东嘉生原《台湾经济史概说》，周宪文译，帕米尔书店1985年版，第205页。

从表 7-4 来看，鸦片输入金额从 1883—1891 年间，已经占到输入总金额的 60% 以上。

表 7-5 鸦片收入在清政府总收入中的比重　（单位：1000 海关两）

年份	鸦片输入量（斤）	鸦片收入 海关税	鸦片收入 厘金税	总计①	政府总收入②	①/②
1881	588072	139	—	139	538	26%
1882	459648	114	—	114	572	20%
1883	401833	94	—	94	491	19%
1884	357772	89	—	89	508	18%
1885	377506	90	—	90	525	17%
1886	454567	126	—	126	536	24%
1887	424794	126	299	426	872	49%
1888	464293	139	371	510	1002	51%
1889	473487	142	378	520	990	52%
1890	584276	151	403	555	1045	53%
1891	558200	167	446	614	1111	54%
1892	514100	154	412	466	1079	53%

* 此表转引森久男《台湾鸦片处分》，第5—6页。

从表 7-5 来看，鸦片海关税及厘金税的收入，在日本接收台湾的前十年，已经占到了收入的一半以上。这说明，本应主要输出是茶、糖及樟脑为主的台湾贸易，因为鸦片的大量输入使用，税收及厘金却占据了半壁，其财政的根基完全是依赖鸦片的收入所得，这显示台湾在这时期的经济，经常陷入失序状态："1884 年（光绪十年）法人之役，南北禁港，商船杜绝，鸦片不至，高价日昂，每箱涨至千元。兵备道刘璈奏言，台湾通商，以洋药为大宗，每年进口售钱四五百万两，今法封口，洋药不通，曾经绅耆公请，从权划出官庄，准民自耕。……台湾销者，以印土为多，洋人运来易货，台商亦自采办。台南贩土之商合设一会，曰芙蓉郊，轮年值理……售烟者曰芙蓉铺，亦有公会，销用之广，几于粟米麻丝矣。"①

故在清代台湾，"欧美的洋行商人，一方面向台湾输入鸦片及工业品，一方面廉价输出台湾的茶、糖、樟脑等土产，而利用一部分的本地商人为买办，以达其掠夺与剥削的目的。买办介于外国商人与本地市场之间，成为外国资本主义经济及政治的奴仆，使台湾农民隶属化"②。

综上，鸦片的收入在清统治台湾末期，所占的比重极高，可以说是统治的基石。日本在接收台湾时，其民政局长水野遵就着手调查台湾的鸦片，从其《台湾鸦片处分》中可以看出，其所谓的"鸦片严禁为逐客令、刑法力量不能严禁鸦片"等，都因鸦片收入为"各殖民政府唯一的财源"。③

二 鸦片专卖制度在殖民地统治中的财政意义

西方工业革命之后的殖民地占领，主要是为了开辟迫切需要的市场，以消化本国生产的工业制成品。但日本并不是工业国家，其殖民地的主要功能并不是开辟市场，而是为了经济资源的掠夺。日本统治台湾的初期，各地反抗不断，总督府被迫开始实施军政，台湾总督在调集大量宪兵进行镇压的同时，经济上也遇到了重重困难。台湾由军政转到民政后的 1896

---

① 《台湾通史》；周宪文：《清代台湾经济史》（台湾研究丛刊第 45 种），第 93—94 页。
② 周宪文：《清代台湾经济史》（台湾研究丛刊第 45 种），台湾银行 1957 年版，第 96 页。
③ ［日］水野遵：《台湾鸦片處分》，第 18—21 页。

年，日本的会计法实施于台湾，台湾的财政亦需依照程序，将预算与决算交付帝国议会协赞审议。① 后藤新平有关台湾鸦片提案，"相当受财政当局所欢迎"② 的理由，即为鸦片的收入。1896 年总督府制定的台湾岁入为 6682236.603 日元，这其中就包括鸦片的收入 3557827 日元。但由于鸦片专卖制度延迟实施，使鸦片收入基本落空。结果该年度的实际岁入仅有 2711822.663 日元，而当年实际岁出是 10696868.678 日元。③ 这样日本中央政府当年补助台湾金额高达 694 多万日元。④

如前所述，当时的日本正在扩张陆海空军、设立钢铁厂等，日本财政十分紧张。日本政府紧急出台了"台湾总督府特别会计法案"⑤，除了规定台湾财政独立之外，还授予台湾总督财政权，以促成台湾财政的独立。法案的实施，给台湾总督带来了巨大的压力，致使时任总督的乃木希典甚至想将台湾"卖给"其他国家。但陆军大臣儿玉源太郎坚决反对，并表示自己愿意前往台湾担任总督。

儿玉源太郎任总督后起用后藤新平，他们以稳定治安、开拓台湾所需财源为要任。后藤新平到任后，马上发表了"台湾财政二十年计划"，该计划以增加地租、专卖、事业公债和地方税等途径来增加财政收入，以期达到台湾财政独立的目的："制作自本年度起至明治 51（1918）年度止，横亘二十年间之收支预算，逐渐减少来自日本内地的补助金额，计划于明治 42（1909）年度以后，使台湾财政全然独立自给。若为生产事业，则发行事业公债，以筹措资金，自明治 37（1904）年度起，当可偿还利息百万圆以上之本金，明治 43（1910）年度起，则多少可有盈余。"⑥

这里所谓的"专卖"，就是单纯指鸦片的专卖。因台湾的"专卖"制度是从鸦片开始的，至 1899 年 4 月时，才有第二项专卖品"食盐"的出现。

---

① 《御署名原本·明治二十九年·勅令第百六十七号·会计法ヲ台湾ニ施行ス》，JACAR：A03020240799。
② [日] 山田豪一：《台湾鸦片専売一年目の成绩》，第 146 页。
③ 《台湾总督府统计书第 1 回明治 30 年》，JACAR：A06031501500。
④ [日] 大藏省：《明治大正财政史》第 19 卷，财政经济学会昭和 15 年版，第 917 页。
⑤ 《御署名原本·明治三十年·法律第二号·台湾总督府特别会计法》，JACAR：A03020269300。
⑥ 《台湾治绩志》，台湾日日新报社昭和 12 年版，第 368—369 页。

1901 年成立了总督府专卖局，1905 年时，樟脑、烟草才成为总督府的专卖品。

表 7-6　　　　1897—1913 年台湾特别会计中鸦片与
地租收入比较　　　　　　（单位：日元）

年份	鸦片收入 金额 a	a/c	地租收入 金额 b	b/c	经常岁入 c	日本给台湾补助金额
1897	1640210	30.9%	835650	15.7%	5315879	5959048
1898	3467339	46.3%	782058	10.4%	7493650	3984540
1899	4249577	41.8%	841955	8.3%	10158651	3000000
1900	4234979	32.4%	912922	7.0%	13062520	2598611
1901	2804894	23.9%	869003	7.4%	11714647	2386689
1902	3008488	25.3%	897219	7.6%	11876853	2459736
1903	3620335	29.2%	922232	7.4%	12396007	2459736
1904	3714012	23.0%	1955770	12.1%	16170335	
1905	4205830	19.4%	2975735	13.7%	21699928	
1906	4433862	17.3%	2983551	11.6%	25656672	
1907	4468514	15.5%	3006195	10.4%	28850117	
1908	4611913	17.2%	3041746	11.3%	26832437	
1909	4667399	15.2%	3078912	10.1%	30606087	
1910	4674343	11.3%	3108712	7.5%	41364163	
1911	5501548	13.0%	3123771	7.4%	42393795	
1912	5262685	12.4%	3105239	7.43%	41530920	
1913	5289595	13.8%	3073513	8.0%	38330994	

* 此表转引自刘明修《台湾统治与鸦片问题》，李明峻译，第 124 页。

如表 7-6 所示，从鸦片制度实施的 1897 年开始，至 1904 年八年的时间里，鸦片的收入均占岁入总收入的 20% 以上，最多的 1898 年竟达到 46% 强。故可以说如果没有鸦片的收入，殖民地台湾的经济就失去了基础，总督府的财政独立也不能实现。

在鸦片专卖取得巨大经济效益的推动下，台湾总督府又于 1899 年 4 月施行食盐的专卖，7 月，又将樟脑作为专卖。盐与樟脑都是台湾重要的物产，故总督府于 1901 年 6 月时设立了总督府专卖局，并将总督府制药所并入专卖局，成为其下的"制药课"。这样由鸦片专卖成功的经验，逐渐扩大至食盐、樟脑及烟草的专卖收入，成为殖民地台湾重要及稳定的财源。

表 7 - 7　　　　　1897—1913 年鸦片、食盐、樟脑及烟草的专卖收入　　　（单位：元）

年份	鸦片	食盐	樟脑	烟草
1897	1640210			
1898	3467339			
1899	4249577	270827	917877	
1900	4234979	358333	3752267	
1901	2804894	510202	3253391	
1902	3008488	672815	2528802	
1903	3620335	472851	2258217	
1904	3714012	557875	3605884	
1905	4205830	667369	4235860	1496002
1906	4433862	711488	4865226	3044593
1907	4468514	754414	7221853	3500852
1908	4611913	692624	2400012	3380270
1909	4667399	824694	4427822	3712702
1910	4674343	821209	5529558	4009346
1911	5501548	884499	4856350	4416846
1912	5262685	759482	5814689	4523831
1913	5289595	800993	5093490	4719108

﹡此表转引自刘明修《台湾统治与鸦片问题》，李明峻译，第 126 页。

从表 7 - 7 来看，虽然总督府陆续将食盐、樟脑及烟草确立为专卖品，但直到 1913 年，台湾的专卖收入中主要以鸦片为主。

因鸦片收入在财政收入的重要地位，使得总督府在鸦片专卖制度实施的过程中，采用各种手段来增加收入。

首先，总督府从生产的鸦片烟膏的等级中谋利。

总督府对各等级鸦片烟膏的定价是不同的。表 7 - 7 为国民党政府接收台湾后，对日本据台五十年鸦片烟膏制造数量的调查。

表7-8　　　　　日本据台五十年鸦片烟膏制造数量　　　（单位：公斤）

年份	总产量	一等烟膏	二等烟膏	三等烟膏	甲种烟膏	乙种烟膏
1896	4850	823	2214	1813	.	.
1897	147422	8288	21245	117889	.	.
1898	182959	1516	30847	150596	.	.
1899	218829	1108	57647	160074	.	.
1900	209839	20802	47286	141751	.	.
1901	131206	19533	14224	97449	.	.
1902	108197	33027	3879	71291	.	.
1903	152463	49511	257	102695	.	.
1904	146883	61320	.	85563	.	.
1905	167590	75108	.	92482	.	.
1906	164634	101835	.	61030	338	1431
1907	137136	108436	.	28700	.	.
1908	138075	109029	.	29046	.	.
1909	150115	99789	.	50326	.	.
1910	84104	66498	.	17606	.	.
1911	99000	82392	.	16608	.	.
1912	117667	96071	.	21596	.	.
1913	105364	88841	.	16523	.	.
1914	94687	84299	.	10388	.	.
1915	88172	81605	.	6567	.	.
1916	107484	101685	.	5799	.	.
1917	92274	88178	.	4096	.	.
1918	85068	83435	.	1633	.	.
1919	72560	72560	.	.	.	.
1920	58826	58826	.	.	.	.
1921	47978	47141	.	837	.	.
1922	48740	48740	.	.	.	.

续表

年份	总产量	一等烟膏	二等烟膏	三等烟膏	甲种烟膏	乙种烟膏
1923	52653	52653	.	.	.	.
1924	39847	39847	.	.	.	.
1925	43005	43005	.	.	.	.
1926	36710	36710	.	.	.	.
1927	35686	35686	.	.	.	.
1928	34244	34244	.	.	.	.
1929	32999	32999	.	.	.	.
1930	40056	40056	.	.	.	.
1931	26916	26916	.	.	.	.
1932	23256	23256	.	.	.	.
1933	25243	25243	.	.	.	.
1934	17386	17386	.	.	.	.
1935	18123	18123	.	.	.	.
1936	17345	17345	.	.	.	.
1937	16272	16272	.	.	.	.
1938	15303	15303	.	.	.	.
1939	14139	14139	.	.	.	.
1940	13600	13600	.	.	.	.
1941	12942	12942	.	.	.	.
1942	7610	7610	.	.	.	.
1943	5310	5310	.	.	.	.
1944	2128	2128	.	.	.	.

* 材料来源：1942年度以前根据前台湾总督府专卖事业第四十二年报，1943年度以后根据专卖局直接造送材料编制。

从表7-8来看，从鸦片专卖制度实施的1897年至1903年，仅五年时间里有三个等级鸦片烟膏的生产，从1904年开始，到1918年，二等烟膏便没有生产。而从1919年以后，基本只有一等烟膏的生产。

表 7-9　　　　　　　　　　台湾鸦片烟膏定价

定价时间	每罐定价（元）		
	一等（福）	二等（禄）	三等（寿）
1897 年 3 月 12 日	12	9	7
1898 年 3 月 12 日	12*	9*	7*
1901 年 4 月 12 日	15	12	9
1901 年 7 月 20 日	14	11	7
1910 年 5 月 12 日	21		13
1916 年 6 月 1 日	24		16
1917 年 4 月 1 日	28		20
1918 年 8 月 16 日	35		27
1919 年 12 月 1 日	40		30

上表引自《台湾鸦片志》第 293 页。上表中 1897 年鸦片烟膏每罐为 450 克，但 1898 年开始标有 * 以下均为 376 克。

从表 7-9 来看，鸦片烟膏的定价，除了 1901 年前后受"降笔会"的影响，烟价有所降低外，其价格一直在上涨，特别是 1916 年以后涨幅更大。这也是为什么吸食者逐年减少，但鸦片的收入却逐年上升的重要原因。

其次，使用劣等品鸦片残渣来制造鸦片烟膏。

前述曾记载总督府为了达到经济利益，从早期就开始实验从原料鸦片中提取主要成分吗啡，以生产粗制吗啡，致使烟膏中的吗啡含量大大降低。鸦片烟膏中吗啡含量的减少，不仅使"吸食者之嗜烟状况有渐次自三等烟膏转向一等烟膏的走向"[1]，而且可潜在地增加鸦片专卖的收入。不仅如此，后来在鸦片原料紧张的情况下，总督府开始收购鸦片残渣进行再次利用。

---

[1] 刘明修：《台湾统治与鸦片问题》，李明峻译，第 132 页。

表 7-10　　台湾总督府历年鸦片原料及残渣收购和使用情况

年份	鸦片原料 收购及其他收入 数量（公斤）	鸦片原料 收购及其他收入 数量（台币元）	鸦片原料 使用 数量（公斤）	鸦片原料 使用 价值（台币元）	鸦片残渣 收购及其他收入 数量（公斤）	鸦片残渣 收购及其他收入 数量（台币元）	鸦片残渣 使用 数量（公斤）	鸦片残渣 使用 价值（台币元）
1896	145578	1573384	5782	82037	.	.	.	.
1897	89437	986816	169239	1832695	.	.	.	.
1898	149803	1714595	204767	2303745	.	.	.	.
1899	234842	2959774	229864	2880494	.	.	.	.
1900	198519	2965559	202351	3017937	.	.	.	.
1901	146154	1909176	123456	1696756	.	.	.	.
1902	131662	1333357	107145	1158609	.	.	.	.
1903	133623	1944881	151227	1928752	.	.	.	.
1904	121899	1925343	143951	2193445	.	.	.	.
1905	187792	2693895	188467	2753152	.	.	.	.
1906	219196	2815211	209899	2719546	.	.	.	.
1907	193365	2667241	172690	2297561	.	.	.	.
1908	157907	2269119	154730	2210799	.	.	.	.
1909	142153	2565721	161636	2616435	.	.	.	.
1910	138428	3041004	89585	2284132	.	.	.	.
1911	84490	2300246	119299	2789850	.	.	.	.
1912	136597	3305964	135881	3173054	.	.	.	.
1913	131433	3118943	115978	2953488	.	.	.	.
1914	111913	2082508	105498	2089448	.	.	.	.
1915	107552	2129193	102354	1958287	.	.	.	.
1916	126702	3845037	141293	3528714	.	.	.	.
1917	119514	4712509	126184	4480028	.	.	.	.
1918	99466	6062485	106832	4434958	.	.	.	.
1919	135426	6875117	80147	4061282	.	.	.	.
1920	126832	4453675	88659	5087396	.	.	.	.
1921	21985	616047	68211	2675579	.	.	.	.
1922	72530	1366155	73093	2437436	.	.	.	.

续表

年份	鸦片原料 收购及其他收入 数量（公斤）	鸦片原料 收购及其他收入 数量（台币元）	鸦片原料 使用 数量（公斤）	鸦片原料 使用 价值（台币元）	鸦片残渣 收购及其他收入 数量（公斤）	鸦片残渣 收购及其他收入 数量（台币元）	鸦片残渣 使用 数量（公斤）	鸦片残渣 使用 价值（台币元）
1923	57841	1875651	77939	1725530	.	.	.	.
1924	58403	2058150	62301	1325656	.	.	.	.
1925	62255	2467446	47355	1794702	.	.	.	.
1926	10952	279092	38726	1438501	.	.	.	.
1927	14293	466650	36115	1491268	.	.	.	.
1928	21446	717801	35464	1262395	8502	190285	.	.
1929	31904	906103	31091	975743	6492	169767	8585	194875
1930	35174	848865	33801	1072281	5408	91864	6323	160849
1931	48302	1158204	24998	614605	1828	29949	823	17793
1932	20941	651069	21339	480379	5468	100842	2988	52240
1933	16174	505530	23152	525454	5588	93333	4726	79311
1934	7258	238850	15389	381094	3919	64793	1279	22371
1935	3277	86492	15092	417765	4891	76194	2293	44795
1936	3641	100127	13181	405601	4851	84033	2854	51893
1937	.	.	12630	406991	.	.	2492	40049
1938	.	.	13974	444145	.	.	1704	25602
1939	12622	555492	8440	254815	.	.	4853	81588
1940	7315	536610	12852	650808	.	.	4990	86996
1941	11472	975568	10173	784238	.	.	3037	42698
1942	8140	1437775	7126	701217	.	.	.	.
1943	1500	270000	6403	1144490	.	.	.	.
1944	3277	589941	3667	659117	.	.	.	.
1945	224	80745	500	90000	.	.	.	.

* 材料来源：1942 年度以前根据前台湾总督府专卖事业第四十二年报，1943 年度以后根据专卖局直接造送材料编制。

从表 7 - 10 来看，自 1928 年开始，总督府开始收购鸦片残渣，并使用鸦片残渣进行烟膏的生产。

三 以各种手段掩饰鸦片的财政目的

1. 以特许吸食人数的减少来掩饰鸦片的财政目的

近代的日本，常常拿台湾鸦片制度作为炫耀资本，并将吸食人数的减少作为宣传利器。

表 7-11　1897—1918 年台湾鸦片吸食者数量的变化及鸦片的收入

年份	特许吸食者的人数（人）	鸦片的收入（日元）	吸食者每年支出额（日元）
1897	50597	1640210	
1898	95449	3467339	
1899	130962	4249577	
1900	169064	4234979	25.05
1901	157619	2804894	17.80
1902	143492	3008488	20.97
1903	132903	3620335	27.24
1904	137952	3714012	26.92
1905	130476	4205830	32.23
1906	121330	4433862	36.54
1907	113165	4468514	39.49
1908	119991	4611913	38.44
1909	109955	4667399	42.45
1910	98987	4674343	47.22
1911	92975	5501548	59.17
1912	87371	5262685	60.23
1913	82128	5289595	64.41
1914	76995	5226349	67.88
1915	71715	5870408	81.86
1916	66847	7132520	106.70
1917	62317	7970107	127.90
1918	55772	8105278	145.33

* 此表转引自刘明修《台湾统治与鸦片问题》，李明峻译，第 126 页。

从表7-11来看，其特许吸食人数于1900年达到最高峰，其后吸食人数在逐年减少，之后虽然总督府在1904年新特许三万人，1908年又特许了16000人，但都没有改变其吸食人数减少的趋势，这是因为鸦片吸食者寿命减少死亡所致。但从鸦片的收入上来看，相反却有上升的趋势，特别是吸食者每年用于鸦片的开销，与初期相比，竟然增加六倍左右，即使除去物价上涨等因素，其利用鸦片吸食榨取台湾人民的目的也极为明显。

2. 以"渐禁"为名，实质上"放任"台湾人民吸食

日本在台湾实施鸦片专卖制度，其实质就是为了经济上榨取台湾人民。由于当时的经济条件，加之吸食鸦片对人体的损坏，鸦片吸食者的寿命都极短，特许吸食者的人数减少是必然的，故总督府有意放宽申请者的条件，并纵容秘密吸食者的存在，并以此为借口，一次次增加特许者的登记。

表7-12　　　从1905—1931年间隔四年一次的台湾鸦片烟犯罪

年份	犯罪人次（人）	年份	犯罪人次（人）
1905	1550	1907	3558
1909	2573	1911	4248
1913	6215	1915	4953
1917	6562	1919	6000
1921	5943	1923	4875
1925	6282	1927	5248
1929	4297	1931	3701

从表7-12来看，所谓的鸦片犯罪从来就没有停止过，连刘明修都认为"对总督府为增加鸦片烟膏的销售量，蓄意放任台湾人非法吸食的质疑，应非空穴来风"[①]。

---

① 刘明修：《台湾统治与鸦片问题》，李明峻译，第127页。

表7-13　　　　　1897—1930年每人平均鸦片烟膏吸食量　　　（单位：公斤）

年份	特许人数（人）	鸦片烟膏贩卖量	每人年平均吸食量
1897	50597	51190	1.01
1898	95449	159523	1.67
1899	130962	197873	1.51
1900	169064	200927	1.19
1901	157619	137492	0.87
1902	143492	126694	0.88
1903	132903	139230	1.05
1904	137952	147519	1.07
1905	130476	147864	1.13
1906	121330	155089	1.28
1907	113165	141122	1.25
1908	119991	142652	1.19
1909	109955	147610	1.34
1910	98987	112659	1.14
1911	92975	101311	1.09
1912	87371	105394	1.21
1913	82128	102243	1.24
1914	76995	97853	1.27
1915	71715	98598	1.37
1916	66847	101653	1.52
1917	62317	89451	1.44
1918	55772	85799	1.54
1919	52063	74298	1.43
1920	48012	65851	1.37
1921	44922	57831	1.29
1922	42108	53264	1.26
1923	39463	48127	1.22
1924	36627	44229	1.21
1925	33755	41990	1.24
1926	31434	40236	1.28

续表

年份	特许人数（人）	鸦片烟膏贩卖量	每人年平均吸食量
1927	29043	37323	1.29
1928	26942	34970	1.30
1929	24626	31967	1.30
1930	23237	36359	1.56

* 此表转引自刘明修《台湾统治与鸦片问题》，李明峻译，第126页。

从表7-13来看，从1897年开始实施鸦片专卖制度以后，其特许者虽在1901年高峰后逐年减少，其鸦片烟膏的销售量也逐年减少，但每人每年的吸食量却一直较为稳定，后期一度有所增加。至1930年，仍然有23237人次的吸食者，可见其放纵吸食的铁证。

3. 减少吗啡含量增加鸦片的吸食量以增加鸦片的收入

总督府为了增加鸦片的收入，一直在暗中提取原料鸦片的主要成分吗啡，研制粗制吗啡及海洛因等新式毒品。鸦片烟膏的吗啡含量，遂成为绝对的机密。早期吸食用鸦片烟膏的吗啡含量始终维持在10%—12%，至1912年时，已经降至8%左右。吸食烟膏吗啡含量虽然减少，但其口味并未发生改变，故吸食者根本不会知道。但由于为了达到瘾者精神上的满足度，故一方面需要增加其每日烟膏的吸食量，另一方面也使吸食者渐次从三等烟膏转向一等烟膏。因此，这样除了可以隐性地增加最重要的粗制吗啡产量，也提高了一等鸦片烟膏的销售量，增加了鸦片吸食量上的收入。

1915年开始，总督府专卖局开始生产粗制吗啡，并将其用在新式毒品及医疗上。而含有吗啡成分的新式毒品的一本万利，使当时垄断台湾粗制吗啡的星制药在几年内快速成长为大的制药公司。由于日本内地制药公司对粗制吗啡利益的垂涎，希望总督府将粗制吗啡的利益分给他们一些，但总督府专卖局却以强硬的态度予以拒绝，最终引发了"台湾鸦片事件"。

小 结

综上所述，日本在台湾所实施的鸦片专卖制度，其财政意义重大，总督府在长达五十年的时间里，亦如同鸦片瘾者一样，陷入了贪图鸦片收益的"瘾癖"之中。故笔者认为，鸦片制度在台湾被占领的前期是为总督府财政的目的而存在，但中期以后，则是以提供新式毒品的原料吗啡为目的，使其作为日本在东亚贩毒链的重要环节，为日本对外侵略扩张增加收入而存在。

第八章
近代鸦片问题国际化的肇始

罂粟于盛唐时期经阿拉伯人传入中国，鸦片在明朝才在中国出现，混合吸食鸦片烟草之法，明末清初由爪哇传入中国，乾隆时期，单纯吸食鸦片法，在中国发明并开始传播。这样，中国社会逐渐出现鸦片危害问题，而且愈演愈烈。为了消除鸦片的危害，1729 年（雍正七年），清政府颁布了世界上最早的禁烟令，揭开了世界禁烟史的第一页。此后乾隆、嘉庆两朝，清政府也屡颁禁烟令，但由于清代官场贪污腐败，禁令皆成空文。至道光年间，烟毒危害已十分严重，正如林则徐所言：几无可以御敌之兵，且无可以充饷之银。为了维护封建政权的根基，道光皇帝于 1838 年 12 月 31 日任命林则徐为钦差大臣，前往广东办理禁烟事宜。林则徐虎门销烟，举国称快，但英国殖民者却借机发动了鸦片战争。《南京条约》及以后的一系列不平等条约，使中国开始沦为半殖民地半封建社会。从 1840 年开始的中国近代史，至此打上了与鸦片有关的耻辱烙印。1894 年甲午战争后，由于列强在中国划定势力范围，中国人民开始觉醒，变法自强成为社会潮流，禁烟运动也包括在其中。清末新政时期，由于中国社会各阶级普遍认识到了禁烟的迫切性，因此禁烟呼声再次高涨，国际社会也普遍认识到了鸦片的危害性，不断谴责英国对华鸦片贸易政策，引发了世界对鸦片问题的关注，此即是国际鸦片问题的肇始。

一　中国禁烟运动引发了国际鸦片问题的肇始

在世界历史中，因鸦片而受冲击最大的国家就是中国。鸦片是中国近代史的一块疮疤，也是中国百年耻辱的标志。1840年的鸦片战争，使中国的大门被迫打开，大量鸦片开始倾销到中国。随着英国借鸦片战争将势力渗入中国，西方各列强也相继开始向中国渗透，并引发了1856年的第二次鸦片战争。第二次鸦片战争后，内外交困的清政府被迫弛禁鸦片。鸦片弛禁后，既有外来洋药之摧残，又有内产土药之扼杀，整个中国社会烟毒弥漫。清政府的禁烟令也形同虚设，列强对华鸦片贸易日益猖獗。英国输入中国的鸦片数目，更是大幅度增加，1863年鸦片进口7万箱，1879年时，达到10.3万箱。①

为了拯救这种危局，有识之士或奔走呼号，上疏请求禁烟，或身体力行，设立禁烟社团。光绪初年，在地方督抚的要求下，清政府也曾一度议禁鸦片，但由于对鸦片税厘的依赖，此次禁烟最终止于"寓禁于征"，毫无成效可言。

中国面临着被瓜分的危险，也使一些长期居住在中国的各国传教士，深深感受到其母国将鸦片大量输入到中国，给中国人民带来的巨大灾难。这与他们所宣扬的宗教精神完全相悖，故他们公开在外国教士大会中，呼吁各国停止对中国的鸦片输入："鸦片贸易虽非违法……而实有害于中国。印度，英国及其他从事鸦片贸易之国家……使中国士大夫产生一种怀疑恨恶的心理，而大为传教之障碍。因此本大会深愿迅速停止鸦片贸易……并当反对任何阻碍中国政府限制或禁止吸食与鸦片贸易之行为。"②

外国传教士的呼吁，是来自上帝的真爱，抑或是已经意识到鸦片已无法再带给其本国更多的利益，现已无法考证。但当时英国经济对鸦片贸易的依赖，确实已经有所减弱。从1880年起，鸦片的输入开始下挫，其原因为中国本地鸦片的产量大幅增加，特别是自产的鸦片在质量上，并不比进口的差，国内市场开始青睐自产的鸦片，国产鸦片占领了较大的市场。③

另外，清政府征收的高额关税和厘金，也使英国的鸦片在中国无法获得更大的利益。根据《天津条约》，中国可以单方面提高鸦片的关税。后根据《烟台条约续增条款》，清政府又对每箱进口鸦片征收80两的厘金。这

---

① 《清朝末期成功的禁烟运动与鸦片战争》，http：//www.kzeng.info/opium_treaty。
② 于恩德：《中国禁烟法令变迁史》，台湾文海出版社1966年版，第118页。
③ 《清朝末期成功的禁烟运动与鸦片战争》，http：//www.kzeng.info/opium_treaty。

样，英国鸦片一到岸，即需缴纳30两关税和80两厘金才能提走。这使英国的鸦片，比中国自产鸦片，起码要额外贵110两，另外还有运输成本的问题。根据条约规定，英国的鸦片只能在通商港口贸易，并不能直接进入内地，也不能在内地建仓库大量储存，所以鸦片经过中国商人，运到内地时，成本又要提高，根本无法与中国鸦片相竞争。

另外还有一个比较重要的因素，从1873年到1903年，世界银价与金价的汇率下跌近2/3。使用银本位的中国货币，相对于使用金本位的英国货币，贬值了很多。汇率变化导致了中国进口货物价格上涨，出口价格下跌，英国也难于从中获得更大的经济利益。

鸦片贸易的衰落，为中英正式协商解决鸦片问题奠定了基础，但仍面临很多困难，鸦片带来的关税和厘金，当时占财政预算的5%—7%，政府需要鸦片带来的税收，而政府中关键人物李鸿章、张之洞等人，都在这个问题上摇摆不定（左宗棠倒是一贯主张严厉禁烟）。但当时在印度调查西藏问题的唐绍仪，得知英国对日益衰落的鸦片贸易有放弃之意时，立即向慈禧太后报告。慈禧也当即决定开始与英国协商，国内国外同时禁烟。这样清政府在国内外禁烟时机成熟的情况下，毅然决然地发动了清末禁烟运动。

1906年9月20日，清政府颁布禁烟上谕："自鸦片烟弛禁以来，流毒几遍中国，吸食之人，废时失业、病身败家。数十年来，日形贫弱，实由于此，言之可为痛恨。今朝廷锐意图强，亟应申儆国人，咸知振拔，裨祛沉痼而跻康和。著定限十年以内，将洋土药之害一律革除净尽。其应如何分别严禁吸食，并禁种罂粟之处，著政务处妥议章程具奏。"[①]

清政府决定禁烟的谕旨登载于邸抄，并转载于各家报纸，消息很快传遍国内外。同年，驻华的1300名传教士联名，支持清政府的新政，请清政府加强禁烟政策，以示其反对鸦片之决心。1907年1月，更联名发表致英国政府的公开信，直接指责鸦片贸易的不当。公开信主要内容如下：

  一、英国将鸦片输入中国的行动，将危及英国在中国的贸易，且使中国人心理上对英国臣民及英国势力怀有甚深的敌意。

---

① 朱寿朋：《光绪朝东华录》（第五册），中华书局1984年版，第5570页。

二、……以供给中国鸦片来谋求贸易上的利益，有损夙奉基督为尊的一大强国的颜面。

三、英国国民崇信，英国应与此世界共同之灾祸断绝关系，不再染指不净之财，并以此为重要义务。①

由于英国国内一些议会议员，也认为鸦片贸易有损英国的名望，故而反对继续对中输出鸦片。迫于国内外的压力，英国政府改变了鸦片政策，于1906年12月，中英达成协议，并于1907年与中国缔结了《中英鸦片协定》。

该"协定"规定从1908年起，中国每年减少国内鸦片产量10%，英国也减少出口10%，暂行三年，期间再观察中国禁烟的成果，而于三年期满后再采取相同之递减比例，并于十年后完成杜绝鸦片的输入。② 英国议会为了促成英政府履行该协定，于1908年通过了"鸦片贸易为人道上不应容许的行为"③ 的决议案，以保证英国政府对该协定的遵守。

笔者窃以为，英国人愿意签订协定，并不表明英国人在鸦片问题上有所悔悟，而是对华鸦片贸易，已经没有更多的利益可以攫取，且认为中国的禁烟运动，必难于取得实际的成效，故在世人面前故作姿态罢了。

中国政府为了落实"十年禁绝计划"，于政府内部新设专任禁烟大臣，加强鸦片吸食的管理。在强有力政府政策压力下，1911年时，中国国内鸦片的减产数量，已经大大超过了规定的时间表，中英按《中英鸦片协定》之相关约定，于1911年5月8日，签订《禁烟条约》，规定本国生产和外国进口的鸦片，在1917年以前完全停止。④

此后虽有辛亥革命及民国政府的建立，但英国继续恪守这个条约，对华的鸦片出口逐年减少。而由中国所引发的禁烟运动，也引发了国际社会在鸦片给全世界带来的危害的关注，不断谴责英国对华鸦片贸易政策，从

---

① 刘明修：《台湾统治与鸦片问题》，李明峻译，前卫出版社2008年版，第139页。
② 国际联盟协会：《鸦片会议の解説》，国际联盟协会大正14年版，第7页。
③ 同上。
④ "Agreement Between the United Kingdom and China Relating to Opium", *The American Journal of International Law*, Vol. 5, No. 4, Supplement: Official Documents (Oct., 1911), pp. 238–243.

而引发了世界对鸦片问题的关注,也开启了国际鸦片问题的肇始。

二 第一次上海国际禁烟大会

鸦片不仅对中国社会造成巨大的危害,同时大量也倾销到远东地区,导致一些西方国家出现严重社会问题,如美国国内及其属地菲律宾,鸦片吸食和售卖非常猖獗。中国实施禁烟政策后,时任菲律宾主教的美国圣会教士勃兰特,写信给美国总统罗斯福,提请他关注国际禁毒问题,及美属菲律宾的鸦片问题,并建议由中美两国共同发起国际性禁烟大会。

勃兰特认为,若要彻底铲除鸦片之根基,必须解决好两大问题,一是世界诸国的鸦片问题,二是中国的鸦片问题。之所以要解决好世界各国的鸦片问题,是因为当时鸦片泛滥问题已成为全球性的重大问题;之所以要解决中国的鸦片问题,是因为中国是受鸦片毒害最深的国家,是世界上最大的鸦片消费国,中国有禁止洋药进口的权利。中国的禁烟问题必须得到世界各国的协助,只有这样才能达到禁烟的目的。罗斯福接受了这一建议,提议在远东地区发起召开一次国际禁烟会议。

然而当时有鸦片生产及贸易的国家,多不愿即行停止。故美国方面认为,如果只有一国独行禁止之策,而其他国家不为配合,鸦片贸易将可能以走私的形式出现,中国禁烟运动最后也许会夭折,故强烈倡导禁烟以国际共同组织的形式,认为禁烟大会应该是一个国际性的机构。于是,美国向在远东地区有属地的国家如英国、日本、德国、葡萄牙、法国等国家发出邀请书。

各国政府均积极响应美国的倡议,并派专员参加会议,如当时东亚的日本,已经成为较为先进的国家,特别是日本在占领台湾后,在台湾实施了鸦片渐禁政策,大力向国际宣传其禁烟之效果,故台湾境内的鸦片政策,也相应地引起国际的重视。美国政府要想在鸦片问题上取得成效,当然得向日本学习取经。故美国代表塞温在赴沪与会途中,顺道拜访日本,以取得日本方面的配合与支持。

塞温与原日本首相、日本宪政本党总理大隈重信等,商谈禁烟问题,大隈表达了对中国禁烟运动的看法,相信中国必定能够禁绝烟患,但这也存在着重大的困难，即是长期以来的鸦片税，一直是中国财政收入的主要来源，禁烟之后，鸦片烟税必然被其他税收取而代之，应该怎样解决拨补鸦片烟税，是清政府需要着手解决的首要问题。另外，对于中国政府所发动的禁烟运动，其他各国都应该助一臂之力。他还认为，中国自实行"以土抵洋"，大获成功之后，四川等省所产烟土产量逐年递增，印度鸦片贸易大受损失，而在英国国内，英国人士多以鸦片贸易为耻，强烈要求停止鸦片贸易，如果英国能够禁止印度栽种罂粟，并且停止对华鸦片贸易的话，必然会赢得国际诸国的称赞。因此，趁此时机召开万国禁烟大会，也必然会收获颇丰。[①]

而世界最大的鸦片集散地印度，随着中国国内土药的自产自销，运华鸦片逐年递减，印度国内的鸦片大有自产自销之势，国内鸦片消费量逐年递增，瘾君子数量不断增多，鸦片问题也成为印度国内重要的社会问题之一。故印度也希望借助中国的禁烟运动，来消除本国的鸦片瘾君子。故印度政府称，只要中国政府诚心诚意禁烟，印度政府会全力配合，并期望万国禁烟会议能助中国一臂之力，帮助中国实行禁烟。

英国作为当时世界上最大鸦片贸易国，当然不愿意形成世界性的禁烟组织，故提出异议认为，以会议的形式解决鸦片问题不切合实际，认为考核鸦片一切实行情形，及习俗吸食之关系等，为各国政府之责，如设立万国公会，恐会中只研究其理，难于找到禁止之办法。但是，英国同时也表示，如果其他国家同意设立召开会议，英国也将愿意派员与会。

美国为了切实使国际达成禁烟之方法，在会议召开之前，对美国和美国属地的鸦片问题作了全面的研究。认为召开国际会议的目的，是要确定鸦片毒害的程度，然后提出措施并加以控制，期望与会所有代表，起草一份国际性报告书，并共同签署，以达成禁烟共识。

美国政府为了达成上述目的，还在1908年12月，就万国禁烟会议的办法，特别照会英国，美国所提议的禁烟会议的办法内容如下：

（一）设法限制该国所有领土内用烟之数；

---

① http：//baike.baidu.com/view/2233091.htm.

（二）商定善策，禁止该国人民在远东所有之鸦片贸易；

（三）日后在沪集会，美国代表可以预备与参会之各国代表协商，宣示其本国政府将在远东各领土内施行逐渐禁止鸦片栽种、贸易、吸食相应办法之定见，俾资中国考虑，以助中国禁绝全国烟患；

（四）将来开会，美国代表即以该国目下现行之章程禁令宣告会中，此项章程凡关于远东鸦片生产、销售等各节，可于会同研究之际，共抒意见，讨论修改。①

经过美国的多方努力及一年多的国际磋商，认为在中国这个鸦片危害最深的国家禁烟取得最显著效果的上海召开这次会议，应该是最为合适，便决定于1909年2月在上海召开万国禁烟会议。1909年2月1日，国际鸦片委员会会议在中国上海外滩汇中饭店（今和平饭店南楼）召开，史称"万国禁烟会"。来自中国、美国、英国、法国、德国、俄国、日本、意大利、荷兰、葡萄牙、奥匈帝国、暹罗（今泰国）和波斯（今伊朗）13个国家的41名代表齐聚一堂，共商禁烟大计。

会议的主题是讨论中国的鸦片问题及世界性的毒品泛滥问题，协调各国的立场，并商议采取共同的对策。首先发言的是美国代表——会议的主席勃兰特，他对能代表美国参加会议并当选会议主席表示感谢。他论证了解决鸦片问题的可行性，认为鸦片问题的解决，要经历两个阶段。

第二位发言的是中国首席代表两江总督端方。他表示，能代表中国政府参加万国禁烟会议深感荣幸，对于美国政府热心发起此次会议，各国政府均积极参加会议，他代表中国政府和中国人民，对此大为欢迎并深表感谢。

然后，他简要介绍了中国的禁烟情形。自1906年禁烟诏书命令以十年为限，铲除毒患后，在全国范围内展开大范围的禁烟运动。按照有关地方的禁烟报告和相关部门的调查显示，各省土药减种，均卓有成效，罂粟种植面积已有所缩小。之后他也较为客观地指出，中国禁烟面临的三大难题：

---

① http://baike.baidu.com/view/2233091.htm.

（一）外国烟贩依据不平等条约，破坏中国禁烟；

（二）禁烟使中国筹款面临困难；

（三）以往条约中有碍禁烟的内容希望能变通。①

2月26日，万国禁烟会举行了最后一次会议，即第十四次会议。大会通过的决议案，由负责修订的委员会在修订之后，再提交大会，大会最后通过。这些决议案将由各国与会代表团提交给该国政府，各国政府视本国情况而予以公布。大会于下午宣布闭幕。大会共通过九项决议案：

一、中国政府以禁除全国鸦片烟出产行销之事，视为重大，着力施行，且与舆情协助，得以日渐进步。故本会会员承认中国之坚诚，虽各处成效不一，然已获益不浅矣；

二、因思中国政府实行禁阻吸烟之例，他国亦同有此举动。故本会敦请各代表，陈请各该政府，于其本境或属地内，体察各国情形，逐渐推行吸烟之禁令；

三、本会查得鸦片烟之用，除作医药外，在会各国，均视为禁物，而颁行严密条例，使之逐渐消减。因此，本会承认各国情形虽有不同，惟应敦促各国政府，借鉴别国办理之经验者，订其取缔规则；

四、查各国政府均有严厉法律，其宗旨或直接间接以禁止鸦片烟，暨鸦片质提制之品，私运入国。因此，本会会员声明凡与会各国，均有责任订立相当之规例，以禁止鸦片烟暨鸦片质提制之品，运往已颁行上开禁例之他国；

五、查吗啡之制售流布，漫无限制，早酿成巨患。吗啡痼疾，已露蔓延之象。因此，本会甚愿力请各国政府，制定严厉规则，于其本境或属地内，以取缔此项药物之制售流布，及由鸦片中提制杂和之品，研究其质，倘若妄用别与吗啡毒害相同者，一律限禁；

六、本会会员于组织上碍难按科学之理，研究鸦片烟及戒烟药品之性质功用，然深悉此项研究极为重要，故本会甚望各代表，将此项问

---

① http://baike.baidu.com/view/2233091.htm.

题陈诸各该政府，酌定办法。

七、本会极力敦促凡在中国有居留地及租界之各国政府，倘于各该居留地及租界之内尚未实行关闭鸦片烟馆者，须仿照他国政府已经施行之禁令，参酌情形，迅速举办；

八、本会会员敦促凡在中国有居留地或租界之各国代表，须陈请各该国政府，与中国议定条例，禁止制造贩卖内含鸦片烟质，或鸦片提制品之戒烟丸药；

九、本会会员劝勉各国代表，陈请各该国政府，凡在中国有居留地或租界者，施行药商专律，于领事裁判权限之内，俾该国之民，有所遵守。①

从上述决议案内容来看，上海万国禁烟会议是以协助中国解决鸦片问题为切入点，着眼于全世界的鸦片与毒品禁绝事业。它是人类历史上第一次多边性的国际反毒禁毒会议，它所确认的鸦片等毒品必须在世界范围内禁止，这一行动，唤起了各国政府与人民对鸦片等毒品带给人类灾难的关注。会议决议的主要内容，后多被海牙禁毒公约所采纳，成为国际联合反毒禁毒的普遍原则。

三　海牙国际鸦片会议

第一次上海鸦片国际会议，是在美国极力主导下召开的。而参加此次鸦片会议的国家，除了英国以外，全部都是鸦片的消费国。而主要的鸦片生产国，如土耳其及波斯等国，并没有参加此次大会。

鸦片主要生产国不出席国际性的鸦片会议，正是出于英国的计谋。英国的这种做法，目的就是想使会议空转，因为只要鸦片生产国不出席，那么鸦片的生产及贸易问题，就难于进入会议的议题，会议的议题就只能限定于鸦片的消费。② 而上海鸦片会议也是在英美的对立中进行的，其所签订的"会议决议书"，并没有国际法的效力，对签署国并不具备任何法律的约

---

① http：//baike.baidu.com/view/2233091.htm.
② 刘明修：《台湾统治与鸦片问题》，李明峻译，第 142 页。

束力，只表达了大会主办方的意向及愿望。

美国为了使上海鸦片会议"决议案"真正落到实处，力邀参加上海国际鸦片会议的各国，于1911年12月在海牙再次召开国际鸦片会议。在会议召开前，美国政府向主办方荷兰政府外交部长，提交了备忘录。

备忘录阐述了美国对世界性鸦片问题的看法，认为："美国政府认为鸦片问题是重要的世界性问题，其生产、贸易具有重大的经济关系，欲解决本问题，应采慎重态度，故咸认须经相关列强的合作，基于鸦片会议的决议，期望不单从东洋各国，亦包括世界各国之本国及其属地、领地，致力将鸦片排除……在国际鸦片会议召开之前，美国国会即已制定法律，禁止医药用以外的鸦片输入美国。然而美国原非鸦片产地，为厉行现有规则，达到绝对去除烟毒的目的，须得鸦片生产地诸国的协助，避免各国相互干戈与各自为政，严格取缔输入。"[①]

从"备忘录"内容分析来看，美国力主鸦片问题不只是中国的个别国家的问题，其关键不在消费国家，而在于生产国及以此为贸易主商品的西方各国，而要从根本上禁绝鸦片，必须靠国际间的合作才能解决。

海牙鸦片会议确定的主旨为："履行1909年上海国际鸦片调查委员会制定的方针，并使之有进一步的提升。会议期待逐渐遏止及禁止诸如由鸦片、吗啡、可卡因等及此类物质制造及衍生出来的具有同等毒害药品。"[②]

会议从1911年12月1日召开，一直持续到次年的一月底，足足开了近两个月，会议最后通过全文共二十五条的"国际鸦片公约"。此公约共"六章"分二十五条。

第一章"生鸦片"（第一条至第五条），其内容为生鸦片的定义；生鸦片的生产、分配及输出等有效法令及规则的制定；限定缔约国各自鸦片的输出、输入城市及港口的数量；对禁止输入国的禁止输入及限制输入国的输入管制；规定各缔约国输出五瓦以上生鸦片的包装必须有其单独的标识；

---

① ［日］在内丑之助：《支那鸦片问题解决意见》，大正14年，第151—152页。转引自刘明修《台湾统治与鸦片问题》，李明峻译，第143页。

② 《鸦片ニ関スル条約及决議集（附内地・外地鸦片及麻薬関係法规）/1937年/分割1》日本国立公文书馆藏档（简称JCAHR），JCAHR：B10070339400。

没有各缔约国正当的许可，禁止生鸦片的输出入。①

第二章"鸦片烟膏"（第六条至第八条），其内容包括鸦片烟膏及烟灰的定义；各缔约国在国内对鸦片烟膏的制造、使用及管制上，渐次采取禁止的措施；各缔约国必须禁止鸦片烟膏的输出入，尤其是不禁止输出的国家，必须尽速禁止；不禁止鸦片烟膏输出的缔约国，必须限制鸦片烟膏输出的城市及港口。②

第三章"药用鸦片、吗啡、可卡因及其它"（第九条至第十四条），其内容为药用鸦片、吗啡、可卡因及海洛因的定义；各缔约国必须制定就吗啡、可卡因及其他各种盐类在药用及合法用途上的制造、贩卖及使用的相关药剂上的法令及规则；缔约国相互协力严禁上记药品用于其他目的；各缔约国对从事吗啡、可卡因及其他盐类制造、输入、贩卖、分配及输出的一切业者及进行制造等的建筑物进行监督；各缔约国采取禁止措施防止对没有许可者走私吗啡、可卡因及其盐类；各缔约国参照自己的国情，努力保持只向许可者输入吗啡、可卡因及盐类；各缔约国本国、领地、殖民地或租借地向其他缔约国的本国、领地、殖民地及租借地输出吗啡、可卡因及其盐类，其接受方必须努力制定措施并执行须限定于是依据输入国的法令及规则准许之人；对含有吗啡、可卡因及盐类的制剂等也适用于这个法令。③

第三章中有一点非常值得注意，就是在第十条，规定了禁止的鸦片的具体种类："缔约国对下记药品，准用于吗啡、可卡因及其各盐类的制造、输入、贩卖及输出的相关法令及规则。第一为药用鸦片；第二为含有千分之二以上的吗啡及千分之一以上的可卡因的一切制剂（不管是否为药局处方所定及所谓的戒烟制剂）；第三为海洛因及其盐类及含有千分之一以上的海洛因的制剂；第四为吗啡、可卡因或其各盐类的新诱导体，或鸦片及其诸鸦片类盐酸海洛因等一般在学术研究结果上可以同样陷入滥用且具有同

---

① 《鸦片ニ関スル条約及決議集（附内地・外地鸦片及麻薬関係法規）/1937 年/分割 1》，JCAHR：B10070339400。

② 同上。

③ 同上。

样毒害作用的制剂。"①

第四章没有章节标题，为第十五条至第十九条，其内容为中国及中国国内租借地鸦片管制等项。其具体内容如下：

> 第十五条　与中国具有条约的各缔约国，必须协同中国政府，采取必要的措施禁止在中国领土、缔约国在远东的殖民地及中国境内各缔约国的保有租借地内之生鸦片、鸦片烟膏、吗啡、可卡因及其盐类及第十四条所列之物质的密输入；中国政府也必须采取措施禁止鸦片及其他前记物质由中国向外国殖民地及租借地密输出。
>
> 第十六条　中国政府为管理吗啡、可卡因及其盐类及本条约第十四条所列之物质之贩卖及分配，要制定公布相关药剂法令，且通知与中国有条约的各国政府在北京驻在外交代表者，与中国有条约的各缔约国政府，审查并承认上记法令后，采取必需的措施，使其驻在中国的自国之民也适用其法。
>
> 第十七条　与中国具有条约的各缔约国，限制在中国境内的租借地、居留地及专管居留地鸦片吸食的习癖且采取必要的措施进行取缔；对现存鸦片窟及类似的场所，要采取与中国政府一致的步调将之封闭，同时，也要在娱乐场所及娼楼等地禁止鸦片。
>
> 第十八条　与中国具有条约的各缔约国，与中国政府协力采取有效的措施，渐次减少与中国具有条约的缔约国在中国国内的租界地、居留地及专管居留地的生鸦片及鸦片烟膏贩卖店的数量，前记各缔约国采取有效措施限止及管理在中国境内之租借地、居留地及专管居留地鸦片的零售，且采取有效措施进行管理，但与上记内容相关法规已经存在之场合不在此限。
>
> 第十九条　采取有效措施禁止在中国国内有邮局之缔约国，将生鸦片、鸦片烟膏、吗啡、可卡因及其各盐类及本条约第十四所例之物质，以小邮包之形式不法输入，中国国内或经该邮局，从中国的一个地方，

---

① 《鸦片ニ関スル条约及决议集（附内地・外地鸦片及麻药関系法规）/1937年/分割1》，JCAHR：B10070339400。

不法传送到其它地方。①

第五章没有章节标题，为第二十条至二十一条。其主要内容为各缔约国必须就制定生鸦片、鸦片烟膏、吗啡、可卡因及其他各种盐类不法持有为刑事犯罪的相关法令及规则一事进行审查。第二十一条规定缔约国要经由荷兰外交部相互通报如下事项；一为本条约规定事项相关现存及基于此制定的所有法令及行政规则的正文；生鸦片、鸦片烟膏、吗啡、可卡因及其各盐类及本条约规定的其他药品及其盐类的制剂管理的相关统计报告。上记统计报告要尽量详细且快速。②

第六章为"末则"，为第二十二条至二十五条，内容为各缔约国规定签署及批准手续的条款。③

海牙国际会议除了通过上述内容的鸦片协定外，还向世界邮政同盟公开呼吁：

　　一、生鸦片邮送的管制为当前之急务；
　　二、严格管制吗啡、可卡因及其各盐类及本条约第十四条所列之所有物质之邮送为当前之急务；
　　三、有必要禁止鸦片烟膏之邮递。④

1909年上海国际鸦片会议，主要是针对长期受鸦片吸食祸害的中国而召开的，而此次海牙国际会议，则是将鸦片问题作为国际性问题来讨论，其通过的"国际鸦片条约"是对各缔约国的共同约束。

由于当时鸦片贸易所产生的利益在各国的经济中仍然占有一定的比例，故各国家都采取拖延手段而不愿意成为正式的签约国。英国在条约书中直接明言："大不列颠国政府批准本条约时，其条款是相对于英领印度帝国、

---

① 《鴉片ニ関スル条約及決議集（附内地・外地鴉片及麻薬関係法規）/1937年/分割1》，JCAHR：B10070339400。
② 刘明修：《台湾统治与鸦片问题》，李明峻译，第144页。
③ 《鴉片ニ関スル条約及決議集（附内地・外地鴉片及麻薬関係法規）/1937年/分割1》，JCAHR：B10070339400。
④ 同上。

锡兰、海峡殖民地、香港及威海卫,而对大不列颠及北爱尔兰联合王国也同样适用,但对大不列颠国政府上记以外的领土、殖民地、属地及保护领地,保留签订本条约及废止本条约的权力。"另外,"波斯"及"泰"两国不是中国的条约国,故保留第十五条至十九条之内容。①

由于参加国各怀异志,真正签署海牙国际鸦片条约的国家并不多。为了敦促未签署的国家尽快签署,各国于1913年及1914年又召开第二次及第三次海牙国际鸦片会议,公布了"第二回国际鸦片会议最终议定书"及"第三回国际鸦片会议最终议定书"。尽管如此,当时只有八个国家签署批准,其他各国都以各种借口延迟加入或批准该条约。随着第一次世界大战的爆发,各国都无暇顾及此事,"海牙国际鸦片条约"也被束之高阁。

四 "凡尔赛和约"与"鸦片咨询委员会"的成立

1912年海牙"国际鸦片条约",是基于美国政府于1909年上海万国鸦片会议的决议,由英、法、美、伊、日、荷、俄、中、葡、泰、波、德这十二个国家缔结的,目的是逐步禁止世界各国,特别是东亚各国的鸦片、吗啡、可卡因及其盐类与诱导体的滥用,为达此目的,各缔约国要制定这类药品的生产、制造贩卖及输出入的有效措施。

第一回会议签署鸦片条约的各国,大部分都依据该条约第二十二条,应荷兰政府的招请,在该条约上签字。到1913年6月,除俄罗斯、勃、希腊、秘鲁、波斯、赛、土耳其及乌等国家外,各国都已经签署。但签署并批准的国家却是少数。到1914年6月时,批准的国家只有八个,为此海牙第三次会议规定,各签署国必须在1914年12月末批准。但随着第一次世界大战的爆发,鸦片事项就被束之高阁。

第一次世界大战(1914年8月—1918年11月)是一场主要发生在欧洲但波及全世界的世界大战,当时世界上大多数国家都卷入了这场战争,战火席卷欧、亚、非三大洲,参战国家地区达34个,受战祸波及的人口达15亿以上,约占当时世界人口总数的75%。这场大战削弱了英、法、意在

---

① 《鴉片ニ関スル条約及決議集(附内地・外地鴉片及麻薬関係法規)/1937年/分割1》,JCAHR:B10070339400。

世界的影响力，而美国一跃成为世界头号经济强国，世界金融中心也由伦敦转移到纽约。

在第一次世界大战期间，美国的一些资产阶级和平团体，积极主张建立一个调解国际纠纷的机构，得到了美国总统威尔逊的积极推动。1918年1月8日，威尔逊在美国国会发表演说，提出了结束战争、缔结和约、维护战后和平的《十四点纲领》，其中第十四点便是呼吁成立一个国际联盟。

1919年1月，威尔逊参加巴黎和会，向与会各国提议建立国际联盟的方案。4月28日，各国在巴黎和会上通过了《国际联盟盟约》，它被列入同年6月28日通过的《凡尔赛和约》的第一部分。

英国最先提出，在"和约"中插入鸦片管制相关条款，让德国批准1912年海牙鸦片协定，并在"和约"实施三个月内实施。在4月15日外相会议讨论该案时，美国提出了修正案，主张本条约加入国中，还没有加入海牙鸦片协定的国家，依照英国的提议，具有与德国相同之义务。

美国的修正案却被日本所反对。日本全权大使提出，鉴于日本特别的地位，三个月时间太短，需要给予保留一个相当长的时期。这样，日本所提出的方案，与英美两案，一并送交给起草委员大会来议决。①

在4月17日的外相会议中，起草委员在报告中提出，前项英美条约案，为多数的意见，将作为包含国际联盟相互间的规约，插入到对德意预备条约中。美国全权特使提出，在预备条约中，德意必须同时承认批准本案。4月19日所举行的五大臣会议，正式确定将该案内容写入和约。

于是在"凡尔赛和约"第二百九十五条就鸦片问题规定如下："有关缔约国于1912年1月23日在海牙签署的鸦片条约，未签署国或已经签署未批准的国家于该条约实施后，不论是为上述目的而暂缓实施条约，或任何场合无法施行该条约，都必须在本条约实施的一年间，同意制定和本条约有关的法令。另外，缔约国在批准本条约的同时，即使没有批准该条约的国家，也一律被看为同意批准该条约，及在1914年第三回鸦片会议决议所议定的为实施该条约在海牙所设立的特别议定书上署名。"②

由于上述条约款项的存在，使得所有《凡尔赛和约》的签署国，都必

---

① 《鸦片条約関係》《分割1》，JCAHR：B06150273700；B06150273900。
② 《御署名原本・昭和六年・勅令第三八号・鸦片委員会官制》，JCAHR：A03021801700。

须履行海牙国际鸦片条约。但由于提议国美国没有加入和约，波斯及土耳其两大鸦片生产国也没有加入，战后俄罗斯由于十月革命而成立的苏联也不是缔约国，及中国新成立的国民政府战乱不断，故无法在源头上截断鸦片的生产，使得条约的效力有所减弱。但国际联盟的成立仍然对海牙国际鸦片条约的实施，提供了一个平台。

国际联盟第二十三条规定："缔约国应遵守现行或将来协定提出的国际条约。"其第一款又规定："委托国际联盟实行对妇女儿童的买卖、鸦片及其它有害药物交易的普遍性监视。"① 由于此条款的存在，使得有关鸦片麻醉品的交易监督，成为国际联盟必须行使的权力及责任，更为国际联盟实施海牙国际鸦片条约提供国际法依据。

国际联盟为更好地处理全世界的鸦片问题，特别于1921年设置成立了"鸦片咨询委员会"，作为国际联盟理事会的咨询机构，并于联盟秘书处设立了"鸦片部"，以处理鸦片相关事宜。②

国际联盟鸦片咨询委员会，系有与鸦片问题有着深刻关系的日本、英国、法国、中国、荷兰、印度、泰国及葡萄牙八国组成，美国因没有加入国联，故以观察员身份出席例会。国际联盟理事会当时也派遣两名对鸦片问题有研究造诣的顾问列席会议。委员最初每年聚集一次，就鸦片相关事宜进行商讨，后由于德国及鸦片的生产国波斯及土耳其的参加，逐渐扩大到二十一个国家，也改成每年两次会集商讨鸦片问题。

从制度上讲，鸦片咨询委员会仅是国际联盟理事会的咨询机关，但它的决定几乎被理事会所接受，所以，鸦片咨询委员会的决定，也可被视为国际联盟的意志。因此，鸦片咨询委员会，也被视为国际间处理鸦片及毒品问题的最高机关。

根据海牙国际鸦片条约的规定，各缔约国每年须向国际联盟提出统计年报。鸦片咨询委员会通过审查这些年报，来掌握世界鸦片及毒品制造、分配及消费的状况，并了解各国管理鸦片的大致情形。对于有问题的报告，

---

① 《鸦片ニ関スル条约及决议集（附内地·外地鸦片及麻药关系法规）/1937年/分割1》，JCAHR：B10070339400。
② ［日］宫岛干之助：《国际鸦片问题の经纬（附麻药略说）》，日本国际协会发行，昭和10年，第6页。

委员有权力要求相关国家代表进行解释，有时亦会出现无保留地加以批判的事例。委员会也会将审查结果向国际社会公众公开，以期督促各国能自发地取缔鸦片及麻药的管制，以达到矫正麻药滥用的效果。

小　结

综上所述，在 16 世纪以后的历史中，鸦片扮演着极为重要的角色。特别是在东亚，几乎所在国家都难以免除鸦片的毒害。特别是近代的中国，鸦片将中华民族打上了耻辱的印记，但也正是由于中国社会各阶级普遍认识到了禁烟的迫切性，并以全国性的禁烟运动，唤起了国际社会对鸦片给全人类带来的危害性的认识，肇始了国际社会广泛对鸦片问题的关切。特别是通过第一次上海鸦片会议、海牙国际鸦片条约等，最终将鸦片毒品问题列入国际联盟管理范围，为以后鸦片吸食的禁绝及毒品的防范提供了国际法依据及共同的国际间的组织。

第九章
台湾总督府与日本罂粟的栽培种植

1895年日本占领台湾后实施所谓的鸦片"渐禁主义",在台湾禁止罂粟的栽培,鸦片原料全部来自于印度、土耳其等地。虽然有所谓的"渐禁主义",但由于鸦片在财政收入中占有较大的比重,导致鸦片的需求量不但得不到减少,反而大幅增加。因此,台湾总督府向日本内务省提出请求,希望在日本内地试种罂粟。大阪府三岛郡福井村的农民二反长音藏,认为台湾长期向国外购进鸦片,大量外汇白白损失,他向政府提议将鸦片原料生产国产化。二反长音藏的提议恰好与台湾总督府的请求不谋而合,故明治政府接受了二反长音藏的建议,罂粟也因为二反长音藏的努力,重新在日本这块土地上开出媚艳的花朵。台湾总督府对生鸦片的巨大需要,催生出日本内地罂粟种植的繁盛,而新式毒品的研制成功,又为日本内地罂粟的栽培提供了助力。

一 台湾的鸦片制度与日本罂粟种植的复活

日本何时开始有罂粟的种植,并没有明确的记载。根据口传是在足利义满时代,由印度传到奥州津轻地区,之后再经由摄州传到三岛郡。故当时将罂粟叫作"津轻"。① 根据口传,在百年前,三岛郡福井村的人,因大阪道修町药种商知道鸦片加工的利益,开始从其他药种商那里拿回种子,进行罂粟的种植并生产出鸦片。

---

① [日]田澤震五编:《鸦片资料》,田泽化学工业研究所发行,昭和7年,第25页。

如果这传言属实的话，那么日本在江户时代中期，就开始有罂粟的栽种及鸦片的生产。但主要鉴于中国鸦片战争的前例，日本政府严厉对鸦片进行管理。在安政五年德川家定与英国签订条约时，就将禁止鸦片的输入，明确写入了条约。特别在"哈特雷鸦片事件"后，日本政府更将药用鸦片的生产完全控制在政府手里。

1875年日本政府颁布了《鸦片专卖法》，禁止鸦片的自由贩卖，生产的生鸦片完全由政府收购。当时政府根据收购的生鸦片中吗啡的含量，来决定收购的生鸦片价格。当时制定的标准吗啡含量低于8%，即为不合格。以当时的技术水平，吗啡的含有量要想超过8%非常困难，即使好不容易有收获，也因难以达到标准而得不到收入。故种植的农家逐渐减少，至明治二三十年，罂粟的种植已经基本绝迹。1892年生鸦片仅有"8贯目"，1893年时为"19贯目"。1897—1899年，也仅有"3贯目"，即11.25公斤。①

这"3贯目"的鸦片生产者，即为以二反长音藏为首的大阪府三岛郡福井村的农民。他们之所以还坚持种植罂粟，其原因在《战争与日本鸦片史》中记录为："音二郎（即二反长音藏年轻时的名字）之所以栽培罂粟，是因在报纸上看到台湾岛民吸食鸦片的数额十分巨大，为防止国费流出海外影响国内经济而种植罂粟。"② 笔者认为这种说法只能是其中的一个原因，因为二反长音藏仅是一个普通的农民，而决定性的因素是台湾总督府大量生鸦片的需要。

台湾实施所谓鸦片渐禁专卖制度，鸦片的生产及供给完全由总督府管理，同时绝对禁止罂粟的栽种。这样，台湾总督府必须每年进口相当数量的生鸦片。而总督府对鸦片烟膏价格的制定有绝对的权力，而吸食者却因为一旦不能及时吸食鸦片，就会出现身体上的痛苦，故不论什么样的价格，都必须购买吸食。总督府借用这样的渐禁政策，取得了巨大的经济利益，特别是殖民统治的初期，鸦片的收入成为总督府财政的支柱。

---

① ［日］仓桥正直：《日本の鴉片戰略——隱された國家犯罪》，共荣书房2005年版，第49页。
② 《戰爭と日本鴉片史——鴉片王二反長音藏の生涯》，みすず书房1977年版，第50页。

台湾总督府所需要生鸦片的价格并不是一成不变的。

表9-1　　　　　　　　台湾各年度鸦片输入量

年度	数量（公斤）	价格（日元）	ベナレス鸦片	ペトナ鸦片	ペルシア鸦片	土耳其鸦片	四川鸦片	朝鲜鸦片	杂种土
1898	149.200	1709.494	—	—	98	—	2		—
1899	234.554	2956.942	—	—	98	—	2		—
1900	198.246	2962.639	9	4	82	—			5
1901	146.110	1908.729	15	4	81				
1902	131.503	1332.166	23	14	63				
1903	133.493	1944.096	32	20	48				
1904	121.896	1925.313	48	—	52				
1905	187.792	2693.895	49		21	22	8		
1906	219.197	2815.212	46	—	16	26	12		
1907	193.365	2667.241	44	9	47	10			
1908	157.907	2269.119	46	—	54	—			
1909	142.153	2565.721	6	28	64	2			
1910	138.428	3041.004	10	12	27	51			
1911	84.490	2300.246	37	—	56	7			
1912	136.597	3305.964	42	11	43	4			
1913	131.433	3118.943	25	20	44	11			
1914	111.913	2082.508	53	1	39	7			
1915	107.552	2129.193	58	2	38	2			
1916	126.702	3845.037	39	8	53	—			
1917	119.515	4712.509	57		43				
1918	99.466	4680.719	79		21				
1919	135.426	6875.117			—				
1920	126.832	4453.674			—				
1921	21.985	616.047							
1922	72.530	1366.059							

续表

年度	数量（公斤）	价格（日元）	ベナレス鸦片	ペトナ鸦片	ペルシア鸦片	土耳其鸦片	四川鸦片	朝鲜鸦片	杂种土
1923	57.841	1875.651			—	—			
1924	58.403	2058.150			—				
1925	62.047	2467.446							
1926	—	—							
1927	—	—							
1928	—	—			—				
1929	—	—			—				
1930	—	—							
1931	—	—			82	9			
1932	20.941	651.069			80	—		9	
1933	16.175	505.530			100	—		20	
1934	7.258	238.850			45	55		—	
1935	3.276	86.492			100				
1936	3.641	100.127			—			—	
1937	—	—			—				
1938	—	—			20				—
1939	12.621	555.492						80	
1940	7.315	536.610						100	
1941	11.437	975.567						100	

* 此表转引自仓桥正直《日本の鸦片戦略——隠された國家犯罪》，第55页。

从表9-1来看，在渐禁制度实施的最初十几年内，台湾总督府向外购买鸦片的资金，每年都有增加的趋势。故台湾总督府对鸦片需要的增加，才是日本栽种罂粟的根本原因。

台湾实施鸦片专卖制度后，生鸦片需求量大增，而台湾是绝对禁止罂粟的栽培种植，而且台湾的气候也不适合罂粟的生产，故台湾总督府再次将试种的希望放在了日本内地，因如前所述，日本内地曾有过成功种植罂粟的历史。

至于二反长音藏在何时向政府提出的请求，笔者没有找到确切的原始档案。从目前可查证的资料来看，1905 年 6 月总督府民政长官后藤新平向内务大臣山县伊三郎提出照会中所言之"以援助本岛吸食者鸦片烟膏原料为目的试种，于 1901 年开始在本岛开设了罂粟试种场"①之语，推测可能在渐禁制度实施后不久，总督府就开始谋求在台湾试种植罂粟。而二反长音藏一直都在进行着罂粟的栽种，其与总督府有何关系，笔者没有深入研究，但至少可以推测其本人关于罂粟的种植提议，恰好迎合了台湾总督府的需要，故其试验栽培种植罂粟的提案，才能被日本内务省认可，这也可从另外的视角证明，日本内地罂粟的再复活，是由殖民地台湾所谓渐禁鸦片制度所引发。

1905 年 6 月，后藤新平向内务大臣山县伊三郎发出照会："以援助本岛吸食者鸦片烟膏原料为目的试种，于 1901 年开始在本岛开设了罂粟试种场，根据 1904 年实施的第四次试种成绩，本岛地质大以黏土为主，土质不甚丰沃，比内地相比，需要更大的肥料，且四时气温皆高，年年皆有害虫风雨之灾，故认为本岛不适合罂粟的栽种。故于本年度起，在日本内地设立试种基地，其生产的鸦片用于试生产烟膏的制造，根据其成绩，明年计划奖励罂粟栽培，使其成为台湾总督府的使用原料。"②

在总督府的请求下，日本政府于 1905 年，在作为"在来米"栽培地的大阪府下三岛郡，开设了罂粟的种植试验基地。内务省同年 8 月 16 日给予台湾总督府回复，试种基地除了原先大阪府三岛郡福井村之外，另加上三个村子的土地二十町步，还有京都府葛野郡桂村约五町步，同年 10 月开始试种罂粟。次年 1906 年，亦经内务省的同意，继续试种。

由于日本的罂粟是采用冬季播种，与稻米种植相间的形式，其使用的种子为印度种、中国种及日本内地种，其中使用最多的是印度种。通过两年的试栽种，采用的是罂粟与水稻间种，此两年度由于水稻收获的推迟，所以罂粟的栽种也随之推迟，另外由于 1905 年少有的寒冷及病虫害，其收获量并不高。

---

① 《日本内地にぉける罂粟栽培》，《现代史资料》，みすず书房 1986 年版，第 3 页。
② 同上。

表 9-2　　　　　　　1905 年、1906 年鸦片收获情况

品目	1905 年 数量（斤）	1905 年 价格（日元）	1906 年 数量（斤）	1906 年 价格（日元）
鸦片	409.6	3891.2	402.4	3541.12
种子	59	1099.17	47	1259.6
总计	——	4990.37	——	4800.72

从表 9-2 来看，日本虽计划在本土种植罂粟，但其成果并不尽如人意，鉴于与当时波斯产鸦片的价格一斤只有 7.45 日元相比不具优势，故将大面积种植的计划暂时放置。因此台湾总督府尽管希望日本内地能够种植罂粟，以提供给总督府制药所作为生产烟膏的原料，但由于其结果并不理想，最终只好作罢。

从上述资料来看，日本内地罂粟栽培种植的再复活，根本原因在于新殖民地台湾对生鸦片巨大的需求量。如果没有台湾总督府民政长官后藤新平亲自向外务省请求，就没有日本罂粟的复活，故台湾总督府鸦片专卖制度，是日本罂粟再种植的根本原因。

虽然 1905 年、1906 年罂粟的种植，并没有取得总督府及日本内务省的理想成绩，但二反长音藏本人并没有停止对罂粟的培育试验活动，在获得内务省的支持后，开始领导村里的农民进行罂粟的培植，其所居住的大阪府三岛郡福井村，也就成为日本罂粟栽培的"圣地"。在这里，每年都会举办由日本内务省召集、二反长音藏担当讲师的罂粟栽培讲习会。

二反长音藏还对日本的罂粟品种进行了改良，罂粟品种的优良与否，主要取决于其中吗啡的含量。根据二反长音藏在《罂粟栽培及鸦片制造法》中的记载，历史上日本罂粟最优秀的品种，是 1883 年内务省卫生局药草试植园栽培的罂粟，其吗啡含量为 9.24%。

在二反长音藏的努力下，罂粟的吗啡含有量不断增加，表 9-3 为 1908 年至 1914 年日本所种植罂粟的吗啡含量统计表：

表9-3　　　　　　1908—1914年日本所种植罂粟的吗啡含量　　　　　　（%）

年度	最低	最高	平均
1908	10.21	17.18	13.07
1909	5.29	19.56	12.37
1910	5.00	20.32	14.00
1911	5.36	21.17	15.16
1912	5.59	20.55	13.69
1913	7.45	22.26	16.78
1914	8.89	24.20	17.51

* 此表转引自仓桥正直《日本の鸦片戦略——隠された國家犯罪》，第55页。

从表9-3分析来看，在二反长音藏的努力下，1908年时，日本内地罂粟吗啡的平均含量为13.07%，到1914年时，平均已经高达17.51%，而最高竟达到了24.20%。二反长音藏将明治时期只有9.24%吗啡含量的品种，改良培育成高达20%以上含量的优秀品种，也显示其对日本近代鸦片事业的重要作用。所以此罂粟品种的命名，采用其家乡名称，为"三岛种""福井种"。此后他又培育出更优秀的品种，即"一段"可以产"一贯匁（3.75公斤）"生鸦片，并将其作为日本罂粟的标准种子。

正是由于二反长音藏的努力，再加上后期新式毒品吗啡的研制成功后对生鸦片的需求增加，使罂粟栽培在几年之后，再次在日本大地上大面积种植，二反长音藏也因自己对罂粟培育的功绩，而被封为"鸦片王"。

二　台湾总督府再启日本内地罂粟的种植

前述台湾总督府要求日本内地种植罂粟，以谋求生鸦片的国产化，减少对外生鸦片的购买，其理想虽未能实现，但客观上促进了日本内地对罂粟栽培种植的再研究。此后随着第一次世界大战及日本国内新式毒品的研制成功，罂粟第二次在日本土地上繁荣。

吗啡作为纯粹的化学药品，能很快被人体吸收，如果作为医疗上的麻醉剂使用，效果非常好，但如果作为毒品来使用，其危害也极大。"单纯地吸食鸦片，还可禁止或治疗，但是使用吗啡、海洛因或其它新式毒品，几乎没有治疗的可能。"① 而且比起吸食鸦片的中毒，吗啡中毒者的身体衰退速度极快，一般几年内就会死亡，但因其价格低廉，使用方法简单，在当时的中国非常流行。②

另一方面，第一次世界大战（1914—1918）中，吗啡成为战时的必需品，各国竞相生产，故推高了其原料生鸦片的价格。而在1915年时，日本国内星制药以台湾总督府制药所生产的粗制吗啡为原料，成功生产出吗啡，总督府的粗制吗啡在这一年以后，也成为星制药的独占品。

星制药因吗啡的生产与销售快速发展起来，成为日本最大的制药公司。但其他制药公司也一再向日本内务省要求生产吗啡，因此在1917年时，内务省又允许其他三个制药公司生产吗啡类新式毒品。这样日本内地及各殖民地对吗啡原料生鸦片的需要量大幅增多，日本内地罂粟的种植也再次登场。

1905年前后之所以没有再进行罂粟的大面积种植，其主要原因为当时世界市场上的生鸦片价格低廉，种植罂粟的经济收益远不及种植水稻。但随着世界新式麻醉品的研制成功，生鸦片的价格也越来越高，1913年时的市场价格是一斤13日元上下。这样种植水稻就不如种植罂粟划算，台湾总督府再次向日本内务省提出罂粟种植的请求。

1913年10月23日，台湾总督府民政长官向内务次官发出如下照会："以前以为本岛吸食者提供鸦片原料烟膏原料为目的1905年至1907年在大阪府及京都府野郡内罂粟的试种植，其成绩是值得肯定的。当时外国鸦片的购入价格低廉，相比之下，还是水稻的种植能获得更多的利益，因此终止了其栽种。近年来，鸦片的价格逐年高腾，今日内地生产成品的价格依然低廉，这样就难于取得更好的效益，另外，还要防止正品的流出。因此此次依赖大阪市东区今桥三丁目二十五番地的中村健次郎，在大阪府下丰能郡细河村内的二町步的土地上试栽培罂粟，其产品以适当的价格作为补偿，试作于制造上等的烟膏，并根据其成绩，在次年试种更大面积的罂粟，以供当府使用，这样原料鸦片即可由内地供给。"③

10月，日本内务省下令，有过罂粟栽培经验，且有相当财力的大阪市东区今

---

① ［日］仓桥正直：《日本の鸦片戦略——隐された国家犯罪》，共荣书房2005年版，第118页。
② 同上。
③ 《日本内地における罂粟栽培》，《现代史资料》，みすず书房1986年版，第3页。

桥三丁目二十五番地的中村健次郎进行种植。其种植基地为大阪府丰能郡细河村地内约二町步。此年生产的鸦片，政府以适当的价格购入，以用以制造烟膏。

内务省地方局也于同年 11 月 15 日，对总督府的委托罂粟栽培的请求进行答复，并于 17 日向中村健次郎发出了罂粟栽培的委托命令书：

> 第一条　在罂粟栽培上接受政府的一切指挥监督；
> 第二条　罂粟的栽培面积必须保持二町步以上；
> 第三条　受命者在鸦片制造需要之时直接将其产品提供给政府；
> 第四条　罂粟栽培所需要的一切费用在收购鸦片时以补偿的价格给予；
> 第五条　收购鸦片的价格由政府根据土耳其鸦片的时价来决定；
> 第六条　受命者每月一次将播种、施肥、除草、虫害等各种栽培事项进行报告。[①]

当年，罂粟的播种期向后延迟。由于天气变化无常，寒流激增，特别是在四月份时稀有的霜降等灾难的发生，使当年的罂粟成绩并不理想，仅仅产出了 4.84 斤的生鸦片。日本卫生局对这几斤生鸦片进行了分析试验，结果为品质优良，与上等的土耳其鸦片相比并不逊色。于是日本政府决定，在风调雨顺的年头再进行栽种。

从上述资料内容来看，日本内地罂粟第二次复活，是由台湾总督府提议而肇始的，原因是台湾专卖局需要大量的生鸦片作为生产烟膏的原料。

1914 年，日本又在气候比较温和的细河村附近，及以前有栽种罂粟经验的大阪府三岛郡三牧、沟咋及宫岛三个村，选择了六町步的土地，与 1913 年一样，委托命令进行罂粟的栽培种植。是年取得了非常好的成绩，"一段步"取得了 1.75 斤的好收成，而且其生鸦片的品质也非常良好。当时土耳其鸦片一斤 12.98 日元，政府以这个价格，共收购 89 斤生鸦片。

1915 年，日本政府扩大了罂粟栽种规模，除了以前各命令种植地外，又在各相近地区划出三十一町步，河内郡三个村子内约七"段步"的土地，

[①] 《日本内地にぉける罂粟栽培》，《现代史资料》，みすず书房 1986 年版，第 3 页。

进行罂粟的种植。

表9-4　　　　　　　　　　1915年罂粟栽培的情况

府县别	耕作"反"别	耕作人数
大阪	978.419	993
冈山	827.211	1752
福冈	112.606	163
高知	87.811	3
爱媛	43.910	11
广岛	39.000	58
石川	20.001	24
千叶	13.300	14
三重	11.415	17
京都	10.320	13
静冈	10.220	29
和歌山	7.525	141
奈良	7.300	6
长野	6.814	7
兵库	3.417	5
爱知	3.312	4
滋贺	3.200	4
群马	2.500	1
佐贺	2.309	4
茨城	1.702	2
长崎	1.000	1
埼玉	0.728	1
神奈川	0.700	2
香川	0.620	1
山口	0.200	1
总计	2296.129	3262

此表转引自仓桥正直《日本の鸦片戰略——隱された國家犯罪》，第57页。

一"反"等于"991.7平方米"。

从表9-4来看，当年日本投入大量的人力、物力及财力，但收获并没有预想那样好，仅收获328斤生鸦片。① 政府以当时土耳其鸦片时价一斤13.61日元的价格，将其全部收购。

1916年，日本政府又扩大了罂粟的栽种面积，除上述地区外，又对"大阪府三岛郡春日村大字下穗积三十三番地"的一名叫"森芳太郎"的人发出栽培种植命令书，委托其将十五町步的土地用来种植罂粟。

由于当年天气炎热干旱少雨，罂粟的收获量减少1/3，十五町步仅收获161.5斤，其品质比波斯产的鸦片质量更优，政府以每斤17.50日元将其全部收购。此后，国际鸦片的价格更加高涨，1917年10月时，波斯产的鸦片一斤高达42或43日元，而且极难购得。

日本内务省为保证日本国内对生鸦片的需求量，于当年10月之前的种植人进行商议，决定将罂粟的种植面积再扩大，1918年2月，决定将三岛郡春日村外二十四个村内的六十町步的土地全部委托用来种植罂粟。

1918年日本又发生了水害，1917年种植的三十町步的罂粟，只收获了65斤，政府以当时波斯产鸦片价格相应的一斤35.5日元，全部将其收购。

1919年，又委托在三岛郡春日村附近的三十九町步进行罂粟的种植。加上前述面积种植的，共计收获716.5斤生鸦片，政府以当时波斯鸦片的价格相应的每斤34.35日元全部收购。

1919年9月，日本决定再次扩大罂粟的种植面积，在春日村外二町十个村的五十五町步都用来种植罂粟，其委托人为森芳太郎。次年，森芳太郎共计生产出生鸦片430斤。日本内务省以每斤25.57日元全部收购。

表9-5　　　　　　　　日本内地各年度生产的生鸦片的成分

年份	量（斤）	吗啡分（%）	可溶成分（%）	含水量（%）	灰分（%）
1913	4.8	13.08	54.00	14.31	2.57
1914	89	8.31	54.34	14.34	3.08
1915	328	6.42	16.03	16.03	3.80

---

① 《日本内地にぉける罂粟栽培》，《现代史资料》，みすず书房1986年版，第5页。

续表

年度	量（斤）	吗啡分（%）	可溶成分（%）	含水量（%）	灰分（%）
1916	——				
1917	161	9.46	55.12	11.35	2.24
1918	65	11.25	52.01	16.23	2.32
1919	716.5	7.15	55.38	12.42	2.66
1920	430	5.19	54.04	16.74	2.53

* 此表转引自《日本內地にぉける罌粟栽培》，《現代史資料》，みすず書房1986年版，第8页。

从表9-5来看，日本内地自1913年以后，每年都种植罂粟，但其成绩并不显著，特别是吗啡的成分，与前述二反长音藏实验种植的罂粟的吗啡含量相比相差很多。另外，资料证明，这部分罂粟所产出的生鸦片，也没有供给台湾总督府作为其生产鸦片烟膏的原料。

台湾总督府曾向日本内务省提出"内地产的生鸦片作为台湾总督府专卖局生产鸦片烟膏的原料"的质问书，但日本内务省以日本内地罂粟产生鸦片的口味没有办法与土耳其及波斯产鸦片比为由，给予拒绝。[①]

笔者以为，日本内地生产的生鸦片，不作为台湾总督府烟膏的生产原料，品味当然是其中的一个原因，但最重要的原因，是当时日本市场对生鸦片巨大的需求量和国际价格的高涨及由于国际条约的关系，很难购买到原料鸦片的原因。而日本只有将其在国内种植的罂粟所生产出来的生鸦片，全部都用于吗啡的制作与生产。故笔者以为日本第二次罂粟种植的罂粟，虽起因于台湾总督府专卖局对生鸦片的需要，但由于形势的转变，其产出的生鸦片，尚不能满足自己提取吗啡以制造海洛因类新式毒品的需要，故根本不可能再将其提供给台湾总督府专卖局。

---

① 《議會說明資料（鴉片關係）總務長官へ回答》，台湾文献馆，典藏号：00100821017，收集于中研院台湾史研究所资料室。

三 台湾总督府及后期日本内地罂粟的种植

1. 台湾总督府罂粟的栽培与种植

日本在国内及其殖民地种植罂粟，主要是为提取吗啡以制造海洛因类新式毒品。特别是在日本内地种植的罂粟所生产的生鸦片，全部用于吗啡的制作与生产。故台湾总督府虽多次向日本内务省提出的将日本国内要种植罂粟所产出的生鸦片，用于台湾总督府专卖局鸦片烟膏的生产，但始终也没有实现。

另一方面，第一次世界大战吗啡成为战时的必需品，各国也竞相生产，国际生鸦片价格也大涨，特别是在国际鸦片条约的制约下，由东印度公司所垄断的印度生产的鸦片，很难购买。而吗啡、海洛因等新式毒品的国有化，及日本对广大殖民地新式毒品的秘密输入等，使日本国内及台湾等地对生鸦片的需求量大增，前述台湾总督府民政长官虽亲言台湾不适合罂粟的栽种，但在此情况下，也无奈地开始了罂粟种植。

关于台湾种植罂粟的相关资料，留存下来的并不多，笔者仅收集到《大正八年度罂粟栽培命令三井合名会社》《罂粟栽培相关代理代的变更通知》《罂粟试作日志》《全年度罂粟试作成绩三井合名会社》《全年度试作地采摘罂粟种子由三井合名会社送付》等原始档案，以下利用这些档案，对台湾的罂粟种植进行简单分析。

日本内务省于1919年10月1日，向东京市日本桥区骏河町一番地的三井合名会社代表法人三井八郎右卫发出命令，请其"依据前年度同一理由"[①] 进行罂粟的栽培，并遵守下列规则：

> 第一条 受命者要特别遵守鸦片相关诸法令，选择相应土地进行罂粟的栽培种植，并接受政府其它管理上相关一切指挥与监督；
> 第二条 罂粟栽培所需一切费用全部由受命者承担；

---

① 《大正八年度罂粟栽培命令三井合名会社》，台湾文献馆，典藏号：00102340001，收集于中研院台湾史研究所资料室。

第三条　鸦片及罂粟壳由政府来采摘，前项必要的一切措施由政府制定；

第四条　政府按采摘鸦片的标准给予受命者一定的补偿金；

第五条　受命者每月一次将播种、施肥、除草、虫害等各种栽培事项进行报告；

第六条　政府认为必要时随时可变更此命令，也可随时再发命令。①

从上述内容分析，总督府栽种罂粟可能起始于1918年。而日本政府将罂粟的种植委托给三井合名会社，可能有各种考虑。三井在接受委托后，很快向专卖局长提出申请将台湾"南投厅草鞋墩支厅草鞋墩街附近的十甲土地作为罂粟的试作栽培地"②。该份请求书的日期也是在"10月1日"，这与内务省向三井合名会社发出命令的日期相同，故笔者认为，事先内务省已经与三井商量妥当，所谓的申请受命只是在走过场而已。而收集到的一份资料也佐证了笔者的推论是正确的。

该份资料记载，1919年6月时，开始着手在草鞋墩附近水田约十甲作为罂粟试种地调查，在6月12日，将本年度罂粟栽培计划，由台湾出张所向专卖局进行了报告；10月时购入肥料，着手进行基肥的调制。③

1919年试种植的罂粟是7.3237甲（1甲＝10分＝2934坪），其中3.5475甲是上一年度试种地，其他3.7762甲是在这片土地东北方的水田中，进行实验的种植地。总督府将其分为五个区域，第一区域为1.5405甲，第二区域为1.7000甲，第三区域为0.3460甲，第四区域为1.1885甲，第五区域为2.3237甲。④

从上述资料内容分析来看，第一次世界大战以后，由于日本内地市场及殖民地市场对生鸦片的需要，不仅在日本内地，台湾总督府也开始试种

---

① 《大正八年度罂粟栽培命令三井合名会社》，台湾文献馆，典藏号：00102340001，收集于中研院台湾史研究所资料室。

② 同上。

③ 同上。

④ 《罂粟试作成绩报告书》，台湾文献馆，典藏号：00102340001，收集于中研院台湾史研究所资料室。

植罂粟。

2.20年代后期日本内地罂粟的种植

由于"一战"时日本曾遭受生鸦片原料的紧缺,故日本政府以内地自给自足为目标的罂粟种植政策,使罂粟在日本大地各处基本都有栽培种植。特别是"鸦片王"二反长音藏培育出来新的罂粟种"一贯种",使日本的罂粟种植业获得了长足的进步。

笔者在《现代史资料》所收录的《大东亚特殊资料——鸦片》一文中收录的1928年日本罂粟种植的情况表中,可推知日本在1920年以后以大阪府及和歌山为中心,又向各地扩展了罂粟的栽培种植。

表9-6　　　　1928年日本内地罂粟及由罂粟所产的生鸦片情况

府县别	罂粟栽培面积（町）	收获生鸦片量（贯）	收购偿额（日元）
和歌山	704.2	2158.8	584507
大阪	376.3	1189.5	296417
香川	9.8	18.9	4679
京都	5.9	18.3	4269
奈良	5.8	18.6	3421
北海道	3.4	3.0	696
兵库	2.9	5.8	1421
佐贺	2.2	2.1	597
静冈	0.9	2.6	662
其他	2.6	2.1	551
合计	1111.8	2419.7	897220

* 此表转引自《大东亚特殊资料——鸦片》,《现代史资料》,みすず书房1986年版,第13页。

从表9-6内容来看,从20年代以后,罂粟的栽培种植最初是以"鸦片王"故乡的大阪府成为种植区,其后向和歌山县扩大。根据资料记载,最后和歌山县罂粟的种植面积超过大阪府,在1928年前后,第一位是和歌山,第二位才是大阪府,这两个地区占日本整个罂粟栽培面积的98%。

而 1928 年日本内地罂粟栽培面积超过 1000 町步，鸦片产额高达 90 万日元。①

表 9-7　　　　　　　　大阪府各年罂粟的栽种及产额

年份	总栽种面积（反）	三岛郡栽种面积（反）	总收获量（kg）	总价格（日元）	罂粟种子（kl）
1926	200.5	199	1776	106794	—
1927	242.2	240.4	2348	136751	—
1928	372.1	367.5	4305	272089	93.1
1929	464.9	453.2	4633	292989	86.8
1930	277.1	274.4	3412	203898	84.1
1931	274.8	272.3	4148	176310	87.3
1932	279.7	276.6	3377	144179	107.5
1933	284.4	279.0	3557	108151	102.5
1934	297.7	292.5	3693	110848	86.9
1935	332.7	319.2	3907	125789	114.5
1936	340.2	319.0	4652	127630	117.0
1937	346.4	340.4	5602	168456	121.4
1938	301.6	294.1	4609	144691	109.5
1939	294.8	285.8	6854	193361	—
1940	301.6	292.1	6448	243629	120.5

此表转引自仓桥正直《日本の鸦片战略——隐された国家犯罪》，第 64 页。

一"反"等于 10 亩 300 坪。

从表 9-7 来看，大阪府的罂粟栽培种植面积，在 1926 年以后逐年增加，特别是中日战争全面爆发前后，罂粟的种植面积更是扩大。

---

① 《大东亚特殊资料——鸦片》，《现代史资料》，みすず书房 1986 年版，第 17 页。

表 9 – 8　　　　　　　1928—1938 年罂粟栽种及生鸦片生产情况

年度	罂粟栽培面积（反） 日本内地 总数	罂粟栽培面积（反） 日本内地 和歌山	罂粟栽培面积（反） 日本内地 大阪	罂粟栽培面积（反） 朝鲜	生鸦片生产量（kg） 日本内地 总数	生鸦片生产量（kg） 日本内地 和歌山	生鸦片生产量（kg） 日本内地 大阪	生鸦片生产量（kg） 朝鲜	鸦片补贴（日元） 日本内地 总数	鸦片补贴（日元） 日本内地 和歌山	鸦片补贴（日元） 日本内地 大阪	鸦片补贴（日元） 朝鲜
1928	1105	698	373	—	12820	7092	4461	—	89.7	58.5	29.6	—
1929	—	—	465	747	—	—	—	1501	—	55.5	—	4.1
1930	850	—	277	735	9182	—	—	1400	—	37.8	—	3.6
1931	831	531	274	1052	12137	—	—	5654	—	36.1	—	16.6
1932	830	531	280	1068	8601	—	—	7634	—	25.6	—	23.5
1933	1035	526	285	2240	10641	6791	3495	14059	32.4	21.6	9.7	40.1
1934	868	522	298	2177	15823	11569	3855	11339	47.8	35.5	11.3	34.3
1935	—	1020	333	—	18618	13860	4229	18348	58.3	43.5	13.3	56.6
1936	—	1032	340	—	—	12102	—	27305	—	44.3	12.8	79.7
1937	—	1520	346	—	—	12102	—	28848	—	51.0	16.8	79.3
1938	—	—	301	—	—	14839	—	27712	—	—	14.5	78.2

* 此表转引自仓桥正直《日本の鸦片战略——隠された国家犯罪》，第 79 页。

根据表 9 – 8 的内容，日本在和歌山地区的罂粟的种植面积，远远大于大阪地区，特别在中日战争全面爆发之前后，和歌山的罂粟种植面积，等于大阪府的几倍。另外，表 9 – 8 中 1929 年罂粟的种植面积大大减少，只有大阪府有罂粟的种植。这是因为，日本因当年小麦的价格很高，故日本政府在当年限制了罂粟的种植。[①] 但此后，日本马上又放开罂粟的种植。最盛期是 1937 年，全国约有 1.2 万户的农家进行罂粟的种植栽培。[②]

和歌山地区从 1915 年开始试种罂粟，之所以超过大阪地区成为罂粟新的繁荣区，最主要原因是气候及土质条件适合罂粟的栽培种植。1921 年，由于罂粟种植的补偿金大幅提高，故栽种面积快速扩大。到 1929 年时，罂粟的种植面积达 1000 町步。[③]

---

① 《大东亚特殊资料——鸦片》，《现代史资料》，みすず书房 1986 年版，第 17 页。
② ［日］仓桥正直：《日本鸦片帝国》，共荣书房 2008 年版，第 12 页。
③ ［日］仓桥正直：《日本の鸦片战略——隠された国家犯罪》，第 82 页。

中日战争爆发后，日本进入战时体制，吗啡及其他药品的需要量一时间大增，故原料鸦片即生鸦片成为日本特别关心的问题。然而战时鸦片输入渠道也基本堵塞，而吗啡类又没有代用品，因此日本当时对生鸦片采取限制民需、输入渠道的转移及国内增产的方法。表 9-8 内容也为这一说法提供了间接的证明。在 1937 年时，仅和歌山地区，罂粟的种植面积就高达 1520 町步。

小　结

综上所述，日本国内罂粟的复活，是源自于台湾总督府制药所对生产吸食性鸦片烟膏的需要。而第一次世界大战后，日本迅速取代英国，成为中国最大的麻醉品出口国，不管这种输出是采取秘密还是公开方式，其对生鸦片的需要必然大增，故客观上促进了日本国内罂粟的再繁荣，就连不适合罂粟种植的台湾也进行了罂粟的种植试验。而日本及殖民地罂粟的栽培种植，基本是以国家补贴鼓励种植的，故可从另外的视角，证明了日本近代以国家实体进行制毒贩毒的历史事实。

第十章
台湾总督府的毒品制造与贩卖

  近代日本及殖民地的鸦片政策，起始于其在第一块殖民地台湾所实施的所谓渐禁鸦片专卖制度。日本在此后的殖民侵略扩张过程中，借助所谓的"台湾鸦片经验"，将鸦片及吗啡等毒品，作为侵略东亚各国的隐形武器。当时日本是世界主要麻药生产国，鸦片、吗啡及海洛因等毒品，大量、长时间地秘密输出到中国、朝鲜等东亚诸国。日本的行为可以说是近代规模最大、时间最长、地域最广的"国家贩毒"，特别是一系列侵略战争中，鸦片政策所起的作用是众所周知的。日本在战时曾制造大量海洛因及吗啡，运往中国，毒害中国人民。1921年12月19日英国报纸《ノース、チヤイナ、デーリー、ニユース》发表社论，谴责日本向中国输出毒品："吗啡贸易，是日本对中国贸易中最早的一部分，也是日本对中国贸易中最有效的一部分，每年达数千万元。因日本没有加入对中国禁止输入协约，故吗啡的输出是在日本政府认可及奖励下进行的。像这种大宗禁制品贸易的经营，世界上也只有日本。其输入中国的手段，主要依靠小包邮件，在中国的各日本邮局，均为其配送机关。其吗啡的输入量，至少也有十八吨，随着日本人的增加，从大连到满洲里，由青岛为代表的山东、安徽、江苏等，由台湾与鸦片一同，散布到福建、广东等地，他们依仗治外法权的保护，在山东铁道沿线，以及在中国南方，台湾籍民也依仗持有日本的护照，进行吗啡的贩卖。在整个中国，吗啡的买卖是日本的卖药商的主要利源，吗啡与日本卖淫妇一起，散布于全中国。吗啡在欧洲已经难以买到，而日本在朝鲜、满洲、台湾等地不但保护其生产，还成为吗啡的供给源。日本或者在印度购买鸦片，或在台湾生产制造吗啡，或由神户，或由青岛转运，获得了莫大的利益。由青岛输入的鸦片，再在日本支配的铁路，由山东转运到上海及长江流域。"① 日本国家贩毒的行为虽露出台面，但日本在退出国际联盟之前，还是参加了所有的国际鸦片会议，签订了所有的鸦片国际条约，日本一方面参与所有的鸦片会议，一方面借助国际鸦片条约的盲点，而进行大规模的新式毒品的走私。日本为掩盖违反国际鸦片条约，特意将自己的丑恶行为全部掩饰起来，在战前甚至连一个鸦片政策相关研究成果都没有，而且其生产毒品的资料也大量被销毁。因此，对日本毒品的制造与贩卖进行研究，变得极为困难。由于资料有限，笔者仅利用收集到的1921—1923年前后台湾总督府发布的制造新式毒品资料，来探讨台湾总督府在当时日本整个国家贩毒活动中的重要作用。

一 日本自设防火墙防止国人受新式毒品的危害

1. 日本国内相关法律的出台

日本在台湾实施鸦片渐禁政策后，担心日本国内受到鸦片的危害，紧急在日本制定鸦片相关法律，即《鸦片法》，以防止鸦片流向民间。该法于1897年3月以法律第二十七号（大正八年第三十六号、大正八年第四十三号进行修正）发布，其内容如下：

> 第一条 鸦片制造者由地方长官许可。
> 第二条 地方长官指定的鸦片制造人在一定日期内将每年制造的鸦片交付给政府。
> 前项鸦片政府实施实验中，按政府指定的莫儿比湼（吗啡）含量，由政府给予赔偿金，其不合格品，无偿烧却。
> 第三条 政府对鸦片限用于医药用品及制药用品封缄后再出卖。
> 鸦片由政府专卖或交付给由政府指定的鸦片专卖所。
> 第三条之二 鸦片之输出，如果由内务大臣许可除外。
> 第四条 依据第二条交付赔偿金鸦片莫儿比湼（吗啡）含量及赔

---

① 《鸦片委员会第一卷》，JCAHR：B06150838000。

偿金额及依据第三条批发医药用鸦片的价格要通告内务大臣。

赔偿金交付鸦片的莫儿比涅（吗啡）含量增加或赔偿额度减少等事项，需要一年前上报。

第五条 医药用鸦片由地方长官在其管辖区域内，指定药剂师、药种商中相当的人员，为医药用鸦片的贩卖人。

第六条 医师、牙科、兽医、药剂师及制药者需要医药用鸦片之时，另行规定的场合除外，要持有行政官厅的证明，向医药用鸦片贩卖人来请求购入。

医药用鸦片贩卖人贩卖用之鸦片，用于贩卖目的以外时，必须得行政官厅许可。

第六条之二 地方长官认为必要之时，可受内务大臣的许可，医师、牙科、兽医、药剂师及制药者，得以出售医药用鸦片。

第七条 医药用鸦片，若依据第六条第一项或由命令另外规定之外，没有医师、牙科及兽医之处方，不得卖售。

第七条之二 医药用鸦片贩卖人依照第六条第一项接受请求时，无正当之理由，拒绝卖出医药用鸦片。

第七条之三 医药用鸦片贩卖人，不能以超过政府指定的价格贩卖医药用鸦片。

第八条 医药用鸦片贩卖人不得开封、改装破坏政府封缄的医药用鸦片的容器；医药用鸦片贩卖人不得对政策封缄的医药用鸦片进行无效的封缄或改装贩卖其容器。

第八条之二 制药用鸦片的卖出相关事项均以命令定之，除非有依据前项卖出鸦片之外的特别命令，不得出售。

第八条之三 官厅及官立医院或学校需要鸦片时依据命令所定来进行交付。

第九条 违反第三条第二项及第三条之二者，判以二年以下惩役或千日元以上的罚金。鸦片输入者的罚则也相同。

第十条 违背第三条之二所有或所持鸦片全部没收。

第十条之二　违背第一条、第六条第二项、第七条、第七条第二、第七条第三、第八条及第八条第二项者，处以一年以下惩役或五百日元以下罚金。

第十一条　违反第二条第一项者处以三百日元以下罚金。

第十二条　删除（此引用为修订条文，故有删除之条）。

第十二条之二　对于药品营业者、鸦片制造人未成年或禁治产者，本法或依据本法所发出的命令，适合用于其法律代理人，但已经开始营业的成年人或有一定能力的未成年者不在此限。

第十二条之三　药品营业者或鸦片制造商其代理人的户主、家族、同居者、佣人及其他从事者，在开展业务期间，不是出于自己的意愿违反本法及依据本法所发出的命令时，可免于处罚。

第十二条之四　明治三十三年（1900年）法律第五十二号不适合本法及依据本法所发出的犯罪。

第十三条　鸦片制造商及医药用鸦片贩卖商违反该法及其相关实施的规则时，地方官可取消其许可或指定。

附则

第十四条　此法律于明治三十年（1897年）四月一日起开始实施。

第十五条　此法律实施之日起现行之鸦片制造人许可者可认作为第一条接受许可。

第十六条　此法律实施之前地方厅不再放置鸦片。

第十七条　明治十一年（1878年）布告第二十一号药用鸦片买卖及制造规则在此法实施之日废止。①

《鸦片法》主要就医药用鸦片的制造贩卖等做出规定。同日，日本政府还颁布了《鸦片法施行规则》②，就《鸦片法》的实施进行细致的规定。

在1915年吗啡等新式毒品研制出来之前，日本政府为配合国际鸦片条

---

① 《鸦片委员会第一卷》，JCAHR：B06150838000。
② 同上。

约的要求，于1914年以内务省省令第十八号公布了"医药品输出限制相关省令"，将吗啡、海洛因等新式毒品列入限制输出的医患范围之内。

日本政府又于1917年8月14日以内务省省令的方式公布了《制药用鸦片专卖相关之件》，对吗啡等新式毒品的专卖进行了具体的规定：

  第一条 以制药用鸦片吗啡、其他鸦片类盐酸海洛因及其诱导体或制品的制造贩卖为目的的株式会社只限于由内务大臣指定才可进行。

  第二条 前条指定的会社必须就下记事项向内务大臣进行申请：

    一、定款；

    二、制造所的位置；

    三、鸦片原料制造品的种类、预定一年所制造的数量；

    四、业务执行者及主任、技术者的氏名履历；前项各项事项变更时要取得内务大臣的认可。

  第三条 接受制药用鸦片专卖后会社要向东京卫生试验所长申请将要制造的数量。前项专卖代价由东京卫生试验所长规定。

  第四条 会社要备有账簿将制药用鸦片的卖受、用途及制造品出售相关事项明记。此账簿必须保存三年。

  第五条 制药用鸦片不得转让。

  第六条 内务大臣可命令会社提供鸦片原料、制造品的制造贩卖状况的报告或命其官员对其进行检查。

  第七条 会社用作原料制造品的鸦片的制造贩卖废止或会社解体或由内务大臣指定取消资格时，其制药用残留的制药用鸦片，要在十日内向东京卫生试验所长提出回收申请。其回购的代价由东京试验所长定夺。

  第八条 会社违反鸦片法及本令之规定或不遵守内务大臣的指令，内务大臣可取消其指定。

  附则 本令从公布之日起施行。[①]

[①] 《鸦片委员会第一卷》，JCAHR：B06150838000。

笔者还查到一份原始档案，即是没有注明日期的《吗啡、可卡因及其盐类取缔相关之件》①，此件共十七条，对新式毒品的输出入进行非常细致的规定，但没有查到日本政府何时公布此件。

日本通过以上各法律的颁布，将鸦片及吗啡类新式毒品完全控制在国家手里，以防止其对公民的危害。

2. 台湾总督府制定相关法律以附和国际鸦片协定

1912 年国际海牙鸦片条约的规则规定："各缔约国应制定实施有效的法规则，以限制或禁止生鸦片、鸦片烟膏、药用鸦片、吗啡、可卡因及盐类或新的诱导体的生产、制造、国内贸易、使用及输入输出；与中国有条约关系的各国，必须与中国协力遏止到中国领土或其它东洋殖民地及租借地的秘密走私；中国的药律也适用在中国的各签约国民；在中国的各租借地及居留地，鸦片吸食及贩卖相关限制或取缔之相关规则，本条约亦认可；有相关禁止向中国输出鸦片小包的管理义务。"②

如前所述，日本政府在规范自己的新式鸦片毒品法规后，有义务配合海牙国际条约的相关规则，在殖民地、租借地等制定实施相关法规。但台湾作为日本的殖民地，却对此置若罔闻，一直将可卡因及其盐类作为鸦片同效剂，以"鸦片令"作为管理的法律。因国联成立后每年都召开鸦片相关会议，因此，台湾总督府迫于国际的压力，同时也为掩人耳目，以需要加强管理为名，对"鸦片令"进行修改，1920 年 12 月，以府令第百八十四号，在《台湾吗啡、可卡因及其盐类管理规则》中，加入可卡因及其盐类的输入、制造等项，其规则内容如下：

第一条之三可卡因及其盐类输入者，对下记各事项必须得到台湾总督的许可。

一、品名及数量；

二、出荷人的氏名又商号及业务所所在地；

三、输入预定日期；

四、输入港名。

---

① 《鸦片委员会第一卷》，JCAHR：B06150838000。

② 同上。

前项许可受理后，前项之事项有所变更之时，必须有变更许可，但第三项预定日期如果发生变化，于三十日内的，不在此限。

第二条中将"台湾总督"修改为"输出许可，由台湾、移出由知事或厅长"。

第二条中，知事及厅长依照前条规定的许可，将其品名、数量及移出者的职业、住所、氏名，上报给台湾总督。

第三条第一条之三及依照第二条之规定，可卡因及其盐类的输入，吗啡、可卡因及其盐类的移入及输出、移出许可者，其输入、移入及输出、移出之时，必须在当日，将其品名及数量向知事及厅长通报。

接到前项之通报时，其情况必须向台湾总督提出报告。

第三条之二，可卡因及其盐类制造者，要具备下记各项，即制造所所在地知事及厅长的许可，其变更亦同。

一、品名；

二、原料的种类；

三、一年间制造预定数量；

四、制造所所在地。

第三条之三，接受前记许可者，每年十二月末日止，其制造的可卡因及其盐类的品名、数量及原料、种类、数量等，在接受许可的第二年二月末日止，向制造所所在地知事或厅长提出申请（报告）。

接受前项通报后，其情况必须报告给台湾总督。

第四条中"吗啡、可卡因及其盐类"之前再加上"可卡因及其盐类输入及"的字样。

第六条第一条、第一条之三及第二条规定违反者，处以三个月以下惩役。

第六条之二第三条之二之规定违反者，处以百元以下罚金或者处以拘留。

第七条第三条第一项第三条之三第一项，如若违反第四条之规定者，依照第五条之规定，抗拒检查者，或第二十一条第二项或违反第十三条规定违反者，处以五十日元以下之罚金或处以科料。

第八条中的"移入"之前,加上"输入"。①

在输出管理上,总督府实施了"输入证明书制度",但总督府又认为,此制度在实施过程中,其输出入相关事项非常困难,是否采取向台湾岛输入及由台湾岛输出国之输入证明书并不是最重要的,在输入的场合都给予输入证明书,输出的场合,官员应严格审查其输出目的,再交付输出许可书。但从总督府药品相关规则及使用习癖传播的状况来看,从来没有法令严禁新式毒品的吸食及使用。②

二 台湾总督府毒品走私中的造假实证

由于顾及国际及各方面的压力,日本及各殖民地对新式毒品的生产及贩卖留下的记录很少,甚至能够查到的一些残留资料,还有一些人为的造假成分。以下仅以台湾方面的一些资料,进行一般分析性探讨。

台湾总督府绝对禁止吗啡输入到台湾,但并不禁止制造及输出。根据1921年9月12日所附"总警第一九一号"第十项报告,台湾总督府专卖局在鸦片烟膏制造时,所产出的副产物粗制吗啡,全部转卖给日本内地的制药公司。

台湾总督府同年在台湾也种植罂粟18(エーカー),共生产生鸦片201磅。而是年台湾总督府进口的原料鸦片的数量为:英国17581磅、美国8000磅、波斯34996磅、英领印度21708磅、英领香港5921磅,总计达88206磅。③

同年,台湾总督府制造生产鸦片烟膏121996磅,生产粗制吗啡10540磅。而同年,台湾总督府统计的鸦片吸食者计有45832人,吸食用鸦片烟膏128514磅、药用鸦片128磅、吗啡盐类40.23磅、可卡因(大麻)盐类

---

① 《鸦片委员会/鸦片年报第三卷》《分割1》,JCAHR:B06150844400;B06150844600。
② 同上。
③ 同上。

46.45 磅、海洛因盐类 57.70 磅。①

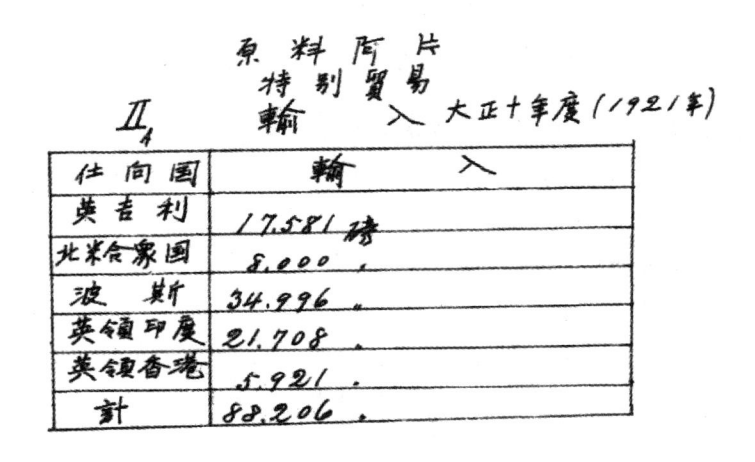

图 10 – 1　1921 年台湾总督府进口的原料鸦片

这里值得我们注意的是，1921 年总督府制造生产的粗制吗啡共计 10540 磅，但同年消费的吗啡类新式毒品达 14438 磅，这其中多出来的部分是怎么来的，笔者没有找到相关资料。

而根据台湾总督府警总的报告，1921 年生鸦片、鸦片烟膏及其他走私的调查中如表 10 – 1 所示：

表 10 – 1　　　　　　1921 年生鸦片、鸦片烟膏及其他走私情况

种类	数量	推定原产国	走私人国别	备注
鸦片烟膏	17 磅	中国	台湾人 7 名、中国人 9 名	
生鸦片	97 磅	中国	中国人 1 名	
鸦片烟膏	1 磅	中国	中国人 1 名	

在这个报告中，没有吗啡类新式毒品的走私记录，故笔者推断可能总督府所生产的吗啡类新毒品的数量没有在报告中反映出来。

另在"鸦片委员会/鸦片年报"（第一卷）的资料中，有一份相关台湾

---

① 《鸦片委员会/鸦片年报第一卷》《分割 1》，JCAHR：B06150843500；B06150843700。

总督府《可卡因制造相关之件》尤其珍贵。此件记载了1919年以来星制药及安部幸之助栽培大麻的相关之可卡因（大麻）之采取、制造及输出之具体数量。其具体记载如下：

一、大麻叶有采取量为236070匁（一"匁"为3.75g）；
二、1919年末至现在制造可卡因（大麻）及盐类的名称数量：盐酸可卡因1390瓦；
三、本年度中制造的可卡因（大麻）及盐类的名称数量：盐酸可卡因2370瓦；
四、同制品在台湾岛内贩卖及移出、输出数量：移出2250瓦、岛内贩卖1400瓦，总计3650瓦。①

从以上记录来看，其记载不详细，例如1921年生产的可卡因为2370瓦，但接着又记载同制品在台湾岛内贩卖及移出、输出数量总计为3650瓦，其输出数量远远高于生产量。

表10-2　　　　　1919—1921年台湾总督府鸦片、吗啡及可卡因生产额

品名	1919年 数量（磅）	价额（円）	1920年 数量（磅）	价额（円）	1921 数量（磅）	价额（円）
鸦片烟膏	167969	6996643.133	143975	6820984.77	121996	5779682.496
粗制吗啡	3101	547264.608	8018	1206309.639	10540	1856352.474
可卡因	—	—	—	—	—	—

* 此表转引自《鸦片委员会/鸦片年报第一卷》。

而从表10-2来看，台湾总督府制药所在1919—1921年没有生产可卡因的记录，而前述明明记载其有可卡因的生产数额。

---

① 《鸦片委员会/鸦片年报第一卷》《分割1》，JCAHR：B06150843500；B06150843700。

表 10 – 3　　　1919—1921 年台湾总督府鸦片、吗啡及可卡因消费额

品名	1919 年 数量（磅）	1919 年 价额（円）	1920 年 数量（磅）	1920 年 价额（円）	1921 年 数量（磅）	1921 年 价额（円）
鸦片烟膏	165107	7619411.275	146337	7708238.066	128514	6772614.090
药用鸦片	—	—	829	60807.150	128	9216.000
粗制吗啡	—	—	211	156432.150	40	10170.000
可卡因			539	167602.050	46	11467.800

* 此表转引自《鸦片委员会/鸦片年报第一卷》。

而表 10 – 3 所记载的台湾总督府在 1919 年至 1921 年可卡因的消费数量仅有 585 磅，这与上面所记载的又不相符合。

而根据《鸦片委员会/鸦片年报第一卷》的记载，1921 年度日本盐酸吗啡的输入及制造数量为 10970500 瓦，1920 年度总量为 25691817 瓦。而海洛因的输入及制造数量 3544889 瓦。[①]

1921 年向中国输出盐酸吗啡 3374 公斤，另外还向关东州输出 491 公斤。[②]

表 10 – 4　　　　　　　1921 年日本国内海洛因的制造数量

所在地	制造工厂名	制造数量（公斤）	盐酸吗啡换算量（公斤）
东京	星制药株式会社	498.038	527.333
东京	三共株式会社	28.010	32.952
大阪	大日本制药株式会社	140.580	148.850
	武田制药株式会社	4.000	4.235
	盐野义商店（盐野制药所）	102.500	108.529
	田边五兵卫（田边制药所）	130.600	138.282
合计		903.728	960.181

* 此表转引自《鸦片委员会/鸦片年报第一卷》。

---

① 《鸦片委员会/鸦片年报第一卷》《分割 2》，JCAHR：B06150843500；B06150843800。
② 同上。

从表 10-4 来看，日本吗啡类新式毒品的生产量极大，其与台湾总督府专卖局及台湾的新式毒品有一定密切的关系。笔者发现一份非常有趣的资料，即台湾总督府在上报给日本政府的鸦片类年报中，也存在着造假嫌疑，即是日本内务省所记载的，就 1922 年台湾粗制吗啡上报数字错误所提出的咨询书，其中记载如下：

> 台湾生产的粗制吗啡全部提供给星制药，根据今日本内地鸦片年报（六），星制药从台湾粗制吗啡移入，据记载，制造盐酸吗啡 604 公斤 800 瓦，盐酸海洛因 600 公斤 900 瓦。将以上的数量换算，星制药粗制吗啡 4716 公斤 800 瓦。由粗制吗啡抽出精制吗啡的比例为 65%；由精制吗啡再抽出盐酸吗啡比例为 85%；由盐酸吗啡再可以制造出 125% 比例盐酸海洛因。然而台湾鸦片年报所揭报之粗制吗啡 5327 封度（根据《鸦片委员会/鸦片年报第二卷》文中换算关系，1 封度 = 1 磅），即 2421 公斤 363 瓦，这与星制药记载之移入量 4716 公斤 800 瓦相比较，相差 2295 公斤 437 瓦。①

从此份资料可以判断，一向以"严谨"闻名的日本人，不可能在统计书上出现如此巨大的差错。推断可能在国际禁止毒品输入的严峻形势下，为了不引起更多的关注及谴责，故在台湾总督府上报给日本政府的统计书中，有意将"粗制吗啡"移出量谎报少报，以使相关毒品移出量与上年或以前持平或减少，掩人耳目，减少国际舆论的指责。另外，如果吗啡类年报中存在着隐蔽造假嫌疑，其他类别毒品中也可能存在着类似的造假嫌疑。

另外一份资料也可以证明日本在毒品生产与销售上的造假事实，即是《鸦片委员会/鸦片年报第二卷》中收录的文官"草间"提出的"1922 年度鸦片相关质疑"。此份质疑书现存毛笔手写及印刷两份，其毛笔手写体中共计提出十二项质疑问题，但其印刷体中却只有下述五项内容：

一、内地报告记事英文中 B（4）（a）的生鸦片生产数量仅有 3646

---

① 《鸦片委员会/鸦片年报第二卷》《分割 2》，JCAHR：B06150843900；B06150844200。

千瓦，而依照内地生产数量相关的贵电"第一九一号"第五a，则为3903千瓦，向联盟事务局报告，也必将报告这错误的数据，故为什么产生如此的差异，请说明事由。

二、同（6）吗啡的数量，根据内务省令"第四十一号"第十五条之规定，依照由英国输入的证明书，仅输入308.952千瓦，但根据当年8月21日所附的内务省"秘第五八二号"，并没有依据上述输入证明书，多输入吗啡689封度，这样这两个数量相对照，加上689封度，就变成313.181千瓦，请说明怎样使上述记载数量一致。

三、本报告所记载的1922年吗啡及吗啡盐类等的输入及制造统计2985.275千瓦，其年度内输出仅58.118这样少的数量，一年内本邦内地使用数量一般有2000千瓦，这样尚有900千瓦，即有三分之二是超过数量的，这些超过的数量，再与吗啡盐类加在一起，其数量就更加惊人，对于这些超过的数量，如何来说明。

四、可卡因内地需要储备一年1800千瓦（1922年9月16日附内务省外卫三〇八号末段参照），向联盟事务局报告，依据这次的年报，1922年度本邦输入及制造数量的统计为3875.687千瓦，而输出56.025千瓦，国家需要数量超过2000千瓦以上，上记报道的数量如何处置，本年度委员会必须会问起前度以上的问题，前项同样的理由，如何解释，在相关的管理上，英国的态度的方针等，11月30日所附的同国年报，（特别第六页）对"微福坦制药公司"，同国政府的管理等也要了解。

五、根据（6）（a），可以了解到没有依照吗啡输入证明书中输入量，及（6）中可卡因输入量中，没有依据输入证明书所输入195.188千瓦。去年来麻药类输出入统计数量的差异相关，在英国及本邦间，特别进行了调查，实际上从英国输入的吗啡308千瓦，及可卡因56千瓦，相关输出及输入的路径及手续等，已经有调查详细报告，我方必须有对之管理的态度。①

---

① 《鸦片委员会/鸦片年报第二卷》《分割2》，JCAHR：B06150843900；B06150844200。

日本内务省以外卫"第六〇号""一九二二年度鸦片年报相关之件"进行了回复，内容如下：

（一）第一项，生鸦片生产数量3903公斤，与年报数量符合，依据鸦片法第二条，吗啡含量低于3%的，将无偿烧却处分，故相差257公斤。

（二）第二项吗啡盐的许可，其输入的数量11034盎司，其中1盎司为28瓦，将之换算成公斤，为308公斤952瓦（年报记载）又11034盎司，将之直接换算成磅，1封度为16盎司，这样计算689封度（大正十一年八月内务省第五八二号报告数量相同。）

（三）第四项及第七项，吗啡盐有可卡因盐的需要数量，如年报的报告，难于报告正确的数字，4000封度为单纯的盐酸吗啡及盐酸可卡因，可参考大体上的需要储备，其计算的基础，是参考战前输入的平均值，后来随着需要数量的增加相当显著，故现在还有相当的在库贮藏。[①]

从内务省的回复内容分析来看，日本政府仅以"烧却、需要储备及难于报到正确的数字"为由，并没有认真处理。另外，毛笔手写体的"质疑书"中有几项是针对台湾总督府的，但由于字体过于潦草，笔者没有办法翻译，但从中可推断出台湾总督府上报的报告书中也有作假的行为。

三　日本在1923年前后的毒品生产及输出

由于日本及各殖民地对吗啡类新式毒品资料的刻意掩饰，能留传下来的资料并不多，笔者仅从目前收集到的一些资料，将日本在1923年前后的吗啡类新式毒品的制造及贩售情况简单整理，以便管窥整个日本在近代毒害东亚人民的恶行。

[①]《鸦片委员会/鸦片年报第二卷》，《分割2》，JCAHR：B06150843900；B06150844200。

1. 生鸦片：

1923 年日本的罂粟栽培地面积为 378 町 0 段 7 亩 09 步①，生产出来的生鸦片数量为 2158.865 公斤，吗啡的平均含量为 15.073%。② 1924 年罂粟栽培地面积为 446 町 5 段 5 亩 19 步，生鸦片的生产数量为 3336.537 公斤，其吗啡的平均含有量 13.1129%。③

日本国内不允许鸦片的吸食，还在日本的领土上公然种植罂粟，而且种植面积是极大的，在 1923 年至 1924 年短短两年的时间里，用其所种植的罂粟就生产鸦片高达 5495 公斤零 4 两 3 钱 8 厘。

1923 年生鸦片输入数量为 20325.782 公斤。上述鸦片的使用为吗啡、海洛因及可卡因的制造使用数量为 12553.279 公斤；在医药用鸦片制造上使用的数量为 1081.726 公斤；ナルコポン其他制造使用的鸦片数量为 940.811。④

1924 年生鸦片输入数量为 10775.415 公斤。上述鸦片中用为吗啡、海洛因及ヂオニン制造上所使用的数量为 15120.901 公斤；医药用鸦片制造上使用 1159.416 公斤；ナルコポン其他制造上使用的鸦片为 756.501 公斤。

2. 吗啡

1923 年没有吗啡输入，但含有吗啡的制剂输入许可数量为：

表 10 – 5　　　　　　1923 年含有吗啡的制剂输入许可数量

药品名	吗啡换算量（公斤）
パントポン注射液	15.456
パントポン粉末	75.000
パントポンスコパンミン注射液	9.288

---

① 丈量耕地面积。6 尺 3 寸为一间（约 191cm），一平方间为一步，30 步为一亩，300 步为一段（亦称"反"），10 段为一町（亦称"町步"），是为"町段亩步制"。
② 《鸦片委员会/鸦片年报第三卷》、《分割1》，JCAHR：B06150844400；B06150844600。
③ 同上。
④ 同上。

续表

药品名	吗啡换算量（公斤）
パントポン锭	8.020
合计	107.764

＊上表引自《鸦片委员会/鸦片年报第三卷》《分割1》，B06150844400；B06150844600。

表10－6　　　　　　1924年含有吗啡的制剂输入许可数量

药品名	吗啡换算量（公斤）
パントポン粉末	25.000
パントポン注射液	201.836
パントポン锭	4.005
パントポンスコパンミン注射液	4.800
スパースマルギン粉末	0.800
スパースマルギン注射液	0.300
スパースマルギン锭	5.000
合计	241.741

＊上表引自《鸦片委员会/鸦片年报第四卷》《分割1》，JCAHR：B06150844800；B06150845000。

日本虽大量生产吗啡，但依然不能满足其需要，还需要从国外进口吗啡盐，从上面的资料来看，仅1923年到1924两个年份，日本进口吗啡盐类349.505公斤。而日本吗啡的制造量更是惊人。

表10－7　　　　　　　1923年吗啡的制造量

制药厂名	所在地	鸦片产地	鸦片使用数量（公斤）	吗啡含有量（％）	吗啡盐（公斤）	吗啡含有量（公斤）	备考
星制药株式会社	东京	土耳其产	4002.500	12.77	170.734	119.607	
三共株式会社	东京	土耳其产	3553.703	12.235	560.000	423.107	

续表

制药厂名	所在地	鸦片产地	鸦片使用数量（公斤）	吗啡含有量（%）	吗啡盐（公斤）	吗啡含有量（公斤）	备考
三共株式会社	东京	土耳其产	176.168	12.235		12.755	转换盐酸海洛因为18.950公斤
大日本制药株式会社	大阪	土耳其产	3761.685	11.751	417.708	317.490	
大日本制药株式会社	大阪	土耳其产	1068.750	11.751		84.811	转换盐酸海洛因为126.000公斤
大日本制药株式会社	大阪	土耳其产	165.350	11.751		10.963	转换盐酸エケール吗啡为114.462公斤
大日本制药株式会社	大阪	土耳其产	28.123	11.751		11.921	转换盐酸コデイン为18.400公斤
计			12756.279		1148.442	980.654	

* 注：星制药株式会社由台湾移入粗制吗啡制造盐酸吗啡1859.547公斤。资料来源：《鸦片委员会/鸦片年报第三卷》《分割1》，JCAHR：B06150844400；B06150844600。

从表10-7的内容分析来看，仅1923年一年，日本就生产制造了吗啡1148公斤，除此外还有大量的盐酸吗啡的制造。

表10-8　　　　　　　　1923年盐酸吗啡的制造量

制造工厂名	所在地	吗啡盐制造量（公斤）	吗啡换算量（公斤）
星制药株式会社	东京	2030.271	1541.303
三共株式会社	东京	560.000	423.107
大日本制药株式会社	大阪	417.708	317.490
合计		3007.979	2281.900

备注：制造总数为3007.979公斤中，2596.113公斤作为海洛因盐、可卡因盐及チオニン的制造原料。

* 资料来源：《鸦片委员会/鸦片年报第三卷》《分割2》，JCAHR：B06150844400；B06150844700。

表 10－9　　　　　　　　1924 年盐酸吗啡的制造量

制造工厂名	所在地	吗啡盐制造量（公斤）	吗啡换算量（公斤）
三共株式会社	东京	612.419	465.438
星制药株式会社	东京	509.125	386.935
大日本制药株式会社	大阪	765.082	581.462
合计		1886.626	1433.835

* 上表引自《鸦片委员会/鸦片年报第四卷》、《分割1》，JCAHR：B06150844800；B06150845000。

从表 10－8、表 10－9 来看，1923—1924 年，日本共计生产盐酸吗啡 4894.605 公斤。日本在短短两年时间里，吗啡盐类的巨大生产量就呈现在大家面前。生产如此大量的吗啡盐类，然而其最终的去处却成为谜团。在以下输出方面的统计，可以成为其秘密走私的最好证明。

在输出方面，1923 年盐酸吗啡向中国输出 0.448 公斤，向俄罗斯输出 0.140 公斤，总计输出 0.855 公斤。①

1924 年向中国输出盐酸吗啡 1.188 公斤，向关东州输出 0.196 公斤，总计输出 1.384 公斤。②

从上面的统计内容来看，1923—1924 年两年时间里，日本方面总计向外输出 2.239 公斤，而此两年日本共计生产盐酸吗啡 4894.605 公斤，那么多余的四千多公斤的盐酸吗啡去哪里了呢？

表 10－10　　　　　　1923 年吗啡含有制剂输出许可数量

品名	吗啡换算量（公斤）	输出目的国
盐酸吗啡注射液	0.007	中国
同上	0.001	关东州
同上	0.002	俄罗斯
パントポン注射液	0.033	中国
同上	0.001	关东州

① 《鸦片委员会/鸦片年报第三卷》《分割1》，JCAHR：B06150844400；B06150844600。
② 同上。

续表

品名	吗啡换算量（公斤）	输出目的国
ナルコパン注射液	0.001	中国
パントポンスコポラミン注射液	0.010	关东州
同上	0.004	中国
パントポン	0.740	中国
同上	0.638	关东州
ナルコパン	0.003	中国
盐酸吗啡锭	0.005	中国
合计	1.445	

* 《鸦片委员会/鸦片年报第三卷》《分割1》，JCAHR：B06150844400；B06150844600。

表 10 – 11　　　　　　　　1924 年吗啡含有制剂输出许可数量

品名	吗啡换算量（公斤）	输出目的国
盐酸吗啡注射液	0.063	中国
同上	0.023	关东州
アロポン末	0.010	中国
アロポン注射液	0.033	中国
パントポンスコポラミン注射液	0.008	中国
同上	0.019	关东州
ナルコパン末	0.020	中国
パントポン末	0.080	中国
パントポン注射液	1.108	中国
同上	0.277	关东州
盐酸吗啡锭	0.004	中国
ナルコパン注射液	0.004	中国
ナルコパンスコポラミン注射液	0.011	中国
合计	1.656	

* 《鸦片委员会/鸦片年报第四卷》《分割1》，JCAHR：B06150844800；B06150845000。

根据表 10 – 10、表 10 – 11，1923—1924 年两年时间里，吗啡含有剂的输出总数也只有 3.101 公斤，这也证明日本掩藏了大量吗啡盐类的流向。

另外，还有吗啡盐类移出的记录，即 1923 年盐酸吗啡的移出为：向台湾移出 10.05 公斤；向朝鲜移出 8.025 公斤，合计为 18.075 公斤。① 1924 年向台湾输出 9.21 公斤；朝鲜 1.689 公斤；桦太 0.098 公斤，总计 10.997 公斤。②

表 10 – 12　　　　　　　1923 年吗啡含有制剂移出许可数量

品名	吗啡换算量（公斤）	输出目的国
パントポンスコポラミン注射液	0.234	朝鲜
同上	0.200	台湾
ナルコパン注射液	0.398	朝鲜
同上	0.136	台湾
パントポン注射液	0.173	朝鲜
同上	0.083	台湾
ナルコパンスコポラミン注射液	0.389	朝鲜
同上	0.088	台湾
盐酸吗啡锭	0.210	朝鲜
同上	0.028	台湾
パントポン	0.008	朝鲜
同上	0.007	台湾
パントポン锭	0.009	台湾
ナルコパン锭	0.009	朝鲜
アロポン	0.209	台湾
合计	2.181	

* 《鸦片委员会/鸦片年报第三卷》《分割 1》，JCAHR：B06150844400；B06150844600。

---

① 《鸦片委员会/鸦片年报第三卷》，《分割 1》，JCAHR：B06150844400；B06150844600。
② 同上。

表 10-13　　　　　　　1924 年吗啡含有制剂移出许可数量

品名	吗啡换算量（公斤）	输出目的国
ナルコパン注射液	0.239	朝鲜
同上	0.110	台湾
ナルコパンスコポラミン注射液	0.413	朝鲜
同上	0.189	台湾
パントポンスコポラミン注射液	0.107	朝鲜
同上	0.049	台湾
パントポン注射液	0.164	朝鲜
同上	0.164	台湾
盐酸吗啡注射液	0.334	朝鲜
同上	1.087	台湾
同上	0.001	桦太
盐酸吗啡锭	0.101	朝鲜
同上	0.021	台湾
アロポン注射液	0.008	台湾
パントポン末	0.480	朝鲜
同上	0.475	台湾
ナルコパン末	0.380	朝鲜
同上	0.475	台湾
スパースマルギン液	0.009	朝鲜
ナルコパン锭	0.075	台湾
パントポン锭	0.010	朝鲜
同上	0.014	台湾
エクスペクト锭	0.300	台湾
スパースマルギン锭	0.025	朝鲜
パントポンスエポラミン锭	0.006	朝鲜
合计	5.244	

* 《鸦片委员会/鸦片年报第四卷》《分割 1》，JCAHR：B06150844800；B06150845000。

从以上内容来看，即使加上移出的所有吗啡盐类及吗啡含有物，也与其生产的数量相差甚远，这部分的吗啡盐类其去向，非常值得关注。

3. 海洛因

除了吗啡类毒品外，日本还大量生产海洛因。

表10-14　　　　　　　　1923年海洛因的制造量

所在地	制造工厂名	制造数量（公斤）	吗啡换算量（公斤）
东京	三共株式会社	18.950	12.755
大阪	大日本制药株式会社	126.000	84.811
大阪	大日本制药株式会社	848.250	570.958
大阪	田边制药所	47.700	32.106
大阪	精萃制药株式会社	682.470	459.370
合计		1723.70	1147.245

*《鸦片委员会/鸦片年报第三卷》《分割1》，JCAHR：B06150844400；B06150844600。

表10-15　　　　　　　　1924年海洛因的制造量

制造工厂名	所在地	海洛因盐制造数量（公斤）	吗啡换算量（公斤）
大日本制药株式会社	大阪	175.350	117.485
田边制药所	大阪	237.742	159.287
精萃制药株式会社	大阪	1068.871	716.144
合计		1481.963	992.916

*《鸦片委员会/鸦片年报第四卷》《分割1》，B06150844800；B06150845000。

从表10-14、表10-15的内容来看，1923—1924年期间，日本共生产海洛因3205.333公斤。1924年的统计报告上记载是年海洛因的制造需要吗啡盐1444.930公斤为原料。另外，星制药株式会社从台湾总督府获得的粗制吗啡作为原料，制造盐酸海洛因957.458公斤（吗啡换算量842.563公斤）。[①] 上述统计资料也证明日本生产的大量吗啡盐类用来生产了海洛因。生产的海洛因其流向哪里？

根据所能查找到的资料，1923年盐酸海洛因输出为中国0.857公斤，

---

① 《鸦片委员会/鸦片年报第四卷》《分割1》，JCAHR：B06150844800；B06150845000。

俄罗斯 0.0105 公斤，总计为 0.8675 公斤。① 1924 年盐酸海洛因输出为中国 0.336 公斤，关东州 0.5 公斤，墨西哥 0.1 公斤，总量为 0.936 公斤。②

另外，还有海洛因的移出的记录，即 1923 年盐酸海洛因的移出许可数量：向台湾移出 23.0594 公斤；向朝鲜移出 2.5625 公斤，合计为 25.6209 公斤。③ 1924 年盐酸海洛因的移出许可数量：向台湾移出 27.519 公斤；向朝鲜移出 2.936 公斤；总计移出 30.455 公斤。④

从上述记载来看，其海洛因的输出量极少，总计不到百公斤，但这两年所生产的 3204 公斤的海洛因的去向不明。

4. 药用鸦片

表 10-16　　　　1923 年医药用鸦片含有制剂许可输入的数量

品名	医药用鸦片换算量（公斤）	输出国
ドーフルア散	310.755	英国
同上	105.5	德国
鸦片丁几	225	法国
同上	590.62	英国
同上	45	德国
合计	1244.875	

从表 10-16 来看，1923 年日本国内医药用鸦片的进口数量为 1244.875 公斤。当年医药用鸦片的制造是由"内务省大阪卫生试验所"进行的，共计生产 630.550 公斤，换算成纯吗啡为 66.207 公斤。⑤ 这样加起来，1923 年日本共使用 1855 公斤医药用鸦片。

而 1923 医药用鸦片输出情况为，向关东州输出 0.06 公斤。⑥

---

① 《鸦片委员会/鸦片年报第三卷》《分割1》，JCAHR：B06150844400；B06150844600。
② 同上。
③ 同上。
④ 同上。
⑤ 同上。
⑥ [日]《鸦片委员会/鸦片年报第三卷》《分割1》，JCAHR：B06150844400；B06150844600。

表 10 – 17　　　　1923 年医药用鸦片含有制剂输出许可的数量

品名	医药用鸦片换算量（公斤）	输出国
ドーフルア散	1.981	中国
同上	0.050	俄罗斯
鸦片乳糖散	0.008	中国
鸦片丁几	2.475	中国
同上	0.075	关东州
同上	0.075	俄罗斯
合计	4.679	

表 10 – 18　　　　1923 年移出医药用鸦片含有制剂的数量

品名	医药用鸦片换算量（公斤）	输出国
ドーフルア散	5.1607	朝鲜
同上	16.8865	台湾
鸦片吐根锭	0.1080	朝鲜
合计	22.1562	

从上述内容来看，1923 年日本向外输出的医药用鸦片（包括鸦片含有制剂）还不足 30 公斤。

表 10 – 19　　　　1924 年医药用鸦片含有制剂许可输入的数量

品名	医药用鸦片换算量（公斤）	输出国
ドーフルア散	392.2	英国
同上	280.674	德国
鸦片丁几	1823.9968	英国
同上	336.2202	德国
同上	31.680	瑞士
鸦片エキス	36.792	德国
合计	2901.563	

1924 年日本由在大阪的"内务省大阪卫生试验所"制造医药用鸦片

655 公斤，其换算为吗啡量为 65.5 公斤。①

从上述内容分析来看，1924 年日本国内医药用鸦片的进口数量为 2901.563 公斤。当年医药用鸦片的制造也是由"内务省大阪卫生试验所"进行的，共计生产 655 公斤。这样 1924 年时日本共使用 3556 公斤的医药用鸦片。

而 1924 年医药用鸦片输出情况中，向中国输出 0.1 公斤，向关东州输出 5.06 公斤，总计输出 5.16 公斤。②

表 10 – 20　　　　　1924 年医药用鸦片含有制剂输出许可的数量

品名	医药用鸦片换算量（公斤）	输出国
鸦片丁几	0.125	关东州
同上	3.335	中国
ドーフルア散	0.225	关东州
同上	2.550	中国
合计	6.235	

表 10 – 21　　　　　1924 年移出医药用鸦片含有制剂的数量

品名	医药用鸦片换算量（公斤）	输出国
鸦片丁几	16.405	台湾
同上	3.645	朝鲜
ドーフルア散	13.375	台湾
同上	4.485	朝鲜
同上	0.025	桦太
デシピウム（鸦片散）	0.500	
合计	38.435	

---

① 《鸦片委员会/鸦片年报第四卷》《分割1》，JCAHR：B06150844800；B06150845000。
② 同上。

从医药用鸦片输入及移出的统计数量来看，远远低于其生产额，余下部分的流向不明，这也是日本秘密走私鸦片的有力证明。

5. 可卡因

1923年日本粗制可卡因输入的数量为1874.599公斤。可卡叶的输入量为256223.700公斤。① 是年粗制可卡因移入的数量：30.150公斤。②

表10－22　　　　　　　　1923年可卡因的制造数量

所在地	制造工厂名	制造数量（公斤）
东京	江东株式会社	1325.250
东京	星制药株式会社	468.720
东京	三共制药株式会社	427.185
大阪	武田制药株式会社	968.850
大阪	盐野义商店制药所	123.615
合计		3313.620

而1923年盐酸可卡因的输出数量：向中国输出3.851公斤，关东州1.5340公斤，俄罗斯0.07公斤，总计3.455公斤。③ 1923年盐酸可卡因的移出数量：台湾24.790公斤，朝鲜19.525公斤，总计为44.315公斤。④ 其输出与制造的数量差距也极大。

1924年，日本粗制可卡叶输入的数量为376841.605公斤。从爪哇输入可卡叶的数量为258956.142公斤。从台湾移出可卡叶52702.650公斤。另外，还移入盐酸可卡因22.500公斤。⑤

---

① 《鸦片委员会/鸦片年報第三卷》《分割1》，JCAHR：B0615084440C；B06150844600。
② 同上。
③ 同上。
④ 同上。
⑤ 同上。

表 10-23　　　　　　　　1924 年日本可卡因的制造量

所在地	制造工厂名	制造数量（公斤）
东京	江东株式会社	1615.824
东京	星制药株式会社	813.012
东京	三共制药株式会社	842.690
大阪	武田制药株式会社	985.177
大阪	盐野义商店制药所	127.455
合计		4384.158

而 1924 年盐酸可卡因的输出数量为向中国输出 7.346 公斤，关东州输出 0.585 公斤，总计 7.931 公斤。① 1924 年盐酸可卡因的移出数量：台湾 70.564 公斤；朝鲜移出 13.84 公斤；桦太 0.305 公斤，总计 84.709 公斤。② 从上述资料来看，其输出与生产差距巨大。

6. 鸦片条约规定的其他药品

另外日本还有大量鸦片条约规定的含有鸦片或吗啡成分的其他药品的制造，其制造量如表 10-24：

表 10-24　　　鸦片条约中含有鸦片或吗啡成分的其他药品的制造

制品别	制造工厂	所在地	种类	鸦片使用数量（公斤）	吗啡含有率（%）	制造数量（公斤）	吗啡换算量（公斤）
ナルコポン粉末	ラチウム制药株式会社	东京	土耳其	910.874	12.158	136.631	68.515
アロポン粉末	大日本制药株式会社	大阪	土耳其	29.937	11.751	8.728	5.539
燐酸メコデイン	三共株式会社	东京	土耳其			7.430	4.891

---

① 《鸦片委员会/鸦片年报第三卷》《分割 1》，JCAHR：B06150844400；B06150844600。
② 同上。

续表

制品别	制造工厂	所在地	种类	鸦片使用数量（公斤）	吗啡含有率（%）	制造数量（公斤）	吗啡换算量（公斤）
燐酸メコデイン	大日本制药株式会社	大阪	土耳其	28.123	11.751	11.400 16.650	0.921 10.959
合计				968.934		170.839	88.425

* 《鸦片委员会/鸦片年报第三卷》《分割1》，JCAHR：B06150844400；B06150844600。

表2-25　　　　　1924年鸦片条约规定的其他药品制造量

制品别	制造工厂	所在地	制造数量（公斤）	吗啡换算量（公斤）
ナルコポン粉末	ラチウム制药株式会社	东京	104.788	52.394
アロポン粉末	大日本制药株式会社	大阪	6.517	6.111
燐酸可待因	大日本制药株式会社	大阪	25.725	16.979
燐酸コデイン	三共株式会社	东京	4.162	2.747
盐酸エチールモルヒネ	大日本制药株式会社	大阪	17.550	12.987
合计			158.742	91.218

1924年磷酸可待因的输入1067.472公斤，盐酸エチール吗啡118.900公斤。盐酸エチール码啡输出的数量为0.375公斤。盐酸エチールモルヒネ移出的数量为1.9175公斤；磷酸可待因输出的数量为11.761公斤；磷酸可待因移出数量为50.035公斤。这些基本都输出到中国大陆、中国台湾及朝鲜。[①]

四　台湾总督府新式毒品的制造贩售

不但日本国内生产大量新式毒品，各殖民地也生产各种新式毒品，但由于刻意掩饰与销毁，能留传下来的资料并不多，笔者仅从目前收集到的一些资料，将台湾总督府的吗啡类新式毒品的制造及贩售情况简单整理，以便以一管窥视

---

① ［日］《鸦片委员会/鸦片年报第四卷》《分割1》，JCAHR：B06150844800；B06150845000。

到台湾总督府在近代日本毒化东亚人民过程中的作用。

1. 鸦片烟膏类

台湾在 1923 年毒品的生产销售情况：原料鸦片输入为从波斯输入 24000 封度（10800 公斤）；欧洲产土耳其 77161 封度（34722 公斤）；亚洲产土耳其 8671 封度（3901 公斤）；英领印度产 24000 封度（10800 公斤），总计 133832 封度（60223 公斤）。① 原料鸦片输出为向欧洲土耳其 8640 封度（3888 公斤）。②

表 10 – 26   1923 年鸦片烟膏药用鸦片及其他的消费数量

鸦片烟膏吸食者	鸦片烟膏	药用鸦片	吗啡	可卡因	海洛因	吗啡盐类	可卡因盐类	海洛因盐类
39463 人	106949 封度（48126 公斤）	18 封度（8.1 公斤）	—	—	—	22.76 封度（10.2 公斤）	73.93 封度（32.3 公斤）	46.51 封度（21 公斤）

* 《鸦片委员会/鸦片年报第三卷》《分割 1》，JCAHR：B06150844400；B06150844600。

1923 年鸦片烟膏的消费量为 106949 封度（48126 公斤）。③ 1923 年时烟膏的价格为：一等烟膏每百匁为四十四日元；三等烟膏每百匁为三十三一元。二等烟膏已经停止贩卖。当时台湾人共有 3614207 人，在留中国人为 29368 人。④

2. 吗啡类

1923 年时，台湾制造鸦片烟膏 120732 封度（54331 公斤）。粗制吗啡 7117 封度（3202.7 公斤），由日本移入的吗啡盐类的数量为 14 封度（6.3 公斤）。另外，台湾总督府专卖局鸦片烟膏生产时，产生的副产品粗制吗啡全部转卖给日本内地的制药公司，粗制吗啡 7117 磅（3202.7 公斤）。⑤

1924 年移入的吗啡数量为 13.957 瓦。⑥

---

① ［日］《鸦片委员会/鸦片年报第四卷》《分割 1》，JCAHR：B06150844800；B06150845000。
② 同上。
③ 同上。
④ 《鸦片委员会/鸦片年报第三卷》《分割 1》，JCAHR：B06150844400；B06150844600。
⑤ 同上。
⑥ 同上。

表 10-27　　　　　1924 年日本内地移入的吗啡含有制剂

品名	パントポン	ナルコポン	アロポン	鸦片丁几	ドーフル散	总计
吗啡换算量	709 瓦	633 瓦	2 瓦	2109 瓦	1486 瓦	4938 瓦

＊此表来源于《鸦片委员会/鸦片年报第四卷》《分割 1》，JCAHR：BC6150844800；B06150845000。

表 10-28　　　　　　　1923 年吗啡的输出量

年别	品名	数量	移出目的国	与上一年相比增减
1922	粗制吗啡	5327 封度（2407 公斤）	日本	
1923	粗制吗啡	7117 封度（3203 公斤）	日本	1790 封度

＊上表引自《鸦片委员会/鸦片年报第三卷》《分割 1》，B06150844400；B06150844600。

1924 年向中国（台湾总督府开设的医院）输出吗啡盐类 124 瓦。台湾岛内总使用量为 14146 瓦。①

从以上分析来看，台湾总督府专卖局所生产出来的粗制吗啡类，全部都输送到日本国内，以制造吗啡盐类等新式毒品。另外，1924 年台湾岛内吗啡盐类的使用量高达 14146 瓦，这也值得深入研究。

3. 海洛因类

1923 年海洛因盐类的移入量为 38.19 封度（17.19 公斤）。②

1924 年海洛因盐类的移入量为 27981 瓦。③

1923 年海洛因的输出为向台湾总督府经营的医院输出トミラ海洛因盐 100 瓦。④

1924 年向台湾总督府经营的医院输出盐酸海洛因 150 瓦。岛内消费盐酸海洛因 22458 瓦。⑤

---

① 《鸦片委员会/鸦片年报第三卷》《分割 1》，JCAHR：B06150844400；B06150844600。
② 同上。
③ 同上。
④ 同上。
⑤ 《鸦片委员会/鸦片年报第四卷》《分割 1》，JCAHR：B06150844800；B06150845000。

4. 可卡因

表 10-29　　　　　1923 年可卡树的栽培面积位置栽培者

栽培地面种（エーカ）	位置	栽培者
35	台南州嘉义郡中埔庄社口	星制药株式会社
90	台南州新营郡白河庄竹子门	台湾生药株式会社
计 125		

*上表引自《鸦片委员会/鸦片年报第三卷》《分割1》，JCAHR：B06150844400；B06150844600。

表 10-30　　　　　1924 年可卡的栽培面积位置栽培者

栽培地面种（アール）	位置	栽培者
9797	台南州嘉义郡中埔庄	星制药株式会社
17897	台南州新营郡白河庄	台湾生药株式会社
计 37694		

*上表引自《鸦片委员会/鸦片年报第四卷》《分割1》，JCAHR：B06150844800；B06150845000。アール"为"エイル"、一平方エイル"等于"640I-カ"即 2.5899km²"

可卡因盐类的输出，主要是对中国台湾总督府经营的医院作为医疗用而输出了 3 封度。可卡叶 13000 封度移出日本内地制药会社。可卡因盐类由日本内地移入 46 封度（20 公斤 700）。[①]

表 10-31　　可卡因制造工厂名、位置与药品名别和制造数量

制造工厂名	位置	药品名别	制造数量	备考
台湾生药株式会社	台南州新营郡白河庄竹子门	粗制盐酸可卡因	55 封度	制品向岛内贩卖及预定移出到日本内地

*《鸦片委员会/鸦片年报第三卷》《分割1》，JCAHR：B06150844400；B06150844600。"一封度"等于 0.4536kg。

---

① 《鸦片委员会/鸦片年报第三卷》《分割1》，JCAHR：B06150844400；B06150844600。

1924年可卡因盐类，和台湾总督府经营的医院输出162瓦。可卡因盐类从日本移入18012瓦。①

小　结

虽然没有找到更多的资料，但从以上的现存资料中，也能看出日本在近代制造新式毒品，危害东亚人民的恶行。日本出版的《现代史资料》中自己也明确说"为确保军队侵占的占领地，将制药公司的或密造的麻药拿进去"。此书中更直言"所谓的渐禁主义，即是政策当局在政策制定前，主张表面上以法令、裁判等，来达到渐次断绝鸦片的吸食，但实际上，由日本人、朝鲜人、中国人等密造密卖鸦片、吗啡将其变空洞化、无法无天的状态"。

---

① 《鸦片委員会/鸦片年報第三卷》《分割1》，JCAHR：B06150844400；B06150844600。

第十一章
台湾鸦片事件

　　日本的吗啡最初都是从英国及德国进口的。第一次世界大战时,由于其使用量巨大,英法的生产量只能满足自己的需要,故吗啡的价格高涨,日本再也没有办法以进口的方式得到。而以星一为首的"星制药",在1915年末成为日本第一家研制成功吗啡并投入生产的企业。而星一本人与后藤新平有着很深的关系,故日本政府便将其制造权给予"星制药"。在此数年间,星制药垄断了吗啡制造业。由于吗啡具有很强的止痛功效,可以作为麻药来使用,因其在民用、军需及精神享受上,都可方便简单地使用,并且制造也相对简单,是一本万利的好东西。吗啡的巨大利润,使星制药在短期内成为日本国内大企业,这也引起了其他制药公司的妒忌,由此也引发了政党内部的相应连横。1925年1月,星制药被揭发进行鸦片的秘密走私,即为著名的"台湾鸦片事件"。"台湾鸦片事件"一审,判星制药有罪,后经历二审、三审后却以星制药无罪而结案。

一　星制药与后藤新平及日本政商界的关系

　　"星制药"即为"星制药株式会社",其创办人为星一。对台湾总督府而言,最重要的收入实为"鸦片副产物"的巨额增收。而此副产品生产商便是星一的星制药会社。星一(1873—1951年),福岛县磐城人,其父星喜三太曾任福岛县会议员。星一于东京商业学校毕业后赴美哥伦比亚大学留学,在美国留学期间,星一就关注日美之间的交流,着手办日文版《日美周报》报纸及英文杂志 *Japan and America*,以便让赴美的日本人了解美国。美国办报生涯，使星一与日本上层要员之间结下了深厚的人脉。1898年，星一从报纸上得知日本政界大佬杉山茂丸为设立日本工业银行所需要的大量外援来到美国时，星一主动拜访杉山并给予了尽可能的帮助。此后杉山数度赴美过程中，星一都陪其左右，为其搜集美国工商资料诸多。此缘让杉山对星一另眼相看，甚至视为至爱亲人。

当时在美办报的星一遇到经济困难，杉山于1902年春天时，将时任台湾总督府民政长官的后藤新平介绍给星一。当时后藤新平因"厦门事件"，觉得美国在占领菲律宾后，其势力可能向中国大陆渗透，担心美国成为日本在中国争夺殖民地的竞争对手，故希望到美国进行深入了解。星一作为留学美国的美国通，当然受到后藤的重视。当年4月，后藤新平就邀请星一随自己到台湾。当时星一在台湾停留了两个月，并到台湾各地进行了视察。6月，星一随同后藤新平，开始了后藤第一次赴美之旅。当时的随行者有星一的挚友台湾总督府殖产局局长新渡户稻造、参事官大内丑之助等人。

后藤此行以殖民政策相关视察为主要目的，星一就在芝加哥等地接待后藤，并向后藤提供了大量美国文明经验及产业方面的相关资料，并就日本的产业振兴等提出自己的见解。此行让后藤对美国等先进国家产业的发展有了深刻的认识。而陪伴其左右担任向导的星一，也与后藤新平结下了深厚的友谊，后藤不但资助星一5000日元作为其办报的资本，还确立了星一在后藤新平心目中"美国通"的地位，为日后星一的企业"星制药"与台湾的关系奠定了基础。

1906年，经过杉山茂丸的介绍，星一获得明治元勋后藤象二郎之子后藤猛太郎的400日元资金的援助，设立"星制药所"，以家庭常备药物作为主要产品，开始从事制药贩售事业。[①] 1907年夏天，星一实验自焦油中提炼鱼石脂（Ichthyol，消炎、止痛杀菌用药品）制造湿布药的方法。1908年，星一以无政党所属的"戊辰俱乐部"身份，参与议会众议员选举，并当选成为议员。

---

① 台湾学者刘碧蓉在其博士论文《日本殖民体制下星制药公社的政商关系》（博士论文，台湾师范大学政治研究所，2009年，第2页）中认为星制药成立的时间为1906年，但笔者在《星製薬株式会社（1）》（JACAR：C05035310200）中查到，其公司年鉴中所写成立时间为明治40年，即1907年。

1910年，星一以议员的身份，向时任内阁总理的桂太郎提出建议："日本的卖药业必须进行根本性的改革。制药业不能国营，但卖药业可以变成国营。与其奖励卖药业，不如由国家将卖药业收为国营，这样既可以改良卖药业，国家也可得到其收入。"① 此建议得到桂太郎的赞同。但当时的财政省认为比起卖药的国营来说，还不如先将酒进行专卖。故桂太郎与星一商定："星一的'星制药'在卖药国营的同时，其药品的制造也实施为国营模式，即可从事所卖药的制造。"② 从此时开始，星制药就开始享有"国营"企业的同行待遇。

资料记载，当时作为国会议员的岩下清州、片冈直温、木村省吾等，及松方幸次郎、杉山茂丸、伯爵后藤猛太郎等人，都匿名成为其会员，对星制药的制药及卖药事业给予援助。

后藤猛太郎是自由民权运动者后藤象二郎之子。他于1904年与杉山茂丸等人组成台华殖民合资公司，专门承办中国劳工赴台湾劳务之事项。③

岩下清州本为长野县的武士之子，东京商业讲习所的英语教师，1877年入三井物产，1883年转到巴黎服务。在巴黎期间，恰巧时逢伊藤博文、山县有朋、西乡从道及西园寺公望等人赴欧洲考察。岩下清州利用自己语言的长处，与他们结下了深厚友谊。后来，还与原敬、桂太郎、寺内下毅、山本权兵卫等日本政界人物结下了友情。1888年回国后创立品川电灯有限公司，1895年为三井银行大阪支店长。后与在大阪创立"藤田组"的藤田传三郎相识。1896年筹组资本金300万元创立"北滨银行"，首任总裁为藤田之兄久原庄三郎，岩下为专务，同时，该银行还聘请政友会的原敬、元东京大学总长渡边洪基为总裁。④

以上人士都是在日本政商上知名的大佬，诸如岩下清州即为北滨银行的行长。在他们的大力支持下，星制药快速扩张发展。1911年11月，登记为实际资本额12.5万的"星制药株式会社"，社长为星一，取缔役（董

---

① 《星製薬株式会社（1）》，JACAR：C05035310200。
② 同上。
③ [日] 大山惠佐：《星一評伝：努力と信念の世界人》，大空社1997年版，第110—120页。
④ 刘碧蓉：《日本殖民体制下星制药公社的政商关系》，第48页。

事）为后藤猛太郎、渡边享、名取和作等。① "星制药"的内部，以星一为公司总经理，安东荣治、菱田静治、福井为经营责任人，其内部由星三郎、大塚浩一、长井敏明来负责日常工作事务。

由于以上人等都与台湾有着或多或少的联系，故星制药很快就开展了在台湾的业务。1913年时在台北设立了台湾事务所。

星制药与台湾鸦片的关系始于1915年。1914年第一次世界大战爆发。这场战争对日本这样依赖进口的国家影响更大。大战开始后，日本最大的药品进口国德国禁止化学工业品输出日本，造成日本药品供应紧张，药价也随之高涨，对卫生医疗保健业带来很大影响。因此，日本政府于1914年8月由内务省发布"战时医药品输出取缔令"，规定如果没有内务大臣的许可，特许药品不能输出。9月，由东京、大阪两大制药同业工会共同组成"联合协议会"，向内务及财政两省提出"制药业特别保护""修改鸦片法""制药原料专卖盐特别处理"等建议书。

以上企业之所以提出修改"鸦片法"，是因当时战争爆发后，具有麻醉功能的药品需求量大增。这也使得原来仰赖欧洲，特别是英国进口的吗啡一时十分短缺，日本市场的吗啡价格高涨，医药界医而陷入恐慌。对此，日本制药界转而对台湾的粗制鸦片中的粗制吗啡产生兴趣，并透过政党及官界的人脉，以求得制造吗啡的原料。在众多的竞争者当中，星一凭借与后藤新平的深厚友谊，不但促使专卖局将生鸦片的主要产地自印度转到波斯、土耳其，同时也获准购买制药所制造后所剩余的粗制吗啡，并于1915年率先第一个试制吗啡成功，并正式与台湾总督府专卖局签订吗啡制造合同。

二　星制药与台湾总督府的密切关系

"吗啡"亦称"盐酸吗啡"。吗啡在加入acethylene进行处理后，即可成为"海洛因"。除以上药品外，可卡因的需求量也大增，可卡因别名"古柯碱"，是人类发现的第一种具有局麻作用的天然生物碱（C17H21NO4），

---

① 星新一：《明治の人物誌》，东京：新潮社1978年版，第190页。

为长效酯类局麻药，脂溶性高，穿透力强，对神经组织亲和性良好，产生良好的表面麻醉作用。可卡因的原料取自"古柯树"，古柯树的叶子含有尼古丁和可卡因、可待因等 14 种生物碱。星制药在研制成功吗啡后，又致力于可卡因的开发研制。

古柯树原生于南美洲的安第斯地区，1911 年总督府在其"林业试验场"试种植，1915 年时试种成功。星制药为了取得制作可卡因的原料，于 1916 年通过日本贸易株式公司，由南美的秘鲁输入古柯叶，又开始制造可卡因。1917 年时硫酸奎宁也经内务省卫生试验所检验合格，成为星制药生产的产品。

星一为了使制药公司有充足的原料，亦在台湾及南美秘鲁等地寻找土地进行大麻的栽种。星一从 1916 年开始在台南嘉义中埔庄社口从事大麻约 1 甲地（0.9699 公顷）的栽培。此后又购买南投 550 町步（545.6 公顷）、嘉义 180 町步（178.56 公顷）以及高雄潮州郡、知本知本番地等土地进行大麻的栽种。同时，他还派人到南美，在 1917 年以 15 万元购入秘鲁 500 町步（496 公顷）的土地作为大麻种植园。1918 年再以 34.5 万元买下秘鲁 30 万町步（约 29.76 公顷）的土地，以种植大麻。①

星一凭借其与日本政商界的特殊关系，很快就将其制药公司发展为现代化企业，特别是二百多部的制药机械，全部为引进的美国、英国、德国及法国中最优秀的近代化机器，使星制药凭借机械的完备、新颖，堪称日本第一、东洋第一的制药公司。②

更有甚者，星制药会社甚至提升到与三井物产、三美路商会同格，获得为专卖局购买生鸦片的特权。而星制药飞跃性成长的主因，关键就是以鸦片为原料制造吗啡的国产化。星制药的生产设备工厂，分为制药部与卖药部两大部分，而制药部下又分为四部，即：吗啡部、海洛因部、可卡因部及奎宁部。③

---

① 刘碧蓉：《日本殖民体制下星制药会社的政商关系》，第 56 页。
② 《秘露国ニ於ケル星一买入土地ニ関スル件》，JACAR：B04121140500；B04121140600；B04121140700；B04121140800；B04121140900；刘碧蓉：《日本殖民体制下星制药会社的政商关系》，第 53 页。
③ 《星製薬株式会社（1）》，JACAR：C05035310200。

政商关系密切的"星制药"在创立后不久，就在桂太郎的扶持下，成为日本国家制贩药的实验企业。随后在各政治大佬的公开或秘密扶持下，星制药获得了飞速的发展。星制药1907年最初以400日元的资金创立，1908年时资本金变成5000日元，1910年匿名组合之时，资本金已达2.5万日元，次年变成资本金达50万日元的有限公司。1913年时，资本金达100万元；1917年时，达200万日元；1918年500万日元、1920年1000万日元、1921年2000万日元，1923年时，资本金达到5000万日元。星制药在最初株主只有69人，1931年时，股东达到1万人。①

图3-2-4 星製藥株式會社十四大生物齡製品

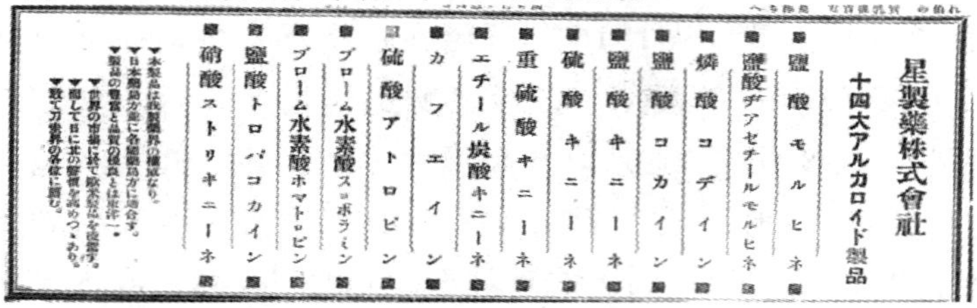

資料來源：《社報》1922年11月15日，期120。

图11-1 星制药所生产的盐酸海洛因类毒品的名称

星制药要想成为世界第一的盐酸吗啡制药者，其原料的充足供给，是极为重要的。星制药公司在台湾购买了800町步的土地，从1916年开始栽培古柯树，1917年在南美秘鲁购买500百町步的古柯树园，1918年又购买了31万町步的土地，1921年在台湾蕃地500町步，知本4000町步的土地，1922年开始奎宁树的栽培。

台湾总督府在公司奎宁树山附近开设了国营的奎宁栽培研究所，其研究所用之奎宁的种子及苗木都由星制药的奎宁树山供给。星制药计划在十年间完成1.2万町步的奎宁林的计划，另外以奎宁以外的植物栽培为由，另向台湾总督府申请了692310町步的土地租用申请。1923年时，星制药的奎宁皮开始采收，其收获量会逐年增加，预计十年以后，其每年奎宁皮

---

① 《星製藥株式会社（1）》，JACAR：C05035310200。

的收获量可达到7000吨。星制药当时计划以十年为期，使日本成为原料自给的世界第一的盐酸海洛因制造国。①

星制药在台湾的企业，也使总督府获得了巨大的收益。"大正3年度全专卖局收入仅1600万余圆，而后收益逐年增加，至本年度实已达到4600万圆，占总督府岁入之过半，特别是鸦片副产品收入及酒类专卖的创业，功不可没。"② 当星制药的用地申请程序进行之时，总督府对拓殖事务局长"有关休职池田专卖局长之件"的询问，曾答复如下：

> 鸦片副产物是由鸦片烟膏抽出过剩的吗啡，藉此以达成卫生上之目的。而以此种方式所产生的副产物，即吗啡之药品，从前需仰赖海外之输入，然当欧洲战争时，此种药品之输入几乎断绝。当此国家危机之际，为协助树立吗啡药品工业，星制药首当其冲，历经种种调查研究，因其内容有绝对秘密之必要，遂招来世间许多疑惑。然星毅然而然、不屈不挠，终得以制造出品质不劣于独占市场的英国之优良产品。因此，日本所需要之吗啡药品不但得以满足，而且尚有剩余。不仅如此，还使过去无价值的副产物成为有价值之物，带来预计之外的巨额增收。大正4年度以降纯收益实已达到700万圆。举例而言，大正4年度12万7千圆、5年度32万5千圆、6年度28万1千圆、7年度77万1千圆、8年度68万4千圆、9年度112万4千圆、10年度180万4千圆、11年度76万圆、12年度108万8千圆。将来每年继续确实获得百数十万圆收入，以国产品达成自给自足之地步，对总督府财政贡献甚大，其功绩伟矣。③

按照台湾总督府颁布的"鸦片令"中规定，鸦片主要是指生鸦片、鸦片烟膏及粉末鸦片。台湾的鸦片完全禁止出口，其进口的也不得由私人公司来进行，必须由政府所指定的公司及商号来进行。台湾生产烟膏所需要的生鸦片，主要从土耳其、波斯及印度等地进口，之后由台湾总督府制药

---

① 《星製薬株式会社（1）》，JACAR：C05035310200。
② 《故休职台湾总督府专卖局长池田幸甚勋章加授ノ件》，JACAR：A10112987800。
③ 同上。

所再生产而成。在总督府"鸦片令"还没有实施之时的1895年10月1日，就指令日本商号"三井物产公司"及英商"三美路"两家来购买台湾所需要的鸦片原料。①

"三井物产"起源于1673年，三井高利开设名为"三井越后屋"的吴服店（今三越百货）。此后三井高利又在京都、江户（东京）、大阪、长崎等地开设名为"两替屋"的钱庄，从事兑换、放款等金融业务，即为现在三井住友银行的起源。明治维新之前，三井家族为倒幕势力提供巨额资金，是日本明治维新的大功臣，因此三井也与长州藩阀井上馨及伊藤博文等人建立了密切的关系。1876年，三井家族开设了日本第一家私人银行"三井银行"，并成立了当时规模为日本第一的"三井物产公司"。井上馨曾在1887年成为三井的顾问，故三井也成为"政商三井"。由此，三井家族与明治政府发展出了一种互相支撑、互相利用的互惠关系，推动日本的经济与社会变革。也因伊藤博文及出任台湾总督的桂太郎、乃木希典、儿玉源玉郎及佐久间左马太等人，都出自长州藩，而使三井与台湾结下了深缘。

在总督府的授意下，1896年三井在台湾设立"台湾出张所"，很快就承接了台湾鸦片的进口业务。另外，总督府利用关税及专卖制度，将英商"三美路"排挤出去，使三井成为独占台湾鸦片原料进口的唯一商业。在总督府的大力扶持下，1898年时，"三井出张所"升格为"台北分公司"。

总督府利用"三井"控制了鸦片的进口，又以总督府制药所掌握了鸦片的生产。而初期日本在台湾实施的鸦片制度是所谓的"渐禁"，其目的按字面的意思应当是逐渐禁止。但总督府制度实施的目的并不是要帮助台湾人在短期内戒除鸦片烟瘾，而是追求高额收益，以帮助总督府摆脱经济困境。故台湾总督府的烟膏生产很快就出现了剩余。

总督府为了维持鸦片的稳定收入，开始向外拓展渠道。1900年，后藤新平向福建总督许应骙推销台湾的鸦片专卖经济，其目的就是为将台湾已经过剩的鸦片向中国市场推销。之后，台湾有鸦片向中国输出，但因其口味不适合而停止。其后不久，中国又开始了"鸦片十年禁绝计划"，在中国政府的努力下，鸦片市场逐年缩小。后藤新平深刻地感受到鸦片收入减少

---

① 《台湾鸦片志》，台湾日日新报社1926年版，第161页。

对台湾财政的影响，也曾向原敬提出要开发阿里山的森林资源，以取代鸦片在台湾经济中的地位。正当日本政界担忧台湾鸦片生产过剩之时，第一次世界大战爆发了，而星制药在此时研制出来的新型麻醉品，恰好取代传统的鸦片烟膏在经济上的地位。

1902年星一随后藤第一次来台湾。此后他便与台湾结下不解之缘，星一与台湾鸦片的渊源应当在他与后藤结缘之时。1913年星制药在台湾设立"星制药会社台湾出张所"。1912年星制药公司成立之后，他马上就派员到台湾来调查鸦片的市场。根据当时公司职员的调查，台湾的鸦片政策实施后，其吸食的人数是在逐年减少，但由于台湾种植罂粟没有办法满足制药所生产鸦片所用，故台湾专卖局还需要大量从国外进口生鸦片。

三 星制药与吗啡的研制与生产

星制药在早期是以胃肠药、感冒药、妇科药及小儿药等家庭常用药为主的化学制药公司。但由于星一与后藤新平及台湾总督府的特殊关系，使其制药公司有机会向收益更大的生物碱类生产发展。而生物碱主要是以草根、树皮及果实为原料，即罂粟、古柯树及规那树。罂粟可提炼出鸦片、吗啡及海洛因。古柯树叶可提炼出可卡因。规那树可提炼出奎宁。这些东西不仅可以用在医疗上，而且可以用在精神享乐上，特别是在战争中，其麻醉作用十分明显，需要量极大，而吗啡的生产是最关键的。

早在1913年时，星一就开始对台湾鸦片市场进行调查，但星一将制造吗啡计划在公司内部提出时，却遭到星一学生时代的挚友安乐荣治的反对。安乐认为提炼吗啡技术困难，不仅要有新式的机械，而且需要研发人员。星一以坚决的意志几次做工作，最终得到公司人员的支持，全力开始从台湾专卖局送到东京公司的少量粗制鸦片中提取粗制吗啡。星一从国外购入当时最先进的制药机械，并成立了由中岛藤吉技师长和其他数名药剂师及工人组成的研究团体，在星一指挥下，仅仅用了75天就研制成功。

吗啡的生产研制成功后，星一利用与台湾总督府的关系，希望台湾专卖局将其生产鸦片所提炼出来的粗制吗啡卖给星制药以进行大批量生产。1915年，星制药终于与专卖局订立了契约，但契约的前提是台湾总督府方面希望的星制药在台湾实现现地生产。星一为应和这一契约，在星制药台北事务所内建造了"吗啡精制所"，并从东京长途运来离心机，并派出长井敏明为技术总长，准备在台湾生产制造吗啡。

其实台湾方面早在1906年就开始着手粗制吗啡的研究，而负责此案的就是专卖局制造课的技师今福结藏。因为吗啡的萃取属于专卖局的秘密，除了负责研究的部门外，一般工作人员是无从知道的，以至于直到1915年时，内务省卫生局才有第一次盐酸吗啡的研究报告发表，故总督府希望星制药能在台湾建厂生产。但由于台湾方面机械落后，又由于台湾人吸食鸦片的习惯，星制药与专卖局方面都担心吗啡因雇用的台湾工人而私自流出，最终还是将"吗啡精制所"设于东京。

星一与台湾总督府专卖局的吗啡契约，得益于他与后藤新平的关系。星一之所以能成功取得医疗用盐酸吗啡的制造原料，主要是台湾总督府专卖局长贺来佐贺太郎采取了他的申请报告。星一在为报父仇而作的《人民孱弱，官吏强势》（《人民は弱し官吏は強し》）一书中，写到"贺来佐贺太郎对星一的提案表示欢迎，同意加以检讨而采用。不用说，促使这个提案得以施行的当然是后藤新平的助言。台湾的一切都是基于后藤新平时代的方针及计划进行的，而贺来正是这个系统的主流人物"[①]。

这段资料明白地陈述了由于后藤新平的介入，使得专卖局做出重大的采购改变。而此事还与总督府专卖局事务官、庶务课长兼脑务课长池田幸甚有着很大的关系，池田虽非后藤新平嫡系，然而却被视为贺来佐贺太郎的左右手，在专卖局与后藤新平势力、星制药之间密切关联的结构中，扮演了重要的执行者角色。[②]

星制药利用与后藤新平的良好关系，不但获准购买制药所生产吸食烟膏后所剩余的粗制吗啡，还获得与三井物产、三美路商会同格，且可以为专卖局购买生鸦片的特权。另外，星一还促使专卖局将生鸦片的主要购买主从东印度公司的英国转到土耳其。这使得在第一次世界大战后，自英国

---

① [日]星新一：《人民は弱し官吏は強し》，东京新潮社1978年版，第29页。转引自钟淑敏《殖民地官僚试论——以池田幸甚为例》第35页。
② 钟淑敏：《殖民地官僚试论——以池田幸甚为例》，《台湾学研究》第10期，2001年12月。

吗啡供应断绝的情况下，星制药的吗啡生产成为独占的事业。

1923年8月27日，星制药株式会社的星一社长向外务省的能商局长技系永井提出《拯救我日本现在遭遇的吗啡制造业的危机》《与有力的土耳其鸦片商签订长期的买卖契约》及《拯救台湾总督府、关东厅鸦片需要相联系的我国吗啡制造业之件》的建议书。

在《拯救我日本现在遭遇的吗啡制造业的危机》中，星一举证大量事实说明从日本吗啡制造开始后，英国对日本鸦片原料的有意刁难，认为日本的吗啡制造业，以现在的状况原料匮乏是必然出现的问题，因为世界最大的吗啡生产国的英国，为禁止日本吗啡制造业的发展，可以说倾尽了全力。另外，台湾总督府、关东厅等在使用印度鸦片以外的鸦片时，英国也是尽全力进行限制。①

星一在《与有力的土耳其鸦片商签订长期的买卖契约》的建议书中，提出在制药上最为重要的鸦片为土耳其产鸦片，所以与土方联络进行处理最为重要。星一坦承因为痛感其必要性，早通过美国从土耳其购买了大量的鸦片，并言"这是超过预定数量的鸦片"②。星一言：

> 1920年10月，与土耳其知名的鸦片制造商代表好伊次好鲁签订的契约。当时该社的纽约代表店商会的副社长来日本，但我国的方针却不允许此契约。纽约美国籍的土耳其鸦片商"优次西姆德兰"，与星制药在纽约代表有着极为密切的关系，另外与土耳其的"好伊次好鲁"也有着密切的关系。他们是能够见到"好伊次好鲁"的人。"好伊次好鲁"是土耳其最大的鸦片商人。星制药可以通过他，以美国为中介，与土耳其签订长期的鸦片契约，以保证日本部分的鸦片获得。如果本条约得以成立，那么我国的鸦片需要者就获得有利的地位，即使再购买本契约以外的鸦片，也会处于有利的地位。现在鸦片的需要量很大，如不能确立长期充足的原料供给，制造商就会不安，故必须缔结这个契约。故请阁下一定考虑批准。③

---

① 《17. モルヒネ》，JACAR：B11092154400。
② 同上。
③ 同上。

《拯救台湾总督府、关东厅鸦片需要相联系的我国吗啡制造业之件》中，星一还提出：台湾专卖局现在所采取的政策如果由我星制药来进行的话，台湾总督府及关东厅大部分的鸦片的供给都由我公司进行，这样我公司也可就此继续进行吗啡的制造。制药者所需要的鸦片，其吗啡的含有量稍多，甚至需要10%以上，而制造烟膏所需要用的鸦片，则含有7%就已经足够了。印度鸦片一般吗啡含有量为7%。台湾总督府需要吗啡含有量12%到14%的生鸦片，从其中提取粗制吗啡，其剩余部分再制造成烟膏。其粗制吗啡都卖给本公司做精制吗啡使用。①

星一又提出："如台湾专卖局的做法，由我公司购入吗啡含有量多的鸦片，除去台湾、关东厅要求程度以外的吗啡，再将鸦片交给他们，除去的吗啡部分再由本公司制成吗啡。依据这种方法，我公司能够向台湾专卖局提供极为廉价的鸦片，故台湾专卖局方面目前一点异议也没有，同时，也可以避免英国及其它国家对吗啡制造的责难。台湾专卖局制造粗制吗啡，可以缓解英国对台湾专卖局粗制吗啡制造的非难，可以将英国在东亚的商权转移到我们手里。台湾专卖局的真理也就是关东厅的真理。吗啡制造者所需要的，只是鸦片中的吗啡，台湾、关东厅所要的，是制药者所不要部分的吗啡含量。故依据这种办法，是可以共存在的，而官民协力一致的努力，是共存的原理存在，国家进步的前提。依据这个共存在原理所制造出来的吗啡，可以让世界更安定。这是因为本公司所具有的'阿鲁海洛因'的技术是世界第一的，其产品不论在品质还是价格上，都被世人所赞赏。如果现在依然采取放任的态度，早晚我国吗啡制造业将面临着原料不足而消亡。"②

虽然没有找到日本政府关于星一申请批复的文件，但从星一购入的鸦片清单中可以推测，日本政府采纳了星一的建言。1919年到1922年间，星制药共购入3518箱生鸦片，其具体情况见表11-1：

---

① 《17. モルヒネ》，JACAR：B11092154400。
② 同上。

表 11-1　　　　　　　1919-1922 年星制药购入鸦片情况

买入公司名称	箱数	封度
伦敦兰波商会	133	22320.75
纽约拉鲁夫爱鲁福拉公司	2331	385975.07
纽约强鲁斯菲斯汀公司	297	50531.00
芝加哥藩达雷奥公司	16	2564.25
纽约高峰商事会社	459	76734.25
东京欧亚产业会社	3	351.50
伦敦厦兰德会社	159	24484.00
纽约龙古西鲁维他公司	120	20000.00
总计	3518	582960.82

* 此表根据《鸦片事件辩论速记录》第 16—17 页的内容整理而成。

表 11-1 中所购入的鸦片基本上都是通过美国来进行，而这部分鸦片大部分都提供给台湾总督府专卖局。

以上 3518 箱的生鸦片，其具体的归属如表 11-2 所示：

表 11-2　　　　　　　　3518 箱生鸦片的具体归属

	横滨运出日	送出目的地	箱数
1	1919 年 8 月 22 日	台湾专卖局	109
2	9 月 15 日	台湾专卖局	7
3	10 月 15 日	内务省卫生实验所	70
4	11 月 23 日	台湾专卖局	158
5	11 月 7 日	内务省卫生实验所	18
6	11 月 22 日	内务省卫生实验所	56
7	12 月 25 日	内务省卫生实验所	18
8	1920 年 1 月 21 日	台湾专卖局	169
9	1 月 24 日	台湾专卖局	127
10	2 月 23 日	台湾专卖局	691
11	3 月 20 日	内务省卫生实验所	3
12	6 月 15 日	内务省卫生实验所	162

续表

	横滨运出日	送出目的地	箱数
13	7月29日	内务省卫生实验所	39
14	8月20日	台湾专卖局	374
15	9月13日	台湾专卖局	474
16	9月17日	台湾专卖局	109
17	9月29日	台湾专卖局	26
18	11月至次年4月	大连民政署	209
19	1921年1月11日	青岛民政署	1
20	1月31日	内务省卫生实验所	13
21	5月31日	基隆税关	702
22	10月21日	基隆税关	355
23	3月24日	浦盐	146
24	1922年2月9日	浦盐	97
25		不着	7
	合计		3518

* 此表根据《鸦片事件辩论速记录》第17—19页的内容整理而成。

在上记鸦片中，有2244箱的送达目的地为总督府专卖局。其中星制药从中获得的利益是十分巨大的。

表11-3　　　　1916—1921年日本进口之生鸦片的数量　　　（单位：公斤）

年份	土耳其产	波斯产	印度产
1916	37.45	13.95	
1917	498.15	354.15	1387.330
1918		4874.695	6168.935
1919	31133.55	10269.515	1271.225
1920	30371.85		
1921	11992.80（包括从台湾移入之土耳其产鸦片1091.6）		
总计	64124.80	15512.590	8927.510

从表 11-3 分析来看，日本生鸦片的进口产地，从英国控制的印度转向土耳其。这其中与星制药或许有着深刻的关系，所以星一才会向内务省上书，要求生鸦片全部从土耳其进口。

表 11-4　　　　　　　　　1921 年日本进口生鸦片的统计

种类	数量（公斤）	输出港口	输入港口
土耳其产	1563.5	纽约	横滨
土耳其产	2103.7	波士顿	横滨
土耳其产	2172.1	波士顿	横滨
土耳其产	1988.1	纽约	横滨
土耳其产	697.5	马萨诸塞	横滨
土耳其产	2376.3	马萨诸塞	横滨
总计	10901.2		

另外还从横滨港入台湾移入之土耳其产鸦片 1091.6 公斤。

*此表根据日本公文书馆所藏之《鸦片委员会/鸦片年报第一卷》（B06150843500）内容整理而成。

从表 11-4 来看，1921 年进口的生鸦片，全部来自土耳其，而且中间人是美国。除上述记载外，日本的《鸦片年报》还记载为制造吗啡、海洛因及可卡因所进口的鸦片 14165.619 公斤；医药用鸦片制造所使用的鸦片 1338.447 公斤；其他制剂所需用的鸦片 218.659 公斤。

这里非常值得我们注意的是，来自土耳其的都是生鸦片，而所谓的医药用鸦片，是不是单纯指粗制吗啡，笔者无从知道。如果从内务省修改的"鸦片法"中所使用的"药用鸦片"可能是指"粗制吗啡"，那么进口的医药用鸦片是什么，非常值得研究。即使其进口的医药用鸦片是粗制鸦片的话，也足以说明日本政府制造毒品所需原料之巨大。

星制药因制造盐酸吗啡获得了巨大的利益，并获得了长足的发展，这引发了同业者的妒忌。1917 年 7 月，大日本制药株式会社、三共株式会社及内国株式会社，向内务省卫生局提出吗啡制造权的申请。当时后藤新平任内务大臣，不得已命卫生局修改鸦片法，加上"制药用鸦片下放权"，并将吗啡制造法下放给这三家企业。

1917年8月，内务省公布省令第六号，即从是年10月开始，将制药用鸦片指定给大日本制药株式会社、三共株式会社、内国株式会社及星制药这四家企业来生产吗啡类麻醉品。内务省卫生局除吗啡制造法外，还从政府预算中拨出费用来给各企业以购买生产原料鸦片。日本政府计划每年进口鸦片4.5万磅提供给吗啡制造商，其中星制药、大日本及三共每家获得提供吗啡原料1.5万磅，内国获得2000磅。①

大日本、三共及内国都取得了吗啡制造法后，为了争取到更多的吗啡制造原料，1917年向台湾总督府提出希望得到台湾专卖局粗制吗啡，但并没有得到总督府的回应。

1919年，上述三家公司再次从内务省着手，由内务省次官小桥一夫召集台湾总督府专卖局长贺来开会，想让总督府将粗制吗啡分给这三家公司一部分。但贺来以星制药在创始时就已经投入许多资金及精力为由，拒绝了小桥的请求。②

贺来局长之所以有这样坚决的态度，可能与时任总督的明石元二郎有关。在明石出任总督之际，总督府粗制吗啡原料的供应已经提交到议会进行了讨论，甚至还有众议院议员及记者来寻求分享权利的可能性。星一为此专门去拜访了明石元二郎，向其表示星制药公司能有今天的特权，完全是早前不惜投下巨资进行开发，让吗啡国产化，对国家有贡献，这种心力，岂能任由外人夺去之理。③ 或许明石认为有道理，也许是顾及星一与后藤的关系，故总督府一直只将粗制吗啡转给星制药。因为台湾总督在台湾拥有绝对的权力，日本国内对此也无可奈何，故星制药一直把持着总督府专卖局的粗制吗啡。

四 台湾鸦片事件的爆发

所谓"台湾鸦片事件"是指1925年台湾总督府检察当局以违反"台湾鸦片令"的罪名，起诉"星制药公司"的社长星一、原星制药台湾办事处的监督木村谦吉、运输鸦片业者（山阴运输株式会社）关户信次三人的事件，便是著

---

① ［日］星一：《鸦片事件》，星制药会社1926年版，第12—13页。
② 刘碧蓉：《日本殖民体制下星制药会社的政商关系》，第101页。
③ 同上书，第56页。

名的"台湾鸦片事件"。

"台湾鸦片事件"中的犯罪事实是："星制药株式会社所有的土耳其鸦片702箱（86711斤）由八云丸运输，于1921年6月14日由基隆入港，20日全部入库于台湾仓库株式会社基隆私设保税仓库。相同的鸦片8箱（920斤），由佐贺丸运输，于同年10月5日由基隆入港；相同的鸦片347箱（44654斤），由云南丸运输，于同年11月1日入港，同月5日，上记二项之355箱鸦片入库于前记仓库。前702箱鸦片的入库申请人为星制药株式公社台湾出张所代理人林清波，另外355箱的入库申请人为平井正已。"①

上记入库的鸦片，星制药是怎样处理的？其出库事实记载为"前记鸦片1057箱中的1039箱，于1922年6月16日至1923年4月20日期间，分十五次，以星制药株式会社出张所代理人平井正已的名义，押回到'浦盐斯德'，剩下的18箱仍以平井正已的名义，运送到横滨"②。其具体时间及方式如表11-5：

表11-5　　　　　　　　押回到浦盐斯德的鸦片出库情况

年月日	箱数	重量（斤）	运输船名
1922年6月16日	200	24030.400	第十云海号
7月6日	57	7129.500	
7月26日	160	19852.070	增穗丸
9月7日	50	6246.753	平荣丸
9月23日	50	6246.753	平胜丸
10月3日	53	6523.377	凤成丸
10月4日	50	6675.880	顺利丸
10月23日	70	8600.680	伏见丸
12月20日	60	7335.100	神荣丸
12月21日	50	6121.590	振华丸
1923年1月9日	30	4.005.500	神荣丸
3月24日	48	6341.260	第七万荣丸（东利）

① ［日］《鸦片事件辩论速记录》，台湾图书馆影印制作，昭和17年，第1页。
② 同上书，第3页。

续表

年月日	箱数	重量（斤）	运输船名
4月5日	52	6869.347	第九万荣丸
4月18日	78	9.926.721	神荣丸
4月20日	31	3998.170	振华丸
总计	1309	129894.900	
运送到横滨的鸦片出库情况			
年月日	箱数	重量（斤）	运输船名
1923年5月14日	18	2391.350	湖南丸

* 此表根据《鸦片事件辩论速记录》第1—4页的内容整理而成。

以上为鸦片的出库记载，这些出库的鸦片之后的命运从表11-6中看出一些端倪。

表11-6　　　1057箱鸦片交易的种类及装运关系

交易番号	装运月日	买主	箱数	装运船名	契约地	备注
1922年（大正十一年）4月4日关户信次为提交鸦片从东京出发，18日到达台北						
第一	6月16日	郭天和	200	云海丸号	东京	
第二	7月7日	丸尾	57	阿姆哈斯	东京	
第三之一	7月26日	中泽	160	增穗丸	东京	
此间关户回东京，后再渡台，8月29日乘坐亚米利加丸到达基隆						
第四	9月7日	陈止润	50	第八平荣丸	东京	
第五	9月22日	曾仁村	50	平胜丸	东京	
第六	10月3日	黄溪卿	53	凤成丸	东京	
第七	10月4日	梁国之	50	顺利丸	东京	
第三之二	10月23日	中泽	70	伏见丸	东京	
此间关户于11月16日从基隆出发乘坐笠户丸返回东京						
第八	12月20日	姚土之	60	神荣丸	东京	
第九	12月21日	林木土	50	振华丸	东京	
第十	次年1月9日	黄溪卿	30	神荣丸		
第十一	3月24日	苏嘉善	48	第七万荣丸		

续表

第十二	4月5日	姚土之	52	第九万荣丸	
第十三	4月18日	苏嘉善	78	神荣丸	
第十四	4月20日	蔡海	31	振华丸	
	5月14日	内务省卫生试验所	18	湖南丸	此与本件没有关系
总计			1057		

* 此表根据《鸦片事件辩论速记录》第33—34页的内容整理而成。

从表11-6中可以看出，从基隆出港的这部分鸦片，其买主基本上都是中国人，由于国际鸦片条约禁止将鸦片输入中国，然而经这些中国人之手，将鸦片等再转运到大连、上海等地，日本政府就可以免于遭到谴责。这种迂回转进的做法，既可达到输入中国的目的，同时可以避国际舆论的谴责。① 而引发"台湾鸦片事件"的鸦片，即是自横滨保税仓库移到基隆的这1057箱鸦片。

1925年3月，检察官搜查了星制药公司在台北的事务所，5月15日，东京地方法院检事务又搜查了星制药公司、星一的住宅及关户信次的家，31日，星一出席台北地方法院之传唤，一审"判决被告星一罚金3000日元，关户信次、木村谦吉各罚金2000日元；另外追加罚金1265920日元。"②

此事件并没有因此结束，后经过二审，最终在翌年9月14日的第三审中，因事涉保税仓库与物品运送储存问题而判处罪名不成立，其理由为：被告等所为，已取得内务大藏省及台湾当局和相关官员的了解，以正当的理由输入鸦片，并不是秘密行为。③

虽然星制药最后被判无罪，但没有否认检察官起诉星制药走私鸦片的事实。而星制药所涉及的鸦片事件，便是在星一自鸣得意的日本、美国、土耳其三角（运销、决算）联盟下，购买超过数量的鸦片而产生的。④

---

① 《鸦片事件の真相》(《台湾南支南洋パンフレット》26，东京拓殖通信社1926年版，第7页。
② 《鸦片事件辩论速记录》，台湾图书馆影印制作，昭和十七年，第3页。
③ 同上书，第20页。
④ [日]星制药株式会社：《鸦片事件颠末》，星制药株式会社1926年版，第210页。

表 11 - 7   1921 年日本吗啡制造统计

所在地	制造所名	使用种类	使用鸦片数量（公斤）	吗啡含有量	吗啡换算量（公斤）
东京	星制药	土耳其产	3837.374	12%	527.333
东京	三共	土耳其产	4529.230	14.5%	668.9222
东京	内国	土耳其产	218.695	12%	26.239
大阪	大日本	土耳其产	5799.015	12%	729.380
合计			14384.278		1951.874

备注：星制药另外还从台湾移入粗制吗啡进行盐酸吗啡及盐酸海洛因的制造，其数量换算成吗啡5169.133 公斤。

* 此表根据日本公文书馆所藏之《鸦片委员会/鸦片年报第一卷》（JACAR：B06150843500）的内容整理而成。

表 11 - 8   1921 年海洛因制造情况

所在地	制造工厂名	制造数量（公斤）	吗啡换算量（公斤）
东京	星制药	498.038	527.333
东京	三共	28.010	32.952
大阪	大日本	140.580	148.850
大阪	武田	4.000	4.235
大阪	盐野	102.500	108.529
大孤	田边	130.600	138.282
合计		903.728	960.181

* 此表根据日本公文书馆所藏之《鸦片委员会/鸦片年报第一卷》（BC6150843500）内容整理而成。

表 11 - 9   1921 年可卡因的制造情况

所在地	制造所名	制造数量（公斤）
东京	江东制药株式会社	1499.850
东京	星制药株式会社	378.450
东京	三共株式会社	51.750
大阪	武田制药株式会社	320.400
大阪	盐野义商店（盐野义制药所）	74.250
合计		2324.700

* 此表根据日本公文书馆所藏之《鸦片委员会/鸦片年报第一卷》（B06150843500）内容整理而成。

从表 11-9 来看，星制药虽然独占台湾总督府专卖局的粗制吗啡，但其他各制药厂所生产的诸如吗啡、海洛因及可卡因的数量也不少，那么何以星制药会被检举？

五 台湾鸦片事件与日本政界的关系

星制药每年都要进口大量的生鸦片等原料，进行吗啡、海洛因及可卡因等的制造，但为什么会在 1925 年遭到检举，引发"台湾鸦片事件"？根据台湾学者钟淑敏的研究，认为其原因与日本国内政局有密切关联："第一，宪政党内阁为打击对手，正以'人事一新'为名扫除旧势力，星一与铃木商店的金子直吉一向被视为后藤新平的金库，为打击加藤高明首相长久以来的政敌后藤新平，鸦片事件正好提供了一个良好的机会。第二，1921 年左右星一因另外的渎职事件被传讯前后，关东州的鸦片特许商宏济善堂有一大笔资金去向不明，据说这笔资金被用来捐献给政友会，因为此事件，大连的民政署长中野有光与拓殖局长古贺廉造都遭起诉，引发世人对鸦片的关心。第三，在调查的过程中，贺来佐贺太郎与鸦片的秘密买卖有关的谣言满天飞，由于贺来既曾任专卖局长、总督府总务长官，又是日本参加日内瓦国际鸦片会议的代表，这一传言立即引发国际关注。第四，与加藤高明首相一起在贵族院'苦节十年'的伊泽多喜男就任台湾总督后，即表示要对总督府的人事大行更革，特别是被认为'后藤色彩'最为浓厚的专卖局，被严厉地检举渎职事件。"[①]

星制药虽在"一战"后才与台湾总督府专卖局因吗啡产生密切关系，但其社长星一早在 1902 年就与时任台湾总督府民政长官的后藤新平开始了密切的关系。

后藤新平本为医生出身，曾任日本卫生局的局长，是台湾鸦片政策的策划与执行者。为了将鸦片变成台湾总督府的专卖，1896 年日本编列预算 173 万日元设立了"台湾总督府制药所"，后藤安排卫生局的手下加藤尚志为台湾总督府民政局卫生课的课长兼制药所的所长，又将卫生局的技师阿川光裕、山田寅之助及鹰崎迁三、渡边学之等人派到台湾，就任总督府民政部卫生课职员。其

[①] 钟淑敏：《台湾总督府的对岸政策与鸦片问题》，台湾省文献委员会整理组编：《台湾文献史料整理研究学术研讨会论文集》，台湾省文献委员会 2001 年版，第 223—254 页。

后又派遣山口五太郎、川岛浪速、石本锁太郎、青木乔、佐佐木安五郎、羽田五郎等人为巡察员,来监督管理台湾各地鸦片专卖及吸食情况。这些人都参与到了台湾的鸦片专卖实施活动中,积累了丰富的经验,诸如石本锁太郎、川岛浪速,后期为满洲等地的鸦片制度献力,成为后藤新平后期整个殖民地鸦片政策的有力支持者。

后藤于 1898 年就任台湾总督府民政长官之时,他的人脉已经控制了总督府制药所。而他所主导的所谓渐禁政策中的鸦片专卖的收益,在日本统治台湾最初的几年中,稳定了台湾经济,帮助台湾脱离日本财政的帮助获得了财政独立。同时,在鸦片收益不减反增的情况下,又使得表面上台湾的吸食鸦片的人数大量减少。后藤因台湾鸦片专卖制度的成功,在 1902 年获得了明治天皇的"勋二等旭日奖章"。1906 年后藤传任满铁总裁。后藤又将台湾成功的鸦片专卖制度,借助石本锁太郎等人之手,成功转移到中国东北。

1908 年,在桂太郎组阁后,后藤辞去满铁总裁,回到日本担任内阁的递信大臣并兼任铁道院总裁。这样后藤不但掌握了满铁的监督权,也负责全日本的铁路铺设的大权。由于日本政界本存在长州阀与政友会两大势力的矛盾,而属于长州阀的后藤,无法忍受以原敬为代表的政友会对满铁人事的安排,后随着第三次桂太郎的下台,后藤辞官成为自由人。

而日本在中国东北的鸦片政策,主要是后藤依赖原台湾的鸦片人脉的石本锁太郎等人,石本因后藤的介绍加入到了星制药株式会社,成为该会社的董事,来协助星制药制造鸦片事宜。当时,星一因"一战"对麻醉类药品的急迫需求,认识到了诸如盐酸吗啡等生物碱类的商品化对日本扩张的重要性。随后,星一借助后藤、石本等关系,获得在台湾粗制吗啡许可。

日本在关东厅的鸦片特许权最初是由中国人潘国忠来承办的,后来后藤新平将之收归到关东都督府,并任命石本为特许专办,1915 年又将特许权交给大连政署所在地的所谓的慈善机关"宏济善堂"。

1919 年 2 月 14 日,《纽约时报》刊登一篇《谴责日本人走私》的报告,此报告引发了日本国内政党间相互攻击的话题。1921 年"宏济善堂"又有一大笔资金来路不明,据传是捐献给政友会的政治献金。当时关东厅民政署长中野有光及原敬内阁的拓殖长官古贺谦造都被起诉,后因古贺被判有罪,从而引发了人们对鸦片走私的关注。

后藤新平随调任满铁总裁离开了台湾，但后藤在台湾的人脉得以继存。佐久间总督之后，由安东贞美、明石元二郎接任，其民政长官则为内田嘉吉及下村宏。内田曾蒙后藤的提拔才担任拓殖局的部门管理之职，而下村宏曾留学德国。可以说，不论总督还是民政长官都与后藤有着良好的关系。

故星制药因"囤积"鸦片而被告发绝非单纯的偶发事件。以星制药与台湾专卖局的关系，如果没有有势力的政党的支持，伊泽多喜男总督或许没有清查专卖局积弊的勇气。而专卖局与星制药另外的关系是通过专卖局高等官夫人们为会员的"台湾妇人慈善会"。早在佐久间总督讨伐台湾蕃地之时，星制药就于1913年提供5500包、1914年提供13000个赠予药品，提供给台湾妇人慈善会，再由妇人会统一交给总督府。①

星制药之所以被揭发，与宪政党的政策有密切关联。台湾钟淑敏研究认为："以星制药与妇人慈善会、专卖局间的密切关系而言，事件被暴露的可能性极低。公司的董事安乐荣治就作了极清楚的说明。安乐是星一自留美时代以来的亲友，他表示：'台湾总督府的高等官之握有公司的股票，始于明治45年本公司募股以来，至今在股东名册上仍然有其家属的名字。'星制药之所以获得鸦片方面的特许，固然是后藤新平之斡旋，然而由专卖局官员与星制药的密切关系来看，特权的获得毋宁说是自然的。而且，在星一争取获得总督府的吗啡原料前，台湾妇人慈善会从星制药获得3200股股份（总额3万圆），而专卖局的高等官也有20余名列名于股东名册。星一在与专卖局官员、与后藤新平派系密切关系下获致巨大利益的同时，不可避免地引起同业的侧目。在1918年召开的第41回帝国议会中，宪政会议员便为妇人慈善会持有星制药股份一事，质问列席的下村宏民政长官。其后，妇人慈善会及总督府的高官们才不敢列名于股东名册上，而改以家族名义持股。"②

台湾的后藤新平人脉非常强大，在后藤离台之后也得以延续成为主流派。及至安东贞美总督时期，由于吃冷饭的人所累积的不满情绪，终于爆发了1917

---

① 《慰问品发送爱妇人会台湾支部》，《台湾日日新报》，1913年7月23日第7版。转引自刘碧蓉《日本殖民体制下星制药会社的政商关系》，第114页。

② 钟淑敏：《殖民地官僚试论——以池田幸甚为例》，《台湾学研究》第10期，2001年12月，第37页。

年 6 月的所谓"不正谈合事件",此事件对台湾政财两界都造成极度震撼。① 星制药之所以被检举,是因为星一与铃木商店的金子直吉一向被视为后藤新平的金库。宪政党内阁为打击加藤高明首相长久以来的政敌后藤新平,以"人事一新"为名扫除旧势力,星一"囤积"鸦片也正好为其提供了一个良好借口。

小　结

台湾鸦片事件其起因虽为星制药公司私卖鸦片,违反了台湾鸦片令,但其实质即是由星制药新式毒品吗啡类的研制生产,其巨大利润而引发日本内部制药企业间竞争,从而将矛头指向曾担任台湾总督府民政长官的后藤新平,引发日本政府内部各派系之间的斗争。这从另外一个侧面,反映了台湾鸦片制度对日本内地政商界的影响。

---

① 钟淑敏:《殖民地官僚试论——以池田幸甚为例》,《台湾学研究》第 10 期,2001 年 12 月,第 39 页。

第十二章
民众党及台湾人民的鸦片反对运动

日据台湾时期总督府的鸦片政策,是日本殖民榨取台湾最显著的特点之一。日本对其本国,早就发布禁烟令,并订有刑典,与各国之间亦订有禁止政府以外之鸦片输入的条例。但在殖民地台湾,却以"仁慈恩典"为名,采取了"渐禁专卖制"。而台湾人民自鸦片政策实施开始,就展开了大规模的反对运动。初期"飞鸾降笔会"的禁烟运动,以台中县为中心,很快扩展到南台湾,使"总督府非常震惊,在台南县开始压制,运动虽然最终被迫溃散,但此运动却成为总督府专卖局官吏的梦魇"[①]。此后,随着台湾民族民主运动性质的转变,又出现了以民众党为中心,台湾各界的反对鸦片新吸食特许运动。这两次鸦片反对运动,在形式上各不相同,前者带有着浓厚的宗教迷信性质,故很快被总督府镇压下去,而后者则运用现代医学知识,并寻求国际联盟的支持,因此,对总督府鸦片政策的影响,也更加显著。由于受篇幅所限,本章只对后期民众党及台湾人民的鸦片反对运动进行论述。

一 国际鸦片问题及总督府鸦片新特许令的出台

甲午战争后,由于列强在中国划分势力范围,使中国人民开始觉醒,变法自强成为社会潮流,禁烟运动也包括在其中。在清末新政时期,由于中国社会各阶级普遍认识到禁烟的迫切性,因此禁烟呼声再次高涨。同时

[①] 《台湾鸦片専売制の展開過程》,《社会科学研究》第44卷第1号,早稲田大学アジア太平洋センター,1898年9月30日,第1页。

国际社会也普遍认识到鸦片的危害性，不断谴责英国对华鸦片贸易政策。

1877年，一些长期居住在中国的传教士，深深感受到他们的国家将鸦片大量输入到中国，带给中国人民的严重灾难，这与他们所传扬的宗教精神非常悖逆，所以他们在当时召开的外国传教士大会中，公开呼吁各国停止对中国的鸦片输入："鸦片贸易虽非违法……而实有害于中国。印度、英国及其它从事鸦片贸易之国家……使中国人士大夫生一种怀疑恨恶的心理，而大为传教之障碍。因此本大会深愿迅速停止鸦片贸易……本大会……并当反对任何阻碍中国政府限制或禁止吸食与鸦片贸易之行为。"[①]

迫于舆论的压力，英国对华鸦片贸易政策也有所松动。清政府在国内外禁烟时机都已成熟的条件下，毅然发动了清末禁烟运动。

1906年9月20日，清政府颁布禁烟上谕："自鸦片烟弛禁以来，流毒几遍中国，吸食之人，废时失业、病身败家。数十年来，日形贫弱，实由于此，言之可为痛恨。今朝廷锐意图强，亟应申儆国人，咸知振拔，裨祛沉痼而踏康和。著定限十年以内，将洋土药之害一律革除净尽。其应如何分别严禁吸食，并禁种罂粟之处，著政务处妥议章程具奏。"[②]

此谕旨登载于邸抄，并转载于各家报纸，清政府决心禁烟的消息很快传遍国内外。同年，驻华的各国传教士，为了支持清政府的新政，表示反对鸦片之决心，1300多名传教士联名，请中国政府加强禁烟政策。1907年1月，更联名发表致英国政府的公开信，直接指责鸦片贸易的不当，其主要内容如下：

一、英国将鸦片输入中国的行动，将危及英国在中国的贸易，且使中国人心理上对英国臣民及英国势力怀有甚深的敌意。

二、……以供给中国鸦片来谋求贸易上的利益，有损夙奉基督为尊的一大强国的颜面。

三、英国国民崇信，英国应与此世界共同之灾祸断绝关系，不再染指不净之财，并以此为重要义务。[③]

---

① 于恩德：《中国禁烟法令变迁史》，台湾文海出版社1973年版，第118页。
② 朱寿朋：《光绪朝东华录》（第五册），中华书局1984年版，第5570页。
③ 刘明修：《台湾统治与鸦片问题》，李明峻译，前卫出版社2008年版，第139页。

此时，英国经济对鸦片贸易的依赖已经有所减弱，有一些议会议员也认为鸦片贸易有损于英国的名望，故而反对继续对中输出鸦片。迫于国内外压力，英国政府改变了鸦片政策，于1907年与中国缔结了《中英鸦片协定》。

美国也积极倡导在上海邀请有东方属地的国家，举行国际鸦片会议："竟诚恳求凡在远东有属地之各国，对于其属地内之烟店，如尚未施行断然处置办法者，及早仿行其它国家已采行之步骤而封闭之。"①

在这样的历史背景下，1909年2月，在中国上海召开了第一届鸦片会议。会议中美国代表力陈鸦片毒害给各国人民带来的灾难，并提出除正当药用目的以外，应绝对禁止鸦片的使用。而鸦片贸易最大国英国强烈反对，并将责任推给中国："英国鸦片贸易存在的基础，是因有消费国之故，因此关键在于消费国的自觉。"② 会议在美、英强烈对立下，通过了全文九条的《国际鸦片会议决议书》。③ 会议的决议案虽无强制性，但还是对世界产生了很大的影响。

此后，国际社会于1911年12月1日、1913年7月1日、1914年6月15日，在海牙分别召开了三次国际鸦片会议，成立了国际鸦片咨询委员会，并规定各缔约国每年须向国际联盟提出统计年报，以掌握世界鸦片及毒品制造、分配、消费的情况，并察知各国取缔鸦片的大致情形。而在这几次鸦片会议上，日本与英国都成为各国批判的对象。日本外务省对此曾记录如下："我帝国在鸦片问题上，向来立于极端不利的地位，被宣传为屡使中国鸦片泛滥的主因。"④

日本为了挽回自己的国际声望，洗刷前几次在鸦片会议上的污名，在1924年11月4日日内瓦召开的国际鸦片会议上，派出了强大阵营的代表团，其中曾任台湾总督府专卖局局长的贺来佐贺，也将自己撰写的《日本帝国鸦片政策》一书，送给各国代表。

---

① 于恩德：《中国禁烟法令变迁史》，第119页。
② 《华盛顿会议参考资料第一号鸦片问题》，JACAR：B06150945500。
③ 《鸦片二関スル条约及决议集》，日本外务省条约局，昭和12年版，第1—6页。
④ 《鸦片会议の解说》，国际联盟国协会大正14年版，第30页。

该书从日本幕末采取鸦片严禁政策开始，着重论及在台湾所实施的鸦片渐禁政策，认为台湾之专卖制度，基本已经达到渐禁之目的："台湾以明治四十一年末后，尔来未当新予认可，而此等瘾者数已渐次递减，不但不污者而犯禁者也在减少，内地人固不待言，年轻台湾人亦已全无此习癖所困。以此趋势不久之将来，当可如所预期行见瘾者绝迹。"①

日本此举，虽缓解了委员们对台湾鸦片制度的批评，但并没有改变对日本人参与中国鸦片走私贩卖的指责。日本为了摆脱困境，开始谋划对台湾鸦片制度进行修正，以示自己为负责任的国家，来提高国际形象与地位，故提出"对台湾的鸦片制度，可考虑修改为不违反条约的样式"②。

日本为什么有这样的想法？刘明修的研究认为："虑及当时鸦片收入只占台湾岁入的3.7%，与以前相比实降低不少，所以日本政府才会做出此种决定。"③ 笔者并不认同刘明修的观点。

表 12-1　　　　鸦片特许吸食人数、各年制造烟膏的价格、
　　　　　　　　鸦片专卖收入的对比情况　　　　　　　（单位：元）

年份	特许吸食者人数	各年烟膏价格	各年鸦片专卖收入
1897	54597	1539776.034	1640213.276
1898	95449	3438834.167	3467334.089
1899	130962	4222224.170	4249577.595
1900	169064	4234843.005	4234979.565
1901	157619	2804141.340	2804894.264
1902	143492	3008386.015	3008488.015
1903	132903	3619217.020	3620335.900
1904	137952	3714211.405	3714012.995
1905	130476	4206524.255	4205830.595
1906	121330	4395496.505	4433862.705
1907	113165	4461485.595	4468514.730

---

① 《鸦片会议の解説》，第32页。
② 《華盛頓会議参考資料第一号鸦片問題》，JACAR：B06150945500。
③ 刘明修：《台湾统治与鸦片问题》，李明峻译，第171页。

第十二章 民众党及台湾人民的鸦片反对运动　253

续表

年份	特许吸食者人数	各年烟膏价格	各年鸦片专卖收入
1908	119991	4614871.765	4611913.620
1909	109955	4671282.035	4667399
1910	98987	4844533.755	4674343
1911	92975	5501448.595	5501548
1912	87371	5262605.795	5262685
1913	82128	5289495.310	5289595
1914	76995	5226437.580	5226496
1915	71715	5676874.602	5870408
1916	66847	6159450.486	7132520
1917	62317	6694998.660	7970107
1918	55772	6650764.281	8105278
1919	54365	6947322.249	7641654
1920	49013	6721647.660	6719958
1921	45832	6001680.510	7533625
1922	42923	5449345.440	6440441

* 此表根据日本国立公文书馆所藏"台湾总督府统计书"第1—25回之鸦片、财政相关内容整理而成。具体档号为 A06031501500、A06031501600、A06031501700、A06031501800、A06031501900、A06031502000、A06031502100、A06031502200、A06031502300、A06031502400、A06031502500、A06031502600、A06031502700、A06031502800、A06031502900、A06031503000、A06031503100、A06031503200、A06031503300、A06031500100、A06031500200、A06031500300、A06031500400、A06031500500、A06031500600。从第13回统计书（A06031502700）开始，鸦片收入以元为单位。

从表12-1分析来看，自1897年鸦片专卖制度实施以来，除1901年因降笔会的影响，鸦片收入较前相比有所降低，其后逐年递增，鸦片专卖已经成为总督府的重要财政手段之一。特别是进入大正之后，总督府将鸦片烟膏秘密外销，同时生产粗制吗啡、海洛因等毒品，使得台湾鸦片收入更上一层楼。当然由于总督府的经营，台湾各项事业基本步入正轨，鸦片收入在财政上的意义，较日本据台初期的前十年，确实是有所降低，但这并不是修改鸦片制度最重要的动机。

笔者认为，日本在第一次世界大战后，其国力达到前所未有的程度，为了实现其更远大的战略目标，首先必须提高国家的国际威信，因此考虑将台湾的鸦片专卖制度，进行小幅度的修正，使之符合《日内瓦第一鸦片条约》的规定，这样日本即可摆脱在鸦片会议上的窘境，又可获得国际社会的好评，故日本积极地参与该次会议的国际鸦片条约，并签署了"在人道之基础，且为增进各国民之社会的及道德的福祉，为迅速达成禁止使用及吸食之鸦片起见，尽一切手段予以执行"[①] 的协定，并主动邀请国际联盟调查员，到日本等地进行调查观光，以期"收买"调查人员。

日本在1924年日内瓦国际鸦片会议中签订的条约，对其殖民地台湾具有直接的效力。由于其将在1928年12月28日起生效，故总督府在其生效之时，不能对此置若罔闻。为绝世人之口，又不打破"渐禁主义"政策，以禁绝为烟幕，对旧的"鸦片令"进行了再修正。

总督府于1928年12月28日，以律令第三号，公布了修订后的"新鸦片令"。其中最重要的变动为，第四条第三项加入："输往台湾以外地区之生鸦片或药用鸦片，若具备输入国政府之输入证明书，且获认定无不正当使用之虞者，将准其在台转运或取道台湾。"第七条前半，修改为："鸦片烟灰除为政府收购外，不得买卖、授予及持有。"第八条修改为："不得开设或经营鸦片烟馆。"第十条修改为："台湾总督府为矫正鸦片烟膏吸食者之习癖，得施行必要之处分。处分上所需之费用负担，依相关规定办理。"[②]

新修订的"鸦片令"在原则上规定"不准吸食鸦片"，并禁止开设鸦片烟馆，这意味着台湾将要关闭所有的鸦片烟馆。如果单纯从字面上看，这比较旧的"鸦片令"确实有相当的进步。但在新"鸦片令"第二条"不准吸食鸦片"下，却有一项说明："但本令施行前之鸦片瘾者、由总督特许吸食而吸食、政府发售之鸦片烟膏者不在此限。"[③]

分析这项说明即可看出，新修正的"鸦片令"，具有明显的装饰性，对已经持有牌照的吸食者，实际的影响并不大，仍旧可以照章购买吸食，而对少数依靠购买走私鸦片烟者，更无大碍。而总督府的真意，在于借助"新鸦片令"网罗新的吸食者，这样即保证经济上收入的稳定，也可对国际

---

① 《華盛頓會議參考資料第一號鴉片問題》，JACAR：B06150945500。
② 《台湾鸦片令改正律令案》，JACAR：A01200587400。
③ 同上。

鸦片会议有所交代。但此"新鸦片令"颁布后,台湾各地的申请反应冷淡,连总督府官方报纸,也以《无端的误解使申请鸦片吸食新特许几近停滞》①为题进行报道。

为了先期让民众了解总督府的新鸦片政策,1928 年 12 月 18 日,石井警务局长发表新特许方针的声明,其内容如下:

即日施行改正鸦片令之要旨,在于明瞭对改正令施行前之瘾者,限于不得已而许其吸食者外,其他一般人绝对不许吸食之精神,对于密吸食之违反者,废止向来之选择刑(可以罚金代替)而得以惩役,如有必要,亦可用行政处分矫正其瘾癖,以此方策绝对防止瘾癖之传播,一俟改正令施行前之瘾者绝灭,以达成本制度之目的。

然而精察鸦片密吸食交易违反等事实,现吸食特许者以外,仍有不少瘾者之潜在,乃系不难想像之事实。对现已陷入病之习惯此等多数瘾者,临以改正令下之严刑,不但人道上有所不忍,亦非本制度之意愿,事实上仅依刑罚之效果,以期矫正此等全部瘾者,实属不可能,欲肯执行矫正处分之方法,而网罗瘾者亦有困难自不待言。但如若放任此等瘾者之自然绝灭,对于久有光辉之本制度,不无遗留暗影之虞,断不可行,为一扫暗翳,符合本制度宗旨起见,改正令对从前之特许者以外,同令施行前之瘾者特许其吸食之精神,亦不外欲善处此间之事情也。

兹际改正令施行之机,调查施行前之瘾者,对于不得已吸食者特许其吸食,对于年少而瘾较轻者,因特许之结果,反有迟延其禁断之期者,则使其在各地方之官立医院,受矫正治疗,以资救瘾而速其断禁。希各位以当局之意为谅,使一般周知,凡密吸食瘾者,此际自动声请吸食之特许,或作矫正治疗为要。又改正令所规定之同令施行前瘾者,系以今次调查认定为瘾者限,是故今后绝无再有特许吸食之机会,此点希加注意。为享乐而吸食者,虽经呈请,亦必加以排除,但真正瘾

---

① 《飛んでもない誤解から出願を渋って居る鴉片吸飲新特許令》,《台湾日日新報》昭和 4 年 12 月 5 日。

者，则希能无遗漏报名声请，俾能完全网罗，切望报界赐与帮忙为幸。①

从石井的特许说明中可以看出，总督府明确知道存在着大量的秘密鸦片吸食者，也承认存在着鸦片的秘密交易。另外，从石井在此后所做的《警务局长关于鸦片令改正所做的说明》②中，也再次印证了总督府鸦片政策中存在的盲点。

另外，资料也证明，即使不吸食鸦片者，也可申领到鸦片吸食特许牌照。著名民权运动领袖林献堂，也申领了鸦片特许牌照："十一时余命成龙持烟牌缴还派出所，因数日前，《台日》报纸攻击民众党反对上回之将发烟牌，而汝党的领袖林某亦有吸食，可见断禁之难也。余有牌，实未尝吸食，徒留此以损名誉，乃决心缴还。"③

从林献堂日记内容来看，即使林家没有人吸食鸦片，却也可获得吸食牌照，故早期鸦片特许申领之时，可能存在着牌照滥发的现象。这也说明总督府鸦片专卖制度中，存在着很大的漏洞。而台湾的鸦片进口，全部由总督府所垄断，吸食所用的鸦片烟膏，也由台湾制药所制造，那么鸦片秘密交易的存在，吸食特许牌照的泛滥，都表明总督府鸦片政策中的经济价值取向。

"新特许令"公布后的次年1月8日，总督府又公布了"台湾鸦片令施行细则"。由此次新特许而报名的新吸食者，多达25000人。根据"台湾鸦片令施行细则"规定，新特许之申请，自1929年1月9日起，至同年12月28日截止，新特许者经调查结果，受批准吸食者，于1930年6月发给新牌照。

特别是石井的公开声明，使台湾存在大量的秘密鸦片吸食者，这一事实昭告天下，而总督府不但没有援引法律进行处罚，还允许申请新的吸食特许牌照，其利用渐禁制度，专事谋取鸦片收益的目的昭然若揭。

---

① 《密吸（食）者许其吸食》，《台湾日日新报》昭和4年12月19日。
② 《鸦片令改正に関する警務局長説明》，《詔敕・令旨・諭告・訓達類纂》，台湾总督府1941年版，第590页。
③ 林献堂著：《灌园先生日记》（三），中研院台湾史研究所筹备处2001年版，第65页。

石井的新特许声明，暴露了总督府鸦片政策的诸多破绽，而高达 2.5 万人的新吸食特许申请，使台湾民众对鸦片渐禁政策之实质，有了更加清醒的认识，引起以民众党为首的台湾人民巨大的反对声浪。

二　台湾民众党的鸦片反对运动

日本在其本土严格禁止鸦片烟的吸食，而对殖民地台湾，却以"渐禁"为借口，实施鸦片专卖制度。这种民族差别待遇，在日本据台初期，台湾人民就以降笔会的形式，进行了大规模的反对运动，而伴随着新的民族民主运动的转型，鸦片专卖制度也必然成为其批判的对象。

自 1921 年开始的台湾议会设置请愿运动，是以民族民主运动的方式，向日本殖民统治者争取基本权利，其中自然涉及总督府的鸦片政策。1923 年，当"台湾议会设置请愿运动"在蒋渭水等人的推动下，发展成为"台湾议会期成同盟会"时，总督府惊恐万状，以违反《治安警察法》为由，进行全台的大检举，制造了历史上有名的"治警事件"①。

在此事件审判中，蔡培火以台湾民众的立场，在法庭上对日本在台的鸦片政策，进行了无情的揭露："总督府对同化政策或自己声明的政策，全无诚意执行。譬如，鸦片问题，声明采取渐禁主义，时至今日，吸烟人数却没有减少，无照的密吸全岛到处都是，这岂不等于公开的欺骗！"②

---

①　治警事件，即"治安警察法违反检举事件"的简称，发生于 1923 年 12 月 16 日。第二次台湾议会设置请愿运动之后，蒋渭水等人深感结社的重要，遂于请愿运动进行到第三次时，组织台湾议会期成同盟会。1923 年 1 月 30 日，在台的蒋渭水、蔡培火等人向台北州警察署提出成立台湾议会期成同盟会的结社组织申请，但是，2 月 2 日结社时旋即遭到禁止，随后，活动移到东京，2 月 21 日"台湾议会期成同盟会"在东京重新成立。后日本当局检举"台湾议会期成同盟会"会员，12 月 16 日在总督府警务局的主导下，以违反《治安警察法》为由，全台除花莲、台东、澎湖外，同日同时展开大检举，结果逮捕 41 人、传讯 58 人，共有 99 人遭受迫害，其中有 18 人遭受起诉。1924 年一审判决，被告全数无罪。然而检察官三好一八不服提出上诉，10 月 29 日二审，蒋渭水等 13 人被判有罪，被告随即提出上诉。1925 年 2 月 20 日三审宣判，维持二审判决。最后蒋渭水、蔡培火被判四个月徒刑；包含"台湾议会期成同盟会"及上海台湾青年会等组织成员蔡惠如、林呈禄、石焕长、林幼春、陈逢源被判三个月徒刑，其余 6 人被判罚金 100 圆，历史上称为"《治安警察法》违反检举事件"，即一般所称的"治警事件"。http://zh.wikipedia.org/zh-tw/。

②　叶荣钟：《日据下台湾政治社会运动史》（上），晨星出版社 2000 年版，第 270 页。

在台湾设置请愿第六运动的筹备理由书中,也特别地加上批判台湾鸦片政策的部分:"为图每年 600 万元之鸦片专卖收入,竟不恤以国际所禁止之鸦片毒害消耗台人的心身,漠视国际之道义。"①

1927 年 7 月成立的台湾民众党,是以民族运动形式,公开反对台湾鸦片专卖制度的政党,在其政纲"台政改革的建议"第八条"严禁鸦片"中,明确向政府提出:"在今日的文明国已有禁酒的国家,台湾改隶以来已阅三十余年,竟仍公然准许吸食比酒有几十倍毒害之鸦片,实系人道上之重大问题,且为文明国之一大耻辱。是故由文明国之体面抑或由国民之保健上均应速予禁绝者也。"②

1929 年 7 月,该党向首相滨口及松田拓务大臣提出的《台湾政治改革建议书》中,严禁鸦片吸食也成为其重要的项目。

另外,9 月,对来台继任的新总督石塚所提出的《台湾政治改革建议书》中,也将"严禁鸦片"列入其中:"在今日之文明国已有禁酒之国家,日本统治台湾以来,已经阅卅余年,竟仍公然准许吸食比酒有数十倍毒害之鸦片,实为人道之重大问题,且为文明国之一大耻辱。是故由文明国之体面抑或由国家之保健上均应速予禁绝。"③

1929 年 9 月,杜聪明向台湾总督府提出《设置鸦片治疗医院建议书》。前文提到,杜聪明年轻时就已经开始注意台湾的鸦片问题。23 岁时,他在京都大学药理学教室进行医学研究时,就曾经向其指导老师森岛教授提议,想要进行鸦片相关研究,但未获得森岛老师的同意。自 1926 年不得不代表总督府出席世界麻药教育大会后,更致力于鸦片的药理研究。

他返台后不久,即成立了自己的药理研究室,开始致力于鸦片禁止上的药理诸问题。这次他提出:"据报道本年 3 月 25 日国际联盟第 34 回理事会已同意调查远东鸦片吸食问题……朝鲜已于昭和 2 年(1927)开始设立解瘾收容所十个。大连市也有关东厅设的救疗所,中国各地已有许多完备的戒烟院……而台湾鸦片问题最受国内外注意……而今在实行渐禁制度的

---

① 叶荣钟:《日据下台湾政治社会运动史》(上),第 145 页。
② 叶荣钟:《日据下台湾政治社会运动史》(下),第 445 页。
③ 《台湾社会运动史》第二册,海峡学术出版社 2006 年版,第 209 页。

台湾，却无实验治疗的机关，殊为遗憾！"①

当时杜聪明博士已经通过研究，在药理学上获得戒除鸦片的实践经验，且对鸦片瘾者的治疗有相当的信心，因而向总督府提出设置鸦片瘾者治疗医院，主张对鸦片吸食者采取医学上的治疗，以期完全矫治。②

台湾民众党的领袖蒋渭水受杜聪明影响，深知鸦片完全可以利用现在医学进行戒除。故在1929年12月18日总督府《新鸦片特许方针》声明发表后，开始策划进行大规模的反对运动。

第一，向日本拓务大臣发电报。民众党首先将反对意见直接发电报给日本拓务大臣，陈述本党的反对意见："台湾政府新特许鸦片瘾者，使很多台湾人陷于毒害之中，这不仅仅是人道上的问题，更有损于帝国的名誉，切望早日断然实行严禁。"③

第二，向岛内日刊报纸投稿反对鸦片吸食特许。20日，民众党即向岛内各大日刊报纸投稿："吾党站在人道立场，为打倒不可忽视的毒害人民的鸦片制度，素尽全力，然而当局却于最近重新发下吸食许可。作为阻止运动之一环。曾经呈上抗议书与拓殖大臣。另外对总督府亦呈上同样抗议书。兹决定于同月22日在全岛各地同时举办反对鸦片政策演说会。"④

第三，给日本内地报纸打电报。21日，民众党又拍电报给《大阪每日》《时事国民》《万朝报》《东京日日新报》等报社，明确提出"鸦片问题在台湾统治上及国际观瞻上极不适宜，台湾民众党表示反对。"⑤

第四，向警务局长提交抗议文。民众党在进行一系列抗议的同时，还要求台湾总督府取消其声明，并于22日向警务局长直接提交了抗议文，其内容如下：

> 在台湾的鸦片公卖与吸食许可，和在葡领澳门征税而准许赌博之榨取政策，同出一辙。均系遗留污名与罪恶于人类历史上者。虽然自明

---

① 《杜聪明言论集》第二集，杜聪明博士还历纪念奖学基金管理委员会1955年版，第194—196页。
② 杜陪明：《回忆录》，龙文出版社1989年版，第124页。
③ 《鴉片吸食特許及矯正處分に関する民情》，台湾总督府昭和5年版，第4页。
④ 《台湾社会运动史》第二册，海峡学术出版社2006年版，第198页。
⑤ 同上书，第199页。

治四十一年以来，台湾政府已放弃鸦片吸食之特许。但放任秘密吸食者而不取缔，藉以消极防止公卖收入之减少。在昭和之今日，尤其是紧缩内阁之时代，此等超奢侈品之鸦片公然重新准许其吸食，实系无法了解之怪事。此举不但是人道上之大问题，且系违悖国际信义。是故吾党对台湾当局推行此一卑劣之政策，表明最大之遗憾与绝对之反对。

按阁下在声明书中谓"对此等秘密吸食者于人道之基础上认有未便施以改正令下之严刑"伪装出自慈悲心之处置，事实纯系掩饰收入主义的藉辞。盖准许其吸食，使其浪费金钱，毁损心身，较之改正令下之刑罚，不知道有几十倍之残酷。何况此种瘾癖原可由医疗或自己之克制摄生可得治疗者乎。实际上常见入狱之瘾者自然的断瘾，出狱时身体丰满者为数不少，然而改正令之严刑亦可视同一种强制治疗。

声明中又言"事实上仅依刑罚而期矫正此等全部瘾者，实属不可能，且欲全部执行矫正处分，亦有困"。如此说法，若非自认无能，便是一种遁词而已。吾党不信，能将匪徒消灭无遗，能将生番讨伐净尽，且能将任何微细之违法事件检举出来之警察万能的台湾政府，独对（禁）鸦片（烟）无能为力。由此观之，政府心地之不纯与缺乏诚意昭然若揭。在弹丸孤岛之台湾，欲扑灭鸦片之吸食易如反掌，且亦不须施之以严刑峻法。若规定一定之年限废止制造鸦片，瘾者知其非禁不可，是自然发生戒断之决心，或就医治疗，或自己节制，以渐减之方法矫正。届满一定年限虽废止鸦片之制造亦不至发生任何困难。一面对鸦片走私严加防遏，台湾孤立海中此事甚易奏效。政府置此简便之鸦片吸食消灭法不用，可见政府全无消灭之诚意。而反用各种理由以掩饰其贪图公卖收益之用心。政府一面碍于国际联盟绝对禁止之条约，不得不用严罚制度以资粉饰，一面又推行新特许制度以图增加公卖的收入；缘此吾党对总督府此种卑劣之政策，表示绝对反对，而对直接责任者之阁下严重抗议其非也。阁下果有一片爱沪岛民之诚心，则必须立即停止鸦片吸食之新特许，我当披沥忠诚特为劝告。[①]

---

① 《日据下台湾政治社会运动史》（下），第452—453页。

从民众党的抗议文内容分析来看，该党认为鸦片对人体有害，使国民元气大失。日本国内严格禁止吸食，却以密吸者一时无法网罗为借口，在台湾一再允许新的吸食者，故总督府只将鸦片吸食，作为一种财政收入的手段，这严重违反国际正义，更使日本有失国际信义。同时，民众党也提出自己的处理方式，即是在短期内停止鸦片的制造与发售，对申请特许者全部给予治疗。民众党调查认为，台湾当时有医师人数为1118人，新特许申请人为25527人，一位医师只需负担23名矫正者，在治疗上毫无问题。①

第五，召开反对鸦片特许之演讲会。民众党在22日还在台北市有明街召开反对演讲会，由张晴川、陈木荣、曾得志及江明标等同志，分别发表了《关于鸦片吸食特许》《金解禁与鸦片》《（内容无法辨认）鸦片许可》《鸦片吸食是文明人的耻辱》等演说。另外，当日在汐止、基隆、桃园等地的民众党支部，召开同题目演讲会。②

第六，发电报给国际联盟。总督府当局对民众党的抗议置若罔闻，民众党人义愤填膺，把抗议文修改为声明书，再次分送给日本各重要报社，并电报上海的"中华国民拒毒会"，要求声援，并发电报给国际联盟。

1930年1月2日，民众党以四百万台湾人之名义，发电报将日本政府提告到国际联盟本部，电文内容如下："日本政府此次对台湾人特许鸦片吸食，不但为人道上之问题，并且违背国际条约，对其政策之推行，希速采取阻止之法，四百万台湾人代表台湾民众党。"③

三　台湾各界给予民众党的声援

民众党于1930年1月2日给国联发的控诉电报，马上得到了回复："二日发寄国际联盟的电报，于四日年前八时，已经确实配达了。"④ 这个消息在11日的《台湾民报》发表后，很快又传来国际联盟即将派员，到台进行调查之消息。这些变化使一些秘密吸食者意识到，总督府的鸦片政策

---

① 《日据下台湾政治社会运动史》（下），第455页。
② 《鸦片吸食特许及矫正处分に关する民情》，第12页。
③ 《台湾总督府员警沿革志》第二编，南天书局1995年版，第466页。
④ 《民党反对鸦片发给国联电报有回电已配达了》，《台湾民报》1929年1月11日。

会有一个巨大的变化，以后可能不会再有新的特许，故一改冷清情况，申请者大量涌现，连"日日新报"都以《鸦片吸食申请意外之多》①进行了报道，这使民众党领导的反对运动，开始向社会其他阶层发展。

首先，民众党党员蔡培火以个人身份，向总督府提出议案。

蔡培火，号峰山，云林北港人。《台湾民报》编辑兼发行人，1923年（大正12年）加入文化协会，协助推动"台湾议会设置请愿运动"。后曾因违反《治安警察法》遭逮捕，与蒋渭水一同被判刑四个月（治警事件）。1927年文化协会分裂，与蒋渭水共同组建台湾民众党。蔡培火于1月8日访问石井警务局长，对于新特许当局之真意进行了质问，并提出如下消灭鸦片之方案：

> 第一案
> 一、组织官民合同审查会
> （一）组织——官吏三分之一，民间三分之二，其中一半由医师选任。
> （二）新特许固无论旧特许者亦一律由审查会审查决定是否准予吸食。
> 　　一、不准新特许者，附与强制治疗。
> 　　二、组织教化机关（解烟会），宣传消灭鸦片。
> 第二案
> 一、声明禁绝年限（最长不超过十年）。
> 二、十年间第一年减少吸食量一成，俾能如期消灭。
> 三、由民间组织禁烟委员会，监督其实绩并监视政府之鸦片制造与发售。②

蔡培火的二案，有意让民间组织渗透到鸦片审查委员会及监察机构，并不再允许新的吸食特许者，期望通过有计划的教化，在十年间将鸦片完全禁绝。据说蔡氏希望第一案能够实现，但在日本人独揽大权的情况下，

---

① 《意外に多い鸦片吸食届》，《台湾日日新报》昭和5年1月17日。
② 《日据下台湾政治社会运动史》（下），第460页。

不可能让台湾人分享其行政权,故总督府两案都不采择。

其次,各地医师公会的反对陈情。

民众党除组织党内人员,以政党组织及个人方式,来反对总督府的新鸦片许可外,也发动党员中属于各地方医师公会的分子,利用医生在台湾社会特殊的地位,由内部促进各地方医师团体的鸦片新吸食特许反对运动。医师会站在专家的立场,其对鸦片的发言更为有力,对普通民众也更有说服力,对于总督府的打击更加沉重。

高雄医师公会于1929年12月22日,向总督府提出陈情书:"本会认为,此次如在台湾实施新鸦片吸食特许制度,将违反国际上人道上的德义,且从社会卫生事业上考察,也非常有害,在本制度实施之际,本会会员一致愿闻政府有何特别解释、怎么样实施。"①

继高雄医师会后,台南、嘉义、屏东、彰化等各地医师会群起响应。

台南医师会首先于1930年1月14日,给总督府提出自己建议书,其内容如下:

一、给发新特许牌照,严限于由医学立场上,非准许吸食鸦片必有生命危险,戒烟绝对不可能者,譬如:
(一) 密吸食者患有重症肺结核、喘息、糖尿病等痼疾者。
(二) 高龄者而身体异常衰弱者。
不适合前记条件者,如若断禁现象显著者,全部送矫正所,进行强制治疗。
二、对现已领有牌照者加以严格之检查,除符合上述条件者以外,可以矫正解瘾者悉令强制治疗。
三、由政府设置公共鸦片吸食所,使持有牌照者在同所吸食,不准其在它处吸食,违者与密吸食同罪。
四、废止鸦片承销商、零售商与前举公共鸦片吸食所同由政府直接经营之。②

---

① 《鸦片吸食特許及矯正處分に関する民情》,第2页。
② 《新鴉片令に関し台南医師の建議》,《台湾日日新報》昭和5年1月19日。

各地医师会的建议书，基本都对总督府的新特许制度提出异议，并要求总督府尽快对吸食者实施矫正，并采取尽可能的措施，尽快实现鸦片吸食的断绝。

值得注意的是，杜聪明博士所在的台北医师会，竟然没有提出意见，令人不可思议。实际上台北医师会于1月24日召开了大会，提出建议书："本会依照学术见解，认为若给予鸦片瘾者适当之治疗，并非不能治愈之症，今总督府又有新的吸食特许，这在保健卫生上非常有害，本会希望总督府宜加倍审慎处理。"① 并在建议理由书中，提出如下解决意见：

一、在各学校设置鸦片毒害相关科目。
二、为促成一般民众的自觉，彻底宣传鸦片毒害。
三、政府明确表明鸦片吸食特许制度的存续期限。
四、援助民间有志者的解瘾会及解瘾院。
五、增设更生院的同时，各官立医院设戒烟专门科。
六、限定特许者一定年限，努力争取治疗戒除。
七、本医师会将为鸦片的禁绝尽充分努力。②

从以上内容上看，台北医师会提出了非常具体的建议，并愿意为民众戒除烟瘾而尽自己的力量。此份建议书本打算于27号提交给总督府。但由于台北医专校长堀内次雄认为，意见书的内容不妥："鉴于反对蒋渭水的人日益增加，如若我医师会提出建议案，将会认为我会为蒋渭水一派民进党之爪牙。"③ 由于堀内出面劝解，有碍于师生情面，医师会以16：3比例，将决议书收回。而刘明修著作中所言堀内将建议书修改无伤大雅之内容的说明，没有史料根据，而其引用的建议书内容也是断章取义。④

再次，如水会的反对。

如水会系台北中产以上知识阶级研究时事问题的社交团体，其会员若

---

① 《鴉片吸食特許及矯正處分に関する民情》，第4页。
② 同上书，第5页。
③ 同上书，第6页。
④ 刘明修：《台湾统治与鸦片问题》，李明峻译，第197页。

干散在各地方。该会属于稳健派并无政治色彩，当局素以另眼看待，因此该会的反对颇令当局失色。1930年1月26日该会提出建白书于总督，提出："鸦片的吸食，将损害国民体质，消耗其元气，减少其活动力，小至招来家破人亡之惨祸，大至引起民族衰颓，影响到国家前途命运，故在国策上、在国民保健上，基于人道主义，理应早日严禁国民吸食鸦片。"①

其提出的主张内容如下：

一、严限因禁断鸦片吸食而有生命危险之密吸食者，在十年以内特准其吸食，除此以外依行政处分收容于矫正所矫正其瘾癖。

二、对现在公认的吸食者采取与前条同样之措置。

三、对依前二项既得吸食特许者，应其瘾癖之程度，在其期限内递减其吸食分量。

四、为彻底的根绝鸦片之毒害计，政府对于鸦片烟膏之制造发售应划定一定年限。

（一）限十年以内每年递减鸦片烟膏之制造发售，期限届满绝对禁止制造发售。

（二）为唤起民众自觉，每年公表鸦片烟膏之制造发售及其它一切事情。

（三）官员共同组织禁烟促进会，以妥善方法在前项期限内促进吸食之绝灭。

五、今后为期十年以内绝灭鸦片之吸食起见严重取缔密吸者。②

最后，日本新民会的响应。

在台湾内部各地一片反对声中，日本的台湾留学生所组织的新民会，也与台湾民众常相呼应，发刊《台湾鸦片问题》小册子，送"中央"各界，使台湾鸦片问题政治化。该书分"过去鸦片政策""现在鸦片吸食追认之问题""将来之鸦片政策"三部分。

新民会认为，过去台湾的鸦片渐禁政策，早在确立之时，其根据就非

---

① 《鴉片吸食特許及矯正處分に関する民情》，第6页。
② 同上。

常薄弱。而其确立后即追加高达17万的吸食者，与其主张自相矛盾，其政策已经自杀。特别是总督府的渐禁方针，是依靠吸食特许者死亡这样的自然力量，来实现鸦片的绝灭，这是典型的自由放任主义。既往鸦片政策中的无为无策、自由放任、矛盾冲撞，都是总督府被鸦片收入所羁绊造成的。①

对于此次鸦片的追加认可，新民会认为，石井警务局长声明追加鸦片吸食者，是基于鸦片收入上的考虑，是欺瞒的渐禁主义策略的重复。而这种政策，与国内与国际的大情势都相悖逆。而大批密吸食者的出现，是当局管理上的责任。这种吸食追加认可的方针，对内将诱发密吸食者的出现，对外也违反国际鸦片条约的精神。②

为此新民会提出，总督府必须将鸦片的收入主义，还原为鸦片绝灭主义；在总督府内设立解烟局，谋求鸦片行政的组织化；对此次2.7万名申请吸食特许者，进行严格的诊断淘汰；对此次申请吸食的两万人，及以前吸食的2.7万人，依照行政手续，进行强制治疗，以戒除其烟瘾。③

新民会还提出了"三年禁烟事业"，其具体内容如下：

第一期　解烟事业
一、解烟局、解烟院的设立
二、旧瘾者（从来的特许吸食者）之整理淘汰。
三、新瘾者二万余人的强制治疗。
　　（以上所有一切经费由鸦片公卖收入拨付）
第二期　解烟事业
一、前期中未能除瘾者继续治疗。
二、以六十岁为标准，将旧瘾者分为两批，对未满六十岁者加以强制治疗。
第三期　解烟事业
一、绝对废止鸦片烟膏之制造。

---

① 杨肇嘉编辑：《台湾鸦片问题》，新民会发行昭和5年，第3—13页。
② 同上书，第15—25页。
③ 同上书，第29—35页。

二、对残存鸦片瘾者加以强制治疗。

除上列方法以外并行下列间接方法：

一、严厉取缔鸦片密吸食及走私。

二、降低鸦片烟膏之品质。

三、递减每日的吸食量。①

四　国联调查团赴台及总督府的对策

国际联盟回复消息给民众党，决定派员来台进行调查。同时，由各地医师会积极地响应，接连向总督府提出意见书，使鸦片新特许的反对运动，达到前所未有的高潮。民众党为了获得国际联盟的接见，多次打电报给其调查委员，要求给予直接会面机会。国际联盟方面，也善意给予回复，并安排具体见面事宜。

日本外务省接到此等消息后，非常震惊，提出阁议讨论对策，拓务省方面也十分忧虑。日本国际鸦片联盟协会，特别召开紧急委员会议，对台湾总督府回京之总务长官加以责问。由于总务长官的答辩没有诚意，使鸦片委员会的会长阪谷男爵非常不满，直接向首相、拓相及外相等进行交涉。

由于民众党向国际联盟的提告，使台湾的鸦片问题，由台湾岛内，开始转向日本本土，并演变成为政治与国际问题，日本政府被迫派出拓务省的栋居事务官，来台进行实地调查，这使台湾总督府十分被动。

总督府为扭转尴尬的局面，马上组织《台湾日日新报》《台南新报》《台湾新闻》等御用报纸，连日刊载歌颂鸦片政策成功的记事，来为总督府的鸦片政策，进行辩护与赞美；同时，将台湾民众党中曾经申领鸦片吸食特许牌照的党员姓名，登载在这些御用报纸上，借以批判民众党没有资格代表台湾400万民众。特别卑劣的是，总督府竟然利用御用报纸，以蒋渭

---

① 杨肇嘉编辑：《台湾鸦片问题》，第35—36页。

水蓄养小妾为由，对其进行人身攻击。① 甚至出现欲袭击蒋渭水之事件。②

总督府在媒体上进行反击的同时，迅速决定成立鸦片矫正所，以示总督府新鸦片令的"解烟为是"，并在《台湾日日新报》等报纸上进行宣传。令人可笑的是，总督府在 1930 年 1 月 13 日宣布成立鸦片矫正所，但在 1 月 23 日就连续发表了《鸦片瘾者矫正取得非常好的成绩》《鸦片瘾者入更生院治疗矫正成绩佳良》《鸦片政策的一大更新——值得向世界炫耀》③ 等文章进行宣传。试问如果那么快就能取得良好的戒除成果，以总督府的治理能力，台湾早该禁绝鸦片，为什么真到民众党控诉到国际联盟后，台湾才成立鸦片矫正所，即使这样，鸦片制度也一直到日本终止台湾统治前才被废除，这其中所藏不可告人之目的昭然若揭。

总督府还寻找借口打击民众党支持者。民众党基隆支部的书记杨元丁，因分放反对吸食鸦片的传单，在 1929 年元旦夜被逮捕，后被送至台北地方法院，公审法庭只经草草问讯，即判决罚金百元。因此时反对鸦片吸食特许运动日渐高涨，检察官对判决不服，要求上诉。但台湾高等法院在二审中，以"曲解当局苦心，且无悔改之意"判处其四个月的徒刑。杨元丁不服上诉，最后仍然维持二审判决。④ 此事件从另一层面，反映了当时总督府对民众党反对运动的厌恶程度。

另外，总督府还极力阻止台湾民众党与调查委员会面，其情形从林献堂日记中可窥见一斑："猪俣警务部长命巡查来请余会见，余约以四时余往其宿舍。如预定之时间，成龙与余同往。猪俣表示对不住之意，然后陈其意见，谓国际联盟委员将于三月一日与民众党会见，总督府干部甚为挂虑，因此事有关统治，故他以个人资格托余劝告渭水等勿会见委员，如何？余谓会见之事已决定，若不如约，恐委员误解，而亦有失民众党面目。他谓委员廿六日将抵台中，欲托森翻译官劝委员勿与之会见。余曰若委员自发的不欲会见就可以，万一委员欲会见，将如何？他谓若欲会见，请余选择

---

① 《人道はりする資格ない蔣君の行状》《蔣氏求見鴉片委員委員以蔣蓄妾非之》，《台湾日日新報》，昭和 5 年 3 月 1 日。
② 《風傳狙擊反對鴉片特許之蔣渭水》，《台湾日日新報》昭和 5 年 2 月 23 日。
③ 《台湾日日新報》昭和 5 年 1 月 23 日。
④ 《台湾民报》昭和 5 年 1 月 25 日。转引自刘明修《台湾统治与鸦片问题》，李明峻译，第 197 页。

稳健之人。余曰万一无稳健之人，非余自往不可。他闻余欲往，不敢表示赞成。谈论一时余，他谓俟廿六日森氏劝告后，即通知余也。"①

从林献堂日记中可以看出，总督府极力反对蒋渭水等会见国际联盟调查委员，曾多方劝阻，但最终没有成功。故总督府又请求性格温和的林献堂，与蒋渭水等一同参见调查委员，以防不测发生："猪俣氏本朝（2月25日）以电话来请余，四时成龙同余往会之，他谓使国际委员不与渭水等会见之事不可能，请余为代表与委员会见，庶不失国家之体面。余本以顾全双方面目为念，乃慨然许之。"②

总督府虽然请到林献堂参加会见，但仍然担心激进的蒋渭水，会做出有伤总督府体面之事，故由石井警备局长亲自与林献堂会见，以阻止蒋渭水与国际联盟调查委员会面："成龙为通翻，访石井警务局长，告以明日会委员之人数。他力言使渭水勿往。余谓若渭水不往，世间之人定必种种猜疑攻击。他言渭水会见时必将内政以告委员。余谓渭水会见反对鸦片新特许是不能免，若将内政以告委员，必无其事。他谓打电报往日内瓦国际联盟以反对总督府，明日对委员而反不言，哪有此事？余曰渭水是有理解之人，决不无因而乱攻击，况将内政以告国际委员殊不合体统。"③

另外，当国际联盟调查委员于2月19日抵台之际，总督府更是调动台北市的保正周清桂等十几人，向调查委员提出了联名陈情书，谓"此次新颁之增发鸦片吸食特许，为我等期盼已久之事，且常谋请愿以求早日促成"④。另外，总督府还集结了四百多名违法吸食者，连署陈情书，递交给调查委员，以示新特许制是因需而设。

总督府的再三阻挠，虽未能阻止国际联盟委员接见民众党，但总督府的高压与怀柔，还是起了很大的作用，就连林献堂也劝告蒋渭水，应采取更为妥当的言行："渭水同到高义阁，余问一日会见委员之事，他谓不提出书类，亦不以猛烈攻击总督府，余心稍安。……渭水虽言不猛烈攻击，总

---

① 林献堂：《灌园先生日记》（三），第63页。
② 同上书，第65页。
③ 同上书，第66页。
④ 《台湾民报》昭和5年3月1日。转引自刘明修《台湾统治与鸦片问题》，李明峻译，第199页。

是反对新特许,一步亦不能让,欲托委员忠告总督府,勿再特许。……余亦劝其不可着眼区区于台湾,须以全世界断绝鸦片,以托其尽力,自然台湾亦在其中矣。"①

从国际联盟调查委员与蒋渭水等的会见记录,亦可看出蒋氏似乎接受了林献堂的劝告。"国际联盟于二月十九日特派远东鸦片调查委员拾余名莅台,迨至三月一日在台湾铁道旅馆与民众党领袖蒋先烈等三名会见。互相介绍就席后,调查委员长命秘书关房门开口便说:'我要听诸君意见之前,先要说一句话:就是我们在轮船航海中曾接看贵党的欢迎电报深为感动。希望贵党代表讲述对于鸦片片问题的意见。'"②

蒋渭水代表民众党发言:"这次贵调查委员各位,不辞劳苦而来调查亚洲各地的鸦片状况,不胜感谢,我们表示热烈欢迎。鸦片的害毒已蔓延到了全世界,人类受其害毒的不知道有几千万人了。我们专诚来访是希望贵委员各位,努力能得及早灭绝世界的鸦片,罂粟栽培国使之不栽培,吸食鸦片的国民使之急速断烟,如能早一日实行,则几千万人早一日得救。至于台湾的鸦片问题向来政府是采取渐禁政策。一八九九年当初特许全岛的鸦片吸食者拾六万九千人,至一九〇七年再特许一万五千人,现今特许者尚存二万五千余人,而这次又发现二万八千余人的密吸食者,因此亦可见禁绝之难了。我们一贯主张严禁主义,要实行严禁须要严重取缔秘密输入及秘密吸食者。"③ 同时,蒋渭水还代表民众党提出四点要求,内容如下:

第一,须要禁止罂粟栽培国绝灭栽培罂粟。
第二,吸食鸦片须以最短期间严禁吸食。
第三,各国须设救治机关以救治现在的鸦片瘾者。
第四,各国在教育宣传方面须要极力宣传鸦片的毒害。④

---

① 林献堂:《灌园先生日记》(三),第 67 页。
② 《民众党代表访问国际聪明鸦片调查委员》,《蒋渭水全集》,海峡学术出版社 2005 年版,第 272 页。
③ 同上书,第 272—273 页。
④ 同上书,第 273 页。

调查委员们十分理解，告知会将这些意见作成文书，提交给国际联盟，并表示："诸位所讲的话我们都十分理解。"①

国际联盟调查委员会见台湾民众党，是出于民众党的提告，而工作性质的会见，究竟其对日本及台湾鸦片政策的影响，还未可知。尽管这样，总督府为了消解民众党的影响，派出由"御用三巨头"为首的所谓"台湾人会代表"，参见国际联盟的调查委员，陈情赞美总督府的鸦片政策，以弱化抵消台湾民众党的主张。

总督府还在3月2日调查委员离台之际，在《台湾日日新报》上登载了历史学家连横所写的《讴歌新鸦片政策论》②，来对抗台湾民众党。即是辩称鸦片有益的意见书。其中最令人不齿的言论如下："台湾人之吸食鸦片，为勤劳也，非懒散也……我先民之得尽力开垦，前茅后劲，再接再厉，以造成今日之基础者，非受鸦片之效乎？"另外连横还辩称："鸦片不仅无害，甚至还被称为长寿膏，是有益的。"③

连横的文章一经发表后，全台舆论哗然，盖当时台湾人民正借鸦片特许问题，与总督府当局进行斗争，骤见此文为虎作伥，众怒不可遏，顿时连横成为众矢之的。连横如此媚日之举，连当时民族运动领袖林献堂都看不下去。3月6日，林献堂在日记上这样写道，"3日（按：应是2日）连雅堂曾在《台日》报上发表一篇，说荷兰时代鸦片即入台湾，当时我先民移植于台湾也，台湾有一种瘴疠之气，触者辄死，若吸鸦片者则不死，台湾得以开辟至于今日之盛，皆鸦片之力也。故吸鸦片者为勤劳也，非懒惰也；为进取也，非退步也。末云仅发给新特许二万五千人，又何议论沸腾若是？昨日槐庭来书，痛骂其无耻、无气节，一味巴结趋媚，请余与幼春、锡祺商量，将他除栎社社员之名义。余四时余往商之幼春，他亦表赞成。"④连横最后被栎社除名，在众叛亲离的情况下，最后不得不离开台湾。

国际联盟调查委员一经离开，台湾的反对声浪都开始平息。总督府对

---

① 《民众党代表访问国际聪明鸦片调查委员》，《蒋渭水全集》，海峡学术出版社2005年版，第273页。
② 《讴歌新鸦片政策论》，《台湾日日新报》昭和5年3月2日。
③ 同上。
④ 林献堂：《灌园先生日记》（三），第76页。

发动此次运动的民众党，也一改以前对一般反对运动的个别取缔的政策，从根本上完全禁止会结社。这样，台湾民众党在次年（1931）2月18日被迫解散。

小　结

综上所述，由于台湾民众党及台湾人民的反对，使台湾鸦片问题，不但引起日本政界的关注，也使台湾鸦片问题导入国际视野，使台湾总督府处于前所未有的尴尬境地。总督府一向以渐禁制度引以为豪，并在国际鸦片会议上进行宣传。但却由台湾的内部民众组织，将其上告给国际联盟，使鸦片问题在沉寂了三十年后，再次成为石破天惊的大问题。总督府过去采取的渐禁政策，名义上是限制鸦片的吸食，实际上是一种听其自然的消极放任政策，对于吸者之瘾癖没有有效的治疗措施。由于此次民众党及台湾人民的反对，总督府在公布新鸦片令的同时，编定40万元预算用以设立"更生院"，以推行吸食者的矫治工作。虽然最后新的吸食者还是取得了许可，但由此事使台湾的鸦片问题不敢再事因循。特别是国际联盟派员来台对鸦片问题进行调查，意味着台湾的鸦片问题，将受到国际的监督与评判，总督府一手遮天为所欲为的局面将结束，这对于总督府在心理上的打击是重大的。同时，总督府对国际联盟鸦片委员会，对台湾鸦片问题的关心程度究竟如何，非常担忧，也促成总督府此后积极地对鸦片瘾者进行治疗。

第十三章
国联调查团对台湾鸦片问题的调查

近代的日本是东亚最大贩卖毒品的国家，它不仅在殖民地台湾实施所谓渐禁制度，在关东州及朝鲜都有自己的鸦片制度，而且与中国大陆的鸦片问题有着极为深刻的关系。日本一直到其退出国际联盟为止，出席了所有关于鸦片的国际会议。在历次国际会议上，日本与英国一起，被视为国际鸦片问题的"元凶"。日本被称为"走私贸易如同大盘专卖，因而亦以法庭上的被告处理"①。日本为洗清恶名，在日内瓦第一鸦片会议中，全权代表贺来佐贺太郎，用英文提交《日本帝国鸦片政策》，用来说明日本的鸦片政策，特别是以台湾渐禁政策中吸食人数减少的成果，狡辩日本的鸦片制度绝非是为了追求鸦片的利益。贺来的《日本帝国鸦片政策》，仅以吸食人数的减少来强调其鸦片政策的好处，来掩盖总督府实施鸦片渐禁政策的财政意图，却无视鸦片瘾者完全可以治疗戒除的事实。日本的强辩，使长期从事鸦片贸易的英国处于十分尴尬的地位。英国则为了摆脱困难的境地，将日本走私鸦片及从事毒品贩卖的事实昭示于天下，并提出国联派调查团对远东的鸦片及毒品交易进行调查的要求。

一 远东鸦片调查委员会的缘起

美国政府于1923年5月向国际联盟秘书长发电，要求第五届鸦片会议能够做成有关限止毒品交易的提案。而独占世界鸦片生产、运输、制造及

---

① 《鸦片會議の解說》，国际联盟协会大正14年版，第28—29页。

贩卖的英国，则担心自己的利益受损，也向咨询委员会提出相对立的提案。

1924年11月，在日内瓦召开第三届国际鸦片会议，理事会以英国提案为基础，预先将会议分为两个部分。第一会议是领土之一部分或全部容许吸食鸦片的国家，如日本、中国、英国、法国、荷兰、葡萄牙、印度等代表组成，来协议鸦片吸食相关问题。第二会议是有关生产及使用医药用或学术用麻药品的会议，由国际联盟全体国参加。

英国在日内瓦国际鸦片会议上，虽然成功地将美国排除出第一会议，但由于日本的巧辩，使其自身成为众矢之的。而日本因贺来提交的《日本帝国鸦片政策》，似乎成为"鸦片问题的模范生"[①]。英国为了使日本的恶行昭示于天下，遂于1928年8月给国际联盟秘书长的备忘录提出："远东迄今仍容许吸食鸦片，且禁止鸦片走私可说是全无成效，而逐渐或要完全取缔鸦片的吸食，事实上窒碍难行，故为唤起国际联盟的注意……鸦片走私的问题不只在英国的领地，在其他各国的远东领地上亦屡见不鲜，且有益发猖獗之势。英政府有鉴于此，遂提案要求国际联盟理事会派任有为而公正的调查委员，至远东针对此事进行调查。"[②]

同时，英国驻日本公使也给日本政府发信，对此消息进行通告。公使在信函中表明英国的立场："英国政府当然要实施1912年国际鸦片条约及1925年寿府鸦片协定中相关的条款，在远东英国领地，鸦片烟膏的使用渐次要终熄，而且在此领地所实施的鸦片烟膏及管理的方法，也是极为有效的。但在远东地区，以罂粟的新品种栽培为主因的鸦片不正当管理却十分猖獗，这也是我们忧虑及关注的问题。"[③]

从驻日公使的信函可以看出，英国对日本掩饰其种植罂粟的事实很清楚，故此笔者认为，英国的此提案主要针对者是日本。"英国政府在向国际联盟提出此建议前，曾向日本提议参与这次会议，并将自己在远东的领地

[①] 刘明修：《台湾统治与鸦片问题》，李明峻译，前卫出版社2003年版，第170页。
[②] 国际连盟极东鸦片问题调查委员会：《极东鸦片问题》，国际联盟协会昭和8年版，第1—2页。
[③] 《国際連盟鸦片関係一件/極東鸦片事情調査小委員会派遣関係第一卷分割1》，JCAHR：B04122138800。

的全部或一部分，允许委员进行视察"①，英国为了使此案能顺利通过，也向日内瓦第一次鸦片条约的诸如法国、葡萄牙等关系国来寻求帮助。

7月27日，日本向英国回信，表示同意英国的请求，愿意开放其领土的全部或一部分，提供给国际联盟进行检查："日本政府同意提案，向联盟委员会提供其领土的全部或一部，并将上文书提供给荷兰、法国、葡萄牙及暹罗各政府。日本政府也将本件送达到九月间召开的联盟理事会。"②

日本政府还就可检查的地域提出建议："委员会审查的地域，应根据寿府第一次鸦片会议所协定的地域及中国，因此有必须取得中国政府的同意。另外，在日本范围内，委员会视察的领域为鸦片烟膏使用的帝国的属地及地区。"③

日本政府为什么这样轻松就同意英国的想法，笔者不敢妄自推断，刘明修在《台湾统治与鸦片问题》中的研究认为："日本政府的考虑是，只要将台湾的鸦片专卖制度略做修正，诸如关闭鸦片烟馆、筹建鸦片瘾者治疗医院等，即能符合日内瓦第一次鸦片条约的规定，如此亦能支持获得国际好评的贺来全权大使的说法。此外，再虑及当时（1928年）鸦片收入只占台湾岁入的3.7%，与以前相比实已降低不少，所以日本政府才会做出此种决定。"④

笔者以为，刘明修的说法并不全面。是年7月，早在英国政府提案之前，日本政府已经批准日内瓦第一次鸦片条约。这些条约对鸦片管制要求并不高，这才是日本政府勇于接受调查的深层原因。此点也从日本殖民省在1928年3月16日所传达的《在远东鸦片烟膏管理相关备忘录证文》中体现出来："各远东鸦片当事国自批准协定之日开始，每年渐次减少一成的鸦片烟膏的输入，国内生产的鸦片也不再增加，以期十年后在远东的鸦片烟膏最终消失的适当的方针。"⑤依据贺来提交的《日本帝国鸦片政策》，

---

① 《国際連盟鴉片関係一件/極東鴉片事情調査小委員会派遣関係第一卷分割1》，JCAHR：B04122138800。

② 同上。

③ 同上。

④ 刘明修：《台湾统治与鸦片问题》，李明峻译，前卫出版社2008年版，第171页。

⑤ 《国際連盟鴉片関係一件/極東鴉片事情調査小委員会派遣関係第一卷分割1》，JCAHR：B04122138800。

日本在表面上做得非常好，故日本政府才愿意接受联盟的。

自上海国际鸦片会议以来的其他各届国际鸦片会议，其主权针对者都是中国，而日本还向英国通告，将向联盟委员会提出请求调查中国及印度地区："最近中国罂粟的栽培极为繁盛，鸦片不正当交易频繁，在马来殖民及香港等地，鸦片政策的实施也极为困难，故应向此地派遣委员。"①

对于英国政府向国际联盟的提案，其他各相关国家并没有特别的异议。就其调查范围，法国主张不应被鸦片条约所限，不论是否签订条约的国家，所有的鸦片生产国都应当在调查的范围内。不过，中国提案建议扩大有关鸦片问题的调查范围，主张不应只局限于远东地区，对于鸦片生产、麻药制造等相关国家亦应一并调查，且调查委员中应纳入中国政府的代表。②

1928年9月，国际联盟大会同意英国政府的提案，授权理事会任命三位调查委员负责此案。会议的决议内容如下："总会承诺接受进行调查远东地区鸦片烟膏使用情况，成立由三人组成的小型委员会，对根据海牙国际条约（1912年）第二章及寿府鸦片协定（1925年2月）所定的义务的实施，及各相关政府执行的措施、在远东地区不正当鸦片交易的性质、范围、实施审查义务交易的困难进行调查，以向有关各政府及国际联盟提供可行的办法。"③

不过令人遗憾的是，国际联盟大会认为中国政府的提案牵涉范围过大，决定不予采纳，中国代表对此项决定深感不满，继而宣布拒绝国际联盟派员于其领土内从事调查，所以此次调查的范围并未包括中国。

历来的国际鸦片会议，主要都是为解决中国的鸦片问题而召开，但此次调查由于身为鸦片问题最大受害国中国的自动退出，恰好给予中国鸦片问题关系最密切的日本和英国提供了可掩饰的良机，更使此次调查的效果大幅降低。这对与中国鸦片问题关系密切的日本来说，真是天赐的礼物，日本马上回电联盟表示同意："中国方面的提议超过英国提议的主旨，完全不可能实施，故应当反对。没有办法接受中国的无理条件，同意鸦片调查

---

① 《国際連盟鴉片関係一件/極東鴉片事情調査小委員会派遣関係第一巻分割1》，JCAHR：B04122138800。

② 同上。

③ 《国際連盟鴉片関係一件/極東鴉片事情調査小委員会派遣関係第一巻分割2》，JCAHR：B04122138900。

委员地域除中国以外。"①

二　日本贿赂调查团邀其赴日观光

国际联盟大会通过了英国所提议的由鸦片当事国以外国家的人员来担任调查员的提议，并于1929年3月任命来自瑞典的艾瑞克·艾克斯唐德（Erik A. Ekstrand）、比利时的麦克斯·基拉德（Max L. Girard）与捷克的杨·哈布拉萨博士（Dr. Jan Hablasa）为调查委员，另外，鸦片及社会问题部人员瑞典人伦伯格（B. A. Renborg）及一名男性速记员随行。②

上述三位委员预计于8月28日出发，就以下相关议题进行调查：

第一，承诺接受吸食鸦片烟膏使用相关调查的各政府在远东地区的相关事项；

第二，关系国政府是否顺利完成1912年海牙国际鸦片条约第二章及1925年2月寿府第一鸦片条约所揭之义务的执行措施；

第三，关于远东鸦片的非法交易性质及范围；

第四，履行上述义务时的困难，及上记事项相关提议；

第五，现在情况下各关系国政府及国际联盟应采取的措施。③

委员会还确定不仅限于视察国政府所提供的文件，也受理非正式的有志团体及个人提交的资料。另外，各国家通过协商，最终同意三位委员在以下地区进行鸦片问题调查：

法国：中南半岛全境、广州湾（广东省湛江县）。
英国：缅甸、海峡殖民地（马六甲除外）、马来联邦州、沙捞越、

---

① 《国際連盟鸦片関係一件/極東鸦片事情調査小委員會派遣関係第一卷分割1》，JCAHR：B04122138800。

② 国际连盟极东鸦片问题调查委员会：《极东鸦片问题》，国际连盟协会，昭和8年，第2—3页。

③ 《国際連盟鸦片関係一件/極東鸦片事情調査小委員會派遣関係第一卷分割2》，JCAHR：B04122138900。

英属文莱、香港。

　　日本：台湾、关东州、南满洲铁道附属地。

　　荷兰：荷属东印度（约今日印度尼西亚全境）。

　　葡萄牙：澳门。

　　印度：全境。①

上述调查范围，是各委员会国几经磋商最后的决定。日本政府为了反制英国，企图将符合日内瓦第一鸦片条约所规定的所有领区，皆列入此次调查范围。但英国政府却提出反对，因英国殖民地地域广大，希望尽量减少巡察员检查的地区。故尽管调查委员一行曾行经马六甲地区，但马六甲却未列入调查名单。另外，调查委员一行从新加坡搭乘火车到马来联邦首府吉隆坡的途中，也经过位在马来半岛南端的柔佛州，但柔佛州亦未列入调查名单。

表13-1　　　　　　　委员会临时行程

出发日	出发地	到达日	到达地
8月30日	マルセーユ	9月13日	孟买
9月13日	孟买	9月15日	加尔哥达
9月16日	加尔哥达	9月22日	兰贡
9月23日至10月14日停留在缅甸			
10月14日	兰贡	10月19日	新加坡
10月19日至11月2日停留在马来诸国			
11月2日	新加坡	11月5日	バタビヤ
11月5日至11月24日停留在荷领东印度			
11月25日	バタビヤ	11月27日	新加坡
11月28日	新加坡	12月2日	盘谷
12月2日至12月16日停留在シヤム			
12月16日	曼谷	12月19日	西贡

---

① 国际连盟极东鸦片问题调查委员会：《极东鸦片问题》，国际连盟协会昭和8年版，第3页。

续表

出发日	出发地	到达日	到达地
12月19日至1930年1月7日停留于法属印度支那，由西贡向河内陆地进程			
1月7日	河内	1月12日	香港
1月12日至2月2日停留于香港及澳门			
2月3日	香港	2月6日	马尼拉
2月6日至2月28日停留在菲律宾诸岛			
3月1日	马尼拉	3月4日	香港
3月5日	香港	3月7日	基隆
3月7日至3月17日停留在台湾			
3月18日	基隆	3月20日	香港
3月21日	香港	3月24日	上海
3月24日至3月30日在上海停留			
4月1日	上海	4月5日	大连
4月5日到4月18日停留在大连及奉天			
4月18日	大连	4月22日	上海
4月23日	上海	5月25日	マルセーユ
1930年5月26日到寿府			

* 此表根据日本外交史料馆所藏之《国际连盟鸦片关系一件/极东鸦片事情调查小委员会派遣关系第一卷分割2》中之《鸦片吸食事情调查极东委员会假旅程表》整理而成，此件档案号为：（JCAHR）：B04122138900。

从上述临时行程表可以看出，调查委员一行原先的计划是自日内瓦启程，经地中海、横跨印度洋，在结束东南亚各地鸦片问题的调查之后，再从台湾转赴大连，于调查满铁附属地之后，搭乘西伯利亚铁路返回欧洲。但日本驻国联人员担心这样的行程对日本不利，利用调查员与日本的关系，邀约其先行来台。

日本驻国联事务局长佐藤，于9月6日向日本外务大臣币原喜重郎发信，认为调查委员会的原行程最后才到日本的殖民地，这样的安排"没有与本邦中央当局交换意见的机会，这是令人遗憾的。上记一行人员也希望在台湾、关东州之后，能与本邦中央当局进行会见。希望在视察东瀛及关东州之后，能给予再转到我国东京停留一周的机会。在调查员中，杨·哈布拉萨博士公使曾于 1912 年到 1913 年时以诗人身份到我国游历，也有与我国相关之著述，书记员的瑞典人伦伯格以前曾在东京瑞典公使馆做商务官，在勤日本时间约二年，对我国的事情也比较了解。艾瑞克·艾克斯唐德团长也是对我国颇有好感之人物。鉴于此，我认为这次给予他们来我国停留的机会，彼我的利益就会增多。"①

日本政府马上给予积极的回应，以"高裁案"的方式裁定接待调查委员一行并承诺提供以下服务："一、铁道、车辆的供给；二、由外务省负担停留一周间的食宿费；赴日光及箱根等地进行观光。"② 同时，内务省还制订了详细的接待预算如表 13 - 2 所示：

表 13 - 2　　　　　　　　　　内务省制定的接待预算

金额（日元）	费目	内容
840	宾馆费用	上等房（附客房、睡房、洗澡间）一日 30 元三个，及中等房（附睡房洗澡间）一日 15 元二个，各七天（东京帝国饭店四天、箱根富士宾馆两天、日光金谷宾馆一天）
480	伙食费用	早餐一回 3 元、午晚餐一回 5 元（东京早餐四回、午晚餐九回、箱根早餐二回、午晚餐四回、日光早餐一回、午晚餐二回）
132	宾馆服务费	按住宿及伙食费的一成来计算
95	列车中杂费	列车中食事一人一食 2.50 元，五人六回、列车服务及乘车费 10 元，共二回
152	交通费	高速车票一等十枚（一枚 6 元）、超过运费的行李 90 元、行李杂费 92 元（下关 35 元二回、东京 10 元、箱根 6 元、日光 6 元）
180	杂费	邮税 75 元、报纸费 5 元（一日 0.50 元）、各种谢礼所需日元

* 此表根据日本外交史料馆所藏之《国际连盟鸦片关系一件/极东鸦片事情调查小委员会派遣关系第一卷分割 3》中之《极东鸦片问题调查委员接待费预算》整理而成，此件档案号为：（JCAHR）：B04122139000。

---

① 《国际连盟鸦片关系一件/极东鸦片事情调查小委员会派遣关系第一卷分割 3》，JCAHR：B04122139000。

② 同上。

在日本的大力邀请下，调查委员改变了行程，提早赴日本名胜进行观光。同时日本政府向驻新加坡的玉木总领事、巴达维亚的总领事代理小谷、印度的矢田郁公使、西贡的佐岛领事、河内的黑泽总领事及香港、上海、马尼拉和总领事发电，要求在调查委员到来之时给予力所能及的帮助。①

调查委员于1929年9月4日由日内瓦出发，开始进行调查，调查的第一站是马来西亚。日本方面非常关注调查员的调查过程，由驻新加坡总领事玉木胜次郎及巴达维亚的总领事代理小谷滇云分别向政府提交了调查员调查过程的报告，以供当局参考。同时，也将这些报告递送到台湾总督府。②

三 台湾总督府贿赂性的准备

调查委员的原计划是于3月7—27日在日本殖民地停留期20天，而指定区域中所谓的"台湾、关东州、南满洲铁道附属地"也仅是一个大致的范围。日本经过内部研究后决定了具体的地点，如关东长官木下谦次郎就提出在关东州可视察的范围为："委员会视察的区域，只需要当厅属下关东州及南满洲铁道附属地中的大连及奉天即可。"③最终日本政府决定可视察的范围为："视察的场所是台湾及其它，在关东州为大连及奉天；在台湾视察时间为10天，在关东州约7—10天。"④

日本政府不但积极地回应国际联盟调查，还亲切邀请其顺路到日本观光，更慎重地要求各殖民地积极接待调查委员一行。台湾总督府方面积极回应，由台湾总督河原田总务长官向外务次官亲发出至急电报，表示台湾

---

① 《国际连盟鸦片关系一件/极东鸦片事情调查小委员会派遣关系第一卷分割4》，JCAHR：B04122139100。
② 《国际连盟鸦片关系一件/极东鸦片事情调查小委员会派遣关系第一卷分割3》，JCAHR：B04122139000；《国际连盟鸦片关系一件/极东鸦片事情调查小委员会派遣关系第一卷分割4》，JCAHR：B04122139100。
③ 同上。
④ 《国际连盟鸦片关系一件/极东鸦片事情调查小委员会派遣关系第一卷分割2》，JCAHR：B04122138900。

总督府给予视察员最好的接待:"已经了解本年 11 月 26 日附第三条机密之第二六二三号照会之为审查鸦片问题的远东委员会派遣相关之件,上述委员在台湾视察之日数约 10 天,其调查方法本府没有任何意见,该委员在台湾停留中,本府将尽最大努力来款待。"①

总督府非常重视,不但承诺要尽最大可能款待好调查人员,还就能提供的资料等进行收集,并制订了相当详细的在台行程,如表 13-3 所示:

表 13-3　　　　　　　　　调查团在台行程

月日	出发		到达		视察事项	旅馆	摘要
3月7日			基隆		鸦片输入管理状况		
3月7日	基隆	下午 4:20	台北	下午 5:18		铁道宾馆	火车
8日			停留		鸦片制造及贩卖情况		
9日	台北	下午 9:28			鸦片制造及贩卖情况		火车夜行
10日			高雄	上午 7:45			
10日	高雄	上午 8:03	屏东	上午 8:57	一般状况		火车
10日	屏东	上午 11:50	高雄	下午 12:38			火车
10日	高雄	下午 4:25	台南	下午 6:01		东屋	火车
11日	台南	下午 2:24	嘉义	下午 4:35	鸦片买卖、走私取缔状况	嘉义宾馆	火车
12日	嘉义		阿里山			阿里山俱乐部	火车约六小时
13日	阿里山		嘉义			嘉义宾馆	火车约六小时
14日	嘉义	上午 7:37	彰化	上午 9:58			火车
14日	彰化		鹿港		鸦片秘密走私取缔状况		汽车

---

① 《国際連盟鴉片関係一件/極東鴉片事情調査小委員会派遣関係第一巻分割 2》,JCAHR:B04122138900。

续表

月日	出发		到达		视察事项	旅馆	摘要
14日	鹿港		彰化				汽车
14日	彰化	下午1：32	台中	下午2：18		春田馆	
15日	台中	上午9：22	桃园	下午1：35			
15日	桃园		大溪		一般状况		汽车约40分
15日	大溪		角板山			贵宾馆	台车约4小时
16日	角板山		大溪				台车约2小时
16日	大溪		桃园				汽车约40分
16日	桃园	下午1：36	台北	下午2：20		铁道宾馆	火车
17日			停留				
18日	台北		基隆				乘船

备考：火车时间依据现在多少或有变更

此表转引自日本外交史料馆所藏之《國際連盟鴉片関係一件/極東鴉片事情調查小委員會派遣関係第一卷分割2》中之《视察日程》，此件档案号为：（JCAHR）：B04122138900。

同时，日本也将调查员所赴国家地区驻在公使的相关调查报告递交到台湾总督府。

外务省向台湾总督府警察局发电就鸦片调查事项给予具体的指示："一、《台湾鸦片制度沿革及概要》中寿府鸦片协定相关记述情况；二、《麻药类管理的概况》及台湾麻药取缔规则，鉴于只为鸦片吸食事情的调查为目的，将它删除是不恰当的，尤其是对麻药类的质问，应尽量详细地回答。"[①]

笔者没有查到总督府提交给日本内务省的文件，但从此指示件来推测，可能总督府提出调查项目中不包括麻药类。但调查委员此次将麻药类列为

---

① 《國際連盟鴉片関係一件/極東鴉片事情調查小委員會派遣関係第一卷分割4》，JCAHR：B04122139100。

其调查的重点之一，因在不久前曾发生"荷兰麻醉品制造"[①]破获事件，引起了国际社会的广泛关注。

由于调查委员接受日本的邀请，准备到日本观光，故他们压缩在印度等地的调查时间，改变了其行程，于1930年2月15日到达台湾。根据资料的记载，调查员于3月2日才离开台湾，共计在台湾停留半月有余。[②]

四　调查委员调查的事项

调查委员于19日就鸦片特许进行了质问，台湾总督府方面回答如下："改正是基于鸦片令的精神，促进渐禁主义的完成，采取以下方式以期望将密吸食者消灭：一、根据对密吸食者医药上验诊的结果，对瘾重治疗困难者给予特许，其它的人则采取强制治疗。二、另外也是为消灭将来密吸食者的根源以期管理的彻底。三、其方针也是特许收入优先使用在治疗及管理上。"[③]

20日调查员访问了鸦片制造厂、鸦片烟膏批发所及零售店，另外还视察了中央研究所里的更生院。在总督府对这里的官员进行了访问，听取对鸦片管理状况的说明。21日上午，访问文教局长、法院院长、税关长及专

[①]　"今日乃国际联盟禁烟顾问委员会审查各国政府最近破获毒物报告最后之一日，所查案件有值得世人注意者，即荷政府破获麻醉药品制造厂之报告。据称该厂曾向瑞士输入大宗之吗啡、海洛因及高根。复将该毒品输往远东各地。在维也纳驻有该厂经理，专司转运。云该厂业已迫令停止经营麻醉药品，驻维也纳之经理亦经捕获受逐出境，该厂之毒物数批亦已先后在各处破获。据英代表戴乐维爵士报告，该厂这非法贸易大约如下：吗啡955公斤（约35000英两）、海洛因3040公斤（约113000英两）、高根90公斤（约3350英两），其中吗啡317公斤、海洛因1609公斤，系运往中国，并指瑞士某商号会将吗啡317公斤、海洛1609公斤送往荷厂专资转运。意代表卡瓦逊尼谓：三千公斤之海洛因，足造成数千万之烟民。日代表计算，中国全国医用用途只需要吗啡700公斤、海洛因100公斤。若以之与非法输往中国各种麻醉毒物之数量相比，则中代表所要求麻醉药品鸦片两问题须同时加以考究，诚有充分之理由也。瑞代表加利尔称，瑞政府素以荷厂为正当营业，此次瑞政府虽有失察之处，然对于荷厂之非法贸易不能单独负责，嗣后荷瑞两国代表复作同样声明，谓两国既已采纳进口许可证办法，此后当不致再有大规模之非法贸易情事云。"《荷兰制造厂之破获（节译自伦敦〈泰晤士报〉）》，王景岐：《国际麻醉毒品贸易》，比（北）京海外拒毒后援会刊行，无出版日，第1页。

[②]　《国际連盟鴉片関係一件/極東鴉片事情調査小委員会派遣関係第二卷分割1》，JCAHR：B04122139300。

[③]　同上。

卖局长，听取各种鸦片问题的意见。22 日再次就鸦片问题听取官员的意见。之后调查员赴南部进行视察旅行。

2 月 23 日到达台南市直接到达安平港就对岸的交通状况进行考察，期间对州警务部长提出州下鸦片密输入的检举、管理及鸦片吸食新特许申请状况等问题。在安平对税关支署长提出鸦片秘密输入状况进行简单的提问。在安平制盐所视察时，向所长提出鸦片吸食者劳动能力及影响相关的问题。24 日调查委员赴阿里山旅游。26 日调查员一行到达台中鹿港进行视察。27 日又赴角板山旅游。28 日返回北部。

调查委员在南部视察时提出的问题主要是针对鸦片秘密吸食及秘密输入的，主要问题如下：

1. 密吸食者分布在全州，其最多的地域是哪里；
2. 特许新申请者概数及年纪性别如何；
3. 农牧民吸食者发现的方法如何；
4. 密吸食者检举的方法如何；
5. 最近三年间鸦片令违反者处分的件数，另外，请说明行政处分与司法处分的区别；
6. 最近三年间鸦片密输入检举的件数；
7. 鸦片取缔相关警察组织如何；
8. 依警察力量检查到的农牧民输入件数比税关检查的件数多是何原因；
9. 密输入取缔相关警察与税关协力的程度及两者的权限、义务如何；
10. 鸦片烟灰的处分方法如何；
11. 鸦片零售商吸食特许者有无卖出定量以外的鸦片；
12. 最近三年间密输入情况如何，其国籍如何。①

3 月 1 日返回到台北后视察了鸦片器具制造所、访问财务局长代理，求

---

① 《国際連盟鴉片関係一件/極東鴉片事情調査小委員会派遣関係第二巻分割 1》，JCAHR：B04122139300。

取鸦片相关预算的说明。在调查员访问鸦片器具制造所时，一零售商人从医生处知道他们是调查员，就向调查员说他自己因为做鸦片零售商，所以以后想去做牧师，暗批专卖制度。①

调查委员在台湾主要就"鸦片取缔相关一般问题、鸦片取缔相关详细质问、社会及医学性质方面的问题、不正当贸易、一般问题、调查相关一般经济及其他问题及麻药取缔相关一般性问题"这几个事项进行了质问。

（一）"鸦片取缔相关一般问题"

调查委员共提出九个问题：

1. 1912 年海牙鸦片条约于贵领域何时开始实施；
2. 1925 年 2 月寿府鸦片协定在贵领域何时开始实施；
3. 鸦片吸食管理的沿革概要；
4. 现行鸦片吸食管理的特色如何；
5. 政府最近有无在将来实施追加措施的意向；
6. 鸦片吸食及管理相关法令及规则如何（希望得到各法规则四部）；
7. 贵领域全部实施统一的规则吗，若不是则各地方的规则如何；
8. 违反相关法规的刑罚如何；
9. 过去十年起诉及有罪决定件数及基本法令及规则而进行课罚。②

（二）"鸦片取缔相关详细问题"

调查共提出 90 个问题，第 1—12 为生鸦片及鸦片烟膏的输出入相关问题，其问题如下：

1. 生鸦片输入相关规则有如何禁止的规定及日期；

---

① 《国際連盟鴉片関係一件/極東鴉片事情調査小委員会派遣関係第二巻分割 1》，JCAHR：B04122139300。
② 《国際連盟鴉片関係一件/極東鴉片事情調査小委員会派遣関係第二巻分割 3》，JCAHR：B04122139500。

2. 如若许可生鸦片输入时是否必须向税关官员提供其书类；

3. 生鸦片输出相关规则如何，如果禁止，其日期是多少；

4. 如若许可生鸦片输出时其书类是否向税官员提供；

5. 若允许生鸦片中转或过境其条件如何，如果禁止，其日期是多少；

6. 鸦片烟膏输入相关规则如何，如果禁止，其日期是多少；

7. 如若鸦片烟膏鸦片输入时是否必须向税关官员提供其书类；

8. 鸦片烟膏输出相关规则如何，如果禁止，其日期是多少；

9. 如若许可鸦片烟膏输出时其书类是否向税官员提供；

10. 若允许鸦片烟膏中转或过境其条件如何，如果禁止，其日期是多少；

11. 鸦片烟膏的输出还未禁止，其迟延的理由如何；

12. 如若还许可鸦片烟膏输出，其输出运输的商标相关规则是怎么样实施。①

对于上述12个问题，总督府方面都非常简单地以"禁止"或"还未禁止"来回答。

从第13—71都是针对鸦片贩卖方面的，问题如下：

13. 为贩卖而进行鸦片烟膏的制造是否是政府的独营，如若是其理由如何；

14. 是否实施鸦片专卖分配及贩卖相关的制度，其制度是否为全然政府独专事业；

15. 鸦片专卖价格的制定是依据什么；

16. 生鸦片及鸦片烟膏政府买入价格如何，另外，由鸦片所带来的政府总收益是多少；

17. 与鸦片管理相关的警察、预防、监狱、医院等机构的维持上，政府所需要的费用是否由鸦片收入允当；

---

① 《国際連盟鸦片関係一件／極東鸦片事情調査小委員会派遣関係第二巻分割3》，JCAHR：B04122139500。

18. 专卖制度实施当初各地方实施的价格如何；
19. 为防止没有通过官制许可得到鸦片，采取何种保证手段；
20. 为专卖及零卖分配相关的官制鸦片包装规则如何；
21. 官制鸦片零售包装是否也由工场提供；
22. 为官制鸦片配送所包装的重量及容积如何；
23. 为识别官制鸦片采取了何种特殊手段；
24. 零售分配的鸦片容器最小的容积是多少；
25. 锭剂形式的鸦片更有利于零售，为何从来没有尝试过；
26. 为预防官制鸦片容器的不正变更采取何手段，此种容器一但开封以后是否还可使用；
27. 鸦片吸食者新购入的空容器是否收回；
28. 鸦片零售的生鸦片或鸦片烟膏，吸食者是否可以自己制造烟膏；
29. 鸦片的零售贩卖是政府的独占事业，是否能转到贩卖人手里；
30. 前场合的鸦片零售者是否给政府的官吏什么报酬；
31. 零售的特许证怎么给予，其特许证的样式如何、发给日期如何且手续费如何；
32. 鸦片的消费不问官营还是特许的零售店是否都认可；
33. 鸦片的零售只用现金；
34. 各地方官营及特许零售店的数量，分别提供过去十年间两店的比较表；
35. 零售店经营相关特殊的规则如何；
36. 零售店的增加在现行的规则下是否许可；
37. 鸦片吸食的场所是否依据法律的许可，如是，其吸食场所是否为政府专营而不允许私人开设；
38. 过去十年间鸦片官营吸食所、特许吸食所的数量是否有记载；
39. 出入各烟所的相关规则如何；
40. 鸦片吸食所里是否允许鸦片的贩卖，另外消费者是否可以自带鸦片；
41. 现行立法是否允许吸食所在现有数量上再增加；

42. 官员如何决定零售商及吸食所的地域；
43. 如果有官制鸦片在零售店以外贩卖的场合是怎么样的场合；
44. 各地方实施零售的价格如何，是否有过去十年间的数量统计比较；
45. 官员如何批定零售的价格，其计算的基础是什么；
46. 特许贩卖的场合，相对鸦片贩卖额，给贩卖人有多少的利益，这些贩卖人是否有义务贩卖政府供给鸦片量的最少量；
47. 给予特许贩卖人的数量是否有一定的分摊；
48. 对特许贩卖人是如何管理的；
49. 鸦片是没有人种及国际的差别都可贩卖；
50. 鸦片吸食者需要登记，其登记的相关规则如何；
51. 鸦片吸食是否开放给官员及公署雇员、陆海军人、警察及官有车辆的司机；
52. 最近十年间按人种别登录鸦片吸食者数量如何；
53. 鸦片没有特许消费者贩卖，如果有，其规则及特许证的样式；
54. 最近十年间特许消费者的数量如何；
55. 追加吸食者登录，对新消费者特许证发给相关规则如何；
56. 采取何种手段防止鸦片吸食者入国移住，如果有采取什么措施；
57. 鸦片消费者是否有一定的指定量，如若有其指定量的相关规则如何，最近十年间各人种别指定量吸食者有多少；
58. 各特许的零售商给予的鸦片最多量是多少；
59. 许可证的不正或防止不使用许可，采取怎样的保护手段；
60. 登记或接受特许的消费者，是不是必须自己购买自己的用品；
61. 有没有法律规定消费者所持的最大量，其最大量是多少；
62. 是否允许女性作鸦片购买鸦片消费者进行登记及取得特许证；
63. 鸦片吸食消费者的最小年纪是多少；
64. 是否允许妇女及未成年者出入零售店及吸食所；
65. 烟灰相关规则如何；
66. 烟灰是否作为独立的事业进行回收，对回收烟灰的收购价格多少；

67. 特许贩卖人有义务将烟灰转送给政府；
68. 允许消费者新购买时是否先要约定返回烟灰；
69. 生鸦片及鸦片烟膏相关产生的烟灰的百分比是多少；
70. 有没有考虑烟灰吞食或烟灰再制吸食是一般的习惯，这比鸦片吸食更加有害；
71. 最近十年间各年返回给政府的鸦片烟灰的数量有多少。①

从第72—90是针对鸦片专卖的相关问题：

72. 1912年以后每年生鸦片输入数量是多少；
73. 1912年以后每年鸦片烟膏输入数量是多少；
74. 最近十年间即专卖制度开设以来政府生产的鸦片烟膏的数量是多少；
75. 最近十年间生鸦片零售额是多少；
76. 最近十年间鸦片烟膏零售额是多少；
77. 进入贵领土的生鸦片及鸦片烟膏的输入量与原生产国的输出量有无对照，另，输出的场合其输出量是否与输出国的输入量有无对照；
78. 最近十年间生鸦片零售的各种容量容器是怎么规定的；
79. 最近十年间鸦片的总岁入占纯岁入的几成；
80. 最近十年间一切财政总岁入及纯岁入是怎么样的；
81. 最近十年间生鸦片纯岁入额与一般纯收入额相对的百分率是多少；
82. 鸦片岁入额中多少用于特殊的用途，这部分与一般预算岁出的比率；
83. 鸦片吸食的终局是全禁，代替鸦片岁入的其它的岁入是什么，如果有请告之；

---

① 《国際連盟鴉片関係一件/極東鴉片事情調査小委員会派遣関係第二卷分割3》，JCAHR：B04122139500。

84. 鸦片专卖事业是如何组织的；
85. 最近十年间及各种设施当初以来鸦片专卖事业的经费是多少；
86. 是否有鸦片专卖的定期报告刊行，如果有请提供给；
87. 政府是否接受鸦片政策相关的劝告，如果有是什么；
88. 如果鸦片专卖事业归财政省管理，其理由是什么，如果考虑归所管理，其理由；
89. 鸦片吸食者由官营贩卖所提供，还是由病院或施药所供给鸦片；
90. 鸦片管理所使用的一切文书各四份及官营工场所使用的各种容积的空容器各四个提供给委员会；委员会注意所要求的统计资料中的一切疑点，如果今年与去年相比有显著变化，必须说明原因。①

（三）调查员对"社会及医学性质的问题"

1. 依据最近三次的国势人口如何、各国籍及各人种别所记载的数字；
2. 最近十年间各国籍及各人种别入国及出国移民相关统计；
3. 中国人主要生业如何；
4. 中国人是否是定住者或由一个地方向其它地方移住；
5. 中国人居住的地方如何，以最近的统计，各地方的数额；
6. 其它中国人或没有特定地方或特定种族的中国人是否允许吸食鸦片；
7. 贵领域所居住的或劳动着的中国人一般是从中国什么地方来，属于什么种族；
8. 是否有其它远东诸国移民来住，或者政府或雇主组织而来，如若是雇主组织的，那么雇主是否允许吸食鸦片；
9. 贵领域中国人总人口中吸食特许者占几成，在总人口中成年男

---

① 《国际连盟鸦片关系一件/極東鸦片事情调查小委员会派遣关系第二卷分割3》，JCAHR：B04122139500。

子的分别的百分率；
10. 全禁鸦片吸食是否影响劳动者的供给，贵领地外来劳动者依赖的程度；
11. 鸦片瘾者主要损失如何；
12. 鸦片吸食者财政状况良好或鸦片价格高低而产生的消费的变化的比较；
13. 鸦片吸食习惯以导致劳动者丧失劳动能力而贫困且吸食者家庭也将穷困；
14. 鸦片吸食者有无更低廉其他麻药习瘾的使用；
15. 社会娱乐的缺少是否对鸦片吸食也有责任；
16. 如果不容易得到安慰、慰安消灭习癖的程度及慰安的各类如何；
17. 陷瘾是不自觉的，如何满足其欲望，其结果如何；
18. 鸦片习癖是可以矫正的，但自发的瘾者最良好的矫正方法是什么；
19. 鸦片吸食者习癖的矫正，政府及私人团体怎样的努力；
20. 最初矫正完全执行之后有无必要为防止再发依据精神学的疗法给予患者意志力；
21. 到鸦片的习癖完全矫正每个瘾者所需要的矫正费用大概是多少；
22. 矫正的可能性与年纪有什么关系；
23. 什么样的人容易矫正；
24. 是依据诊断来断定习癖者的习瘾如何；
25. 鸦片是否被作为精神上的兴奋剂；
26. 鸦片是否作为体力劳动者的兴奋剂；
27. 保险公司的被保险者是否包括鸦片吸食者；
28. 当事者可根据自己的要求得到生鸦片或鸦片烟膏的代用物；
29. 代替鸦片吸食习惯的危害少的习惯的一般可能性；
30. 有无剥夺鸦片吸食者吸食目的的鸦片支给或限制，来用吗啡类兴奋剂代替的情况；

31. 鸦片吸食有害影响贵领域内医学者的舆论如何；
32. 吗啡类消费有无诱导至鸦片吸食；
33. 依据教育的手段阻止鸦片吸食是否可行，如若可行现在还没有实施的理由是什么，是不是不希望这样的措施出现；
34. 对上述措施的舆论反映如何；
35. 鸦片吸食是不是遗传性的恶习；
36. 有无考虑以烟草等代替鸦片的吸食的可能性；
37. 有无关心鸦片禁止运动的禁烟协会或其它团体；
38. 一般住民对鸦片吸食信鸦片禁止运动的态度如何；
39. 事实上是法律允许的消费，那么其使用在舆论上没有反对吗；
40. 在贵领域内鸦片相关舆论如何，采用什么样的应对措施；
41. 1907—1917年间中国的禁烟对贵领域的中国人的影响如何。①

（四）对秘密走私的问题

1. 最近十年间每年没收生鸦片数量有多少，希望尽可能得到原供给地的相关情报；
2. 最近十年间每年没收鸦片烟膏数量有多少，希望尽可能得到原供给地的相关情报；
3. 没收的主要中心地点是哪里；
4. 如何判断鸦片密输入者的路线或想像的经路是什么样的；
5. 从事鸦片走私的人的国籍及住所情况；
6. 最近十年间正当的鸦片价格与走私的鸦片价格；
7. 是否有大规模密输的团体，如果有这种团体其密输交易资金的银行怎么判明，为防止以上有行为什么措施；
8. 走私的鸦片如何流向消费者；
9. 为防止密输，政府应采取什么样的措施；
10. 为了防止不正鸦片竞争政府采取措施；

---

① 《国際連盟鴉片関係一件/極東鴉片事情調査小委員会派遣関係第二巻分割3》，JCAHR：B04122139500。

11. 各地方不正交易情况如何；

12. 政府的防止事务处是什么样的组织，该组织最近的扩张程度如何，最近十年间的经费是什么样，这些资金是否以鸦片收入充当；

13. 不正贸易中免于没收的部分大致多少，是如何来定算的；

14. 对从事走私及消费走私鸦片的刑罚怎样；

15. 现在鸦片制度对鸦片走私是有增加或是减少的影响；

16. 政府对鸦片吸食有效管制的可能性与走私有什么关系；

17. 贵领域内的人在其它地区进行走私的相关罚则贵政府有相关的立法措施吗；

18. 何种行为才算对税关及防止事务处进行行贿行为，为防止这种行为采取什么样的措施；

19. 限定量鸦片消费者追加的供给的密卖有吗。

20. 提供密走私相关情报是否给予奖赏，其规定如何；

21. 官制鸦片与走私的鸦片有无质量的差异。如果有的话是何种差异；

22. 官制鸦片的使用与走私鸦片的使用相比危害小吗；

23. 被没收的走私鸦片及烟膏的相关规则如何；

24. 政府专卖事业的鸦片一般在工厂内制造，不正的鸦片的制造方式是什么。①

（五）一般性问题

1. 在贵地方鸦片吸食与鸦片吞食的关系如何；

2. 罂粟的栽培如何，在地方上是否许可，如果许可，其条件如何；

3. 最近十年间罂粟栽培地减少面积如何，栽培面积的减少与生产的减少有什么样的关系；

4. 最近十年间罂粟的正当生产如何；

---

① 《国際連盟鴉片関係一件/極東鴉片事情調査小委員会派遣関係第三巻分割1》，JCAHR：B04122140500。

5. 是否有罂粟的不正栽培，在地方上如何防范。①

（六）调查相关一般经济及其他问题

1. 贵领土主要的文学的及地理的特征如何；
2. 主要的海陆交通状况如何；
3. 最近十年间的岁入与岁出的预算及决算；
4. 课税的主要财源中有哪些方面；
5. 能否提供一切消费税相关的详细情报；
6. 依据追加课税现在鸦片税入所得是多少；
7. 住民的主要生活方法如何；
8. 公众健康与卫生相关情况如何；
9. 儿童及妇女劳动保护相关的立法手段如何；
10. 失学的百分率是多少；
11. 教育制度的特色如何。②

（七）鸦片吸食相关的一般情况及生鸦片及鸦片烟膏以外的麻药管制及不正贸易相关问题

1. 麻药取缔制度的概况。

答复：麻药取缔管制相关概况附在别册台湾鸦片制度的现况中。

2. 生鸦片及烟膏以外的相关药品一般法令及规则如何。

答复：在问题答复所附之中。

3. 生鸦片、烟膏及其他麻药不正当贸易如果不能全然禁止政府何时才能实现鸦片的全禁。

答复：考虑在二、三十年后禁止吸食鸦片。

4. 政府就其它麻药不正贸易及鸦片吸食管制之关系是如何考虑的。

答复：有代之鸦片吸食的"吗啡"的注射，因而对鸦片取缔更为

---

① 《国際連盟鴉片関係一件/極東鴉片事情調査小委員会派遣関係第三巻分割1》，JCAHR：B04122140500。

② 同上。

严厉，自然对麻药不正不贸易产生影响，在管制鸦片的同时，也考虑对麻药的不正当贸易进行取缔。

5. 鸦片制度的实施会增加其它麻药的不正交易。

答复：在统计上增加虽没有这种情况，但有增加的倾向。

6. 印度大麻的使用与鸦片吸食的制度有何种的关系，有若有请回答下列问题（1）印度大麻的栽培情况；（2）印度有无不正当的大量生产；（3）是否有印度大麻的不正当栽培，如果有其程度如何，在什么地方；（4）印度大麻制剂是否做专卖事业，如果是其条件是什么；（5）人种及国籍别的印度大麻的主要使用者他们大致的数量是多少；（6）印度大麻的使用是否比鸦片的吸食或吞食更有危害性；（7）印度大麻的输入、输出及通过相关规则如何？

答复：本岛没有印度大麻的使用。①

而对调查委员提出的这些问题，台湾总督府方面都尽可能做出简单回避式的答复，特别是第七部分"麻药取缔相关一般性问题"应当是最重要的，日本在国际鸦片会议上之所以成为众矢之的，其原因就是其向中国大陆进行了各种方式的新式毒品走私，但从外交史料馆所收录的资料内容来看，总督府对此问题的答复非常简单。从此答复中也可看出，总督府根本就不想禁止鸦片及毒品的使用，所以回复时称"考虑在二、三十年后禁止吸食鸦片"。

之后总督府应调查委员的请求，最后将《一般问题的回答》《鸦片吸食特许矫正处分的宗旨》《石井警务局长的声明》《鸦片政策新措施相关石井警备局长的声明》《州厅、性别年纪级别鸦片吸食特许申请者》《州厅、性别年纪别矫正治疗申请者》《台湾更生院（鸦片瘾矫正）的概况》《违反台湾关税法检举者赏与调》《最近十年间台湾物价指数》《最近十年间台湾元每年与英镑对换比率》《鸦片管理相关牌照及其样式》等十份鸦片及麻醉品

---

① 《国際連盟鸦片関係一件／極東鸦片事情調査小委員会派遣関係第三巻分割1》，JCAHR：B04122140500。

相关文件交给调查委员。①

小　结

综上所述，日本及台湾等殖民地对调查委员使尽解数进行恭维，台湾总督府更是将调查委员奉为"国宾"②，日本的这种收买贿赂的方式不能说没有奏效。调查委员一行于1929年9月24日从缅甸开始进行调查，至翌年3月30日在朝鲜完成最后的视察为止，历时整整六个月。委员调查期间曾与606人进行面谈，其中台湾的受访者即达140名，由此可推测台湾可说是此次调查中最受重视的地区。调查委员在返回日内瓦半年之后的11月，向国际联盟理事会提出《远东鸦片问题》调查报告书。调查报告书的内容共分四篇："第一篇载明调查缘由及方法；第二篇说明远东地区一般吸食鸦片的现象；第三篇则记述实际执行鸦片取缔、履行国际义务和取缔违法交易时所遭逢的问题；第四篇则为调查委员会的结论与对当事国及国际联盟的建议。"③报告书特别强调朝鲜等"绝对禁止吸食鸦片之处"。而台湾部分，"则称许台湾无论是在遏止鸦片吸食还是采取渐禁措施方面，都是足以为其他地区的优良模范"④。故关于对日本政府的评价，则完全合乎日本的期待。

---

　① ［日］《国際連盟鴉片関係一件／極東鴉片事情調査小委員会派遣関係第二巻分割1》，JCAHR：B04122139300。
　② 《台湾民报》，昭和5年2月15日，同年3月8日，同年3月15日。转引自刘明修著《台湾统治与鸦片问题》，李明峻译，第174页。
　③ 刘明修：《台湾统治与鸦片问题》，李明峻译，第175页。
　④ 同上书，第177页。

第十四章
日本在国际鸦片会议的窘境

1909年国际鸦片委员会在上海召开了禁毒会议，中、法、俄、德及日等13个国家参加了这次会议，会议作出了9条禁毒方面的建议性决议。该决议虽然对签字国不具有约束力，但其事实上已成为国际合作禁毒的开端，并成为第一个国际禁毒公约。1912年1月，在海牙召开了第一次国际禁毒会议，并发表了《海牙鸦片公约》。1920年国际联盟成立后，在其章程中明确规定其具有监督国际间鸦片及其他麻醉药品贸易的使命，并于当年12月举行国际禁毒第一届执行会议，同时创建了鸦片及其他毒品顾问委员会，每年召开一次会议，向国联提出督促禁毒的建议。而海牙国际鸦片条约虽就鸦片吸食等问题进行了国际性的初步的规范，但也存在若干缺陷，批准国少，且在付诸实施中，对医药用鸦片没有具体的限制规定，同时，对各国鸦片生产也没有具体的限定。美国认为限制鸦片生产，是遏制全球毒品泛滥的关键，向国联提出请求召开国际禁毒会议，国际接受美国的建议，决定在日内瓦召开。

一　日内瓦国际鸦片会议

1923年5月美国向国际联盟秘书长发电，请求在五届鸦片咨询委员会会议中，讨论有关毒品生产与交易的提案："一、除医药用及学术用以外的鸦片产品使用即是滥用，是不正当的行为，违反海牙鸦片条约的精神；二、为防止鸦片的滥用，须限制鸦片的生产，故有必要去除用于非正当目的的过量生产。"①

但此提议马上遭到英国的强烈反对。英国当时拥有印度等殖民地，而印度、土耳其及波斯是当时世界三大鸦片生产基地，不仅控制着印度出产的生鸦片，同时利用印度殖民地地缘上便利条件，通过管制运输及加收通航费用等手段，间接地控制着土耳其及波斯产的鸦片。英国当然无法接受美国的这个提案，并向国联提出反对性的提议，主张鸦片生产的限制应由生产国自行决定，而不应当受海牙条约中如何使用的限制。②

前文提到，英国提出，应将会议分为两个部分，英国之所以主张召开两个会议，其主要目的将对吸食鸦片及新式毒品问题采取最严厉态度的美国，从容许吸食的国家会议中排除出去，因为当时美国在其殖民地菲律宾等地，采取了极为严格的禁止吸食鸦片的政策。

面对美、英两国相反提议的国际联盟鸦片咨询委员会，担心会议会产生纠纷，接受了英国的建议，以英国的提案为基础，理事会预先将会议分为两个部分，第一会议是领土之一部分或全部容许吸食鸦片的国家，由中国、英国、日本、法国、荷兰、葡萄牙、泰国、印度8个国家的代表组成，主要议题是协议有关吸食鸦片的问题；第二会议是有关生产及使用医药用或学术用麻药的会议，由国际联盟全体会员国的代表参加。

日本对将美国排挤出第一个会议极为兴奋，欲通过这次会议洗刷自己的污名，派出原台湾总督府专卖局长、总务长官贺来佐贺太郎，及当时在巴黎国际联盟事务局局长杉村阳太郎、医学博士宫岛干之助，内务省技师鹤见三三博士、安香爱二等重量级专家，担任日本政府的首席全权代表。③

排除了国际鸦片问题监督者美国之外的第一个会议，成为"猫不在时的老鼠聚会"。会议纠葛于海牙鸦片条约的相关议题，只强调印度等鸦片生产国的鸦片生产量，致使中国代表表示"道路漫长，奸策无益"而中途退出该会。④"鸦片的生产国英国"和"鸦片的走私国日本"，也因为日本走

---

① 国际连盟协会：《鸦片会议の解说》，大正14年，第16页。
② ［日］荒川浅吉：《鸦片の认识》，发行人：乐满金次，昭和18年，第105页。
③ ［日］宫岛干之助：《国际鸦片问题の经纬》，日本国际协会昭和10年版，第6—7页。
④ ［日］荒川浅吉：《鸦片の认识》，发行人：乐满金次，昭和18年，第108页。

私鸦片至中国而引发正面冲突，使会议多次濒临破裂。①

但本意利用此次会议的日本代表并没有放弃，贺来佐贺太郎积极周旋，并在会议发言中阐述日本的观点，主张借鉴台湾的经验，最终达成完全的禁止，并承诺暂就《海牙条约》第二章之规定，就鸦片相关条约的修正进行协商。② 英国虽与日本产生冲突，但还是接受了日本的主张，通过《日内瓦第一鸦片条约》。

《日内瓦第一鸦片条约》共分15条，附属议定书8条。其要旨为生鸦片及烟膏的输入和分配为政府独占事业；鸦片吸食仅限已成瘾者，且严禁未成年者吸食；限制鸦片烟膏的零售店和烟馆的数量，并禁止烟灰的买卖；在学校进行戒烟的教育；缔约国官员之间进行相关情报交换；禁止向输入吸食用鸦片的地区输出鸦片，鸦片通关和存关须有输入政府交付的输入证明书；定期召开会议以促进各国合作取缔不当交易和交换情报，以及审查海牙条约和本条约的实施状况等等。③

由于第一个会议形成"条约"，并未提及美国所主张的对鸦片过剩生产的限制，故第二个会议从一开始就矛盾重重。美国代表柏古首先提议就鸦片、古柯叶的生产进行限制，认为会议的对象不应限定于麻药问题，亦应包括第一会议的鸦片吸食议题，并主张对第一个会议形成的条约进行修正。

英国方面则主张，禁遏麻药和吸食鸦片为完全不同的两个问题，并动员各鸦片吸食国封杀美国，但美国并不妥协，态度极为强硬，并以若不能满足限制鸦片过剩生产为会议的必要条件，美国即不签署任何条约。

尽管美国代表的提议代表着正义，也获得国际舆论的强力支持，但由于这是因为出席会议的主要国家均在东南亚拥有殖民地，而美国的相关提案，将断绝其在殖民地经营最重要的财源，故各国都不支持美国，使美国在第二个会议上也几乎是处于孤立的状态。美国代表最终被迫退出会议。而中方代表，为表达对美国的支持，也随之退出会议。

在美、中两国退出会议之后，留在第二个会议的其他国家即迅速整理各项议案，通过了主要针对麻药及其原料的全文共三十九条的《日内瓦第

---

① 刘明修：《台湾统治与鸦片问题》，李明峻译，第150页。
② ［日］荒川浅吉：《鸦片の认识》，发行人：乐满金次，昭和18年，第119页。
③ 《鸦片ニ関スル条约及决议聚/1928年/分割1》，JCAHR：B10070284900。

二鸦片条约》①。其主旨如下：一、作为原料的生鸦片、古柯碱的生产、分配、输出入等事项的法规的设立；二、制定麻药国内管理上的制造、输出入、贩卖的许可制度；三、有关印度大麻不当交易的取缔事项；四、制定国际交易的管理规则，所有的输出入必须发给许可证，通过第三国或进口港时，提出其许可证复印本；五、设置监督条约履行状况的中央鸦片委员会，其任期为五年；六、有关条约解释或适用相关纷争发生时，由理事会特别任命的专门机关来进行解决，如果不能解决，则交给常设国际司法裁判所。②

根据上述内容分析来看，由于鸦片及新式毒品涉及各国的巨大经济利益，故除美国外的其他国家尽量避免条约触及自身利益，使得这二次鸦片会议的成果并不显著，但这二次鸦片会议却将从围绕着中国这一单纯区域的鸦片问题，发展为世界性的国际政治问题。

二　日本在国际会议中的尴尬

日本至1933年3月退出国际联盟为止，出席了所有鸦片相关的国际会议。这不仅是因为日本在其殖民地台湾、朝鲜及满洲等地实施鸦片专卖制度，更因为这些地区都与鸦片秘密输入中国，特别是麻药的走私问题有着极深刻的关系所致。

日本因甲午战争、日俄战争的胜利，取得向中国这片有着广大的鸦片消费地进军的机会。日本政府以殖民地台湾的鸦片政策为蓝本，在朝鲜、关东州等地，实施各种所谓的鸦片"渐禁""禁止"的政策，但实际上日本以蛮横的态度恣意挥洒运用这些制度，不但公开允许殖民地人民吸食鸦片，甚至还非公开允许或默许日本人从事吗啡等新式毒品的走私，连日本人自己都言："当局以国际亲善为理念，以国际条约为原则，一方面热心进行取缔，但其背后，日本人与大多数鸦片、吗啡的密卖有着关系，鸦片相关人员另行别论，吗啡及麻醉毒品的相关者，十有八九都是日本，这是现实的情况。制造输出国是英国及德国，但中介者多是日本人，另外，零售

---

① 《鸦片ニ関スル条约及决議聚/1928年/分割1》，JCAHR：B10070284900。
② ［日］宫岛干之助：《國際鸦片問題の經緯》，日本国际协会昭和10年版，第9—10页。

商也多为日本人。"①

根据日本人自己的研究，1928 年在日本内地及各殖民地的日本人及日本籍民的鸦片及吗啡类新式毒品的中毒者数量为："台湾人（鸦片及吗啡中毒者）约十万至十五万人；朝鲜人（主要是吗啡中毒者）约七万至十万；内地居住的朝鲜人（吗啡中毒者）约一千一百人；内地日本人（吗啡、可卡因中毒者）约二万一千人三万。"②

从上述数字分析来看，由于日本对各殖民地鸦片及毒品的纵容行为，不但各殖民地在日本统治近三十年之久，依然存留着大量的鸦片吸食者，即使是在日本本土，也出现大量的新式毒品的使用者。而且日本在殖民地采取欺骗做假的行为，如"在朝鲜某道，在官员的调查时，吗啡及鸦片吸食者的登记人数只有一人，但被检举出来的鸦片量一次竟然就高达七、八十磅，是几千人的吸食量。又有某道言没有一个中毒者，但一间药商却每月卖出几千只吗啡注射针"③。连日本学者自己都认为"全无取缔的实绩，表里相差甚远"④。

日本表里不一的国家贩毒行为，引起国际舆论的强烈谴责，也引起了中国方面的反击。中国在 1906 年开始的"十年禁绝（鸦片）计划"，虽因 1911 年辛亥革命而被淡化，但因为如前所述，日本在第一次世界大战中及其后数年占领青岛期间，曾利用台湾总督府制造鸦片烟膏的过剩设备，向青岛地区输出鸦片烟膏是基本的历史史实，故中国方面认为日本政府向中国大陆地区鸦片的输出和其后各地民间走私，是中国鸦片禁绝计划失败的根本原因。1921 年 11 月召开的华盛顿会议期间，中国代表施肇基以日本从关东州向中国领土走私鸦片为主题，指责日本违反关东州租借条约，甚至提出要求日本归还关东州。⑤

由于近代中国是鸦片的最大受害国，故中国代表的发言，得到国际舆论一致同情，同时也增加了对日本的不信任。日本人亦图谋在国际鸦片会

---

① ［日］菊地酉治：《鸦片害毒に運動する關意見》，《鸦片問題の研究》，国际联盟协会昭和 3 年版，第 4 页。

② 同上书，第 6 页。

③ 同上。

④ 同上。

⑤ ［日］花井卓造：《鸦片事件弁论速记》，星制药株式会社大正 15 年版，第 11 页。

议上洗清罪名,但却遭到美国、英国及中国的强力反击。

日内瓦第一鸦片会议上,英国就鸦片问题集中对日本展开攻击。会议召开之时,正是关东厅鸦片事件最终判决出炉之后。而日本"就与经济密切联系的鸦片问题上,有数万以上的事件,浦盐高田商会的吗啡押收事件、星制药的鸦片密输事件、大连铃木商店的鸦片密输事件等"① 发生。日本在会前已经考虑到自己的处境,故特别派遣前台湾总督府总务长官贺来佐贺太郎参会。

英国代表在会议上极力攻击日本,提出"在中国各地取得有关日本人鸦片或麻药事件的新闻报道为证据,力陈日本官民一体从事鸦片或麻药走私贩卖的事实。在日本代表提出反驳后,英国代表立即介绍关东厅鸦片事件,以预先准备的旅顺法院判决书,和日本报纸对朝野就该事件的攻防报道,翻译成各国文字并分送各国代表,证明日本代表的反驳并不正确,而英国代表的指控为实。此点立即在各国代表间引起极大回响,同时,如同为英国代表助威一般,中国代表亦反复告发关东厅鸦片事件,并断言世界最大的鸦片或麻药走私港口为关东州。此举使日本代表更陷入困境"②。

对于英国和中国代表的指责,日本代表只好以退出会议的方式来抵抗。由于美国已经宣布退出会议,日本再退出,那么会议将无法进行下去,故会议只得暂时休会。贺来利用大会休会期间,写成《日本帝国鸦片政策》一书,分送各国代表。该书收藏于《鸦片问题的研究》中。该书分为绪言;第一章日本帝国鸦片制度;第二章台湾鸦片制度;追录及附录五个部分,主要以在殖民地台湾所实施的渐禁鸦片政策为内容,以证明日本在台湾所实施鸦片政策的成果,表明日本政府并未追求鸦片的经济利益。③

当时美国已经被英国从第一个会议中成功逐出,如果日本再退出,则难有实效的成果出来,故接受会议主席荷兰代表的斡旋,英、日两个鸦片制造贩卖国相互妥协,签署了《日内瓦第一鸦片条约》。

---

① [日]菊地西治:《鸦片害毒に運動する關意见》,《鸦片問題の研究》,第8页。
② 刘明修:《台湾统治与鸦片问题》,李明峻译,第163页。
③ [日]《鸦片問題の研究》:国际联盟协会昭和3年版,第133—176页。

三 "麻药制造限制会议"中日本的窘境

日内瓦第一及第二条约分别于1926年7月28日及1928年9月25日分别生效。日本于1928年7月26日分别批准了上述两个条约,并于次年1月8日生效。另外,在日本的殖民地台湾及关东州也适用于第一条约。为保证上述两个鸦片条约的贯彻执行,由英、美、法、德、伊、印、芬及日8国的8名委员,组成了"鸦片中央委员会",检查鸦片相关条约实施的情况。

上述两个条约在实施的过程中出现了若干问题,各国政府也都有各种怨言,实际操作也有许多不明之处,故以各国代表组成的"鸦片中央委员会"的提案为基础召开了预备会议,并于1931年5月27日在寿府召开了"麻药制造限制会议"。

这次会议有58个国家参加,议题也具有较高的技术含量,各国也纷纷派出重量级人物参加,英国派出了内务次官、葡萄牙派出了原殖民地总督、印度派出了专卖局局长、中国派出了驻伊公使朱兆莘参加此次会议。[1] 当时日本派出驻瑞士大使泽田节藏,内务省书记官大达茂友及内务省技师松尾仁及外务省文官草间志享等参会。

此次会议召开了多次预备会议,据现存资料记载达8次之多。[2] 在这些会议中,以英国为首的国家,就日本从台湾向大陆走私新式毒品、鸦片的输出问题、麻醉品的走私问题、日本制造可卡因的数量及输出入的许可等问题,向日本提出质问。[3] 而且"咨问委员会"起草提交的"限制案",对日本这个新的麻药制造大国极为不利。[4]

印度首先向委员会提出,印度以牺牲财政年度额的一百数十万为代价,禁止医药用以外的鸦片的输入或限制内禁止的新式麻药,同时,为防止不正当走私而取消了拍卖制度,不管有无输入证明书,在大连、澳门等地实施禁止输出。

---

[1] 《委员会参考资料干係》,JCAHR:B06150880300。
[2] 《開会期日通知及日程ニ干スル件》,JCAHR:B06150879600。
[3] 《草間嘱托〔嘱託〕来信》,JCAHR:B06150879500。
[4] 〔日〕宫岛干之助:《國際鴉片問題の經緯》,日本国际协会昭和10年版,第12页。

同时，印度也就日本鸦片及麻药问题，提出"痛列的攻击"。①

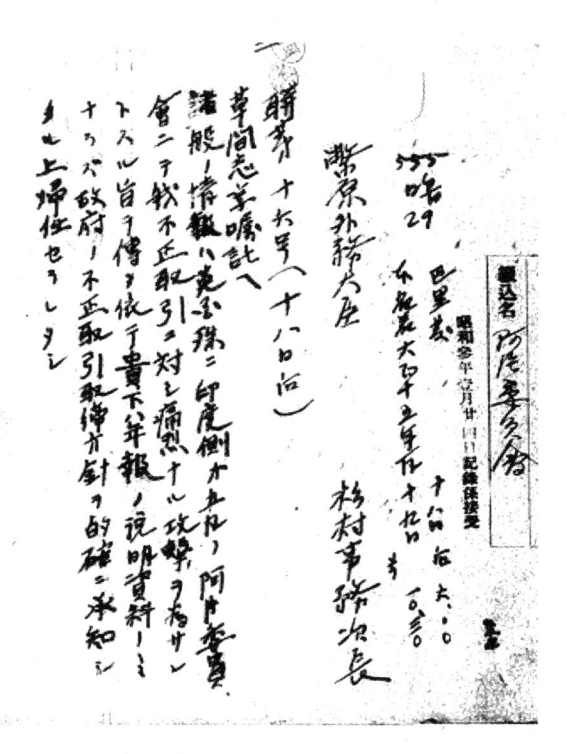

图 14—1　国联向日本官员草间志学提出的质问信函

英国委员就日本向中国走私日本制麻药类，特别就精华、江东、三共及星制药等秘密走私大量麻醉品，对日本政府提出质疑，认为日本对其制造业者没有充分的管理，故其诚意十分值得怀疑。要求日本政府提供星制药的"鸦片事件"审判相关资料及其后的情况，特别是麻药类制造的许可等。另外，就"大连事件"，英国代表认为同地官员的管理问题严重。②

日本政府向"咨问委员会"提交了"关东州鸦片制度及取缔状况""1923 年本邦制海洛因、可卡因制造量消费量""大正制药鸦片密卖之件"

---

① 《鸦片谘问委员会》《议事内容（1）》，JCAHR：B06150879200；B06150880200。
② 同上。

"星制药及'ミッドヴロード'事件相关之件"等资料,进行说明。[①]

依据国际联盟做成的各国年报摘要中的附属一览表,吗啡、海洛因及可卡因的国内使用量,包括输入量、制造量及输出量等,每年竟然达到千公斤以上。除去美国的"可卡因",仅日本一个国家的使用量就比其他国家就多出数倍。

根据保健委员会确定的使用量,与鸦片制剂一人一日使用量45(毫克)相较,日本的可卡因、海洛因等,多使用在医药上显然就是一种辩解,因其数量远远超过其他国家使用数量。委员会列举了日本三共、江东、精华等制药公司秘密走私的数量如表14-1所示:

表14-1　日本三共江东、精华等制药公司秘密走私鸦片数量

年月日	品种	数量(盎司)
7月17日(1930年)	可卡因	100
7月21日	可卡因	15
7月28日	可卡因	275
9月7日	可卡因	3
9月30日	可卡因	412
—	海洛因	878
—	海洛因	66
—	海洛因	245
—	海洛因	50
—	海洛因	725
—	吗啡	30
—	可卡因	50
—	海洛因	25
—	可卡因	100
11月21日	可卡因	200
1月6日	可卡因	5

* 此表根据《委员会参考资料干係》(B06150880300)之内容整理而成。

[①] 《関東州ニ於ケル鸦片制度及取締状況ニ干スル件》《1923年度本邦製「ヘロイン」「コカイン」製造量消費量ノ件》《大正製薬払下鸦片密買ニ干スル件》《星製薬及「ミッドヴロード」事件ニ干スル件》,JCAHR:B06150879700;B06150879800;B06150879900;B06150880000。

根据表 14-1，日本仅在 1931 年一年间，就秘密走私吗啡 30 盎司、可卡因 1160 盎司、海洛因 1989 盎司，可见日本利用东亚殖民地体系进行贩毒的猖獗。

由于委员会原文审议由咨询委员会所做的削减的限制案，对日本极为不利，以至于日本不能接受此案。随后日本一改最终的反对，强力主张订购制造限制案。虽然日本的提案也受到英国、法国及德国的反对，但由于此事涉及大多数国家的经济利益，最后在各方的妥协下，在对条约进行了大修改，以第七章第三十四条为基础，形成《麻药制造限制及分配条约》，其内容大体如下：

第一章规定，本条约规定列记适用麻药品种，其制造、转换、保管、预备在库品、政府用库存品等。

第二章规定医药及学术用国内消费量、转换量及在库品保有数量的保管相关规定，及各国提出的查定保管监督机关及机能。

第三章各国制定限制制造超出其正常需要量的条款，规定不得制造超过其一年内消费、转换、预备库存品、政府用在库品及预定输入的总计量，规定制造过剩的量，由次年度制造量中减去，同时，规定超过数量的处理方法。

第四章规定禁止麻药制造及限制规定，特别是"海洛因"及其盐类及本药含有制剂的输出，必须制定严禁的"海洛因"贸易相关的规定，对将来制造出来的一切鸦片类及可卡叶"アルカロィド"，仅限用于医学及科学用的价格，不得进行其他方面的制造及贸易，并规定其他麻药相关输入条件。

第五章第一条第二项明确列举寿府条约取缔规定的麻药各适用本法，对"可待因"等，也采取许可制度，国际贸易应置于输出入证明制度下，麻药输出入的监督由现在鸦片中央委员会承担，并规定预算以外的输入时不得输出。

第六章国内行政条款中应规定，各缔约国应为麻药管理设立特别行政机关，由制造者每四年向其报告麻药的制造原料及制品的数量，并规定没收之麻药的处分相关法规。

第七章本条约实施上的一般条款中应规定，麻药制造、转换的许可乃至废止相关手续、本条约实施的相关法规的相互通报、向中央委员会提出的本条约实施状态的年报及统计年报的记载事项。其他不正买卖的情报交换、本条约与海牙条约及寿府条约的关系、尚有纷争时的措施、其他保留、署名、批准、加入及发效等相关规定。①

日本于1930年5月以内务省令第十七号公布修订了麻药管理规则，1934年才正式以内务省令第三十三号对外公布。

四 日本继续搪塞国际社会

鸦片中央委员会成立后，协同鸦片咨询委员会进行各样工作，日本也参与其中。但日本向国际咨询委员会所提交的鸦片及各种麻药制品的报告，时常让日本委员陷入窘境。日本在1930年时提交的报告中，在其六倍功效于吗啡作用的海洛因的消费上做了文章。当时世界平均一般人口百万的消费水平只有5千克，而法国是21.6千克，日本为20.71千克。日本、法国、美国三国每百万人口的消费量，如表14-2所示：

表14-2　　　　日本、法国、美国每百万人鸦片消费量　　　　（单位：千克）

国别	鸦片	吗啡	吗啡エスター	海洛因	计
日本	48.45	141.40	—	128.24	372.09
法国	243.54	642.00	46.00	190.00	1121.54
美国	34.56	219.90	—	1.23	255.69

＊此表根据宫岛干之助《国际鸦片问题的经纬》第28页之内容整理而成。

日本的高度消费令人怀疑其不正当贸易的存在。鸦片中央委员会要求日本阐明其理由。另外关东州的麻药输入消费报告也存在着问题。日本当年上报的百万人口的消费量为吗啡113.19千克、海洛因35.74千克、可卡因22.98千克。②

当时关东州是允许鸦片吸食的，故一般类麻药的消费按常理应当不多，

---

① ［日］宫岛干之助：《國際鴉片問題の經緯》，第13—14页。
② 同上书，第28页。

但情况恰恰相反。因关东州所提交的不正当贸易的相关数量极高，其具体如表 14-3 所示：

表 14-3　　　　　　关东州鸦片/吗啡等贸易数量　　　　（单位：千克）

鸦片	9,190	粗制可卡因	37
吗啡	146	可卡因	359
海洛因	120	印度大麻	37220
可卡叶	12	印度大麻树脂	2313

根据表 14-3 的记载来看，吗啡、海洛因等的使用量并没有什么大的出入，但可卡因却增加了近 60%。由于大麻及大麻树脂的大量应用，故推断可能以"可因"等代替的可能性。鸦片中央委员会据此向各国要求提交"可因"类麻药制造及消费的报告。

另外鸦片委员会在审查各国年报时，关于日本生鸦片的集中囤积，台湾粗制吗啡的处理方式及海洛因、可卡因的消费过大等问题，也都成为委员会的议论话题。连日本人自己都言"更令人遗憾的是，本邦蒙受着将所制的麻药，向以印度为首的中国及其它地区进行秘密走私之名，数年以来一直都成为鸦片咨询委员会的重要问题。现在，鸦片中央委员会也经常就此进行议论。虽然没有具体的证据，但长期处于这种困境中，我国的威信将受到极大的损害"[①]。

日本驻鸦片委员会委员宫岛干之助虽以海洛因及可卡因的其他代用药日本还没有欧美诸国那样兴盛为由，来强调解释日本之大量使用的海洛因及可卡因。但他还是向日本政府提出中肯的建议，也提出了自己的担心："然而，如果以本邦麻药的真相来考虑，海洛因、可卡因等的制造，不是明显超过正常需要了吗？麻药管理规则虽然已经改正，期待今后其管制也要从严，将此等的制造量逐渐降低，直到降至真的正当需要量为止。万一我国的海洛因、可卡因等等的危险麻药依然生产过剩，而不能正当地输出，国内将可能出现麻药滥用的弊端，谁都不能保证这样的祸事不会出现，现

---

① [日] 宫岛干之助：《國際鴉片問題の經緯》，第 32 页。

在我们不进行防范,将来惨祸发生时再找对策就为时已晚。"①

从宫岛干之助的上述表述中可以了解到,日本官员明明知道日本的走私行为,但也很无奈,只好以委婉的方式提出建议罢了。

1931年时,日本依然按惯例向鸦片中央委员会提出了统计报告。但日本政府所提出的数据,1931年度的库存数量,与统计总监表计算的数量之间,存在着大量的偏差,其偏差表内容如表14-4所示:

表14-4　　日本向鸦片中央委员会提出报告数据与国内统计数字差异（1931年）　　（单位:千克）

药品别	地域别	报告数量	计算数量
生鸦片	关东州	18955	10317
	朝鲜	7082	5932
	日本	30560	34642
吗啡	关东州	—	388
	朝鲜	202	376
	日本	332	207
海洛因	关东州		154
	朝鲜	207	201
	日本	132	101
	台湾	6	2
可卡因	关东州	—	2
	朝鲜	22	18
	日本	860	600

* 此表根据宫岛干之助《国际鸦片问题的经纬》第49—50页之内容整理而成。

鸦片中央委员会向日本提出:

第一,生鸦片系日本政府的专卖品,其出售应当十分严格,但上述库存数量存在着很大的偏差,令人十分费解。关东州部分,上年度与今年度的报告数量也偏差很大。另外,朝鲜、日本前年度与本年度的偏差也很大。

---

① ［日］宫岛干之助:《國際鴉片問題の經緯》,第32页。

第二，吗啡、海洛因及可卡因方面，关东州之部分最不可思议，即是前年的存库量、本年度的输入、制造等全无，但却有相当大的消费及大量的吗啡及海洛因的输出。

第三，计算日本、朝鲜及台湾的吗啡、海洛因及可卡因的库存数量也不能相统合，主要问题出现在消费量方面。

第四，关东州本年度的吗啡及海洛因的消费率极高。①

议长英国人也向日本提出："委员们无法相信如此之高的吗啡和可卡因消费，是正当的行为，并且希望日方解释，在此事中，日本官方的责任是不是更大，因为大多数的租界的居民不是日本人，而是日本政府庇护下的外国人。"②

对日本贩毒行为，早就引起了各国的注意，并成为每届鸦片会议的被告。"七七事变"以后，随着中国战场的开展，日本的国家贩毒活动再次受到世人的关注。就连日本的中国近代政治外交泰斗植田捷雄教授，也对"满州事变"以后的日本在中国的鸦片政策进行批评："其目的是向中国民众销售鸦片，助长其吸食习惯，以使其体力低落，弱化其抗战意志力，同时以此所获之利益，作为继续准备战争的财源，并充做供应于占领地区树立傀儡政权的资金……随着战果的扩大，日军及其民间各机关奖励鸦片及其麻药的生产输入，利用治外法权的存在，以几乎无限制地贩卖方式，展开广泛的活动……在戒烟的名义下，事实上创设鸦片专卖制度，俨然成为鸦片交易的总源头……同时，因为日本表面上向世界宣称，自国已履行对其他有关麻药取缔的条约，并以身为一介当事国，充分与其他相关国家合作……这是日本鸦片政策被各国严厉谴责为无耻的背德行为之故。"③

日本在鸦片中央委员会的官员也认为日本必须注意自己的行为："我国虽厉行麻药的管制，但多年以来在国际上颇受疑惑及成为关注焦点的海洛因、吗啡的制造及消费亦在减少，唯有关东州的统计报告不精确，招来疑惑。特殊的是该州是租借地，住民大部分都是中国人，其对麻药的管制比

---

① ［日］宫岛干之助：《國際鴉片問題の經緯》，第51—52页。
② 同上书，第52—53页。
③ ［日］植田捷雄：《东洋外交史》，东京大学出版社昭和49年版，第613—614页。转引自刘明修《台湾统治与鸦片问题》，李明峻译，第167页。

日本更为严厉,现在我帝国已经正式承认满洲国的存在,在世界都将侧目之际,因麻药这样的小问题,伤及到我帝国的威信,是不值得的,故应当细心加以注意。台湾的粗制吗啡经政府来进行,应当没有什么大问题,但同地的粗制可卡因及可卡因的制造,却逐年增量,1931年末的库存量粗制可卡因1153千克、可卡因达151千克,而这里又没有正当的输出,这种越来越多的蓄积,如果没有正常正当的处理办法,早晚会出现问题。"①

从宫岛干之助的警告来看,日本明明知道自己的贩毒行为是违背国际法的,但为了攫取更大的经济利益,不惜以说谎来搪塞国际社会。1933年2月25日,日本正式退出国联。以后日本不再参加国际鸦片会议。

小　结

综上所述,在日内瓦国际鸦片会议上,日本虽尽全力,但终究还是没有能洗刷掉从事鸦片与麻醉品买卖的罪名,也没有能阻止国际联盟调查团的行程。此后,日本在国际鸦片会议中继续说谎,在年度报告中以不实的数字来欺骗国际社会。

---

① ［日］宫岛干之助:《國際鴉片問題の經緯》,第54—55页。

第十五章
杜聪明渐进戒除法没能瓦解台湾的鸦片制度

杜聪明（1893年8月25日—1986年2月25日），字思牧，出生于台湾淡水镇北新庄，1922年获得京都帝国大学医学博士，是第一位获得日本博士学位的台湾人，后为台北帝大医学部唯一的台籍教授。杜聪明在科学研究上，嗅觉十分敏锐，他以鸦片、中药与蛇毒为重点，开启了继马偕（教会医疗期）、掘内次雄（现代医学教育期）后的台湾"现代医疗期"。他个人具有强烈的民族主义意识，早年曾投身于台湾近代民主运动，后专注于科学实验与研究，曾针对鸦片瘾者研发出副作用较轻微的渐进禁断疗法，完成世界唯一的孕妇瘾者暨新生儿健康调查报告等，其最大贡献是开创了尿液检验鸦片用量法。这种尿液检验法后发展成为体育比赛上的尿液检验兴奋剂法，至今依然被使用着。

一 曾经的热血青年

杜聪明1893年出生于台北淡水北新庄车埕百力戛脚一个家境小康的农家，幼年时在哥哥开设的私塾读书，奠定了扎实的汉文基础。年纪稍长之后，杜聪明进入沪尾公学校（今淡水国小）就读。小学阶段对杜聪明影响最大的有两位，一位是恩师的朋友冈本要八郎先生，这位先生是一位国小教师，醉心于矿石的研究，所以家中摆满矿石，这样的矿物研究也许是使杜先生对显微镜、放射性摄影和标本产生兴趣的一个重要原因。另外一位则是他的日本籍校长小竹德吉，这位校长非常喜欢杜聪明，认定杜聪明天资聪颖，又肯努力，将来必有前途，于是要他住进校长的公馆，以便就近栽培。杜聪明果然没有辜负校长的期望，在1909年以第一名的优异成绩毕业，获台北厅长优等赏，并以高分考取台湾总督府医学校，因体检丙下，险被拒入学，在校长沟通下，才得以顺利入学。

杜聪明入学后，就与思想进步的医学校同学蒋渭水、翁俊明、苏樵山、曾庆福等情趣相投，常至和尚洲（芦洲）秘密集会，讨论中国时局，并募款寄往大陆，作为革命经费。他们还联合起来在学校的公园门口设一店铺"东瀛商会"，贩卖文具、图书、杂货。"东瀛商会"可另有文章。他们时常利用这间小店面为障眼，在此秘密集会，一边学习北京语，一边讨论中国时局变化，有时还募款寄往内陆赞助中国革命。

1911年，中国革命成功，令这群青年兴奋不已。谁知，不久又传来袁世凯想称帝的消息。眼看中国现代化的梦想又将延后，气急之余，有人提议不如把袁世凯暗杀掉。此语一出，众人纷纷点头赞成；问题是，要怎么做才能成功。

由于他们平日就很留意中国大陆的动态，知道大陆每年都有霍乱流行，天真地认为如果能污染北京市水源地，让袁世凯喝下含有霍乱弧菌的水，不就解决问题了吗！于是他们推派杜聪明及翁俊明两人担此重任——前往北京，以霍乱弧菌污染水源地，毒杀袁世凯。

提出谋杀袁世凯的人是蒋渭水，但派出的人却是杜聪明。当时杜聪明才18岁，是台湾总督府医学校二年级学生。杜聪明之所以受此重任，原因很简单，因为杜聪明对细菌学最有兴趣和心得。1912年暑假，杜聪明特别要求到总督府中央研究所细菌研究室，学习各项操作手续。

同年7月，杜聪明等备妥培养皿、试管以及从实验室中盗出的霍乱弧菌，向母亲禀报要去日本旅行后，便与翁俊明从基隆港登上信浓丸号。他们的行程如下：先由基隆搭船至神户，再由神户转搭另一条船到大连，最后才由大连乘火车南下目的地北京。他们绕道日本的原因是为了逃避签证，因为当时由台湾直接赴大陆需要签证，但是从日本赴满洲则不必。

杜聪明和翁俊明来到日本，找到落脚处后，就买了本北京旅游手册，详细研究起北京的市街图。待详细研读完毕后，他俩便启程前往大陆。进入北京城，两人按图索骥，找着水源地后，才发现情况与台北完全相反。北京的水源地不像新店水源地采用开放式，而是警备森严。两人盘桓数日，始终找不到投掷病菌的门路；更糟的是，他们开始觉得不对劲，身后仿佛有人跟踪。事已至此，只好放弃原定计划，迅速离开此地。

自上海往基隆的回程中，又是一惊。因为从大陆到台湾需要签证，而他俩事前并未申请领护照。好在运气不差，同船乘客中，有一位从北极探险归来的白濑中尉，肚子里有一箩筐冒险故事，听得整船乘客如痴如醉，其中也包括日本水上警察在内。于是，这两名证件不齐的青年才得以乘机蒙混过关。

故事中的三名主角，日后各有不同际遇，鼎鼎大名的抗日斗士蒋渭水，后来带领台湾民众党，积极进行反殖民政府运动。刺客翁俊明（旅日名歌星翁倩玉的祖父），医学校毕业后，前往中国内陆行医，并积极参与建设中国的工作，1934年病逝福建，未能亲眼见到台湾光复。而杜聪明则走上了医学研究的道路，日后成为台湾第一位医学博士，并通过自己的努力，在药理学上取得了非凡的成绩，改写台湾的鸦片史。

1914年，杜聪明以第一名毕业于医学校后，任台湾总督府研究所雇员，研究细菌学。进入医学院后，巴斯德和柯霍对细菌学的贡献让杜聪明佩服不已，据此可知，更吸引杜聪明的科目应该是细菌学或病理学的研究，而非是药理学。

1915年，他赴日本京都帝国大学医科大学，研究内科学。在此期间杜聪明曾到东京帝都大学师承细菌学的研究。究竟是什么因素让他对毒蛇血清和鸦片有兴趣呢？当时杜聪明所研究的地点是在血清药院，该药院是制造贩卖免疫血清和疫苗的单位，让他有机会接触提炼血清的技术和知识。这似乎是一个转机，此外，当时杜聪明也巧遇药理学专家森岛库太，对于成药的有效成分提取和分析产生了浓厚兴趣，进而让他有更多机会和动机去研究药理的机制。

在日本留学期间，杜聪明勤学苦读的精神，各项学术研究都能得到同学与教授的肯定，甚至在日本结识了日后的妻子林双随，发展出一段有趣的故事。杜聪明对林双随一见钟情，立即展开猛烈追求，之后更请求好友到林家提亲。但林双随是台湾大家族雾峰林家的闺秀，在当时讲求门当户对的风气下，雾峰林家怎样也不可能与一个无名的淡水农家子弟联姻。但是，杜聪明的诚意，让林双随的父亲不好断然拒绝，因而开出了四个条件（要当上高等官；取得博士学位；要会做诗；要有聘金5000日元），只要杜聪明能够做到，就把女儿嫁给他。爱情的动力，促使杜聪明更努力去完成他的学业。没多久，杜聪明博士学位已经在望。消息传回台湾，杜聪明的母校台湾总督府医学校，随即决定聘任杜聪明为讲师。接着，台湾总督府又任命他为台湾总督府医学专门学校助教授，并兼任台湾总督府中央研究所的技师，叙高等官七等，达到当上高等官的条件。

1921年，杜聪明正式向京都帝国大学提出博士论文申请。林双随的父亲知道杜聪明确实够资格做他的女婿，当即愿意放宽条件，将女儿许配给他。1922年5月，杜聪明与林双随有情人终成眷属，在台北结为连理。同年12月，杜聪明正式获得医学博士学位，成为台湾第一位博士，也是第一个在日本得到博士学位的外地人。这件事在当时相当轰动，各家报纸都纷纷报道，各界也纷纷发起庆祝会，就连台湾总督府也大肆宣传。一时之间，杜聪明成了全台湾的风云人物。

二 台湾的鸦片状况及蒋渭水上告国际法庭

（一）台湾的鸦片状况

台湾近代的鸦片史，既是一部被殖民史，也是日本帝国主义愚民政策的真实记录。日本据台以后，虽在第三年即颁布了《台湾鸦片令》，发给吸食者特许证，明为防止新的吸食人口的增加，实则是为了增加财政的愚民政策。总督府除从国外输入鸦片外，在台也秘密生产鸦片。日本对台鸦片政策的实质，就是渐禁政策下延伸出来的由"鸦片专卖"形成的自由贩毒合理化。鸦片问题，不仅是台湾近代史上非常重要的课题，围绕鸦片问题引起了的各方利益的分配，甚至还成为东亚战争中的"秘密武器"。

台湾总督府以渐禁为由，于1897年开始实施鸦片专卖制度。1901年设立"专卖局"，并由专卖局制造课负责鸦片的制造，根据前一年调查统计，台湾吸食鸦片人口有16.9万余人，为了更进一步网罗吸食者及增加鸦片的收入，总督府规定吸食者要有医生的诊断书及领有"特许牌"，另外则是大幅提高鸦片税。据估算，到了20世纪40年代，总督府共发出了25万个"烟牌"，这还不包括遗漏及秘密吸食者。根据美国记者斯诺（Snow）在1930年秋到台湾，为《报联社》和《纽约太阳报》（*New York Sun*）写的五篇有关台湾的通讯中，有对台湾鸦片问题的见解，认为日本在台湾的"禁烟"成绩是不实的，因为登记的鸦片吸食者，只占全部吸食者的一部分，而没有登记的吸食者可能多过登记的两三倍，事实上，一张执照可以扩大到持有者的所有亲戚朋友。①

台湾总督府如果切实实施渐禁政策，那么台湾鸦片的收入，会因此而逐渐减少。于是总督府就以制造和外销粗制吗啡来增加收益。当时台湾鸦片工厂生产的鸦片烟膏，多销往中国大陆。而中国东北的关东军司令部第四课，也将鸦片作为对中国作战的"秘密武器"之一，于1914年设立"宏济善堂"，从事鸦片的输入、制造与贩卖。1921年，爆发了所谓"关东厅鸦片事件"，并引起了国际关注。表面上看"宏济善堂"似乎与台湾总督府无关，但事实上，有证据显示台湾总督秘密出口鸦片至中国作为"特殊贸易"的一种。另外在上海，台湾的鸦片烟膏也被秘密进口和走私。②

另外，总督府专卖局从1915年开始，将粗制吗啡卖给星制药会社（社长星一与后藤新平的关系密切），开发出吗啡盐类、古柯碱、奎宁等生物碱，星制药会社也因为与后藤的关系，而取得在台湾开发鸦片药物的特权。1924年以后，由于宪政会系的伊泽多喜男担任了总督，开始扫除后藤留在台湾的旧势力，停止将粗吗啡卖给星制药会社，以打击政友会系的实力。而"星制药会社"，便是一般称为"台湾鸦片事件"的主角，此事件引发当时《台湾民报》连续八篇文章，抗议总督府的鸦片专卖制度，批判总督府在全世界都在禁止鸦片烟毒之大形势下，仍然进行其鸦片专卖的事业。

（二）国际联盟的鸦片对策

其实此前国际上已经高度关注鸦片问题了。1909年及1912年召开了第一、二次国际性的禁毒会议，签订了第一个国际禁毒公约《海牙禁止鸦片公约》。第一次世界大战后的1919年，由54个国家联合组成国际联盟，鸦片问题也纳入其讨论议题。根据联盟规约第23条，将鸦片及其他有害物的取缔及一切管理委托给国际联盟。这样在国际联盟事务局内，以法国、日本、荷兰、印度、中国为首，组成了"鸦片咨询委员会"，但该委员会只是将鸦片的管理作为解决战后财政的一种手段，并没有提倡全面禁止鸦片。

---

① 汪敬虞：《谈斯诺的五篇台湾通讯》，《台湾研究集刊》，厦门大学台湾研究院，1988年第1期，第48页。
② ［日］江口圭一，《日中战争期鸦片政策》，岩波书店1985年版，第41页。

1923 年，美国突然倡导召开国际鸦片会议，以达成检验《海牙鸦片公约》的实施情况以及解决禁止贩运毒品问题的条款。国际联盟"鸦片咨询委员会"为了避免纠纷，分两次于 1924 年 11 月在寿府召开万国鸦片会议，即是第一、第二国际鸦片会议。该会在 12 月 11 日签订了《关于熟鸦片的制造、国内贸易及使用的协定》，后又于 1925 年 2 月 19 日签订了《国际鸦片公约》。

由于会议中部分国家的私心，制定的有关生鸦片等的生产分配、输出交易，以及印度大麻的输出入交易等规则，非常宽松，引起美国和中国的强烈不满，为了进行抗议，愤而退出会议。而当时的美国正在施行禁酒令，药瘾问题日益严重，鉴于防堵买卖成交有限，有心人便成立了"国际麻药教育协会"，决定透过教育方式来杜绝毒品的泛滥。而第一次会议就在象征独立精神的费城举行，会议时间是 1926 年 7 月 5—9 日。

当时杜聪明正在美国考察，他原定于 6 月 24 日离美赴欧，但 6 月 2 日突然接到来自台湾的电报，要他代表台湾总督府，出席费城举办的这届国际麻药教育会议。接到台湾总督府临时指令后，杜聪明匆忙准备演讲稿，代表台湾参与了这次大会，报告了台湾鸦片瘾者的管制情况，最主要介绍了鸦片公卖的渐禁制度。杜聪明提出，鸦片公卖制度反而有利于管理控制，胜过全面禁绝。因为专卖制度是由政府掌控麻药来源，卖给经检验证明是瘾者的人，可以限制麻药在平常人之间流通；而全面禁止，则可能反而造成麻药交易地下化，更容易扩大流通，不易控制。

杜聪明的说法当然有不排除为日本殖民者辩护的可能，但其作为总督府官方的代表，当然也有其不得已的苦衷。本来他对鸦片瘾的问题一直很感兴趣，早年在京都留学学习药学时，就曾经想以鸦片为研究主题，但因指导教授森岛库太对此不感兴趣而作罢。这次亲自参加国际麻药大会并就鸦片问题进行演讲，更加深了他对这个议题的兴趣。这也许是推动他研究如何戒除鸦片的一个重要的因素，因为一个负责任的学者，必须对自己的言行负责。

（三）台湾鸦片事件

1929 年 3 月，国际联盟禁毒组织召开第 34 届理事会，决议派员到远东地区调查鸦片的吸食情形。当时总督府非常担心，因为日本自 1909 年 2 月第一次国际禁毒会议始,历届都有参加,特别是对"国际禁毒公约"中的禁毒原则相当了解,而日本自己也是1912年《海牙禁止鸦片公约》缔约国之一,有义务遵守国际公约。由于各种原因,这次国际联盟没有派员到台湾进行检查,但台湾内部却直接将日本政府告上了国际法庭。

1928年12月28日,日本当局以律令第三号公布《台湾新鸦片令》,翌年元月8日再公布《台湾鸦片令施行细则》,使当时申请新特许吸食鸦片人数,依台湾民众党的统计,达25.527人之多,民众党抨击这种开放新特许措施是一种财政收入主义,乃向国际联盟投诉。

1930年1月2日,杜聪明的老同学,台湾民众党的蒋渭水,派大儿子蒋松辉在电报局要下班时,给日内瓦国际联盟总部发电报,控告了日本政府。当时由于正值下班时间,留守的电报局职工文化程度不高,只认得英文字母,加上又是小孩来发电报,完全没有怀疑,就顺利发出。电报内容如下:"台湾民众党代表四百万台湾人民控告:日本政府有计划地允许台湾人吸食鸦片,这在国际条约上是被禁止的非文明政策,违反了国际人道主义原则。"[①]

当时,台湾处于警察政治时代,整个电讯事业完全由国家掌控,蒋渭水巧妙的做法,使措辞强烈的控告电报得以顺利发出,促成国际联盟迅速采取行动。现在一般历史书上都特别强调此点,但实际上,蒋渭水及其领导的台湾民众党,在台湾禁烟史上,还有很多的贡献。他们曾经向日本拓务大臣发电报反对鸦片渐禁政策、投书于岛内报纸、打电报给日本内地各大报社、向警务局长提出抗议文、在各地召开演讲会反对鸦片特许制度、派蔡培火向台南州知事陈情、在台北中华总会馆进行宣传等,这些事实彰显了历史人物及其政党在历史上的巨大作用,因此,蒋渭水及其领导的民众党,在台湾的禁烟史上,其功不可没也!

三 杜聪明爱爱寮的戒烟初步实践

由于鸦片在台湾盛行已久,以前也有一些诸如戒烟丸、戒烟饼、阳天

[①]《國際連盟鴉片關係一件/各國鴉片政策及法規關係 5. 日本之部》,JCAHR:B04122137000。

罡圆、阴三罡圆、天光丹、戒烟粉等戒烟类药。这些药物含有少量的鸦片成分，且一般为治疗吸烟过度，或当旅行中鸦片烟膏缺乏之时的代用品。这其中也有少部分纯中药成分的戒烟制剂，例如一名叫"林则徐"的药方就是用炙黄蓍、明党参、制半夏等20多味中药组成的。① 这说明早在杜聪明的戒烟实践以前，民间就已经有采用中药来进行戒烟的行为了。另外，民间力量也自发组成"降笔会"来进行戒烟，但由于总督府采取不鼓励态度，甚至批评"降笔会"带有民间宗教的戒烟方式会危及鸦片烟瘾者。总督府这种说辞，无非是怕吸食鸦片者减少，将会导致鸦片收入的减少，借此可知，鸦片的收入才是总督府自始至终最关心的事，因此，秘密吸食者一旦被发现，按常理要依法惩处，但总督府却重新发放烟牌，使之合法化，此一谋取鸦片暴利的心理与殖民统治的心态是同出一辙的。

杜聪明自美国演讲后，就更注重研究诸种兴奋药类的研究，发表了《诸种兴奋药对健康人呼吸及新陈代谢的作用》② 等文章。而杜聪明的戒烟实践，最初是在台北爱爱寮进行的。

爱爱寮是台湾近代慈善家施干③于1923年创设的乞丐收容所，在台北市艋舺绿町（双园街），除提供乞丐居住场所之外，对于健全者传授生活技

---

① 《制藥所試驗彙報》第一号，台湾总督府制药所，明治33年3月15日版，第41—66页。
② 《台湾医学会杂志》（自第二八六号——至第二九七号），第247—360页。
③ 施干，1899年出生于沪尾米市街（今清水街146号），1912年自沪尾公学校毕业后，考进台籍子弟极难踏进门槛的台北州工业学校。1917年以优异成绩毕业，不久为日本总督府商工课延聘为技士。在职中因曾调查艋舺的贫民生活状态，看见殖民统治下因苦无依的乞丐同胞的生活，油然生起恻隐之心，便自掏腰包医治患病的乞丐并教导其儿女读书。为了帮助更多的乞丐，于是转托伯父施焕说服父亲资助金钱，并向施叔施坤山的施合发木材行募得木材，在台北绿町（今大理街）盖了一座房舍，作为乞丐救济收容所，题名"爱爱寮"。施干此时已辞去总督府的职务，全力照顾爱爱寮的乞丐及无家可归者，并亲自为他们清洁身体、上药、教导手工编织，又在后院空地养猪、种菜，培养他们自给自足的能力。经费来源，只靠有限的募捐所得。最困难的时候，施干甚至变卖全部家产予以维持。施干之义行，曾得日本文豪菊池宽撰文报道而广为日人所知，并获日皇颁赐赏金。最令人感佩的是，施干原配谢氏惜女士（1932年云世）、续弦京都小姐清水照子，以及施干的子女，都随施干居住爱爱寮，与二百多位乞丐共同生活起居。1944年，施干因高血压遽发，英年早逝。照子夫人继续秉承先夫遗志，一直维持至今，而且施干的大女儿、二女儿和儿媳妇也同时在院内服务。施干一家人的伟大风范，岂不令人掷笔赞叹！而这也实系施干先生的精神感召所致。http://contest.taivs.tp.edu.tw/game/46_2733/new_page_23.htm。

能如编草笠、草鞋、藤制工艺品等，或在后院空地养猪、种蔬菜，以培养自给自足的能力，并对病者予以医疗。收容范围除乞丐之外，包括鸦片烟瘾者、麻风病者、精神病患者，其性质是综合性救济院。

1929 年 3 月 12 日，杜聪明与唯一的弟子邱贤添（后有医专毕业的叶猫猫及张绍濂志愿跟杜进行研究）来到爱爱寮，组建了只有一个房间的医务室，开始他们的禁烟工作。当时爱爱寮有吗啡瘾者十几名，其中有乞丐数名，他们在行乞之前，多是人力车夫、商人、工作人员及农民。在接受治疗以前，面黄肌瘦无血色，营养极其不良，身体上长期接受注射的部分，特别是大腿部基本上已经化脓，散发的臭气，使人难于忍受，且半数人都伴有疥癣合并症，从外表上看非常脏。这其中有一位 28 岁的吴姓患者中毒最深。他本是一个有着 2000 元资本的商人，三年前妻子死亡，其后出入花柳界而感染性病后开始使用吗啡，到戒烟前每天的使用量高达 5 克，是一日剂量（最高用量）的 50 倍，最少致死量的 25 倍。[①]

杜聪明等为寻找吗啡及鸦片瘾者中毒状态及检验治疗的实际效果，先行对动物进行了实验，先后发表了《鸦片生物碱对家兔血糖的影响》第一报告、第二报告、第三报告、第四报告。[②] 另外杜聪明还对各类瘾者进行调查统计，发表了《台湾鸦片瘾者的统计调查》第一报告、第二报告[③]及《出生后鸦片吸食的鸦片瘾者》[④] 等研究性论文。

在大量研究的基础上，杜聪明等开始对一些瘾者进行戒烟实验，发表了《鸦片瘾者断禁时的白血球》[⑤]《出生后开始吸食的妇女断禁及其它检查

---

① 张绍濂：《爱爱寮に於けるモルヒネ中毒者の撲滅》，《臺灣事業の友》，昭和 5 年 2 月号，第 83 页。
② 此四篇报告的作者均为吕阿昌，它们分别发表于《台湾医学会杂志》（自第三四六号至第三五七号）的第 100—114、276—292、215—228、229—348 页。
③ 作者为杜聪明，发表于《台湾医学会杂志》（自第三五八号至第三六九号）的第 807—959 页。
④ 作者为杜聪明，发表于《台湾医学会杂志》（自第三五八号至第三六九号）的第 1029—1043 页。
⑤ 作者为王人喆，发表于《台湾医学会杂志》（自第三五八号至第三六九号）的第 1647—1661 页。

成绩》①《鸦片瘾者23个他觉的禁断证状》② 等研究论文。他根据当时戒烟的两种方法（断禁法与渐减法），结合临床实验，创造出不需要太长时间、又能根除药瘾的独特的杜式断瘾法。此方法，即是将中毒者收容在一定的隔离室内，不采用断禁的方式，以吗啡作为主药代替鸦片烟膏，减少其用量的渐减疗法。其重点为：

> 第一，采用精神疗法：开始治疗后渐次减少吗啡的用量，以苦味剂代替麻药之味；注射者减少其药液之浓度，以使本人在不知不觉之间减少用药量。
> 第二，采用渐减之法：治疗初期，将麻药量大量减少，治疗末期，逐渐减少用药量，这样可避免断禁出现的各种症状，使治疗期缩短。③

但这种治疗方法也存在着一些相应副作用，即是初期麻药用量的大量减少，致使瘾者往往出现不适症状，如交感精神不安及顽固的失眠、食欲不振、四肢无力、全身倦怠、肠部痉挛、流泪、呕吐、腹痛、下痢等。

对此，杜聪明又带领他的学生对瘾者进行血液、尿液及其他代谢基物进行了系统的研究，发表了《鸦片瘾者的血压》④《鸦片生物碱对家兔血液及脏器过氧化氢酶的影响》⑤ 等研究论文，并发明了一套为了防止禁烟状态下出现的迷走神经紧张症，采用以减轻麻痹药剂及兴奋交感神经的药剂，来防患于未然，以减轻其并发症。他配制了1—6号戒烟药，同时，让瘾者服用这些药物的同时，还服用诸哪莨菪越几斯、盐酸エフエドリン等药物。

---

① 作者为王人喆，发表于《台湾医学会杂志》（自第三五八号至第三六九号）的第1662—1672页。
② 作者为王人喆，发表于《台湾医学会杂志》（自第三五八号至第三六九号）的第1673—1681页。
③ 杨玉龄：《一代医人杜聪明》，第130—131页。
④ 作者为赖其禄，发表于《台湾医学会杂志》（自第三七〇号至第三八一号）的第959—973页。
⑤ 作者为张佰濂，发表于《台湾医学会杂志》（自第三七〇号至第三八一号）的第1791—1819页。

针对那些在戒烟过程中出现四肢倦怠、腰痛等症状的瘾者，还采用静脉注射葡萄糖等的混合溶液，必要时还采用镇静剂及催眠剂等，来对症治疗。①

从建立医务室开始，到次年的1月15日，接受吗啡中毒实验治疗学研究的病例共计50例，其中除前文所说的吴姓患者外，其余都是海洛因中毒者。海洛因的毒性比吗啡更强烈，从药局剂量的标准来看，吗啡一次的剂量标准是0.03克，而海洛因的剂量标准是0.005克，而海洛因的毒性是吗啡的六倍。这些人戒除治疗的日期与人的体质、健康程度、忍耐力及合并症状况相关，一般二十五、六日即可除瘾。同时，还进行其他疾病的治疗，营养的恢复及体重的增加。在患者戒除毒瘾后，还要留在爱爱寮观察一、二周，确定没有异常后，再令其退院。

杜聪明在爱爱寮进行戒烟实践的同时，还赴满洲、朝鲜、上海等地调查鸦片瘾者的情况。回到台湾后，杜聪明就考察心得，及在爱爱寮初步成功的试验结果，于1929年9月，向总督府提出了《鸦片瘾者矫正治疗医院设置建议书》，强烈建议设置戒瘾机构。而此时的总督府因鸦片问题，刚刚被蒋渭水告上国际联盟，国际联盟行将来台就此进行查检。杜的这份建议书对总督府来说，来得正是时候。于是总督府于1930年1月15日，匆匆成立以戒除毒瘾为主旨的台北更生院，以便应付国际联盟的检查。②

四　台北更生院的戒烟实践

总督府接到了杜聪明的"建议书"，"非常重视"，马上批准，并快速拟定了三项原则："彻底调查无牌照吸食者；再检查有照吸食者的瘾度；认为可以除瘾者，全部强制除瘾。"③

杜聪明在建议书中提出："鸦片瘾者若能在一定病房设备接受专家的治疗，或许能在比较没有痛苦的状态下戒除毒瘾。另外，处理或治疗这类麻醉药的沉迷者时，除了期待当局能依现有的鸦片令厉行取缔外，重要的是

---

① 杜聪明：《台湾鸦片瘾者的实践治疗法》，《台湾医学会杂志》（自第二九八号至第三〇九号），第1584页。
② 《鸦片瘾者矫正所——台北更生院开院式》，《台湾日日新报》1930年1月16日，第4版。
③ 杨玉龄：《一代医人杜聪明》，天下远见出版有限公司2002年版，第133页。

设立新的政府机构，专门收治这些中毒者，在从事这种专门治疗的同时，还应进行研究，期能了解此类麻药中毒的实态，并找出新的方法，让成瘾的人能在没有痛苦的状态下，轻易地戒除毒瘾。"①

1930年1月15日，台湾总督府借用中央研究所疟疾研究所的部分房舍，开设了只有二十张床位的鸦片除瘾医院——更生院，以应付2月19日抵达的国际联盟调查团。② 更生院首先收容17人（其中一人为日本人）进行矫正治疗③，嗣后，为决定永久地点，租借于大稻埕日新町，原林清月开设之医院，成立台湾总督府台北更生院，由总督府卫生课技师下条久马一担任院长，杜聪明为医局长，但实际上更生院的行政、管理、运作，均是杜聪明一人负责。杜聪明以其所创除瘾方法，在更生院施行，颇有见效，他更获得医师黄文、王耀东、林金龙、化学家杨庆丰、李超然等人士相助，使之在禁除鸦片史上，做出了更突出的贡献。

（一）对鸦片瘾者的基本成因进行研究

首先，对鸦片及吗啡成瘾者的吸食原因等进行分析。

杜聪明认为，容易溺于瘾药并难于改除恶习的原因主要有三个方面：第一，一般人认为吸食少量的鸦片或吗啡不会侵害意识，只是单纯地麻痹中枢神经系统的疼痛感受性，使其病痛在数分钟烟消云散，而其对各种呼吸困难及痉挛性呼吸运动又有着镇定作用，同时也有制止胃肠运动的功效，是故常被用于急性胃肠炎、胃出血、胃穿孔的治疗上。减轻病痛是吸食鸦片的最主要动机。第二，鸦片可以解除疲劳饥饿等种种不快的感觉，而且还可以作为春药来使用。第三，鸦片和吗啡等一旦吸食，就早晚必吸，难以根除。④

---

① 杨玉龄：《一代医人杜聪明》，第132页。
② 2月19日，瑞士公使艾克司遵在日本政府官员的陪同下来台湾进行调查。20日由专卖局长池田陪同，参观了专卖局的标本室及南门工厂，后到大稻埕视察了鸦片贩卖情况，最后到更生院视察鸦片瘾者的矫治情况。参见《鸦片調查委員歡迎會》，《台湾日日新報》1930年2月22日，第七版。
③ 《鸦片瘾者矫正所——臺北更生院開院式》，《台湾日日新報》1930年1月16日，第4版。
④ 杜聪明：《醫學上より見たる鸦片及モルヒネ類の慢性中毒に就て》，《臺灣事業の友》，昭和五年二月号，第96—97页。

其次，对健康身体与鸦片吸食者对吗啡的反应进行了研究。

由于吸食鸦片者已经成瘾，如果实行禁断就会出现流泪、呕吐、腹痛、下痢、不眠、遗精及盗汗等，更有甚者出现狂躁状态，发生幻觉震颤，像精神病患者一样。所以，杜聪明就健康身体与鸦片吸食者对吗啡的反应变化进行了研究。

经过研究，普通成年人吗啡的中毒量为 0.03—0.05 克，最少致死量是 0.2 克，平均致死量是 0.3—0.4 克；而吗啡习惯者，以上的份量是不会中毒的，一般吸食量为 5—6 克，多者一日达到 14 克左右。[1] 通过这项研究，可得出这样的结论，即是人如果习惯于鸦片或吗啡，那么身体对吗啡的耐药性就会增加，即使大量使用，也不会达到所期望的效果。

再次，对鸦片及吗啡吸食者的健康障碍进行了总结。

杜聪明认为，长年吸食鸦片者，通常会产生各种健康障碍。例如：唾液分泌的减少、发汗的增加、瞳孔的缩小、高度的羸疫、皮肤的弛缓、消化障碍，初期还有顽固性的便秘，后期就会出现下痢、体力精神力的减衰、眩晕头痛等，还会出现不自觉的四肢震颤、神经痛及不眠症。

最后，对鸦片及吗啡的习惯依赖性是怎么产生的进行了调查。

杜聪明总结了前人的研究成果，认为人体对鸦片及吗啡的习惯依赖性，是由于吸食者对吗啡的分解能力增强，且感受性减退造成的。

（二）发明尿液检验法

除瘾成功的关键首先在于患者自己戒毒的决心。但由于戒除烟瘾需要一个较长的过程，故在更生院里，也会发生瘾者在戒毒的同时，由于意志力薄弱，无法忍受戒断鸦片之痛苦，还秘密购买鸦片偷吃的现象。[2] 另外还有一种假瘾者，他们虽然也吸食鸦片，但量不大，平时扮成重度瘾者，来获取牌照，购买大量的鸦片，然后再高价转手图利。这部分人进入更生院以后，常常故伎重演。为解决更生院中出现的这一系列问题，杜聪明开始带领学生杨庆丰、郭德仁等，进行生理反应实验，借由尿液来检测是否吸食鸦片。

---

[1] 杜聪明：《醫學上より見たる鸦片及モルヒネ類の慢性中毒に就て》，第 96 页。
[2] 《自牆外密賣麻藥于更生院矯正者》，《台湾日日新报》1930 年 12 月 25 日，第二版。

杜聪明的实验构想是，在慢性吗啡中毒者及鸦片瘾者的尿液中，是否也可能证明含有吗啡成分，进而应用到毒品服用的检测上。他带领学生先做定性实验，参考前人有关吗啡微量萃法加以改良，以各种试剂来检验不同浓度的盐酸吗啡水溶液，最后选出两种吗啡定性检验法，来对病人进行检测。检验的结果为，这些病人每天吗啡的注射量不同，即使再低，试验结果都呈阳性。《台湾日日新报》也给予此项研究大篇幅的报道。[1]

在定性实验法后，杜聪明带领学生又开始定量检测的实验，期能检测出鸦片瘾者尿液中的吗啡含量。他们把 Godin 氏一般生物卤滴定量法应用于吗啡的定量检测中，把盐酸吗啡溶解在水及人体尿液中，然后测试检验出量的多少。实验结果证明，只要溶解的盐酸吗啡浓度不太低，其检验率非常高，平均达到94%到98%。

杜聪明又将实验应用于鸦片瘾者，分别针对四组不同类型的瘾者（服用盐酸吗啡的鸦片瘾矫正者、服用鸦片粉的鸦片瘾矫正者、准许吸食鸦片者、慢性吗啡中毒者）进行尿液吗啡定量检测的实践。

实验显示，前两鸦片瘾矫正者，不论是服用盐酸吗啡或服用鸦片粉，再检出量都很相近，分别是25%—29%及26%—32%。而第三组准许吸食鸦片者，再检出率则非常低，平均只有3.45%，这恰好符合从前日本学者所做实验的结果：吸食鸦片时，吗啡成分多半会附着在烟管内，或是蒸发掉，最后真正进入吸食者肺部的量，大概只及烟膏的1/7到1/8不等。这样推算，3.45%若乘7倍或8倍，即可得到24%—27%的数据，与第一、二组的实验结果就十分接近了。第四组慢性吗啡中毒者的实验检出率非常高，几乎达到50%。这是因为此投药方式为皮下注射，吗啡被身体所吸收的量约为投入量的一半，另一半则排出体外。[2]

实验也显示，所有四组受验者吗啡的排泄量和投入量都成正比。即是受验者服用吗啡量愈高，尿液中排出的吗啡量也就多，且增多的比率在每一组都成正比，显示吗啡在尿液中的再检出率十分稳定。这些都为应用试验打下了坚实的基础。

---

[1] 《鸦片吸飲を判別する新研究の完成近し》，《台湾日日新报》1931年3月18日，第七版。
[2] 杜聪明、李超然：《鸦片吸食者及慢性モルヒネ中毒者ノ尿に於けるモルヒネノ定量及實際的應用》，《台湾医学会杂志》（自第三八二号至第三九三号），第161—177页。

随后，杜聪明就开始进行应用试验。第一次是对更生院里的5名有偷食鸦片的矫正瘾者进行检测，而盐酸吗啡检出率竟高达42%—87%，这也与院方准许量不符，也违反了一般人的生理代谢机能，在详细的追问下，受验者最后承认他们在暗中偷食了鸦片。第二次是对12名鸦片准许吸食者，其中有10人尿液中的吗啡含量，在标准值3.45%左右，与被核准的吸食量是相符合的，而其中两人检出率却高达7%—8.5%，在反复的追问下，他们也承认偷食了鸦片。

杜聪明等人发明的尿液检验法，使更生院里医生能够准确掌握矫正者鸦片的吸食量，也可查出其偷食的用量，这对控制矫正者偷食鸦片，起到了很好的监督作用。

而在杜聪明等人的尿检法及相关除瘾药物的治疗下，台湾各地的更生院更是在短短一年的时间里，就矫正治愈了3000人。① 这在世界戒烟史上也是值得称道的。表15-1显示，从1919年到1928年十年间，总计有近70人治愈。这也证明了杜聪明等人所发明的尿检法及各种戒烟药在戒除鸦片中的作用。

而杜聪明等首度提出借由尿液检测毒素的方法的学术论文，也经由日本外务省向国际联盟提出报告，杜聪明也因此蜚声国际。由于杜聪明及其学生们对吸食鸦片的动机、瘾者的死因及死亡统计、瘾者的教育程度调查、瘾者的犯罪关系、孕妇瘾者对新生儿的影响的相关研究，使台北更生院成了当时世界研究毒瘾的重镇。特别是杜聪明等人首创发明尿液检验法，以其效果显著、费用低廉且节省人工，直到今天仍广为世界所采用，使杜聪明成为禁药尿检法之父。

1946年6月，台湾更生院完成它的历史任务而结束营业，在其成立的17个年头里，矫正了数万名的鸦片瘾者，可以说同时也解决台湾一项非常严重的社会问题。

---

① 《鸦片矫正者三千人出所后成绩佳良》，《台湾日日新報》1931年3月19日，第4版。

表 15-1　　　　　　　1919—1928 年台湾鸦片瘾者治疗成绩

	瘾者治疗数			全治者			治疗中止数			治愈的百分比
	男	女	计	男	女	计	男	女	计	
1919	43	6	49	14	—	14	22	5	27	28.57%
1920	41	7	48	7	2	9	25	3	28	18.75%
1921	36	7	43	9	2	11	23	3	26	25.58%
1922	29	3	32	8	1	9	20	3	23	28.13%
1923	29	3	32	12	—	12	16	2	18	37.50%
1924	7	1	8	—	—	—	6	1	7	—
1925	49	6	55	6	—	6	41	5	46	11.00%
1926	9	4	13	—	1	1	8	4	12	8.00%
1927	11	—	11	2	—	2	9	—	9	18.19%
1928	9	—	9	3	—	3	5	—	5	33.33%

* 此表转引自于杜聪明：《医学上见鸦片及吗啡类慢性中毒》，《台湾事业之友》昭和 5 年 2 月号，第 101 页。

小　结

　　杜聪明博士等发表的渐进戒除法，救治了无数的吸毒患者，改写了台湾乃至世界的鸦片史，特别是其发明的尿检法，现在还被各国广泛采用。但台湾总督府并不想终止其已实施多年的"渐禁鸦片制度"。故虽出台一些临时的矫正规则，但为确保新式毒品的原料保障，台湾的鸦片制度得以继续存在。另外杜聪明在毒蛇及中药学上也有突出贡献，同样受到国际重视。杜聪明的声望与成就，不但受到日本当局的肯定，也受到中国政府的赞许。战后他成为台湾大学医学院第一位院长，后来有主持创办了高雄医学院。他总计指导了四十多位博士，成为台湾医学史上的三大巨人之一。杜聪明曾经自豪地说过：我这一生都在教书，从未替人看诊。但我教育出的学生有数千人，他们都在替我照顾病人，维护人们的健康。这段话为杜聪明对台湾的贡献做了最好的说明。

第十六章
战时体制与台湾鸦片问题的终结

  日本据有台湾以后，依据后藤新平的提案，在台湾实施"渐禁政策"，鸦片专卖收入在最初几年几乎占到了台湾财政收入的一半，使台湾在很短的时间内就获得了财政独立。财政独立后的台湾，又借助第一次世界大战日本参战的机会，促进了各项产业的快速发展，税收大幅增加，财政"如洪水涌入巨额收入"①，鸦片收入在1918年达到顶峰8105278元。然而随后出现逐年下降的趋势，在财政上的意义显然已经没有最初几年那么重要。但为什么总督府却没有实施禁止政策，鸦片政策反而一直持续到日本战败投降呢？这非常值得我们思考。早在1900年前后，总督府制药所就开始了戒除鸦片烟瘾的实践，之后更有飞鸾降笔会的戒烟运动，如果日本人诚心希望台湾人戒除鸦片烟瘾的话，完全可以实现。但自1915年吗啡类新式麻醉品实验研制成功后，台湾作为日本内地新式毒品的原料供应地，成为日本在海外殖民地所建构的贩毒体系中的基础部分。所以即使1937年日本进入所谓战时体制，总督府在台湾实施矫正治疗来"渐禁"鸦片的吸食，也没有完全废止鸦片专卖制度。

一 迫于压力的鸦片瘾者的矫正

1. 仓促出台《鸦片瘾矫正所规程》
  台湾总督府为消弭因日本国家贩毒而在国际鸦片会议上的不良之名，

---

① 刘明修：《台湾统治与鸦片问题》，李明峻译，第209页。

在国际联盟调查员来台前，1929年12月18日，总督府通过全岛的保甲制度，向岛民发表了"新特许及矫正处分的意图"的声明，并着手进行密瘾者的调查。

1930年1月14日，又突然公布台湾总督府训令第三号《鸦片瘾矫正规程》，并于第二天设立"临时鸦片瘾矫正所"，开始鸦片瘾者的矫正工作。

《鸦片瘾矫正所规程》为总督府的突击出台的行政条文，主要目的是为应付国际联盟远东调查员来台检查采取的临时措施，全文共六项：

第一条　于台湾总督府下设鸦片矫正所，并附属于警务局。
第二条　鸦片瘾矫正所依据台湾鸦片令，执掌鸦片烟瘾之矫正工作。
第三条　矫正所各职员，以台湾总督府部内职员充任。
第四条　所长掌理矫正所内事务并监督属下职员。
第五条　医生、药剂员及其它职员受所长之任命办理所内各项事务。
第六条　鸦片矫正所之名称及位置另作规定。①

在《鸦片瘾矫正所规程》颁布的同时，又以训令第四十六号，颁布了《鸦片瘾矫正手续》，其内容如下：

第一条　知事及厅长鸦片瘾矫正受命者从年少者及瘾轻者为顺序开始，入院所辖地域内的台湾总督府更生院及台湾府医院进行治疗，但认为必要之时，可与警务局长协议，在所辖地域外的更生院或医院进行入院治疗，也准用第三条至第六条规定的内容。
第二条　更生院及医院的瘾者收容定员依据别表，到矫正所新建筑物建成为止，由院长暂定适宜收容人员。
第三条　更生院院长及医院院长依据前二条的规定，裁定必须入院

---

① 《台湾ノ鸦片制度　附麻薬取締ノ概要》，JCAHR：A06032551400。

的人员，其预定日期三日以前，通报管辖所在地知事及厅长。

第四条　知事及厅长依据第一条规定必须入院的瘾者的住所、职业、氏名及矫正费负担能力的有无，在入院前日止，向该更生院院长及医院院长通报。

第五条　瘾者在退院时，更生院院长及医院院长要将其矫正情况及将来管理上的参考事项，向管辖内的知事及厅长进行通告。

第六条　知事、厅长及医院院长在每月五日前，将上月中瘾者入退院状况，依据别记第一号样式，向警务局长通报。

第七条　依据台湾鸦片令施行规则第四十条的瘾者，必须征收入院矫正费，其药价、食费其它加起来，一天为六十钱，但特别场合由院长知县自定。

第八条　更生院长或医院院长认为矫正费必须征收时，依据别记第二样式，前月三号前通告岁入征收掌理官，另遇有退院或死亡者时，也必须通知。

第九条　知事或厅长对不为瘾者，但提出瘾者矫正申请者，也依据本令来执行。①

《鸦片瘾矫正所规程》极为简略，显示其制定过程仓促，显然是为了应付国际联盟调查员的调查而临时颁布了新规。此规定将矫正事业归属于警察管辖范围，笔者认为，将矫正纳入警察管辖范围，并不似刘明修所言之："显示出（总督府）其对矫正事业的决心"②。

2. 警察强制戒除的开始

据台初期，总督府就依据第三任民政长官后藤新平所谓的"生物学原理"，建立起严密的、强有力的警察机构，使警察前期时在所谓的"剿匪"中获取巨大成功后，日本殖民者又将其警察机构转变为行政手段。日本据台五十年的殖民统治，最显著的特征就是"警察政治"。日本学者持地六三

---

① 《台湾ノ鸦片制度　附麻薬取締ノ概要》，JCAHR：A06032551400。
② 刘明修：《台湾统治与鸦片问题》，李明峻译，第222页。

郎认为："台湾的警察制度，不论体或用，都与日本的警察制度不同，这实为台湾警察之一特色。如果不了解这种警察制度的特色，就不能理解台湾殖民政策的性质。台湾的警察，实为台湾殖民政策的重心所在。台湾的警察，除其本身固有的事务以外，而几乎辅助执行其它所有的行政；过去曾有所谓'警察国家'的理想，这一理想在台湾已经成为事实。台湾殖民政策的成功，一部分不得不归功于这一警察制度。"① 所谓"警察国家"是日据时期台湾政治的特征之一。

早在1896年5月22日颁布的训令第五号《台湾总督府地方厅分课规程准则》中，就将"鸦片贩卖及其它药品、成药管理相关事项"② 交付给警察。1902年3月12日，制定了《警察本署处务规程》，就规定在警察本署设立鸦片处，掌管：鸦片烟吸食者及鸦片烟官售之管理相关事项；鸦片代办人及零售业者相关事项；鸦片烟吸食所及鸦片烟吸食器具制造、贩卖相关事项；走私鸦片之取缔相关事项；鸦片监视员之任免相关事项。③

当时台湾的鸦片事务，全部由警察担任的"鸦片监视员"来协助完成。台湾恢复民政后，当时总督府鉴于当时的警察精通地方语言者一署仅一二人，多数警察对掌握诸如所有鸦片吸食上瘾者取缔非法吸食鸦片者、取缔私制、走私、私售鸦片等警察专有业务并不熟练，又由于人员变动、人员不足等原因，于是以内训第十九号制定了《鸦片监视规程标准》，要求各地方官厅据之订立监视规程，以期鸦片之管理的圆满。④ 该标准规定，警察部、警察课及警察署、警察分署须置鸦片监视员、鸦片监视员补，执行鸦片相关监视业务。监视员及监视员必须受上级长官指挥，处理所管区域内鸦片警察相关一切事务，且严密监视。

当时各厅根据总督府的命令陆续订立相关规程。如宜兰厅于1898年8月23日，以训令第七十四号制定《鸦片监视员规程》，其中规定，警察课、办务署、办务支署、派出所置监视员及监视员补，处理鸦片警察相关一切事务。

---

① ［日］持地六三郎：《台湾殖民政策》，南天书局1912年8月东京二版发行，1998年5月台北一刷发行，第67—68页。
② 《地方官官制改定》，《台湾総督府警察沿革誌》（第一编），第356页。
③ 《警察本署处务规程改正》，《台湾総督府警察沿革誌》（第一编），第110—111页。
④ 徐国章译注：《台湾总督府警察沿革志》（第一篇），第272页。

监视员承所属长官之命令，指挥监督监视员补，处理鸦片相关庶务并完成监视任务。警察课监视员承上级长官之命令，督察、批示各署以下监视员之事务。警察课监视员须每年四次以上；各署、所监视员须每月三次以上，巡视其管辖区，并向所属长官报告其状况。监视员补承监视员之命令，一昼夜需要巡逻、稽查五个小时以上，十小时以下，从事鸦片相关取缔工作。①

从以上内容可以看出，从日本据台实施鸦片制度以后，其鸦片的一部分工作就并由警察管辖，此次将矫正戒除事业交给警察，只是行政上的手续而已，没有什么其他的意涵。

在《鸦片瘾矫正所规程》颁布后，总督府以警务局长的名义，以台北、台中及台南三处的报纸上发表"鸦片吸食特许及矫正处分的大意"的消息："为确保鸦片断禁的完成，修改了台湾鸦片令，于去年12月开始，对密吸食瘾者进行调查，并执行人道的合理的救瘾措施，对特别严重瘾者给予矫正，以保证新政策的实施。对于特许者亦采取矫正的方针。"②

同时，总督府还发布了"为特许及矫正处分趣旨向各岛民周知的保甲机关通知"③，要求各保甲机关配合警察机构，在鸦片瘾者矫正工作中发挥作用。

从以上内容分析来看，感觉总督府似乎有强大的决心来戒除鸦片烟瘾，但上述都是做给远东调查员看的，实际上在《鸦片瘾矫正所规程》颁布后，总督府仅是借用中央研究所疟疾研究中心30个病床作为临时鸦片矫正所，进行鸦片瘾者的矫正治疗。

此后，总督府收购台北市新町一所已经停业的私立医院，在此设立台北地区的矫正所"台北更生院"，并设立40名专门从事鸦片行政及搜查鸦片犯罪的鸦片警察官。各州分别由1名警部负责兼任州卫生课和刑事课的职务，指定监督鸦片行政及鸦片类犯罪。

同时，为更利于警察对吸食特许及矫正处分的情况进行管理，由警察来指定鸦片烟膏零售商的贩卖地区，也厉行对鸦片零售商台账与吸食特许者购买簿之间核对的制度，以期矫正工作的有效进行。④

---

① 徐国章译注：《台湾总督府警察沿革志》（第一篇），第272页。
② 《台湾ノ鸦片制度　附麻药取缔ノ概要》，JCAHR：A06032551400。
③ 同上。
④ 同上。

3. 实际的矫正情况

由于台湾民众党的提告,及国际联盟调查员的来台,总督府不得不对 1929 年新增的 25527 名新特许申请者进行诊断,并于 1930 年 3 月 23 日,完成第一回全岛性的检查诊断。依据其诊断成绩,共计有 12156 人将进行烟瘾的矫正,其中 6201 人告诫其禁止吸食,另外 7170 人慎重特许吸食。对于上述 7170 位慎重特许吸食者,于是年 5 月 1 日至 7 月 11 日进行第二次检查诊断,5485 人允许吸食,1347 人要求矫正,其他为告诫处分 3 人,因事故无法出席者 123 人,死亡 207 人。①

相比于上述内容,原以违法吸食为由的新特许申请的 25527 人中,最后仅仅剩下 5518 人得到吸食许可,这不能不反证总督府当初允许新吸食特许的用意。

表 16-1　　　　1930 年、1931 年两个台湾各地各院矫
正受命者各年别矫正成绩

医院	1930 年	1931 年	矫正开始时间
台北更生院	1181	1533	1931 年 1 月 15 日
基隆医院	39	84	1931 年 7 月 18 日
宜兰医院	36	319	1931 年 9 月 1 日
新竹医院	90	474	1931 年 7 月 10 日
台中医院	51	476	1931 年 7 月 5 日
台南医院	224	498	1931 年 7 月 25 日
嘉义医院	33	148	1931 年 7 月 15 日
高雄医院	117	706	1931 年 8 月 15 日
屏东医院	65	343	1931 年 9 月 1 日
花莲港医院	29	116	1931 年 7 月 28 日
台东医院	34	21	1931 年 8 月 1 日
澎湖医院	36	59	1931 年 8 月 1 日
合计	2035	4777	

* 上表传引自《台湾ノ鸦片制度　附麻薬取締ノ概要》,JCAHR:A06032551400。

---

① 《台湾ノ鸦片制度　附麻薬取締ノ概要》,JCAHR:A06032551400。

从以上分析来看，仅用两年时间，总督府各更生院及医院就戒除鸦片瘾者达6812人。如果按照这个成绩推断，几年内就可将鸦片瘾者全部戒除掉，但事实并非如此。

总督府自1934年开始，正式实施第二次瘾者矫正事业。在台北更生院及台湾各地医院实施矫正工作，当时计划对19532人中的1.7万多名瘾者进行治疗，该计划预定于1942年3月底完成。

同时，为了增强矫正结果，弥补鸦片令中对矫正工作的缺陷，总督府于1936年再次对鸦片令进行修改，在第十三条中增加了戒烟的内容，并规定对于强制、协助他人吸食鸦片的情况发生时，前者"处以五年以下之徒刑或五千元以下之罚金"，后者"处以三年以下之徒刑或三千元以下之罚金"。[①]

1938年时，总督府又发布《台湾之鸦片取缔法》，对鸦片成分等进行规定：

> 由日本或英国的大商家承办原装大土的正式输入，存入专卖局仓库或由专卖局封锁，如遇有不合格之货，只可准其付回原处，不得运往别埠。专卖局则雇用专门技师（日本），将大土煮成烟膏入罐，正重十两，由专卖局卖与批发人，批发人只系台湾之绅士于国家有功者或区长乡正等，还须一向未曾受过民刑事之处分方可。批发及零星贩卖之价均由专卖局规定。专卖局所煮之烟膏，逐年加淡其分量，按此办法则吸烟者自然断瘾。
>
> 由批发人卖与零星贩卖者以一罐为最低限度，凡零星贩卖者，每开一罐，须拿到最近警察署或分署派出所。吸烟者仍须有医生证明，其系因身体之关系或一向有瘾；每日须吸多少分量，则由警察署发给吸烟许可证，凭证向零星贩卖者求购。零星贩卖者或开吸烟馆之人，以该地地保或壮丁头充之，以偿其一向为该地方办事之义务。
>
> 开吸烟馆者，乃得吸烟人之烟灰为利益，但须卖与专卖局，不得另卖别人，且不得从吸烟人渗入烟膏之内吸之，亦不许私自煮作烟膏。

---

① 外务省条约局：《律令总览》，昭和35年，第51页。

不论何人有犯此例者,以私造烟土罪论。无吸烟许可证者,不许吸烟,且不得卧于吸烟馆之床,并不得与吸烟者对面,以烟灯在中间而卧。①

从上述内容来看,总督府为鸦片矫正工作采取了严厉的措施。而从接受矫正者出院后的状况来看,初期情况也是十分良好的。自1934年1月22日起至3月27日,从已矫正结束的15101人中,随机抽取7727人施予医学检查,总督府认定矫正的有效度为50%,推断有必要再次接受矫正者有30%,并认为"以鸦片瘾患者之特质而言,斯程度之再吸食亦属无奈,唯以后当以警力加强抑制其违法吸食,如此,矫正后之成绩概称良好"②。

总督府真的想让台湾人戒除鸦片吗?笔者认为这只是总督府对外的宣传,因为从第二期的矫正工作实际情况来看是失败的。第二期矫正工作于1942年3月底结束,其成果如表16-2所示:

表16-2　　　　　　　　总督府第二期矫正工作

年度	1935	1935	1936	1937	1938	1939	1940	1941	1942	矫正者别小计
受命矫正者	55	30	26	19	5	3	2	9	28	177
自愿矫正者	18	213	273	363	247	174	156	49	9	1502
毒品中毒者	5	7	8	7	9	23	28	43	6	136
合计	78	250	307	389	261	200	186	101	43	1815

* 此表转引自刘明修《台湾统治与鸦片问题》,李明峻译,第233页。

从表16-2来看,九年时间里,全部接受矫正者仅有1815名。如果与1934年比较,可见其后的矫正成绩极不理想。

---

① 中国第二历史档案馆藏:《戒烟条例一案会议记录司法行政部签注意见及台湾禁烟法规等》,全宗号二〇一〇、案卷号6231。
② 《台湾ノ鸦片制度　附麻薬取締ノ概要》,JCAHR:A06032551400。

表 16-3　　　　　1934—1941 年台湾鸦片吸食特许者与鸦片收入

年度	特许吸食人数（人）	占人口比例（%）	经常岁入	鸦片收入
1933	17820	0.4	100644080	2895264
1934	16190	0.3	110614520	2558371
1935	14644	0.3	123407834	2567588
1936	13278	0.3	138144215	2161203
1937	11960	0.2	153455476	2752389
1938	10788	0.2	176713772	2613053
1939	9613	0.18	216356142	2878636
1940	8594	0.14	245853437	2278542
1941	7560	0.1	265864601	1841522

* 此表传引自刘明修《台湾统治与鸦片问题》，李明峻译，第 234 页

从表 16-3 来看，1934 年有鸦片特许吸食人数 16190 人，而在《台湾的鸦片制度（附麻药取缔概要）》中，曾言"有 15101 人接受矫正，并认定矫正的有效度为 50%"的说法十分令人怀疑。

第二次矫正工作历时八年，其矫正治疗成绩如果与 1934 年时的成绩相比，可谓是极差，没有达到戒除的目的。而台湾当时的生活条件，加之吸食鸦片者多不长寿，故之后历年人数的减少，基本都是自然死亡造成的，就连刘明修在《台湾统治与鸦片问题》中都认为："残留的特许吸食者人数依然相当可观，虽则年年持续地减少，但大多不是源于矫正治疗的成功，乃依旧是自然死去或自动戒瘾的结果。"[①]

总督府为什么不积极给台湾鸦片瘾者进行治疗，笔者认为，首先是台湾已经成为日本东亚殖民地贩毒系统的基础，其次是中日战争爆发，军队对麻醉剂的需求量大增，使日本内部调整鸦片政策，将台湾作为整个殖民地鸦片制度的基础，其地位是其他地区所无法替代的。

---

① 刘明修：《台湾统治与鸦片问题》，李明峻译，第 222 页。

二 战时体制与总督府后期的鸦片制造

(一) 战争体制要求内外一体化

第二次矫正没有取得理想成绩，这只能说明日本人并不想让台湾的鸦片制度消失。台湾的鸦片专卖制度是整个日本与东亚殖民地贩毒网络中最基础部分。另外，中日战争爆发对麻醉剂的大量需求，可能是这次矫正没有取得理想结果的真正原因。

1937年中日战争爆发后，台湾总督府以禁止学童学闽南语、禁止汉文书房、禁止报纸汉文栏、查禁汉文著作的"国语运动"为标志，开始了皇民化运动。台湾的地位开始发生转变。

首先，台湾作为日本第一块殖民地，在日本帝国主义经济圈里所处的角色发生了根本的变化。由于在地缘上更邻近南洋各国，台湾不仅作为日本母国的商品销售市场和粮食供给地，另外，1941年太平洋战争爆发后，日本进入所谓战时体制，台湾作为南进基地的作用更为明显。台湾作为东亚共荣圈中心的"兵站基地"，必须提高军需生产的能力，故必须加强工业化，特别是利用台湾的人力、物力、财力及各种资料，从事工业品的生产，供给战争使用。

其次，日本国内产业升级已经完成，粮食基本能够供给，而糖类亦可由印尼等地廉价获得，台湾作为基础经济的作用已经降低。

最后，自1938年开始的"台湾生产力扩充五年计划"，使台湾经济实现从以食品加工为主向以化学工业为中心的军事工业体制的转变。在战争经济体制下，台湾发挥"兵站基地"的作用，形成了"工业台湾、原料南洋"的新政策。

台湾的角色虽然发生变化，但其麻醉剂原料供给地的地位并没有改变，反而在加强。台湾制造鸦片烟膏所提炼出来的粗制吗啡，是制造麻药的基础用药，早期台湾的粗制吗啡由星制药所垄断，在"台湾鸦片事件"后，由星制药、三共及大日本三家共同分享，中日战争爆发以后，日本内阁做出决定：从 1938 年开始，每年向东京卫生试验所提供 550 千克的粗制吗啡。① 而笔者找到的《战用卫生材料动员用品交付之件》② 中也明确记载，诸如鸦片酊、可卡因类相关的多种药品在案。

实际上，日本人认为台湾的鸦片专卖制度，是近代对外扩张中非常值得赞美的政策，其后在殖民地朝鲜、中国东北等地，都以台湾鸦片制度的经验、人脉及制度为蓝本，建立起庞大的国家贩毒网络。

日俄战争后的 1906 年，日本在关东州的大连市，以石本贯太郎为首的鸦片"特许贩卖人"制度开始创设，而石本本人就是台湾总督府鸦片制药所的翻译官。1905 年时，出任关东都督府民政长官石冢英藏，对中国东北的产业进行调查，而石本就负责鸦片方面的调查。

在完成调查后，石本还向后藤新平提出了在满洲建立鸦片制度的构想：以满洲人口两千万概算，奉天西药局为中心，将鸦片专卖权收归到手中，以官营将台湾总督府专卖局制造的三等烟膏进行贩售，每年预计可收入 1080 万元。③

关东都督府接受石本的建议，表面上以当地的旅顺公议会长潘忠国之名，实际上在大连设立鸦片总督，并着手将台湾总督府制造的烟膏进行贩售。

在殖民地朝鲜，虽然强调与日本内地一致，对鸦片烟的吸食采取刑事处分，但此后在巨大的经济利益诱惑下，于 1919 年颁布鸦片令，实施鸦片专卖制度，同时指定罂粟的栽培地，使朝鲜也成为日本国家贩毒的一环。④

日本占领德国租借地山东青岛后，台湾专卖局长贺来佐贺太郎，代理台湾民政长官，向陆军次官山田隆一提出照会：

> 现于青岛实施军政，而该地中国人中必有鸦片烟膏吸食者。台湾总督府专卖局制造之鸦片烟膏极适合一般鸦片吸食者的嗜好，并拥有充分的制造能力，此时正可将总督府制造的鸦片烟膏售与前述吸食者，

---

① 《帝国鸦片年报 昭和 11 年度/1937 年》，JCAHR：B10070289500。
② 《戦用衛生材料動員用品交付の件》，JCAHR：C01003823200。
③ ［日］山田豪一：《滿洲國の鴉片專賣》，第 9—10 页。
④ ［日］贺来佐贺太郎：《日本帝国の鴉片政策》，《现代史资料——鸦片问题》，みすず书房 1986 年版，第 38 页。

若得阁下同意，愿订立有关之贩售规定，且就其他取缔条项签立协议，此件有烦诠议，特此照会。①

陆军军方接受台湾总督府的请求，于1915年开始，特许台湾将鸦片输往青岛地区。

1917年7月，贺来佐贺太郎又提出了《帝国鸦片政策统一论》，倡导日本各殖民地或租借地实施统一的鸦片调配制度：期望日本帝国殖民地鸦片制度的统一，而其实施应参照台湾鸦片专卖制度的施行经过，制定发布适当法令，以期毫无疏漏地运用。至于其实施时所需鸦片烟膏的制造，若能责成有多年经验及熟练职工的台湾总督府为之，托付其因应必要加以制造，则仅需支付其制品贩售上所需之费用即可。如此，各殖民地无须企划任何设施，即可达其目的……台湾鸦片工厂的制造能力一年约60000贯，而目前一年制造数量仅26000贯，其相差约有30000贯以上的过剩能力，故足可应付上述所需求量16000贯余，若实施本项政策，上述殖民地政厅不仅可节约建造工厂的设备及其他费用，且无须如目前为购买原料而有所不安，相信可具体呈现理想的成果，此事毋庸置疑。②

贺来提出的"统一论"，实质上就是利用台湾的鸦片制度，将各殖民地鸦片制度统合起来。至于日本的殖民地贩毒系统究竟吸收了多少贺来的"统一论"笔者没有深入研究，但太平洋战争爆发以后，以台湾为鸦片专卖制度基础的整个日本东亚贩毒体系，其动作是相互统一的。而资料也可以证明，这种推理有其合理性，在《帝国鸦片年报昭和9年度/1935年》中，日本就已经开始调整政策："鸦片、吗啡、海洛因及可卡因盐类的制造，以前是以自给自足为目的，以前麻药的管理相关事务由内务省卫生局统一管辖，从今年开始，设立由内务大臣监督下的鸦片委员会，由各关系厅任命委员，应相关各大臣的咨问，依据鸦片及麻药类相关适当的对策，审议内外地制造、移入的统制等重要事项。"③ 可见，台湾的鸦片专卖制度已经不

---

① 台湾总督府专卖局：《台灣鴉片志》，台湾日日新报社大正15年版，第318页。
② ［日］贺来佐贺太郎：《帝國鴉片政策統一論》，转引自刘明修《台湾统治与鸦片问题》，李明峻译，第256—257页。
③ 《帝国鸦片年报昭和9年度/1935年》，JCAHR：B10070289100。

再是一个独立体，它与各殖民地的鸦片制度相统合，成为日本殖民地政策的重要组成部分。

（二）后期总督府的鸦片制造

后期的台湾鸦片专卖制度，其存在的价值已经不仅仅是满足于经济收益上，而是作为整个日本殖民政策的重要环节而存在。

表 16 - 4　　　　　　1935—1940 年各年度台湾鸦片的岁入及
由鸦片而产生的各种管理费用

年度	鸦片岁入（元，千以下省略）	鸦片的各种费用（元，千以下省略）
1935	鸦片烟膏批发收入：2146000 药用鸦片批发收入：2000 粗制吗啡收入：641000 总计：2784000	警察费：2138000 税关费：36000 瘾者矫正费：28000 鸦片专卖费：558000 刑务所费：50000 法院经费：53000 总计：2863000
1936	鸦片烟膏批发收入：2071000 药用鸦片批发收入：2000 粗制吗啡收入：436000 总计：2509000	警察费：2161000 税关费：41000 瘾者矫正费：28000 鸦片专卖费：421000 刑务所费：47000 法院经费：55000 总计：2753000
1937	鸦片烟膏批发收入：1891000 总计：1891000	警察费：2188000 税关费：44000 瘾者矫正费：28000 鸦片专卖费：400000 刑务所费：46000 法院经费：56000 总计：2762000

续表

年度	鸦片岁入（元，千以下省略）	鸦片的各种费用（元，千以下省略）
1938	鸦片烟膏批发收入：1790000 总计：1790000	警察费：2138000 税关费：38000 瘾者矫正费：28000 鸦片专卖费：272000 刑务所费：32000 法院经费：40000 总计：2548000
1939	—	—
1940	鸦片烟膏批发收入：1876000 总计：1876000	警察费：2140000 税关费：36000 瘾者矫正费：27000 鸦片专卖费：272000 刑务所费：25000 法院经费：31000 总计：2986000

* 此表根据日本亚洲资料中心所收藏之《帝国鸦片年报 昭和9年度/1935年》，B1007028900；《帝国鸦片年报 昭和10年度/1936年》，B10070289200；《帝国鸦片年报 昭和11年度/1937年》，B10070289400；《帝国鸦片年报 昭和12年度/1938年》，B10070289600；《帝国鸦片年报 昭和9年度/1940年》，B10070283500 整理而成。

从表 16-4 来看，自 1935 年开始，基本上每年各种鸦片管理相关费用，已经高于鸦片烟膏的收入，从单纯数字经济学的角度上讲，鸦片专卖制度已经失去存在的必要。这也可以从另外的视角说明鸦片专卖制度在后期整个日本殖民地体系中的作用。

另外从表 16-4 来看，其矫正费用每年维持在 2.8 万元上下，几年的时间都没有任何的增长，这也可以解释前述第二期矫正工作为什么失败的原因所在。

上述几份年报中，都没有对台湾的吗啡类新式毒品的制度进行具体的记载。只是简单地记载有麻醉类药品制造"粗制吗啡、盐酸可卡因"等，没有具体的数字。但我们可从其记载的麻醉品犯罪一栏中，分析出制造能力。以1940年为例，当时鸦片及麻醉品类犯罪多达近2500件，处理各类鸦片罪犯罪高达1829人。[1]

另外，从总督府记载的1932—1933年日本及所属殖民地各种麻药的消费推断，可以证明台湾鸦片专卖制度已不仅在于经济收益，同时也已成为贩毒体系的重要一环。

表16－5　　1932—1933年日本及所属殖民地各种麻药的消费

地域	年次	吗啡（千克）	海洛因（千克）	可卡因（千克）
日本	1932	920	650	994
	1933	950	600	930
朝鲜	1932	200	130	30
	1933	224	119	31
台湾	1932	10	25	36
	1933	12	21	33
关东州	1932	62	1	25
	1933	83	1	32
全世界	1932	84	110	72
	1933	98	111	75

* 此表根据《台湾ノ鸦片制度　附麻葯取締ノ概要》（A06032551400）之内容整理而成。

从表16-5分析来看，在1932年、1933年时，日本及其殖民地的新式麻药类使用量，远远高于世界的平均水平。台湾在此类药品的消费水平虽然不高，但却是原料粗制吗啡的提供地，这也可以理解为什么总督府虽然表达要尽快帮助台湾人戒除鸦片烟瘾，但却始终没有成功的关键所在。

三　台湾鸦片制度最后终结

1940年10月，以近卫文麿为首的日本政府，为推动重新组织国民的新体制运动，设立大政翼赞会，作为呼应，台湾亦设立推进同化政策的"皇

---

[1] 《帝国鸦片年报　昭和9年度/1940年》，B10070283500。

民奉公会"。当时实际主持台湾鸦片矫正工作的杜聪明教授,被委任为皇民奉公会台北支部生活部长。杜聪明致力于除却台湾人吸食鸦片的恶习,他深感到,第二次矫正不能达到目的的原因,就在于总督府本身,故他抓住这个机会,于1940向总督府提出《鸦片吸食特许者矫正治疗建议书》,内容如下:

> 在台湾实施的鸦片渐禁政策,是世界上所有麻药中毒者对策中,最值得夸耀的制度……自树立此鸦片渐禁政策以来,迄今业已经过四十年……全岛现存吸食鸦片特许者的人数、鸦片贩卖数量、每日吸食量等均已显著减少,目前仅剩约10780人,此状态深获世界各国的赞赏。
> 同时,随着时势的变迁,岛民文化卫生思想的发达,鸦片瘾治疗方法的进步,特别是如今处于非常时局之际,台湾鸦片渐禁政策的最终措施,即是今后将目前仅存的少数鸦片吸食特许者迅速矫正治疗的方法已可充分期待。
> 第一项理由是矫正治疗鸦片吸食特许者方法的发达与进步……根据台北更生院的矫正治疗成绩显示,鸦片瘾者的除瘾治疗较吗啡中毒者的治疗更容易且无甚痛苦,依吾人的见解与经验,现存吸食特许者至少有七成可容易确实地成功除瘾。
> 第二项理由是鸦片烟膏专卖制……此制明显是以防止或统制私自吸食鸦片者为主眼而设立,而非以收入为目的。就实施迄今的国库收入方面观之,贩卖价格最高为大正9年7708235日圆,在最近的昭和13年度仅剩2003045日圆……扣除相关费用之后,净利仅余数十万乃至百万日圆。
> 第三项理由系基于目前的非常时局,中央政庥正极力防止统制外汇流出国外,而单是购买生鸦片原料每年须流出五六十万日圆的外汇。换言之,鸦片吸食特许者若得以除瘾矫正,即可防止外汇流出国外……
> 第四项理由为东亚鸦片会议的结论。依东亚鸦片会议决议,东亚各国应协调鸦片禁止政策……东亚鸦片会议的目的……"为达成帝国的道义使命,帝国应渐确立日满中相互关系"……"以此精神为体,将

鸦片逐出东亚",乃是此政策的根本意义……帝国若疏于东亚的鸦片肃清工作,则将堕为往昔英帝国主义的亚流,以鸦片为国家财政经济资源的考虑已过时,为一时权宜之计的措施……由今日东亚的长远方针,特别从道义性东亚建设的见地来看,应早日将其抛弃,以求日满中三国在国家经济财政上的正当来源。

第五项理由与满洲国及朝鲜有关,满洲国早于昭和13年确立十年鸦片禁绝政策,并逐步进行计划,致力于在较短期间内建立禁绝成果,朝鲜于此前方实施慢性吗啡中毒者的强制治疗,且已有相当的成绩……台湾较前述地区更早树立禁绝政策……并已有值得夸耀的成果,鉴于今后东亚的情势,吾人更有进一步推行促进禁绝政策之必要……台湾目前(昭和12年年底)鸦片吸食特许者有12063人,较前一年度减少1511人……由前述特许者及减少人数比例来看,台湾废止鸦片专卖制度并不困难。

第六项理由是:对鸦片吸食特许者实施矫正治疗是防止台湾发生私下吸食的唯一方法……对吸食特许者进行除瘾治疗,不单是救济特许者本人,亦可于全岛确实防止私下吸食者。

第七项理由是:鸦片吸食特许者本身已对实施除瘾治疗有相当的理解……他们亦自觉到吸食鸦片对其身体有害,且深知除瘾治疗并不痛苦……希望接受除瘾治疗者已有相当人数,且其家族亦对此深表感谢。

第八项理由是:此事为保健卫生上极其要紧的事……

依上述各项理由,对仅有的鸦片吸食特许者实施矫正治疗是期待台湾鸦片渐禁政策臻于完备所必要之事。同时,此点亦符合外务省于昭和五年在国际联盟所宣布"现在已能明确指出,十五年内将于台湾完全禁止制造、贩卖及使用鸦片烟膏"的说法……

最后,关于对此等鸦片吸食者进行矫正治疗之方法,第一是除特许者死亡、戒瘾等自然减少之外,于五年内将彼等陆续收容于台北更生院矫正治疗。

台北更生院之定额为二百五十床,矫正每名患者平均预定须五十日,故一年为1093人,五年合计5465人。依特许者死亡及戒瘾自然减少者的比例推算,五年约可达4000人,而昭和15年(1940)死亡者有 1000 人，合计 10465 人。此数已接近现存吸食特许者的全数，而剩余之 323 人可视为矫正不可能者。

关于矫正治疗的顺序，可由最年少者、最少指定量者及无并发症状之健康吸食特许者开始……从容易除瘾者着手，将死亡率较高者顺延后移……

对于已出现并发症状成为无法矫正者，最后是使其服食药用鸦片粉末以代替鸦片烟膏。若采此法，则政府有必要对鸦片烟膏实施制造配给。①

杜聪明先以渐禁政策的实施已使吸食鸦片特许者显著减少而获世界的赞赏的褒美之词入手，从矫正治疗方法的发达与进步、鸦片专卖非以收入为目的、非常时局、国际压力、外部环境等为条件，提出完全禁止吸食的最佳时期已经到来。

对于杜聪明提出的意见书究竟起什么样的作用，笔者没有找到资料来证明。实际上 1938 年，总督府发布《台湾之鸦片取缔法》，可以说是总督府断禁鸦片的开始，但其断禁政策，是以继续实行鸦片专卖制度为基础，只是加大对私制、私吸、私卖等的处罚，并给予经营鸦片业的台湾人以更大的利益，来诱使台湾人为其驱使。这种鸦片断禁政策，明显具有为战时体制服务的性质，并不是要真正断禁，而是与日本帝国侵略扩张的步伐相配合，把目标指向中国大陆及东亚地区。

但笔者认为主要由于原料的紧张，战时对麻醉品的大量需求等各种因素，才是导致总督府接受杜聪明的建议，开始在台湾实施第三期矫正工作。

杜聪明受命后，开始着手对存在鸦片瘾者进行医学检查，自 1941 年 3 月 1 日至 5 月 3 日，对当时吸食的特许者 8168 名人员进行检查，认可接受矫正者为 5906 人。

第三期矫正工作尚未全面开展，太平洋战争业已爆发。日本开始全面侵占东南亚，英、美、法等国在亚洲的殖民地纷纷落入日本手里。但由于战火遍地，鸦片的交易链断裂，日本及台湾等地所需要的鸦片原料越发

---

① 杜聪明：《杜聪明第八报告》，转引自刘明修《台湾统治与鸦片问题》，李明峻译，第 245—248 页。

困难。

另外，战争期间台湾物资日渐匮乏，经济统制加强，1942年4月1日，日本实施"陆军特别志愿兵制"，日本需要每一个台湾人都有一个健康的身体和良好的精神状态，原先的鸦片渐禁政策已不适应形势的需要。为配合皇民化运动和适应新的战时体制，总督府决定实施更严格的实施鸦片断禁政策，这才是总督府第三期矫正的根本原因。

1945年8月15日，日本投降，中国军队于10月25日接收了台湾。总督府的更生院随即改名为"戒烟所"。1946年6月10日，随着最后一名矫正者陈桂英的出院，日本殖民时代的鸦片瘾者全部消除。

小　结

综上所述，虽然杜聪明博士早就提出在医学上断禁鸦片烟瘾的好方法，但由于日本顾及各殖民地业已形成的贩毒系统，其矫正工作只是样子工程，日本在台湾持续五十年的鸦片专卖制度，最终在世界反法西斯战火中，因台湾人杜聪明的努力而宣告结束。

附录
杜聪明年表

1893年　8月25日出生于沪尾北新庄百力戛。
1901年　入淡水北新庄车埕书房启蒙，老师为长兄杜生财。
1909年　以第一名的成绩毕业于沪尾公学校，获台北厅长优等赏。以高分考取台湾总督府医学校，因体检丙下，险被拒入学。
1911年　与医学校同学翁俊明、苏樵山、曾庆福、蒋渭水等常至和尚洲（芦洲）秘密集会，讨论中国时局，并募款寄往中国，作为革命经费。和蒋渭水等人在公园口设一店铺"东瀛商会"，贩卖文具、图书、杂货。
1913年　与翁俊明携带细菌赴北京，图毒害袁世凯，但徒劳无功。
1914年　以第一名的成绩毕业于医学校，任台湾总督府研究所雇员，研究细菌学。
1915年　赴日本京都帝国大学医科大学，研究内科学。
1920年　受聘总督府医学校讲师。
1921年　任医学校助教授兼总督府中央研究所技师，叙高等官七等。
1922年　4月1日升任医学院教授。5月20日，与林双随结婚。12月16日获京都帝国大学医学博士学位。
1925年　12月受命为台湾总督府在外研究员，派遣往美、加、英、德、义六国进修。
1929年　升叙高等官四等。4月受台湾总督府专卖局嘱托，研究鸦片烟膏及鸦片副产物之性质及反应等实验研究。6月前往朝鲜、满洲东北及上海调查毒瘾除瘾问题。8月向台湾总督府题出

	"鸦片瘾者矫正治疗医院设置建议书"。年底，总督府警务局嘱托，领导从事鸦片瘾矫正治疗。
1930 年	1 月 15 日，"台湾总督府台北更生院"成立，出任医局长。纠合施江南、朱江淮、王超英、杨庆丰等留日研习理工、医科人员成立"台湾理工学会"。
1937 年	2 月 6 日，受任为台北帝国大学教授，担任药理学讲座。7 月 1 日升叙高等官二等。8 月，因对鸦片瘾及慢性 Morphine 类慢性中毒之统计及实验研究，获日本学术协会赏。9 月叙五等瑞宝勋章。
1944 年	出版《药理学概要》。8 月 15 日上海主持爱女淑纯与林衡道结婚典礼。
1945 年	4 月 1 日，受命台湾总督府评议会员。11 月被派令台湾省戒烟所所长。12 月，被聘为台大医学院院长；兼附属医院主任及热带医学研究所所长。
1946 年	2 月 9 日被推选为台湾医学会会长。4 月当选为台湾省科学振兴会理事长。7 月当选台湾医学会会长。9 月 6 日当选为国民参政会会员。
1947 年	3 月 1 日，任"二二八事件处理委员会"委员。4 月，担任台湾省政府委员。
1948 年	12 月 7 日受托为"国立"台湾大学代理校长至次年 1 月 19 日止。
1953 年	7 月 31 日卸任台湾大学医学院院长职务。
1954 年	卸省府职务；7 月创办私立高雄医学院，当任该校院长。
1967 年	教育部派遣出国，考察日本及欧美医学教育。3 月 30 日被推举为第六届亚细亚及大洋洲医学师会连合总会会长。"杜聪明奖学金委员会"成立。
1968 年	妻林双随逝。12 月 15 日，日本天皇赠二等瑞宝勋章。
1972 年	著《杜思牧家言》、《杜聪明言论集》第三集出版。
1973 年	8 月，《回忆录》由杜聪明博士奖学基金管理委员会出版。

1977 年　8 月出版《杜聪明言论集》第四集。

1983《杜聪明言论集》第五集出版。

1986 年　2 月 25 日去世，享年 93 岁。

参考书目

原始档案：

《明治廿九年三月中民政事務報告書》，B03041509900。

《月報　台湾総督府（2）》，C09060200800。

《台湾総督府ヨリノ報告書類》，B03041509200。

《台湾総督府報告書》，B03041509300。

《3 台湾総督府民政事務報告第二号》，B03041509400。

《4 台湾総督府民政事務報告第参号》，B03041509400。

《5 台湾総督府民政事務報告第五号1》，B03041509600。

《6 台湾総督府民政事務報告第五号2》，B03041509700。

《7 明治二十九年二月分台湾総督府民政事務報告第七号》，B03041509800。

《8 明治廿九年三月中民政事務報告書》，B03041509900。

《9 台湾総督府開創以来外国人関係事務取調書〔送付状〕》，B03041510000。

《10 台湾総督府開創以来外国人関係事務取調書》，B03041510100。

《御署名原本・明治二十九年・勅令第九十八号・台湾総督府製薬所官制》，A03020233800。

《御署名原本・明治三十年・勅令第百六十二号・台湾総督府製薬所官制改正》，A03020290400。

《御署名原本・明治三十一年・勅令第百十号・台湾総督府製薬所官制改正》，A03020340900。

《御署名原本・明治三十二年・勅令第四百五十五号・台湾ニ於ケル関税及専売規則等違反申告者賞与ニ関スル件》，A03020426000。

《御署名原本・明治三十四年・勅令第百十六号・台湾総督府専売局官制制

定台湾総督府製薬所官制台湾塩務局官制台湾樟脳局官制廃止》，A03020501900。

《御署名原本・明治三十五年・勅令第一号・明治三十二年勅令第四百五十五号（台湾ニ於ケル関税及専売規則等違反申告者賞与ニ関スル件）中追加…》，A03020521600。

《御署名原本・明治四十二年・勅令第百五十九号・明治三十二年勅令第四百五十五号（台湾ニ於ケル関税及専売規則等違反申告者賞与ニ関スル件）中改正…》，A03020802700。

《御署名原本・明治四十四年・勅令第百六十号・台湾ニ於ケル関税法等違犯申告者賞与ニ関スル件》，A03020904300。

《御署名原本・昭和十七年・勅令第五八九号・台湾総督府専売局官制中改正ノ件》，A03022748900。

《台湾総督府専売局事務官特別任用令》，A03033325200。

《第一鴉片会議ノ協定及議定書並ニ第二鴉片会議ノ条約及議定書御批准ノ件》，A03033701700。

《関東州鴉片令中改正ノ件》，A03033701800。

《台湾総督府民政長官従四位勲三等後藤新平以下九名勲位進級初叙及勲章加授ノ件》，A10112542200。

《故休職台湾総督府専売局長池田幸甚勲章加授ノ件》，A10112987800。

《台湾総督府総務長官正四位勲二等賀来佐賀太郎勲章加授ノ件》，A10112988800。

《参照明治二十九年度歳入予算追加明細書》，A10110973700。

《参照明治三十一年台湾総督府特別会計歳出追加予定計算書》，A10110991900。

《参照明治三十二年度各特別会計追加予定計算書》，A10110997200。

《参照明治三十八年度各特別会計追加予定計算書》，A10111024900。

《鴉片委員会委員氏名》，A08071640200。

《台湾総督府専売局粗製モルヒネの処分に関する件（第2号議案）》，A08071640700。

《南支那及南洋調査第144輯　新嘉坡鴉片印度鴉片（鴉片調査其

一）》，A06032519200。
《内外情報第 132 号》，A06032522700。
《内外情報第 134 号》，A06032522900。
《昭和三年　台湾犯罪統計　（実数及比例)》，A06032529500。
《大正十年　台湾犯罪統計　（実数及比例)》。
《大正十一年　台湾犯罪統計　（実数及比例)》，A06032529700。
《台湾総督府製薬所事業第三年報》，A06032532200。
《台湾鴉片行政施行状況　明治 29—40 年》，A06032550700。
《台湾鴉片行政施行状況》，A06032550800。
《台湾衛生概要》，A06032551000。
《台湾ノ鴉片制度　附麻薬取締ノ概要》，A06032551300。
《南支那及南洋調査第百四十八　波斯鴉片・土耳古鴉片（鴉片調査其二)》，A06032558600。
《台湾鴉片令改正律令案》，A01200587400。
《台湾総督府専売局粗製モルヒネノ処分ニ関スル件ヲ定ム》，A01200630600。
《台湾鴉片令中ヲ改正ス・（強制又ハ誘引シテ吸食セシメタル者等罰則)》，A01200732200。
《台湾鴉片令ヲ定ム》，A01200856300。
《台湾鴉片令中ヲ改正ス》，A01200875100。
《台湾鴉片令中ヲ改正ス》，A01200926700。
《台湾鴉片令中ヲ改正ス》，A03010150100。
《台湾島鴉片制度ニ関スル件》，A04010019600。
《台湾総督府専売局長賀来佐賀太郎提出支那ノ鴉片制度ニ対スル意見書ノ件》，A04018110400。
《台北庁治便覧》，A06031515100。
《台湾現勢要覧大正 14 年版》，A06031516000。
《3. 第四十四議会/目次》，B03041475900。
《第四十四議会/通商局第一課関係第四十四議会説明参考資料 1》，B03041476000。

《分割3戊号（台湾総督府）》，B06150840400。
《5. 日本之部》，B04122137000。
《国際連盟鴉片関係一件/各国鴉片政策及法規関係》。
《国際連盟鴉片関係一件/不正取引防止ニ関シ各国ト協力関係》，B04122138000。
《国際連盟鴉片関係一件/極東鴉片事情調査小委員会派遣関係第一巻》。
《国際連盟鴉片関係一件/極東鴉片事情調査小委員会派遣関係第二巻》。
《国際連盟鴉片関係一件/極東鴉片事情調査小委員会派遣関係/調査資料関係第一巻》。
《国際連盟鴉片関係一件/極東鴉片事情調査小委員会派遣関係/調査資料関係第二巻》。
《国際連盟鴉片関係一件/極東鴉片事情調査小委員会派遣関係/調査資料関係第三巻》。
《13—2. 鴉片害毒防止会》，B05015662800。
《英仏ノ在支権益ノ基礎ハ如何ニシテ築カレタカ/1938年》，B10070167900。
《国際連盟ニ提出セル1933年度帝国鴉片年報/1934年》，B10070280700。
《帝国鴉片年報　昭和9年度/1935年》，B10070289100。
《帝国鴉片年報　昭和10年度/1936年》，B10070289300。
《帝国鴉片年報　昭和11年度/1937年》，B10070289500。
《帝国鴉片年報　昭和12年度/1938年》，B10070289700。
《帝国鴉片年報　昭和14年度/1940年》，B10070283600。
《国際連盟ニ提出シタル1925年度ノ鴉片及有害薬品ノ取引ニ関スル年報/（附、1924年度ノ年報）/1926年》，B10070291000。
《日英外交史　（上巻）/1937年/分割2》，B10070374200。
《国際連盟鴉片関係一件/鴉片年報関係/本邦関係》
《国際連盟鴉片関係一件/各国鴉片政策及法規関係》。
《国際連盟鴉片関係一件/各国鴉片政策及法規関係/中国ノ部》。
《11. 米船アリス号（台湾安平港ニ於ケル支那鴉片押収ノ件）》，B06050047500。

《1. 昭和九年度下半期台湾総督府専売事業概況／（2）各論＜3＞鴉片》，B06050113500。

《本邦専売関係雑件／台湾総督府ノ部》，B06050115400。

《1. 昭和十六年度上半期台湾総督府専売事業概況／（1）總叙》，B06050114300。

《1. 昭和十六年度上半期台湾総督府専売事業概況／（2）各論》，B06050114400。

《1. 昭和十六年度上半期台湾総督府専売事業概況／（2）各論＜3＞鴉片》，B06050114700。

《英国の鴉片「モルヒネ」「コカイン」及其の塩類の輸出制限に関する件》，C03022574400。

《台湾に於ける衛生中鴉片吸煙予防に関する件意見書》，C03031044500。

《時局特報第 40 号》，C01002260300。

《時局特報第 41 号》，C01002260600。

《時局特報第 44 号》，C01002261600。

《関東州及青島に於ける鴉片制度に関する件》，C03025405800。

《冀東政府禁煙法規草案の件》，C01003184200。

《鴉片産業に従事する吏員派遣の件》，C10060827700。

《台湾に於ける鴉片烟意見書甲乙 2 通新聞掲載に係る件及未載分返却請求》，C10061123000。

《台湾に於ける鴉片意見 1 篇総理大臣、外務、内務、陸軍各大臣へ送付の件》，C10061154500。

《第 131 号 8. 12. 28 福建独立後の対岸情報に関する件》，C05022769100。

《5. 大正製薬払下鴉片密買ニ干スル件》，B06150879900。

《6. 星製薬及「ミッドヴロード」事件ニ干スル件》，B06150880000。

《4. 1923 年度本邦製「ヘロイン」「コカイン」製造量消費量ノ件》，B06150879800。

《8. 議事内容（1）》，B06150880200。

外文图书：

［日］臺灣總督府警務局編：《臺灣總督府警察沿革誌》（全五編），南天書

局 1995 年版。

［日］《鷲巢敦哉著作集》（全五卷），编者：中島利郎、吉原大司、発行者：南里知樹、発行所：株式会社緑陰書房 2000 年版。

［日］持地六三朗：《臺灣殖民政策》，臺灣南天書局有限公司 1912 年 8 月東京二版發行，1998 年 5 月臺北一刷發行。

［日］鶴見祐輔编著：《後藤新平伝》（全三卷），発行所：後藤新平伯伝記編纂会，昭和十二年七月二十日発行。

［日］大霞会编：《内務省史》（第二卷），地方財務協会 1970 年初版。

［日］井出季和太：《南進臺灣史考》，誠美書閣 1943 年版。

［日］《臺灣總督府例規類抄》，臺灣總督府民政局文書課 1896 年。

［日］鶴見祐輔：《正傳·後藤新平》，藤原書店 2005 年版。

［日］竹越與三郎：《臺灣統治志》，南天書局 1997 年版。

［日］杵渕義房：《台湾社会事業史》，南天書局有限公司 1991 年版。

［日］伊藤博文编：《秘書類纂臺灣資料》，原書房 1977 年复刻版。

［日］《現代史資料——鴉片問題》，みすず書房 1986 年版。

［日］植田捷雄：《东洋外交史》（上），东京大学出版会昭和 44 年版。

［日］荒川浅吉：《鴉片の認識》，台湾专卖协会昭和 18 年版。

［日］植田捷雄：《东洋外交史》（上），东京大学出版会昭和 44 年版。

［日］外务省编：《日本外交文书》第 11 卷，日本国际联合协会昭和 20 年版。

［日］外务省条约局：《旧条约彙纂》第一卷第二部。

［日］田泽震五编：《鸦片资料》，精秀社昭和 7 年版。

［日］内阁官报局编：《法令全书》第一卷，昭和 49 年版。

［日］水野遵：《台湾鸦片处分》，发行者：水野遵，明治 31 年。

［日］山辺健太郎编：《現代史資料——台湾（一）》，みすず書房 1971 年版。

［日］高浜三郎：《台湾统治概史》，新行社昭和 11 年版。

［日］《日本外交文書》第 28 卷，日本國際連合協會昭和 28 年版。

［日］《原敬関係文書》第六卷，日本放送出版協會昭和 32 年版。

［日］長岡祥三訳：《アーネスト・サトウ公使日記 1》，新人物往来社

1989 年版。

［日］宿利重一：《児玉源太郎》，国際日本協会昭和 18 年版。

［日］《大日本帝国議会誌》第三巻，大日本帝国議会誌刊行会昭和 2 年版。

［日］大蔵省：《明治大正財政史》第 19 巻，財政経済学会昭和 15 年版。

［日］井出季和太：《台湾統治誌》，台湾日本新報社昭和 12 年版。

［日］矢内原忠雄：《帝国主義下の台湾》，1988 年復刊。

［日］《詔敕、令旨、諭告、訓达类纂》，昭和 16 年，成文出版社影印。

［日］長岡祥三訳：《アーネスト・サトウ公使日記 1》，新人物往来社 1989 年版。

［日］松下芳三郎：《台湾鴉片志》，台湾日日新報社大正 15 年版。

［日］《台湾鸦片制度要旨》，台湾总督府制药所明治 30 年版。

［日］荒川浅吉：《鸦片认识》，发行人：乐满金次，昭和 18 年版。

［日］井出季和太：《台湾治绩志》，台湾日日新报社昭和 12 年版。

台湾总督府制药所：《台湾总督府制药所第一年报》，明治 31 年。

台湾总督府制药所：《台湾总督府制药所第二年报》，明治 32 年。

［日］《台湾专卖事业年鉴（昭和十二年版）》，台湾と海外社昭和 12 年版。

［日］宫岛干之助：《国际鸦片问题的经纬（附麻药略说）》，日本国际协会发行，昭和 10 年。

［日］《台湾鸦片令注解》，台湾总督府制药所，明治 30 年。

［日］《台湾总督府事务成绩提要》（第七篇），成文出版社 1985 年版。

［日］大蔵省：《明治大正財政史》第 19 巻，財政経済学会昭和 15 年版。

［日］国際聯盟協会：《鸦片会議の解説》，国際聯盟協会大正 14 年版。

［日］《戰爭と日本鴉片史——鴉片王二反長音藏の生涯》，みすず書房 1977 年版。

［日］倉橋正直：《日本鴉片帝國》，共栄書房 2008 年版。

［日］大山惠佐：《星一評伝：努力と信念の世界人》，大空社 1997 年版。

［日］星新一：《明治の人物誌》，東京：新潮社 1978 年版。

［日］《鸦片事件辩论速记录》，台湾图书馆影印制作，昭和 17 年。

［日］《台湾南支南洋パンフレット》，拓殖通信社 1926 年版。

［日］星制药株式会社：《鸦片事件颠末》，星制药株式会社1926年版。

［日］《鸦片ニ関スル条約及决議集》，日本外务省条约局昭和12年版。

［日］《鸦片会議の解説》，国际连盟国协会大正14年版。

［日］杨肇嘉编辑：《台湾鸦片问题》，新民会昭和5年版。

［日］国际联盟极东鸦片问题调查委员会：《极东鸦片问题》，国际联盟协会昭和8年版。

［日］江口圭一：《日中战争期鸦片政策》，岩波书店1985年版。

［日］《制藥所試驗彙報》第一号，台湾总督府制药所明治33年版。

［日］持地六三朗：《台湾殖民政策》，南天书局1998年版。

［日］外务省条约局：《律令总览》，昭和35年。

硕士论文：

张文义：《日本殖民体制下的台湾鸦片政策》，中国文化大学日本研究所1987年版。

陈进盛：《日据时期台湾鸦片渐禁政策之研究1895年—1930年》，"国立"台湾大学政治学研究所1988年版。

城户康成：《日据时期台湾鸦片问题之探讨》，东海大学历史学研究所1992年版。

中文参考书：

刘明修：《台湾统治与鸦片问题》，李明峻译，前卫出版社2008年版。

程大学编：《日据初期之鸦片政策》第一、二册，台湾省文献委员会1978年版。

增田涉：《西学东渐与中日文化交流》，由其民、周启乾译，天津社会科学院出版社1993年版。

安冈昭男：《日本近代史》，林和生、李心纯译，中国社会科学出版社1996年版。

黄昭堂：《台湾总督府》，自由时代出版社1889年版。

李毓澍主编：《中日和约纪略》，台湾大能书局。

司马啸青：《台湾日本总督》，玉山社2005年版。

郭誉孚：《自惕的主体的台湾史》，汗漫书屋筹备处 1998 年版。

郑森松主编：《竹东镇志·历史篇·历代名人列传》，竹东镇公所 2005 年版。

周宪文：《清代台湾经济史》（台湾研究丛刊第四五种），台湾银行 1957 年版。

朱寿朋：《光绪朝东华录》（第五册），中华书局 1984 年版。

于恩德：《中国禁烟法令变迁史》，台湾文海出版社 1973 年版。

叶荣钟：《日据下台湾政治社会运动史》（上、下），晨星出版社 2000 年版。

《杜聪明言论集》第二集，杜聪明博士还历纪念奖学基金管理委员会，1955 年。

杜聪明：《回忆录》，龙文出版社 1989 年版。

《蒋渭水全集》，海峡学术出版社 2005 年版。

王景岐：《国际麻醉毒品贸易》，比（北）京海外拒毒后援会刊行。

期刊文章：

［日］山田豪一：《台湾鸦片専売史序説》，《社会科学研究》第 38 卷第 1 号，早稲田大学亜細亜太平洋研究中心，1992 年 8 月 31 日，第 35 页。

［日］山田豪一：《台湾鸦片専売一年目の成績》，《社会科学研究》第 42 卷第 1 号，早稲田大学社会科学研究所，1996 年 7 月 30 日，第 142 页。

［日］山田豪一：《台湾鸦片専売制の展開過程》，《社会科学研究》第 44 卷第 1 号，早稲田大学アジア太平洋センタ，1898 年 9 月 30 日，第 1 页。

王世庆：《日据初期台湾之降笔会与戒烟运动》，《台湾文献》第 37 卷第 4 期。

锺淑敏：《殖民地官僚试论——以池田幸甚为例》，《台湾学研究》第 10 期，2001 年 12 月。

锺淑敏：《台湾总督府的对岸政策与鸦片问题》，台湾省文献委员会整理组编，《台湾文献史料整理研究学术研讨会论文集》，台湾省文献委员会 2001 年。

汪敬虞：《谈斯诺的五篇台湾通讯》，《台湾研究集刊》，厦门大学台湾研究院，1988年第1期。

黄荣洛：《橡棋林头人》，《新竹文献》第1期，新竹县文化局2000年版。